数实融合

大力推进
新型工业化

中国5G+工业互联网
应用示范案例集(2023)

工业和信息化部新闻宣传中心◎主编

人民邮电出版社

北 京

图书在版编目（CIP）数据

数实融合　大力推进新型工业化 ： 中国5G+工业互联
网应用示范案例集 ： 2023 / 工业和信息化部新闻宣传中
心主编. -- 北京 ： 人民邮电出版社，2024.11
ISBN 978-7-115-64550-0

Ⅰ．①数… Ⅱ．①工… Ⅲ．①互联网络－应用－工业
发展－案例－中国－2023 Ⅳ．①F424-39

中国国家版本馆CIP数据核字（2024）第110655号

内 容 提 要

本书收录了由 2023 中国 5G+工业互联网大会评选出的年度标杆示范案例和行业典型应
用案例共 72 个，涉及标杆案例、转型升级案例、创新驱动案例、绿色发展案例。这些应用
案例生动地呈现了新技术赋能产业转型升级的蓬勃发展态势，汇聚了中国新型工业化建设
的强大势能。希望本书提供的相关应用案例能为更多行业、企业加快数字化转型步伐、实
现高质量发展提供有益的借鉴与参考，进而有效促进 5G +工业互联网在更广范围、更深程
度、更高水平上融合创新。本书适合工业和信息化各级主管部门、工业协会、工业企业、
工业互联网研究机构等的从业人员阅读。

◆ 主　　编　工业和信息化部新闻宣传中心
　　责任编辑　张　迪
　　责任印制　马振武
◆ 人民邮电出版社出版发行　　北京市丰台区成寿寺路 11 号
　　邮编　100164　　电子邮件　315@ptpress.com.cn
　　网址　https://www.ptpress.com.cn
　　北京盛通印刷股份有限公司印刷
◆ 开本：700×1000　1/16
　　印张：22　　　　　　　　　　　2024 年 11 月第 1 版
　　字数：406 千字　　　　　　　　2024 年 11 月北京第 1 次印刷

定价：159.90 元

读者服务热线：(010)53913866　印装质量热线：(010)81055316
反盗版热线：(010)81055315
广告经营许可证：京东市监广登字 20170147 号

编 | 委 | 会

主　　　编：工业和信息化部新闻宣传中心
　　　　　　张学军　赵荣贵　李昭博　王保平
　　　　　　李　哲　杨建波
副　主　编：于晨祥　翁亚红　范济安　文　静
　　　　　　刘永新
执 行 主 编：郭　川
编写组成员：任超毅　康　艺　陈连杰　陈　琨
　　　　　　郭　俊　李熠超　邓剑辉　孙　海
　　　　　　唐梓淇　郝森参　史家韵　荆　雷
　　　　　　闫世宏　王浩宇　赵　娟　周　珊

工业是5G应用的主战场。自2019年5G规模商用以来，我国通过政策引导、建设指引、试点示范等措施，持续推进5G在各行业的应用，全国范围内5G＋工业互联网项目呈现规模化发展的态势。在工业和信息化部的统筹指导下，信息通信行业系统谋划、前瞻布局、合力攻坚，在5G＋工业互联网领域取得重大创新发展，各行业各领域企业加速推进"数转网联智赋"。当前，5G＋工业互联网步入规模发展新阶段。

规模发展"新阶段"起步成势。从2012年至2023年，工业互联网经历了战略谋划期、起步探索期、快速推进期，现在发展到规模发展期。在规模发展期，工业互联网已经全面融入了49个国民经济大类，覆盖了全部41个工业大类。同时，工业互联网的核心产业规模大幅增加，2023年达到1.35万亿元，是2018年的1.8倍；影响力大幅提升，工业互联网被写入22个省级《政府工作报告》中，有30个省（自治区、直辖市）开展了1400多场"百城千园行"活动。

数字融合"新基建"不断夯实。网络、标识、平台、数据、安全等新基建呈现一体化、全面化发展的态势，其中，低时延、高可靠、广覆盖的网络体系已经基本建成，工业互联网标识解析体系全面建成，"综合型＋特色型＋专业型"平台体系也基本形成。国家工业互联网大数据中心体系正在持续完善，协同高效、技管结合的安全体系也正同步构建。一系列新基建为5G＋工业互联网的快速发展奠定了基础。

网络技术"新突破"成果显著。IT＋OT融合网络正在加快构建，IT、CT、OT、DT的融合技术体系正不断推进，而且，工业互联网的创新发展工程实施使关键技术产品攻关也得到强化。例如，工业级5G模组成本比商用初期下降了90%，产业公共服务平台上线70多个，都在助推我国5G＋工业互联网技术的提档升级。

应用赋能"新空间"持续拓展。工业互联网的"平台化设计""智能化生产""个性化定制""网络化协同""服务化延伸""数字化管理"六大模式，为千行百业赋能赋智。持续出台的重点行业领域融合应用指南，以应用图谱"点方向"，用实施框架"明路径"，绘供应商图谱"促对接"，持续拓展5G＋工业互联网的应用新场景。

合作共赢"新生态"蓬勃壮大。企业、机构等各市场主体的协同合作范围不断扩大，工业互联网产业联盟的成员已经突破了2500家。值得一提的是，2023年工业互联网A股企业的数量达到300家，同时与美国、德国、欧盟、日本等国家和地区的产业组织开展交流与合作，生态系统得以构建，"朋友圈"不断扩大。

当前，我国5G＋工业互联网规模化应用，还需要解决诸多难题。我国制造业体量大、门类多，工业互联网需要和行业工艺、知识、经验紧密结合，这要求企业提升核心技术和能力，复杂性高、难度大，决定了制造业数字化转型的复杂性和艰巨性。

展望未来，5G＋工业互联网的发展势头依旧强劲。希望本书能够搭建一个沟通交流的平台，为5G＋工业互联网的发展提供助力。

　　2023年11月，2023中国5G＋工业互联网大会在湖北武汉成功召开，大会得到政府领导、院士专家和企业代表等的广泛关注，大家齐聚一堂，碰撞观点，探讨"数实融合　大力推进新型工业化"的崭新契机，持续推动5G＋工业互联网向纵深拓展。

　　新时代新征程，以中国式现代化全面推进强国建设、民族复兴伟业，实现新型工业化是关键任务。5G＋工业互联网是数字经济和实体经济深度融合的关键底座，5G与工业互联网的融合，加快了中国新型工业化进程。

　　2023年，工业和信息化部深入贯彻党中央、国务院决策部署，陆续出台《"5G＋工业互联网"融合应用先导区试点工作规则（暂行）》《"5G＋工业互联网"融合应用先导区试点建设指南》等政策文件，印发《2023年5G工厂名录》，举办2023年中国工业互联网标识大会暨工业互联网一体化进园区"百城千园行"等活动，引领产业发展，深入推进5G＋工业互联网融合应用。

　　在各方不懈努力下，我国5G＋工业互联网融合发展进入规模发展新阶段，截至2024年8月底，我国累计建成5G基站404.2万个，5G应用已经融入97个国民经济大类中的76个，在工业、矿业、电力、医疗等重点领域实现规模推广，5G＋工业互联网项目数超过1万个，应用赋能向核心控制环节加速拓展。

　　5G＋工业互联网领域硕果累累，涌现出一大批极具前瞻性与代表性的应用案例。应用案例的评选工作由工业和信息化部新闻宣传中心联合高等院校、科研院所、行业协会等单位共同组织完成，遵循公平、公正、客观、权威的原则，从产品功能性与创新性、应用价值与实效性、技术先进性与领先性、市场影响与社会效益等多个维度对申报案例进行评审，经过初评、终评，最终遴选出极具代表性和推广意义的应用案例。

　　本书收录了由2023中国5G＋工业互联网大会评选出的年度标杆示范案例和行业典型应用案例共72个，包括标杆案例、转型升级案例、创新驱动案例、绿色发展案例，涵盖5G工厂、智慧平台、智慧能源、智慧矿山、智慧工厂、智慧港口、智慧物流、智慧钢铁、智慧电力、智慧安全领域。这些案例充分展示了我国5G＋工业互联网融合发展的创新应用成果，总结了技术应用实践经验，为推动5G＋工业互联网融合发展、加速拓展场景应用探索了更多的方法和路径。

第一部分　标杆案例

第二部分　转型升级案例

第三部分　创新驱动案例

第四部分　绿色发展案例

标杆案例

2023

数实融合　大力推进新型工业化

全球首个 5G-Advanced 智慧煤矿场景应用案例

参与企业： 陕西智引科技有限公司、陕西陕煤集团曹家滩矿业有限公司、中国电信股份有限公司陕西分公司、华为技术有限公司、鼎桥通信技术有限公司

技术特点： 5G-Advanced（以下简称5G-A）智慧煤矿项目落地陕煤曹家滩煤矿。本项目主要包含三大5G-A先进技术在煤矿行业的应用，借助5G-A先进技术加快煤矿数智化转型升级，增强煤矿行业生产安全水平，提升生产效率，实现煤矿无人化的目标。

应用成效： 在智慧煤矿基础网络能力提升方面，本项目通过井下低频本安大上行创新方案，实现单基站信号覆盖距离提升100%，单基站上行数据传送能力超过500Mbit/s。在智慧煤矿应用成本优化方面，本项目首次引入轻量化技术（Reduced Capability，RedCap）无线物联模组，终端物联模组部署成本降低80%以上。在智慧煤矿安全应用提升方面，本项目实现在1km内，亚米级物体的感知、定位、测速能力。

曹家滩煤矿是国家煤炭工业"十二五"规划重点开发的大型煤矿示范项目。曹家滩煤矿综采面环境复杂，液压支架、采煤机等遮挡物较多，高频基站无法打穿综采面，但是低频基站带宽不够，单站无法支撑综采面海量摄像头的视频回传业务，需要在液压支架上增加 5G 基站。

井下通信由多个系统承载，效率较低，需要一张网同时支持语音、远程控制、视频等业务，语音需要对接井上调度平台。煤矿场景铺设光纤光缆困难，有线连接的摄像头难以实现视频监控功能，同时煤矿海量摄像头实现无线通信的投资成本金额巨大，急需低成本的无线通信技术。

多方联合研讨确定应用 5G-A 中低频本安通信技术、RedCap 无线通信技术、一体化通感技术与煤矿场景结合，破解煤矿行业在智能化发展过程中的挑战。

5G-A 技术助力智慧采煤升级

5G-A 技术相较于 5G 技术，在通感、物联、上下行速率等方面有较大的提升。借助 5G-A 技术、契合曹家滩煤矿场景应用，本项目主要实现井上通感一体化、RedCap 视频回传，以及井下低频本安大上行 3 个场景。

本项目针对曹家滩洗煤厂周边区域建设通感一体化基站设备，利用 5G-A 基站的通感能力，对闯入洗煤厂的目标对象进行跟踪定位、测距测速、成像识别，提供周界检测的业务能力，持续为煤矿的安全运营提供帮助。

本项目打造煤矿行业全场景 RedCap 摄像头、矿灯、可穿戴设备等，可满足行业多种应用场景需求。本项目主要针对洗煤厂区域部署 RedCap 摄像头，实现该区域内实时视频监控回传业务，利用 RedCap 无线通信技术，应对煤矿场景铺埋光缆困难的挑战，同时作为一个低成本方案，降低了煤矿海量摄像头无线连接的投资成本。

井下低频上行采用低频创新方案设计，一张网承载井下综采面、掘进面、巷道等各类应用，覆盖距离提升 100%，大幅减少井下基站数量，两站即可打穿 300m 综采面，不需要在中间布站，实现综采面的极简部署。超过 500Mbit/s 的大上行可满足综采面百路高清视频同时传输，实现井下少人、无人作业；同时支持 5G、长期演进（Long Term Evolution，LTE）、窄带物联网（Narrow Band-Internet of Things，NB-IoT），满足井下语音、数据、物联多业务一张网能力，简化井下组网。本项目在曹家滩煤矿的 10m 采高综采面部署低频本安设备，两端部署覆盖整个 300m 综采面，为实现综采面视频拼接创造条件。

三大创新成果为智慧煤矿应用添砖加瓦

成果 1。在智慧煤矿基础网络能力提升方面，本项目通过井下低频本安大上行创新方案，实现单基站信号覆盖距离提升 100%，极大地简化了井下基础网络部署难度。同时，新型井下基站采用本安化设计，支撑全天候使用，瓦斯超标不需要断电，为智慧煤矿提供了更稳定可靠的通信保障。

成果 2。在智慧煤矿应用成本优化方面，本项目通过首次引入 RedCap 无线物联技术，在延续了传统 5G 超可靠低时延通信（ultra Reliable Low Latency Communication，uRLLC）、网络切片、边缘计算（Mobile Edge Computing，MEC）等关键能力的同时，终端物联模组部署成本降低 80% 以上。目前，陕煤集团已基于该技术推出井下摄像头、矿灯、可穿戴设备、传感器全场景应用解决方案，有效降低了建设成本，加速了智慧煤矿应用普及。

成果 3。在智慧煤矿安全应用提升方面，本项目引入 5G-A 通感一体化技术，补齐了传统摄像头在恶劣气候及监控距离上的短板，进一步助力智慧煤矿安全能力提升。

◎ 5G 智慧煤矿：跨领域融合创新的攻坚之路

部署方案 1。煤机自动程序割煤，支架自动跟机拉架，跟机视频自动切换，井上井下一键启停，智能割煤常态化运行。在综采面部署 5G 摄像头，就近取电，摄像头跟机切换，通过部署的 5G 网络将摄像头数据回传地面，通过 5G 网络连接地面调度指挥中心，实现远程采煤。

5G 智能开采应用价值。远离综采面，风险低、更安全。远程控制采煤机启停、速度和煤岩避让等，粉尘少、噪声低、无漏水、工作强度减小、环境更舒适。较传统放顶工作面（宽为 250m）可减少约 15 个人工作业岗位。

部署方案 2。使用透尘视频方案，掘进机上部署 7 个摄像头，部署 5G 用户驻地设备（Customer Premises Equipment，CPE），通过低频本安大上行、低时延特性，将视频和控制信号通过 5G-A 通信管道回传地面。部署方便，维护方便，部署时间约为 1.5 个月。

5G 掘锚一体机远控应用价值。通过 5G 掘锚一体机远控，可实现掘进机远程集控、自动截割、惯导定位。

部署方案 3。部署巡检机器人，通过 5G 网络将数据回传地面，可实时获取井下机电设备等信息；数据采集设备经过改造升级，集成 RedCap 通信模组，实现仪器数据自动采集上传。

5G 机器人巡检应用价值。从手动抄写变为自动采集，效率高；5G 机器人远程巡检，增强了安全性，降低了成本。

◎ 煤矿行业科技创新任重道远

在煤矿开采过程中，受粉尘、瓦斯等多种杂质的影响，多网并存会导致数据采集与处理较为分散，网络性能易受干扰，运维难度较大。因此，要实现地下开采的智能、安全、高效、绿色，对 5G 网络设备与性能提出了更高的要求。随着 5G、人工智能、大数据技术在煤炭行业的应用，整个采煤工作面智能联动成为可能，可以真正实现采煤过程的智能化，达到安全、高效的生产要求。

矿井各系统的智能化水平有效提升，可以大幅降低员工劳动强度，促进井下安全高效生产。通过 5G-A 的推进可以加速煤矿智能化建设，实现由"井下操作"向"地面远控"、由"低端化"向"高精尖"、由"高风险"向"本质安全"转变，不断提升生产安全系数和员工幸福指数，提升煤矿企业社会形象。

5G 助力"能源 + 信息"双流合一，构建新型电力系统示范区项目

参与企业： 国网浙江省电力有限公司、中国移动通信集团浙江有限公司

技术特点： 国网浙江电力联合浙江移动共建浙江省5G虚拟专网，首创软硬切片模式，首发5G RedCap终端试商用。本项目通过构建浙江电力5G省域虚拟专网，并基于硬、软切片两种模式承载不同类型业务。其中，硬切片用于承载生产控制类业务，达到等同于物理隔离效果的专用网络。控制类数据通过专用的入驻式用户面功能（User Plane Function，UPF）设备建立5G硬切片管道，并经加密认证、安全接入区接入生产控制大区。软切片用于承载管理信息类业务和其他业务，业务数据之间采用逻辑隔离。

应用成效： 通过降低电力生产成本及配套投入成本、网络建设成本和运维成本，本项目已为国网浙江电力节省投资约15亿元，为电网光纤网络建设及配套资产节省投入约14亿元，工作效率提升90%，降低了运维成本及现场作业的风险，节约成本约1亿元，折合减排二氧化碳1340万吨，助力打造新型电力系统建设示范区。

全球最大规模垂直行业广域 5G 切片网络商用

本项目面向浙江电网，在建设多元融合高弹性电网过程中，对社会各类可调资源的通信接入需求，基于 5G 网络切片技术和浙江移动商用网络资源，构建覆盖浙江省的广域 5G 电力虚拟专网，创新商业资费模式，形成可落地的浙江电力切片价格体系，开展省域范围内 5G 商用网络规模化电力业务应用，同时引入基于零信任和量子保密通信的 5G 认证加密方案，为 5G 在电力业务中的大规模商用提供安全防护。在此基础上，基于浙江移动的 5G 能力开放接口，构建了 5G 电力虚拟专网综合管理平台，实现了对虚拟专网中各类通信设备和网络资源的自主监控和高效管理。

从电网平衡的"源、网、荷、储"各环节来说，在电源侧和储能侧，开展 5G 分布式源储信息采集监控，通过 5G 将大量的风电、光伏发电等清洁能源接入电网，能够提升电网新能源消纳能力、提高清洁能源发电比例、降低化石能源消耗和碳排放。在负荷侧，通过 5G 接入各类可调负荷资源，可实现海量负荷资源精准参与电网调峰、工业企业用能信息采集，以及企业碳排放核算和碳资产管理跟踪，促进企业节能减排；在电网侧，通过 5G 配电自动化及智能巡检等业务，能够支撑构筑坚强电网网架，连通"源端"和"荷端"，实现"源、网、荷、储"的高效互动。项目总体思路如图 1 所示。

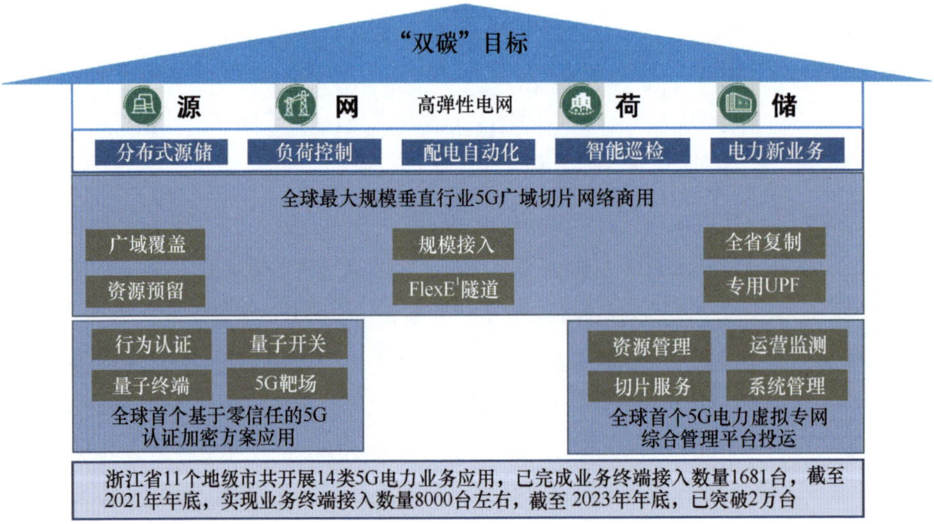

注：1. FlexE（Flexible Ethernet，灵活以太网）。

图 1　项目总体思路

本项目构建覆盖浙江省的规模化广域 5G 电力虚拟专网，利用 5G 切片的安全隔离功能为浙江省 11 个地级市的 5G 公网电力应用示范业务提供安全可靠的通信通道，支撑"源、网、荷、储"各环节电力应用。其方案主要包括广域 5G 电力虚拟专网架构、5G 电力应用安全认证与加密方案、5G 电力虚拟专网能力开放方案这 3 个方面。

广域 5G 电力虚拟专网架构如图 2 所示。根据承载电力不同网络分区业务的情况，5G 切片分为 5G 硬切片应用模式和 5G 软切片应用模式两种。其中，5G 硬切片应用模式用于承载生产控制类业务，达到等同于物理隔离的网络专用程度，通过下沉式部署专用 UPF 设备，从电力企业省地县 5G 硬切片生产控制大区安全接入设备就近接入公司生产控制大区。5G 软切片应用模式用于承载管理信息类和其他业务，业务之间采用逻辑隔离，通过电信运营商集中部署共用 UPF 设备，经专线送至电力企业省集中安全接入设备，进入公司信息内网等相应业务系统。

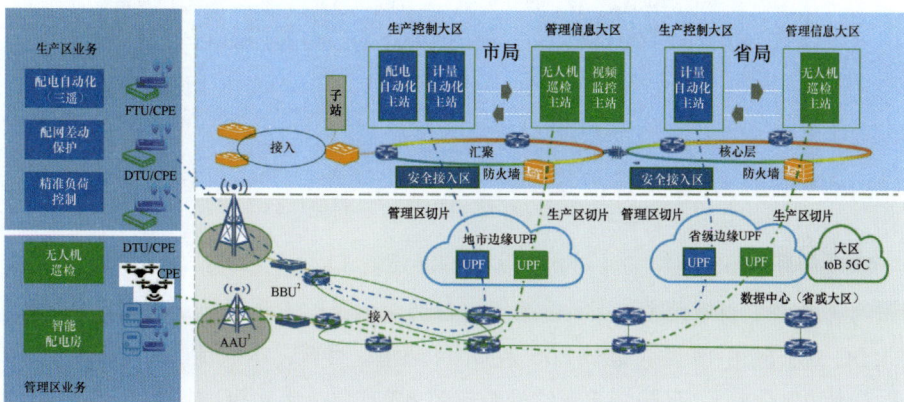

注：1. AAU（Active Antenna Unit，有源天线单元）。
　　2. BBU（Baseband Unit，基带单元）。

图 2　广域 5G 电力虚拟专网整体架构

广域 5G 电力虚拟专网中不同切片与网络切片选择辅助信息（Network Slice Selection Assistance Information，NSSAI）对应，在同一张电力切片中可以配置多个数据网络名称（Data Network Name，DNN）来区分不同的电力业务，是业务隔离保障的主要依据。对于网络性能需求相同的同一类电力业务，NSSAI 一般采用浙江省统一划分的方式，例如，各地市负责控制业务均采用同一个 NSSAI，但当各地市部分特色业务对网络性能与省侧统一业务切片有差别时，可单独定义 NSSAI。同一切片中的 DNN 则根据各地市业务内容以地市维度进行划分。

根据电力业务的具体网络通信需求和业务数据流向，广域 5G 电力虚拟专网的切片承载形态也有所差异。国网浙江电力共梳理制定了 14 类 5G 电力业务应用在采用 5G 电力虚拟专网承载时的具体网络方案，涵盖分布式源储、负荷控制、配电自动化、智能巡检等典型场景。例如，对于分布式源储业务，当其业务数据需要进入管理信息大区的业务系统时，需通过软切片应用模式承载，无线侧采用不同的5G 服务质量标识（5G QoS Identifier，5QI）优先级调度、传输侧采用虚拟专用网络（Virtual Private Network，VPN）技术、核心网侧共享运营商行业专用 UPF 与其他 toB 业务进行逻辑隔离；当其业务数据需进入生产控制大区的业务系统时，需通过硬切片应用模式，在无线侧采用资源预留、传输侧采用 FlexE 技术、核心网侧采用下沉式部署的电力专用 UPF 网元，并通过分配特定的 DNN 号实现 UPF 网元内划分独立逻辑租户。宁波 5G 硬切片传输网局部拓扑如图 3 所示。

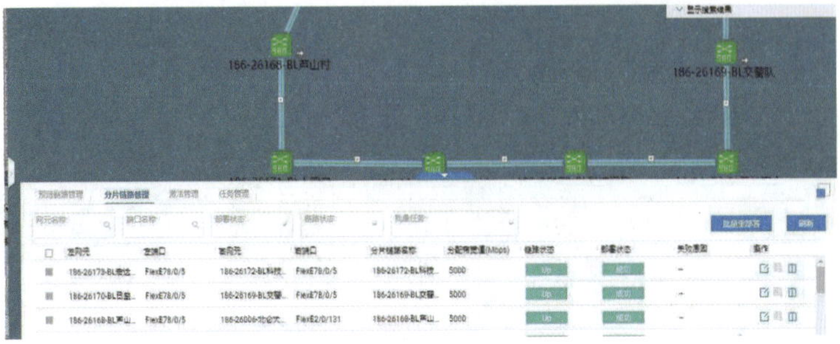

图 3　宁波 5G 硬切片传输网局部拓扑

本项目基于 5G 网络切片技术，实现在浙江省 11 个地市的广域 5G 电力虚拟专网覆盖，开展了省域范围内 5G 承载电力各类型业务的大规模商业应用，累计规划接入 5G 业务应用 14 类，建设 206 条 DNN 通道。目前，本项目已完成业务终端接入数量超 20000 台，已规划接入终端数量超 60 万个，涉及 5G 基站 10 万余座。目前，其他地区虽然开展了 5G 承载电力业务的研究与应用，但多为区域性的试点测试应用，本项目在省域范围内的大规模应用在全球尚属首次。本项目基于电信运营商商用网络所形成的广域 5G 电力虚拟专网，为各类电力业务终端设备的互联互通提供了灵活的通信接入和可靠的网络支撑，有力地推动了浙江电力高弹性电网建设。

🛰 全球首个融合零信任认证和量子加密的 5G 安全应用

本项目融合基于零信任的 5G 纵向认证和基于量子保密通信的 5G 通道加密技术，首次开展了电力业务 5G 安全应用，一方面持续监测终端行为，另一方面基于量子加密密文传输保护进一步提升 5G 承载电力业务的安全水平。该应用首先在国网浙江电力 5G 公网电力应用信息安全测试靶场开展负荷控制业务的安全测试，其次在杭州泛亚运区域配电网柱上开关投入现场应用。融合零信任认证和量子加密的 5G 安全应用如图 4 所示。

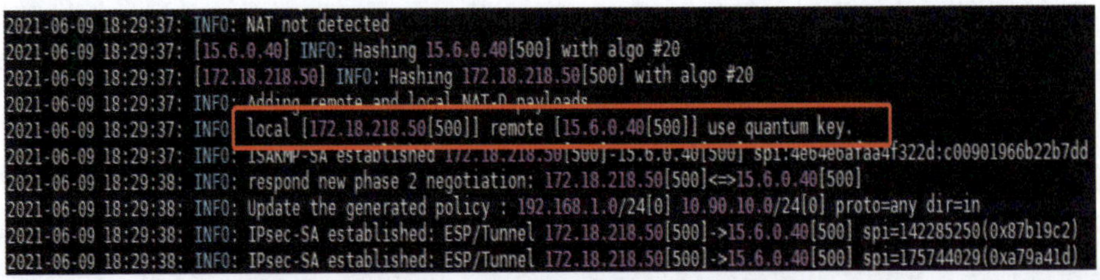

图 4　融合零信任认证和量子加密的 5G 安全应用

在 5G 网络切片实现电力业务数据安全隔离的基础上，引入基于零信任的 5G

纵向认证和基于量子保密通信的 5G 通道加密技术，进一步保障了电力业务的安全性。

基于零信任的 5G 纵向认证方案通过电信网络高度可信的信令和业务流量打点数据，引入企业终端二次认证机制，首先以国际移动用户标志（International Mobile Subscriber Identity，IMSI）作为用户名唯一标识，以国际移动设备标志（International Mobile Equipment Identity，IMEI）作为设备唯一标识，实现机卡绑定身份校验，其次可通过用户位置信息（User Location Information，ULI）地址池进行用户接入位置校验，从而对企业终端行为实现持续监测，包括终端类型、位置、应用、接入制式、加密算法、信令、流量、时间、空口安全状态等，基于终端行为基线，动态调整信任等级，及时发现终端问题。基于零信任的 5G 纵向认证如图 5 所示。

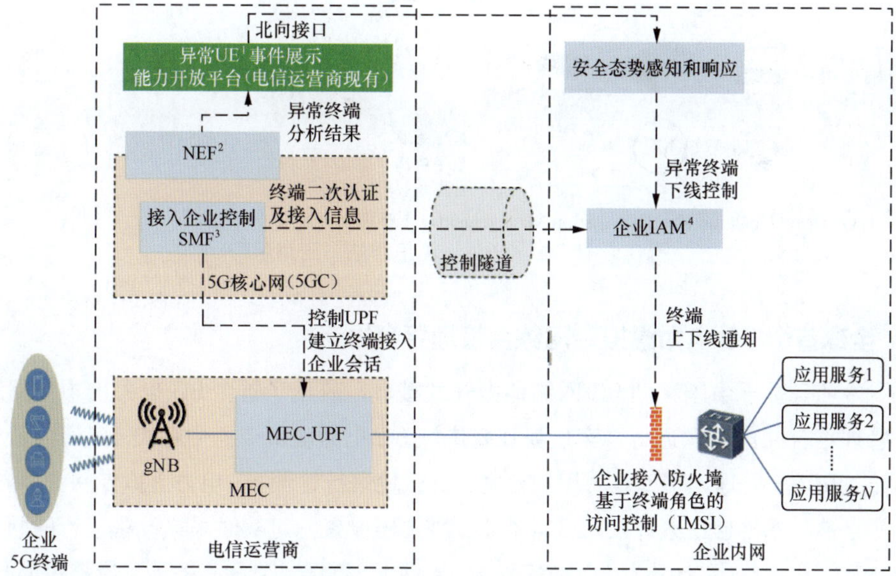

注：1. UE（User Equipment，用户设备）。
　　2. NEF（Network Exposure Function，网络开放功能）。
　　3. SMF（Service Management Function，服务管理功能）。
　　4. IAM（Identity and Access Management，身份和访问管理）。

图 5　基于零信任的 5G 纵向认证

基于量子保密通信的 5G 通道加密方案，在 5G 网络切片的基础上，引入量子加密机制，通过 5G 量子 CPE、量子密钥认证网关、量子密钥分发系统等设备，使 5G 量子 CPE 和量子密钥认证网关能够通过离线充注的随机数密钥和在线申请的会话密钥实现互联互通，同时结合网络通信隧道技术，形成 5G 无线网络量子加密保护传输链路，从而为电力业务终端和电力系统控制主站之间的业务数据传输提供量子加密保护，提升传输通道的安全等级。"5G＋量子保密通信终端"应用架构如图 6 所示。

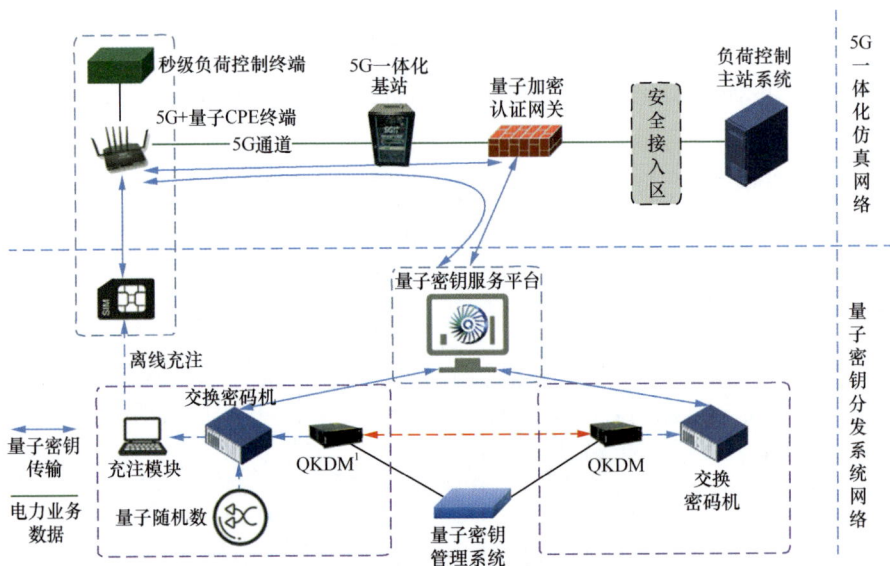

注：1. QKDM（Quantum Key Distribution Management，量子密钥分发管理）。

图 6 "5G＋量子保密通信终端"应用架构

全球首个 5G 电力虚拟专网综合管理平台投运

本项目基于中国移动 5G 网络能力开放接口，研发了首个 5G 电力虚拟专网综合管理平台并已投入运行，实现浙江省广域 5G 电力虚拟专网中各类 5G 通信资源的接入和统一管理，帮助电力用户自主、高效地运行管理 5G 电力虚拟专网资源。

目前，本平台已累计接入 694 台 5G 路由器设备，可实时采集设备运行的网络状态及物理状态；累计接入 5000 多张 5G 专网卡，可实时监测套餐及流量资费情况；实现 5G MEC 性能监测功能对接，可实时监测 MEC 设备状态情况等。

全球首发 5G RedCap 商用试点落地

本项目实现了全球首个承载电力真实业务的 5G RedCap 商用部署，使用南瑞 RedCap 电力终端，结合 1% 资源硬切片技术，在秒级负控和电力柱上开关场景下验证了调控类三遥业务，具体包含遥信、遥测、遥控。以秒级负控业务为例，精准负荷控制终端通过 RedCap 技术与主站通信，充分发挥了 5G 网络的优势，实时调控用电负荷、保障电网安全，降低了终端成本。另外，本项目同步验证了 RedCap 终端小区驻留、上下行峰值、覆盖能力、时延可靠性等多项关键指标。本项目的落地，验证了 RedCap 技术在满足电力业务安全可控、低时延、高可靠的基础上，能够大幅降低 5G 终端成本，能够广泛应用于负荷控制、电力配网自动化、分布式光伏等场景，将成为电力无线业务的标配。

基于浙江移动 5G 商城及中国移动 OneLink（连接）和 OnePower（电力）等能力开放平台所提供的 5G UPF/MEC 核心网网元、用户标志模块（Subscriber Identify Module，SIM）数据等相关能力开放接口，构建了浙江电力 5G 电力虚拟专网综合管理平台。基于浙江省统一建设、分区分域应用的开发模式，重点建设资源管理、运营监测、切片服务、系统管理四大功能，实现对业务终端运行状态的在线管控和对 5G 电力虚拟专网运行状态的集中监测，提升了 5G 电力虚拟专网的可视可管能力，促进了 5G 通信能力与电网业务深度融合以及应用创新，为浙江省电网业务承载提供了更好的安全保障。5G 电力虚拟专网综合管理平台设计框架如图 7 所示。

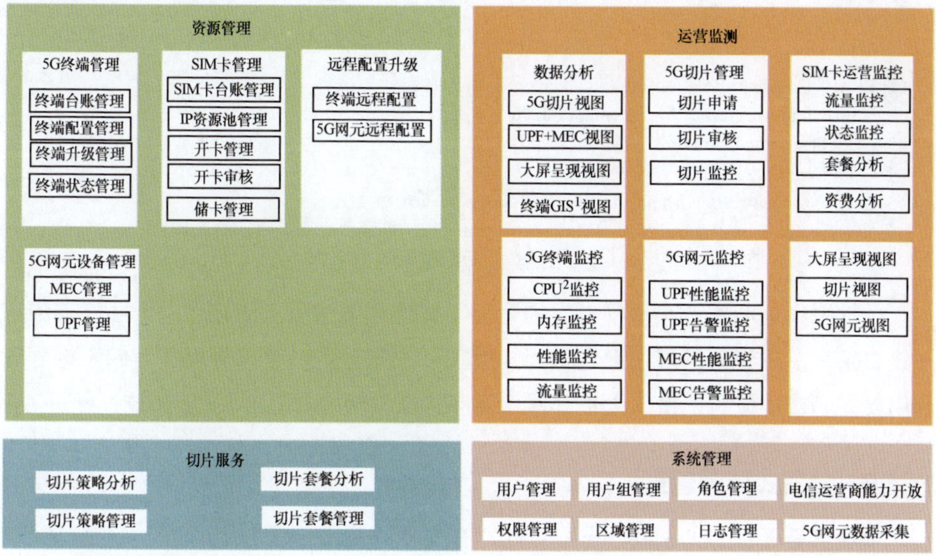

注：1. GIS（Geographic Information System，地理信息系统）。
   2. CPU（Central Processing Unit，中央处理器）。

图 7　5G 电力虚拟专网综合管理平台设计框架

🛜 5G 智慧物联管理平台

5G 智慧物联管理平台主要包括数据采集控制、系统管理域、应用域、统一接口服务等功能模块，可提供丰富、多元、灵活的网络切片服务管理能力，实现电力通信端到端的可视、可管、可控。5G 智慧物联管理平台业务架构如图 8 所示。

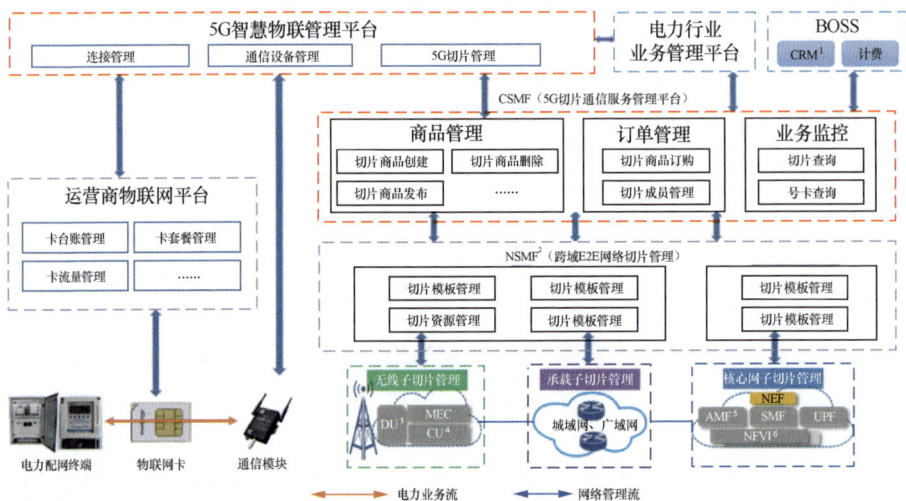

注：1. CRM（Customer Relationship Management，客户关系管理）。
　　2. NSMF（Network Slice Management Function，网络切片管理功能）。
　　3. DU（Distributed Unit，分布单元）。
　　4. CU（Centralized Unit，集中单元）。
　　5. AMF（Authentication Management Function，认证管理功能）。
　　6. NFVI（Network Function Virtualization Infrastructure，网络功能虚拟化基础设施）。

图 8　5G 智慧物联管理平台业务架构

数据采集控制主要实现接口层的适配，实现与电信运营商接口、无线终端的统一接口采集。系统管理域主要包括用户管理、权限管理、日志管理、组织架构管理通用功能。应用域包括接入设备管理、连接管理、5G 网络切片管理和统计分析等。

🛜 5G＋分布式能源管理

本项目基于广域 5G 电力虚拟专网，在光伏并网点部署控制设备，营销侧经过软切片点位接入，用于实现发电数据的高频次采集。调度侧经硬切片点位接入，用于实现光伏电量上网的远程控制故障恢复时间由小时级降低至秒级。

系统具有一定可扩展性，可以帮助企业全面掌握所属风电电站、综合能源厂区的实时运行、发电信息等，有力支撑各种新能源接入和综合利用，提高发电单元的主动响应和协调控制能力，实现能源生产和消费的信息互通共享，实现对分布式清洁能源发电设备和发电情况的可视、可控、可管,提升清洁能源消纳比例。

系统具备数据采集与处理、实时监控、发电预测、碳减排统计、综合智能告警、报表管理、运行分析、电量交易、三维展示、日志管理等应用功能。

目前,本项目已在杭州、宁波、丽水等地区分布式光伏发电项目和水电项目中应用。浙江省 35 万座通信基站均配有不间断电源(Uninterrupted Power Supply, UPS),基于广域 5G 电力虚拟专网,将基站的铅酸储能电池状态反馈信号、开关电源的远程控制信息通过 5G 传输,实现基站备用电源在用电高峰放电、用电低谷充电,在实现基站设备参与电网负荷调峰的同时,每个基站每年平均可为浙江移动节省 4599.38 元的电费。

5G+精准负荷控制

在用户侧部署精准负荷控制装置,不同于传统"一刀切"式电网负荷调节模式,广域 5G 电力虚拟专网实现了可调节负荷资源精准接入,可中断负荷可分层分级实现精准负荷快速响应,最大限度地减少用户损失,实现电网和用户的友好互动,为电网在极端情况下的安全稳定运行提供更丰富的调节手段,有效增强电网弹性承受和恢复能力。

5G+配电自动化

通过对现场配电设备进行改造,5G 电力虚拟专网将配电装置接入配网主站系统,实现就地"馈线自动化 + 远方遥控联合"应用,有效地解决了故障点快速准确隔离和非故障区域恢复效率低的难题,进一步提高了电网供电的可靠性。

以杭州某供电所为例,原本需要驾车 2 小时以上才能赶到故障地点完成现场处理的工作,现在遥控只需 30s。目前,本项目已接入的配电自动化开关终端在线率为 100%,累计遥控次数达 27 次,遥控成功率达 100%。

5G+智能巡检

传统无人机巡检模式的电力线路距离长、分布广、无人机遥控距离有限,不仅需要工作人员频繁转移操作地点,还需要精准感知点位,对工作人员技能要求较高。同时,也受限于网络资源,超清视频实时回传效果较差,需要巡检结束后导出查看。5G+无人机网格化自主巡检依托 5G 网络作为信息传输通道,通过无人机远程操作平台,实现无人机自主巡检,无人机飞行、拍照过程不需要人工干预。具体包含常态化巡检、精细化巡检、事故特巡、快速线巡、工单管理、智能航班调度、运行监视、人工智能缺陷分析等功能模块，方便设备管理人员日常工作，减轻工作压力。

在湖州，5G＋特高压线路运检业务有力支撑杭嘉湖输电通道内特高压输电线路安全、可靠运行，采用 5G 电力虚拟专网为特高压密集通道的感知装置提供 5G 网络全覆盖，实现无人机巡检内容回传：一方面，可以不受地形限制、灵活机动，快速靠近塔杆巡视；另一方面，可清晰拍摄到塔杆上导线、绝缘子等器件的局部细节，极大地提升了巡检质量，避免了人工登塔作业的危险。

🛜 5G＋基建管理

5G 电网新基建业务通过 5G 电力虚拟专网对基建现场进行高清视频监控，实现了现场人员闸机、安全帽、电子围栏全识别分析，支撑了施工现场全管控、施工机械全检测、施工对象全分析、现场环境全监测，提高了现场基建的作业效率。5G 智慧仓储通过软切片通道实现对自动导引车的远程实时分配和精准自动调度，缩短了数据转储整体时间。

🛜 5G＋碳排放监测

在工业企业中安装用能采集融合终端并基于 5G 电力虚拟专网实现数据回传，实现对工业企业厂区、流水线和设备的三级能耗数据实时采集，进行碳排放数据监测，实现企业碳排放核算和碳资产管理跟踪，全方位辅助企业实现碳资产自我摸底和管理，助力企业生产工艺改善、设备维护辅助决策，促进企业节能减排。

神东上湾煤矿基于 5G 通信的智能矿山基础平台建设

参与企业： 神华集团神府东胜煤炭有限责任公司上湾煤矿

技术特点： 本项目建成煤炭行业大规模5G定制网，满足百万级用户和终端接入需求；率先将100Gbit/s承载网应用到全矿井，构建智能、高效、简化、可靠的5G承载网络系统；并提出兼顾应用业务和传输技术要求的双维度FlexE切片方案，实现关键传输需求的针对性保障；同时还实现不同超宽带（Ultra-Wideband，UWB）定位系统之间的互认互通，以及基于5G车载终端的车辆远程移动控制和指挥。

应用成效： 本项目实现了5G系统与矿用UWB定位系统融合，大带宽、低时延"高速公路"和井下精准的"定位导航"相结合，有效提升了井下环境的安全性及井下车辆管理效率；利用5G承载智能视频分析业务，实现井下目标检测、场景检测、异常检测等，构建多系统联动支撑手段；布设5G顶板动态监测与分析系统装备，实现精确监测、无线传输、智能分析预警。

　　本项目开展了矿用 5G 无线通信系统核心网研究、矿用 5G 传输环网研究、5G+UWB 精确定位系统研究、基于 5G 的矿井车辆智能调度管理系统研究、基于 5G 的智能视频监控系统研究、基于 5G 的顶板动态监测与分析系统研究，在神东上湾煤矿完成全矿井 5G 移动通信系统设备部署，实现了神东上湾煤矿 5G+UWB 信号全覆盖，为井下无人驾驶、井下高清视频传输、综采及掘进数字孪生工作面、井下工业控制、机器人智能巡检、基于 5G 的增强现实（Augmented Reality，AR）培训及未来井下基于 5G 的智能应用打下坚实的技术基础。

📶 建成煤炭行业大规模 5G 定制网

神东上湾煤矿核心机房建设一套 IP 多媒体子系统（IP Multimedia Subsystem，IMS），满足矿区井下通信需求，外部和中国电信大网 IMS 对接，满足井下手机和大网用户通信需求。5G 独立组网（Standalone，SA）核心网和毫秒级网络，自主可管可控，具备面向未来的可持续演进能力，且当前 4G 用户可以不换卡不换号使用 5G 网络，不需要改变用户使用习惯，提供大带宽、低时延、高可靠的服务水平协议（Service Level Agreement，SLA）保障。

新建 5G+MEC 部署到神华集团机房，实现智能化生产控制的低时延和高可靠，使神东上湾煤矿 5G 专网数据实现本地闭环；本地接口作为信令传输接口，与大网 5G 核心网互通，加密传输用户鉴权、注册数据及会话质量控制数据，实现行为管理。

神东上湾煤矿采用如翼模式的 5G 定制网方案，部署整套 5G SA 核心网、5G 传输环网、矿用隔爆 5G 基站，本项目实现神东上湾煤矿井下 5G 网络全覆盖，满足百万级用户和终端接入需求。将 5G SA 核心网的控制面部署在神东上湾煤矿核心机房，将 5G 转发面 UPF 部署在神东上湾煤矿矿区，通过业务在各矿区节点的本地处理，实现与应用内容的协同，提供高可靠、低时延、极致的业务体验，并提供丰富的硬件接口能力。

📶 煤炭行业首家将 100Gbit/s 承载网应用到全矿井

本项目通过研究超万兆环网分层组网技术；超万兆环网统一管理、协同控制、智能运维技术；超万兆环网高精度时钟同步传输技术；超万兆环网差异化切片技术，研制一款矿用隔爆兼本安型网络接口，形成一套前传业务以光纤直驱承载为主，回传业务及通信云间本地业务由 IP 化的无线电接入网（IP Radio Access Network，IP RAN）承载为主，具备根据业务隔离网络功能，通过灵活配置策略保障井下各业务隔离与互访，构建智能、高效、简化、可靠的 5G 承载网络系统，支撑神东上湾煤矿 5G 全面业务承载，实现业务的智能化开通、调优、维护。

📶 率先将 FlexE 技术应用于井下环网

根据不同业务进行方案适配，FlexE 不仅承载 5G 业务，还承载工业环网业务。FlexE 是基于高速以太网接口，通过以太网媒体访问控制（Media Access Control，MAC）协议速率和物理层（Physical Layer，PHY）速率的解耦，灵活控制接口速率，以适应不同的网络传输结构，实现矿用低时延、高可靠、工业环网预留业务、矿区预留业务的信道隔离，构建业务优先级机制，避免常规需求业务信道拥塞导致无法保障低时延业务传输性能，有效实现不同业务传输按需配置资源，实现关键传输需求的重点保障。本项目提出兼顾矿方应用业务和传输技术要求的双维度 FlexE 切片方案，实现不同业务传输按需资源配置，实现关键传输需求的针对性保障。已完成切片方案的初步规划，工作超低时延类业务预留 5Gbit/s，矿上其他业务（含视频回传等）预留 20Gbit/s，其他 FlexE 资源待定；空口的资源预留，只针对低时延类业务进行预留（低时延类业务在端侧进行了区分）；其他业务不进行资源预留，按需进行 5QI 的设置以保障质量。

实现不同 UWB 精确定位系统之间的多方互认互通

本项目基于 UWB 技术的 KJ236J 煤矿井下人员精确定位系统，实现了矿山井下人员、车辆的厘米级精确定位、轨迹回放、安全预警、调度管理、统计分析等功能，有效解决了"精细化管理难、位置地图服务难"等行业难点，提升了煤矿井下人员、车辆的精细化、智能化管控水平，提高了煤矿井下风险管控与人员保障能力。

行业内首款支持 5G 的智能车载终端

智能车载终端基于安卓系统，集成定位、通信（4G/5G 全网通）、视频、数据采集等功能。基于 5G 的大宽带、低时延等特性，与车机对接的车载终端可以获取车辆的工况信息，并且快速高效地向地面发送里程、车速、转速、油温等信息；同时，还可以实时接收地面发送的各种消息通知，为各种功能的实现和扩展打下了坚实的基础。依靠 5G uRLLC、增强移动宽带（enhanced Mobile Broadband，eMBB）和大规模机器通信技术的新一代移动通信技术，车载终端所具有的 4 路摄像头可以进行视频实时上传，可以实时查看车辆驾驶室内的状况，相关人员不仅能远程查看监控视频，还能实现远程移动控制和指挥，从而预先控制现场意外事件发生率。

本项目的实施实现了神东集团 13 个煤矿互通，园区安全经营，以及井下采、掘、机、运、通等过程中数据传输的能力和管理效率得到了显著提升。

冠捷电子 5G 智慧工厂项目

参与企业：联通（福建）产业互联网有限公司、冠捷电子科技（福建）有限公司、华为技术有限公司、中国联合网络通信有限公司福建省分公司、中国联合网络通信有限公司福州市分公司

技术特点：本项目以5G技术为核心，通过UPF/MEC下沉厂区，建设5G专网，实现5G全工厂连接，提供"专网＋平台＋终端＋应用"的5G一体化解决方案，规划制造执行管理、设备管理、智能物流、能源管理、数字化营销五大业务系统，数据采集与监视控制系统平台、大数据平台、企业资源计划（Enterprise Resource Planning，ERP）系统及制造执行系统（Manufacturing Execution System，MES）四大基础平台，以及大数据综合应用和工业仿真应用两大智能应用。

应用成效：本项目通过实时采集生产数据，可以远程了解生产进度、生产效率、质量信息、设备运行及产品等情况，方便对工厂进行智能化管理。生产者可以根据数据异常情况及时调整，从而提高生产效率和产品质量，减少资源浪费，降低生产成本和能耗。从整体应用效果来看，本项目有效解决了厂区网络速率、网络安全、运行维护等难题，结合5G应用场景，最终实现生产效率提升140%以上，产品不良品率降低14%，设备的平均维修时间降低20%，设备故障率降低10%。

　　冠捷电子 5G 智慧工厂的设计理念是聚集业务目标和计划，以流程为牵引，以变革为手段，通过互联网技术（IT）平台将业务流程、管理规则、数据价值进行有效整合，并将各管理规则作为数据埋点嵌入流程设计。IT与业务双轮驱动，使冠捷电子战略落地，并形成一套标准化管理体系，赋能业务创造价值，并拉动整个公司数字化转型。

　　本项目实现工厂内部从产品设计到生产的一体化，通过与 MES、监控与数据采集系统（Supervisory Control And Data Acquisition，SCADA）等信息系统的深

度集成，实现所有业务流程自动化，各系统、设备间的自动化控制，减少生产过程中的无效时间损耗，提高生产效率；对生产线进行有效管理及监控，方便企业人员及时了解生产线信息，通过设备故障及数据采集、录像监控、系统参数设置，提高了监控和生产效率，降低了人力成本，并通过数字化、信息化、智能化管理，打通了各流通环节信息，确保账物一致性，从而实现全流程可追溯、精益化管控的总体目标。

打造 5G 精品网，实现 5G 智慧工厂赋能作用

本项目通过将边缘 UPF 下沉至工厂园区进行部署，为 5G 智慧工厂的行业终端分配独立 DNN。边缘 UPF 作为主锚点，将 5G 智慧工厂数据通过智能分流的方式快速在本地汇聚处理，在大幅降低业务时延、提升业务可靠性的同时，做到业务不出园区，保障数据安全。边缘 UPF 结合独立 DNN 本地分流如图 1 所示。

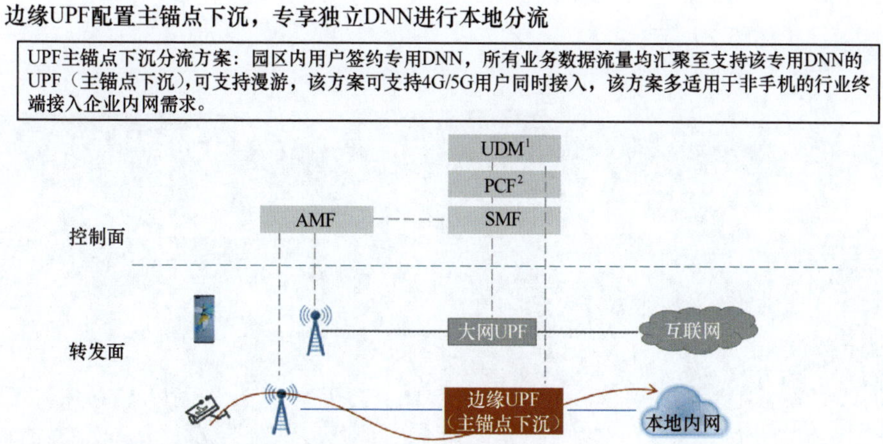
边缘UPF配置主锚点下沉，专享独立DNN进行本地分流
UPF主锚点下沉分流方案：园区内用户签约专用DNN，所有业务数据流量均汇聚至支持该专用DNN的UPF（主锚点下沉），可支持漫游，该方案可支持4G/5G用户同时接入，该方案多适用于非手机的行业终端接入企业内网需求。
UDM¹
PCF²
AMF
SMF
控制面
转发面
大网UPF
互联网
边缘UPF（主锚点下沉）
本地内网

注：1. UDM（Unified Data Management，统一数据管理）。
2. PCF（Policy Control Function，策略控制功能）。

图 1　边缘 UPF 结合独立 DNN 本地分流

本项目通过部署增强 UPF 系列特性，进一步提升数据安全性和数据处理能力。为人工智能质检、智能仓储不同的业务流，配置相应的黑白名单机制，做到不同数据域的访问隔离，进一步提升数据访问的安全性；采用精确业务路由、定制业务重定向、域名系统（Domain Name System，DNS）报文增强，实现业务路由和负载调度的精细化管理。

本项目在无线和传输网络上应用 5G 切片技术，借助传输网络的 FlexE 接口切片，实现智慧工厂业务的安全隔离，并且为不同的业务配置相应的 5QI、

VPN＋QoS，实现不同智慧工厂业务的网络质量保障。

本项目整体围绕"云－管－端"构建了多级综合防控体系。以联通大网态势感知为核心能力，聚焦实时监测、攻击溯源、通报预警、应急处置、情报共享等工作，并与电信运营商级分布式拒绝服务（Distributed Denial of Service，DDoS）攻击、用户侧边界安全岛链、设备安全监测、企业安全终端对接，形成条块结合、纵横联通、协同联动的电信运营商安全能力。

🛜 "5G 智慧工厂"助力生产各个流程实现可视化、智能化、精益化

5G＋设备故障诊断、生产过程溯源。本项目可通过看板实时展示电流表、气流表等信息，采用不同颜色标识不同设备状态（绿色：运行，黄色：报警，白色：停止），并可以选择时间段查看故障信息及稼动率等统计数据。通过该系统可线上进行设备点检、设备保养管理、设备备件管理、生产线视频监控、实时故障报警、故障统计等操作，可实时监控厂区各类设备运行状态，及时进行生产调度，提高生产效率。看板可视化如图 2 所示。

图 2　看板可视化

5G＋柔性生产制造、设备协同作业。电源板生产线站位导入自动化，首创"全在线无人作业"，领先竞争对手。投板站导入六轴机械手抓取板，元器件插入引用表面安装技术（Surface Mount Technology，SMT）贴片标机，创新设计供料器实现元器件全自动插入；自动打胶效率提升约 40%，出胶量稳定，解决作业员打胶方式不一造成的用胶浪费，降低 15% 的胶用量。

激光自动刻码自动上传链接，品质管控部分：整合自动光学检查（Automated Optical Inspection，AOI）技术及自动检测技术，对上下板品质进行卡控，并全厂

区联网；分板为高强度岗位，创新切刀匹配 3 台工业相机，提升 50% 的切板效率。品质部分：收板站采用六轴机械手机构，夹取印制电路板（Printed Circuit Board，PCB）并摆放，快速切换，提升 30% 的收板效率，同步解决该岗位招工难的问题；其余工序引用工业机械臂，伺服机构，工业相机进行非标化设计。"关灯线"布局如图 3 所示。"关灯线"——自动化线现场如图 4 所示。

图 3　"关灯线"布局

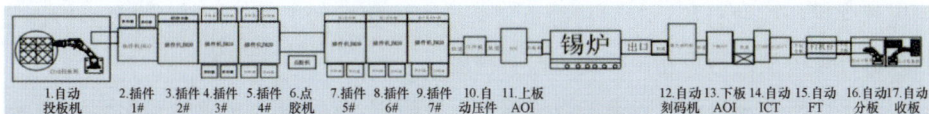

| 1.自动
投板机 | 2.插件
1# | 3.插件
2# | 4.插件
3# | 5.插件
4# | 6.点
胶机 | 7.插件
5# | 8.插件
6# | 9.插件
7# | 10.自
动压件 | 11.上板
AOI | | 12.自动
刻码机 | 13.下板
AOI | 14.自动
ICT | 15.自动
FT | 16.自动
分板 | 17.自动
收板 |

图 4　"关灯线"——自动化线现场

项目导入后，"关灯线"实现：自动投板—自动插件—自动点胶—自动上板检验—波峰焊—自动激光刻码—自动下板 AOI—自动在线测试—在线功能测试—自动分板—自动收板。

5G+机器视觉质检。基于 5G 和边缘人工智能技术的电路板质检维修，能够实时检测和优化方案。通过机器视觉、5G、人工智能、边缘计算等技术结合，实现了电路板产品的实时高精度检测，通过工业云平台实现了检测模型的迭代升级和规模推广。

采用 5G 边缘云对图像数据进行实时分析，与现有中心云技术相比，边缘云可以按需部署，可部署在汇聚、综合接入等边缘机房，或者部署在生产现场，实现业务本地化处理，在实时性、安全性方面更好地满足了工业应用需要；采用 5G 技术，实现质量检测图像数据实时上传到后端工业云平台，云服务器端基于实时检测图像和历史图像数据的人工智能学习，实现算法自我改进。5G+机器视觉质检方案如图 5 所示。

其中，设备层为热成像摄像头，支持可见光和热成像数据同时输出，热成像摄像头可采集全辐射热像视频流，视频流的每个像素点都包含温度值，可分析任意感兴趣部位的温度变化曲线，通过有颜色的图片来显示被测量印制电路板装配（Printed Circuit Board Assembly，PCBA）表面的温度分布，根据温度的微小差异找出温度的异常点，将实时图像数据传输至边缘层进行智能分析决策。

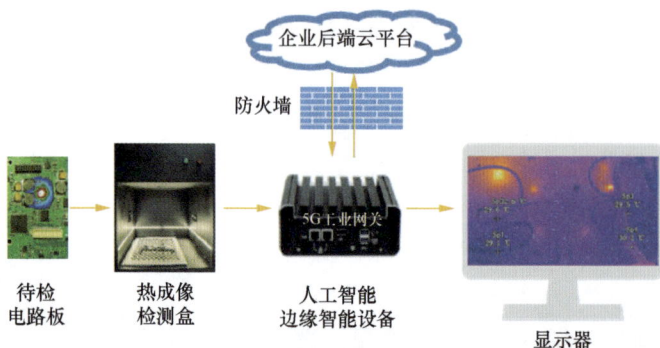

图 5　5G+ 机器视觉质检方案

边缘层实现对热成像数据和可见光数据的处理，进行图像匹配和热数据的分析。边缘层接收来自图像的数据，基于人工智能算法模型进行实时分析决策，对电路板和元器件进行失效分析，同时将数据聚合后上传到后端工业云平台；接收经过训练的数据处理模型进行更新，以提高检测精度。

云平台接收来自边缘设备的数据信息训练模型，将新模型的参数输出到边缘端，完成数据的分析和处理，工业云平台根据周期数据流完成模型迭代，通过应用程序接口（Application Programming Interface，API）中心云，基于人工智能的检测模型可被第三方调用，实现模型共享。

5G+厂区智能理货。双通道智能仓储设备："一物一码一储位"智能化存取部署。5G+厂区智能理货如图 6 所示。

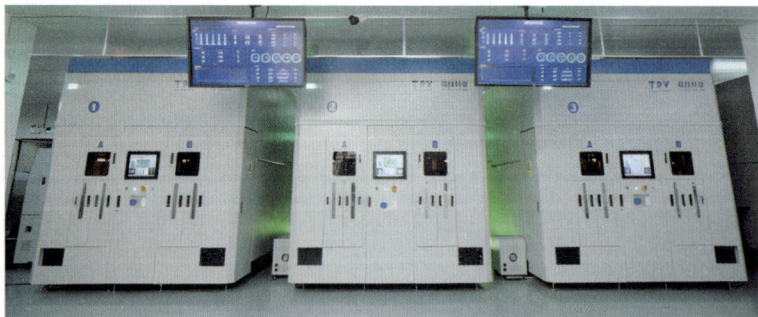

图 6　5G+ 厂区智能理货

通过导入双通道智能仓储设备，电子料通过盘料智能仓两个巷道上料机构自动批量存取，出入库拣选效率大幅提高，存取效率不超过每盘 10s。并通过与 ERP 系统、MES 等系统的无缝集成，实现 SMT 物料存储、拣选、出库、盘点等全流程的数字化、自动化、智能化管理。同时，本项目导入后，单台盘料仓容量可达 20000 盘，密集存储模式也一举解决此前的车间仓储面积极限问题。

后端贴标机实现物料自动分拣贴标。通过后端贴标机，出库物料由全自动分拣贴标系统自动打印站位标签，自动分拣物料进入人工智能物联网移动存储终端，由自动导引车（Automated Guided Vehicle，AGV）自动配送上线，全过程不需要人工干预，防呆防错。

料箱机器人 AGV：高效简单的"货到人"智能拣选。备料完成后，料箱机器人将人工智能物联网物料移动存储终端配送至生产线下料工位，配置仓储空间内智能行走、多尺寸料箱混合识别、拣选、存取、点到点搬运等功能。料箱机器人 AGV 在运输过程中不需要借助任何轨道设备，可自主导航、3D 识别、主动避障、自动充电。AGV 现场工作示例如图 7 所示。

图 7　AGV 现场工作示例

全自动 X-RAY（X 光线）点料机实现自动化高速、精准盘点。通过导入物料视觉盘点设备，实现了不同物料形态的快速、可视化分类建模，自动打印物料标签、自动上下料。同时，配置盘点、点料结果实时更新上传至 MES 数据库等功能，有效提高了车间智能化水平。

智能亮灯料架：适配厂房高度密集存储，拥有高容积率。原液晶显示终端制造车间存在货架式仓库找料难、核对烦琐、呆滞料浪费严重、易错易混等系列问题。本项目导入后，车间物料上下架形成库位绑定、亮灯指引、先入先出等全闭环管理。发料员根据亮灯系统引导拣选工单物料，物料截料后配送至生产线，截完的物料可以在发料的同时随机选择空余库位回存，有效提高作业效率、防呆防错、降本增效。

智能仓储物流管理系统：通过导入智能仓储物流管理系统，与企业 MES 等软件平台实时对接，串联起整厂物流设备，打通 SMT 物料从仓库到生产线的存、拣、配、核、发等一系列流转过程，智能仓储终端数据实时上传汇集至云端，保障账物一致性和整厂物流设备运转效率最大化。

5G+厂区智能物流。通过成品仓库智能驱动系统仓库控制系统（Warehouse

Control System，WCS），与仓库管理系统（Warehouse Management System，WMS）、AGV 智能交通管理系统互联互通，车间配套 5G 网络，实现 AGV 成品自动搬运、自动捆膜、打带等自动化，实现成品仓储物流及包装自动化。

部署智能成品打包线体装备，基于 5G 新型网络技术建设物流系统及现有生产现场设备控制系统，实现成品打包线体设备、物流装备 AGV、生产线后段堆垛等实时控制和高效协同作业。智能物流系统架构如图 8 所示。

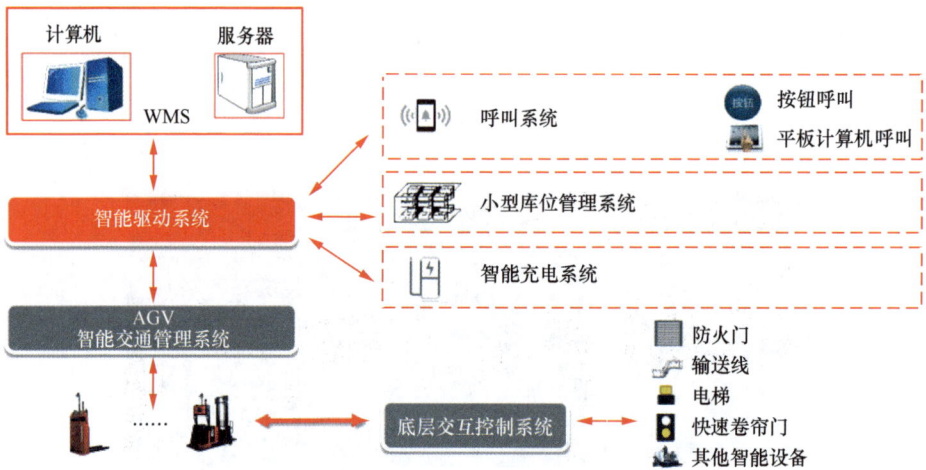

图 8　智能物流系统架构

5G+厂区智能物流从系统层角度划分为智能装备层（AGV 等）、过程控制层（AGV 智能交通管理系统、智能驱动系统）与生产管理层（WMS）。

智能驱动系统是位于 WMS 和 AGV 智能交通管理系统之间的控制系统，一方面，它与 WMS 进行信息交互，接收 WMS 指令，然后进行调度和路径规划，并下发到智能交通管理系统执行；另一方面，通过 SCADA 将可编程逻辑控制器（Programmable Logic Controller，PLC）与自动化仓库的实时数据反馈给 WMS，用于监视和管理。冠捷电子智能驱动系统包含呼叫系统、小型库位管理系统及智能充电系统。其中，呼叫系统触摸呼叫屏应用于车间包装线终端的堆垛工位，当线体完成成品堆垛和预捆任务后，可由人工触发运输指令，呼叫 AGV 及时搬运成品至成品打包线，进行成品自动打包。

冠捷电子科技液晶显示器成品包装形态多样化，包装物料规格多、栈板规格尺寸跨度大。导入本项目后，冠捷电子成品打包线实现自动覆膜、自动捆膜、自动称重、自动贴标、自动打横带、自动上护角板打竖带等自动化操作，大幅提高了成品包装效率。

5G 助力海上风电场智能高效化运维项目

参与企业：中国移动通信集团江苏有限公司南通分公司

技术特点：本项目提出5G+智能风电机组理念，并联合开发智能感知与主动监测系统，应用先进的5G通信与切片技术，解决风电机组通信问题，提升海上风电项目整体的信息化、数字化水平。通过部署5G微蜂窝基站，承载5G+机器人巡检、5G+AR辅助智能运维工作，满足附近海域海上检修人员、无人机、水下机器人等巡检设备的通信需求。

应用成效：本项目覆盖风机50台，累计收入1424万元，5G+北斗海上风电区域"辐射"3万多名沿海渔民，在通信领域累计带来收入1577万元，拉动海上风电产业销售额累计增加20亿元。本项目每年提供清洁电力20.7亿千瓦时，减少二氧化碳排放163.44万吨。5G网络全覆盖解决了沿海区域网络信号不足的历史性难题。通过北斗高精度定位服务为渔民海上作业提供了50km的高精度定位服务，为保障渔民海上捕鱼紧急避险提供安全保证。

　　本项目基于 5G 技术完成风电机组全国产化创新，布控海域 300 海里（1 海里 ≈ 1852m）网络覆盖，利用 5G+无人机、5G+AR、5G+自动巡检机器人等创新应用，实现全国首个产化海上风电"试验场"的正常运行。本项目由中国移动联合中国华能，针对海上风电机组部署 5G 智能感知系统，对原有的有线 PLC 进行柔性改造，大幅提升了监控风电机组的运行能力，保障问题早发现早解决，支撑了全国首批国产化机组在海域的顺利试点试验，实现了海上风电国产化。

🌀 共建共享的低成本海上 5G 覆盖模式

　　首先，本项目基站复用了冗余的海底光缆，大幅降低了 5G 基站的建设成本，同时相较于卫星通信，带宽使用成本大幅降低，且用户不需要更换手机，使用户成本大幅降低。其次，同时建设 5G 基站与北斗基准站，降低了北斗基准站建设的网络设施和电力设施建设投资成本，也实现了 5G 基站与北斗基准站共维共保，降低了运维成本。最后，由发电企业提供海底光缆、出海船只和海上站点基础维护，不需要另行准备相应船只和光缆设施，建设效率高、成本低，可快速推广。

🛜 首个电力行业 700MHz+2.6GHz 融合组网应用

海上风电项目对海上作业人员通信的并发需求较低，覆盖范围要求高，且区域内信号遮挡很少，适合 700MHz 组网模式，可以极大地降低网络部署成本和建设难度，可以更经济地部署海上风电 5G 网络覆盖。对升压站及机组内设备数字采集和机器人控制的接入密度高，且传输高清视频所需的带宽较大，更适用于 2.6GHz 的大带宽 5G 通信。

近海 80km 是风电的主要部署区域，近海 150km 范围是高价值渔场密集区，针对近海域 5G 网络覆盖难的问题，中国移动创新性地提出 5G+集成动态波束融合组网方案，部署了全国首个海域 5G+集成动态波束和北斗短报文融合组网，在国内首次实现了对近海、中海区域的网络连续覆盖，5G+集成动态波束和北斗短报文融合组网如图 1 所示。

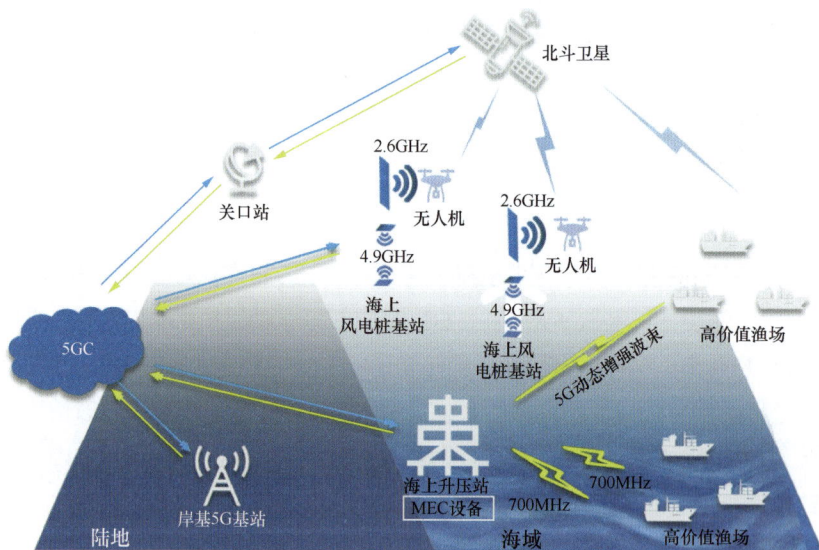

图 1　5G+ 集成动态波束和北斗短报文融合组网

2.6GHz 频段的可用带宽更大，可支持更大容量的并发通信，但覆盖范围小，所以本项目在风场风电塔桩塔外部署 2.6GHz 微站；700MHz 上行比 2.6GHz 高

12dB 增益，覆盖性能优异，建网成本更低，针对风电桩 10km 范围将基站建到海中风力发电塔上，借助海上风力场，在高度 87m 的风力发电平台建设 5G 微站，实现高速回传。部署 700MHz 频段实现 5G 覆盖，风电桩 100km 范围内使用的 5G 动态增强波束技术实现超远距离通信。

对于广域覆盖，本项目采用北斗卫星实现短报文互动通信。本项目利用 700MHz 超远覆盖技术、环海扇面覆盖手段、5G 动态增强波束、北斗卫星短报文融合组网等方式，最大程度地提高 5G 网络的覆盖距离，在有效覆盖风电场作业区的同时，将网络覆盖向海洋推进 70km 以上，实现 "5G+集成动态波束融合组网"，单站可有效覆盖近 300km^2 海面。700MHz 与 2.6GHz 的融合组网，实现了深度覆盖、上行增强、海域广覆盖三大价值场景，通过共建共享实现 "1+1 ＞ 2"，充分发挥 700MHz+2.6GHz 多频协同优势，打造了竞争领先的 5G 精品网。

5G 在风电数字化领域的突破性应用

5G 网络的接入，实现了机舱式激光雷达、声学多普勒流速剖面仪、成像声呐、叶片音频采集装置、螺栓预紧力传感器等 180 多个传感器数据的低时延、高速率传输，提升了机组的信息采集水平和数字化水平。基于塔筒内部的 5G 网络，搭建 5G+智能感知系统，针对风机外部环境、叶片、变桨系统、轮毂、主轴、齿轮箱、发电机、塔筒等机组主要部件，以及桩基础，综合采用机舱式激光雷达、三维成像扫描声呐、振动传感器、应力传感器、螺栓预紧力传感器、位移传感器、倾角传感器、腐蚀传感器等多种设备监测关键部件，从而进行数据采集，采用 5G+海缆光纤的方式将数据传送到海上升压站进行归集，打造海上风电 3D 可视化大数据分析平台，实时监测国产化大功率风电机组。本项目可通过 5G 网络，对设备基础设施及风机叶片等各类设备进行 24 小时连续监控，采集运行数据并形成分析结果，对国产化设备的运行检验，以及后续升级测试都有着示范性作用。5G+智能检测系统如图 2 所示。

机组监测：5G+无人机海上高空巡检作业。本项目建设全国产化风电机组，在试验场运行期间需要定期实时监测机组运行状态，以及叶片等外观缺陷。叶片高度可达 87m，且每个机组距离 2 海里，传统的乘船人为巡检模式无法实现日常巡检，且人为巡检的精度比较差。

本项目采用 5G+无人机海上高空巡检模式，携带可见光高清摄像机、激光测距仪等检测传感器，进行叶片高空巡检。基于 5G+高精度定位技术，利用机器学习算法构建无人机航线模型，为无人机规划巡检路线，实现 "一机多巡" 的维护模式。

本项目可实时回传海量数据、视频，实时处理图像数据分析，支撑风电机组外部受损的快速缺陷检测和缺陷信息确认，实现叶片、塔筒等设备表面损伤初筛。

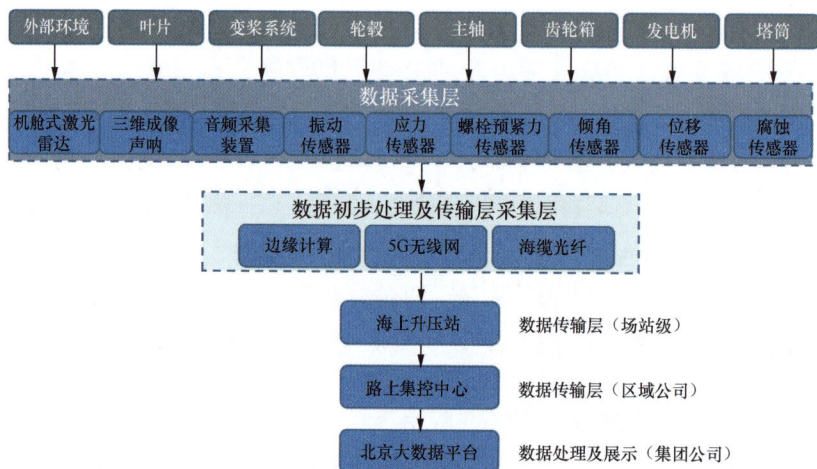

图 2　5G＋智能检测系统

基于 5G＋无人机海上高空巡检作业能够实现海上风场 50 台风电机组及升压站巡检作业 3 小时结束，替代了传统人工巡检，保障了人员安全，节省了人力成本。

电力监控：5G+巡检机器人升压站自动巡检。 由于海上风电周边作业环境会受到风、浪、潮汐、能见度、降水量等的影响，其检修的窗口期更短，并且电力数据庞大，巡检精度要求高，需要实时分析数据，监测电力生产情况。

通过机器人 5G 通信模块，接入 5G 网络，遥控机器人，并实时回传高清视频和传感信息，结合 5G 高速移动切换特性，通过机器人在相邻基站的快速切换，保证业务连续运行，扩大巡检范围，全面提升巡检效率，可完全替代人工进行升压站设备设施的日常巡检工作。巡检数据完全记录，巡检精度、频率较人工巡检有着较大提升。5G+自动巡检机器人升压站自动巡检作业如图 3 所示。

基于 5G+自动巡检机器人回传的电力生产数据，后端平台通过机器学习算法进行人工智能大数据分析，形成电力生产数据日报，自动存储电力生产数据日志并推送给管理人员，实现海上风电电力数据实时分析。

远程运维：5G+AR 远程运维。 本项目采用符合工业环境的 AR 眼镜、5G 对讲机等可穿戴设备终端，通过构建的大数据远程平台，为风电机组运维人员提供远程视频技术支持和视频培训，进一步缩短了维护时间，降低了故障频次，提升了发电效率，为业主资产评估和优化策略提供有力保障。远程协助功能包括建群通信、指导文件发送、实时视频指导、增强现实指导、多方协商等，可以为一线巡检运维人员提供强有力的后台技术指导。5G+AR 远程运维协作应用如图 4 所示。

图 3　5G+ 自动巡检机器人升压站自动巡检作业

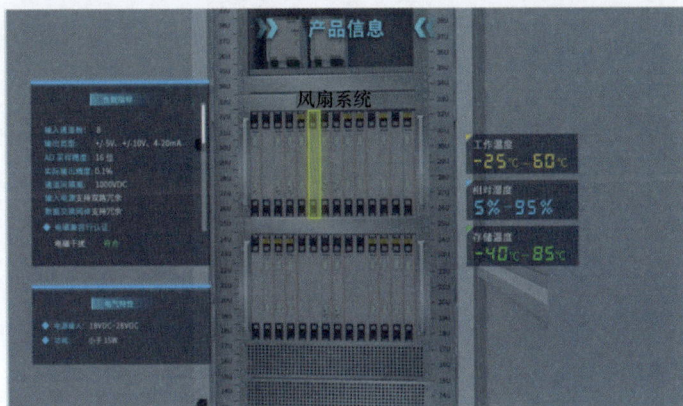

图 4　5G+AR 远程运维协作应用

5G 网络社会化，拥抱海洋经济

近海 5G 网络全覆盖解决了沿海区域网络信号不足的历史性难题，发挥央企的先锋模范作用，积极为公共事业作出贡献。

本项目的成功落地推动了 5G 产业发展，推动了 5G 风电设备产量增长与成本降低，使 5G 可以应用到更多风电及沿海行业场景中。同时，近海 5G 网络实现实时通话和网络直售服务，利用 5G 直播经济，打造海上热门旅游打卡地，并开启视频直播带货，迅速带动大批渔民改变了原有单调的海上渔业作业方式，海洋渔业市场格局也因近海 5G 网络覆盖日新月异，为海上渔民脱贫致富提供了强有力的保障。

南通海上风电 5G 基站在离岸 30km 海域成功开通，标志着中国移动在黄海海域的网络覆盖能力提升到离岸 60km 以上，为南通地区 3 万多渔民及滩涂养殖、港口作业、海上风力发电等行业从业人员提供更优质的海上移动通信服务，通过专业的信息化手段为渔民海上出行保驾护航，并以国家海洋通信畅通、安全为目标为国家提供高质量的海洋通信应急服务，全面提升海洋战备应急能力。

本项目通过北斗和 5G 基站共建共享，避免了北斗卫星基准站建设电力线路和通信网络重复建设，大幅降低了北斗基准站建设成本，同时解决了风电机组的通信和定位难题，整体提升了海上风电项目的信息化、数字化水平。基于"5G+北斗"的泛在测绘能力，实现定位、导航、感知时间的基于现代智能技术的延伸，这既是智能时代实现区域和广域乃至全球精确感知时空事件和目标信息的关键基础设施，也是现代通信实现支持广域和全球智能协同控制的赋能技术。

5G+MEC 助力岚图汽车精益化柔性化生产项目

> 🗼 **参与企业**：中国联合网络通信有限公司湖北省分公司、岚图汽车科技有限公司

技术特点：本项目在岚图汽车建设了5G专网、专用MEC云平台，实现了园区及工厂的5G全方位覆盖，同时在智慧园区及全连接工厂应用场景中，充分利用中国联通5G MEC高速率、低时延、大带宽等特性，确保数据不出园区，保证了数据的安全性。

应用成效：通过本项目的应用，岚图汽车减少了综合服务人员3名、园区巡检人员6名，每年节省园区管理人力成本150万元，同时实现安全监控的实时报警，能够在5分钟内到达现场处理突发事件。本项目平均可节省新工人培训时间20学时，提升检修人员工作效率10%以上，降低网络复杂度，为后期运维提供便利，每年为生产线节约成本200万元。本项目是汽车制造领域数字化转型的典型项目，以5G、人工智能、物联网、边缘云等新型技术为基础，推动汽车制造数字化升级，基于数字经济与实体经济深度融合，激发传统产业新活力，促进新旧动能接续转换，实现汽车制造提质、降本、增效。

🌐 编制一张大带宽、低时延、数据不出园区的"5G混合企业专网"

全连接工厂是岚图汽车精益生产中的创新实践项目，以5G专网及MEC等技术为基础，结合物联网、大数据、人工智能等先进技术，通过中国联通自主研发的智慧园区管理平台，对园区内的人、车、物进行统一管理，提升园区的综合治理水平。通过5G智慧生产一屏览平台对5G网络状态和MEC使用情况进行实时监控，对生产车间设备运行状态、产能、能耗等全要素进行实时监控，对车间内人员的操作合规性、工作环境的安全性进行实时监控，对生产过程进行监控分析。

🏭 打造 5G+ 全连接工厂方案

本项目以生产线设备监控平台为核心，充分利用 5G 技术特性，实时监控全连接工厂内的设备，提高生产水平，缩短故障响应时间；同时，充分利用企业 5G 专网特性及 MEC 云平台，对工厂进行智慧化改造，以实现降本增效的目标。

5G 智慧生产一屏统览平台方案。5G 智慧生产一屏统览平台是一个轻量化的全连接工厂平台，整合 5G+MEC 专网信息及生产车间"人、机、料、法、环、测"等全要素，对生产过程进行实时监控，便于生产人员管理整个生产过程，实现生产过程透明化。5G 智慧生产一屏统览平台包含 5G 专网总览、5G+AI 应用总览、焊装车间 5G 应用总览、总装车间 5G 应用总览、整车电检。

设备监控系统方案。岚图汽车五大车间内现有 PLC 共计 93 台，其中，冲压设备 1 台，焊装设备 31 台，涂装设备 41 台，总装设备 20 台。设备数量众多，管理难度较大。岚图汽车设备动力科配备 50 多名设备管理人员，由于原有设备管理系统不能继续使用，所以岚图汽车需要重新搭建一套设备监控系统，以满足目前的生产需求和将来工厂的数字化转型需求。本项目可连接岚图汽车员工手机客户端平台，员工可以在移动终端上直接查看及下载各种生产报表、计划报表、质量报表、设备状态 / 停机 / 运行指标报表、跟踪报表等常用报表。设备监控系统的应用极大地提高了设备故障处理效率，故障平均响应时长由原来的 2 小时缩短到 1.5 小时，生产线每年维护费用减少 15%。

AGV 管理系统。本项目在岚图汽车总装车间采用 5G 技术对 15 台传统 AGV 进行改造升级，同时，将 AGV 管理系统部署在岚图汽车园区内的 MEC 云服务器上，通过岚图汽车 5G 专网实现对 AGV 的控制调度、统一管理，简化网络架构，提高系统的稳定性，提升 AGV 的使用效率。5G 网络的全覆盖，降低了通信时延，提高了系统稳定性，打破了传统 Wi-Fi 网络的距离限制。AGV 管理系统实现所有车间的 AGV 调度，AGV 路线变更时长由原来的 3 小时缩短为 1 小时，整体物流效率提升 15%。

5G+AR 数字化系统。本项目采用专为工业场景打造的 5G AR 眼镜套件，在工业噪声环境下提供精准的语音识别。同时，AR 眼镜与机器视觉、语音识别、人机交互等 AI 技术相结合，提供智慧巡检、智慧作业、远程指导等应用，车间巡检效率提升 50%，生产操作错误率降低 30%，整体生产效率提升 15%。

5G+AI 安防监控系统。基于 5G 边缘云的 5G+AI 安防监控系统，是专门为管理企业员工的日常行为量身打造的一款图像识别 AI 应用，例如，员工考勤管理、园区访客管理、工厂工作人员行为及穿着的监控、工厂环境安全监控等。本系统大规模工程化应用人脸识别技术和 AI 技术，大幅提升了工厂的人员管理、安全管理水平和智慧化程度，每周工厂不合规时间降低 47%，管理效率提升 30%。

5G+制造运营平台。本项目结合岚图汽车已搭建的 5G+工业互联网基础设施构建生产数字孪生平台，替换了现有 MES，在保留原有系统功能的同时，整体管理冲压、焊装、WBS、涂装、PBS、树脂和总装车间的生产业务，重新整合工艺、计划、供应链和质量等业务系统，满足业务功能统一、生产数据共享等要求，可通过功能组件"配置化"方式适配多制造中心、多生产线、多车型、多品牌、多种生产节拍等相关业务，结合 5G+工业互联网等先进技术，同时满足数字工厂和智能工厂等发展趋势对信息系统的透明化、可视化、柔性化等要求。

5G+工业大数据平台。5G+工业大数据平台以 5G 专网为基础，大数据为驱动，对生产现场各类数据进行分析展示，包含 5G 生产管控大数据和 5G+能耗管理大数据两个部分。5G 生产管控大数据包含 5G+涂胶视觉检测分析大数据看板、5G+车身精度检测大数据看板、5G+激光焊接大数据看板、5G+整车电检大数据看板、5G+轮胎螺丝拧紧大数据看板、5G+绝缘检测大数据看板、5G+三合一加注大数据看板等。5G+能耗管理大数据主要对园区和车间的水、电、气能耗数据进行分析统计，实现节能减排，形成以数据驱动生产的数字化管理体系。

5G+工业智脑。中国联通为岚图汽车建设的工业智脑是以"云网"为基础，以"物"为核心构建的软硬一体化的 5G+AIoT 分布式智能系统，具有物网协同、设备能耗低、全网业务一点开通等优势，能够实现工业全场景数据感知智能、连接控制智能和分析决策智能。工业智脑主要由智能工业物联网平台、雁飞自主研发及雁飞 inside 系列工业网关、行业化 5G 专网、MEC 云平台和中国联通工业互联网（CUII）组成。通过人、机、物的全面互联，实现从设备上云、数据采集、数据传输直至智能化场景应用的端到端服务，支撑工业场景数字化建设，推进"生产换线""设备换芯""机器换人""产业链上云"。

🌐 5G+边缘计算技术实现数字工厂的精益化生产

本项目充分验证了 5G 专网与工业互联网应用结合的技术优势，在 MEC 云平台上部署了 5G 智慧生产一屏统览平台、设备监控系统、AGV 管理系统、5G+AR 数字化系统、5G+AI 安防监控系统等应用，实现了低时延、大带宽、高安全的技术特性。

5G+边缘计算技术促进工业生产的网络化、智能化。基于 5G 网络的工业移动专网具有大带宽、广连接、高可靠、低时延特性，同时能够确保本地部署、生产数据不出园区的密闭性和安全性，成为支撑工业互联网的无线网络不二之选。本项目将 5G 技术与 MEC 相结合，能够降低工业场景下的协议转换和设备接入难度，提升工业互联网异构数据接入能力，有效解决设备互联问题。

5G+边缘计算技术加速工业生产的数字化、柔性化。在工业互联网场景下，典型的闭环控制过程周期低至毫秒级别，同时对可靠性也有极高的要求。5G 在实现高可靠、低时延的基础上，使海量工业数据能够实时同步，进而提升生产设备无线连接的灵活性，使工厂生产系统的模块化和柔性化制造成为可能，极大地降低了生产线重组的时间开销及成本。

5G+边缘计算技术助力工业生产虚拟化、远程化。在未来的工业互联网体系中，工业企业将更多地使用高清视频监控、AR/VR 等技术，实现虚拟作业和远程作业。在生产过程中，如果这些智能设备之间实现密切协同和无碰撞作业，需要以无线方式，低时延、高可靠地进行实时数据交换。5G 对于这些设备之间的精密协作至关重要，可以大幅提升制造效率。

千万吨级"两矿一核心"5G+工作面全景拼接项目

参与企业：华能庆阳煤电有限责任公司、华为技术有限公司、上海山源电子科技股份有限公司

技术特点：本项目采用适合煤矿业务特点的5G地下移动通信网络（DMN）技术方案建设5G网络，具有超大上行带宽、超低传输时延、超高覆盖范围、物联接入等特点。5G DMN基站频段采用700MHz+900MHz创新方案，解决了原有700MHz基站带宽小、难以支撑煤矿应用场景的问题。本项目采用共享5G核心网方案建设双矿5G网络，具有统一管理、架构简单、自主可控、建设成本低等特点。本项目采用切片分组网（Slicing Packet Network，SPN）组建工业环网，具有超大带宽、超低时延、业务硬隔离等特点。本项目采用光电复合缆，降低施工复杂度和建设成本。

应用成效："两矿一核心"方案是产业界首个同时支持远覆盖和大上行的煤矿5G创新解决方案。本项目为煤矿智能化建设提供参考标准，单个采煤工作面入井减少9~15人；光电复合缆每个工作面节省600m，每年每个工作面节省成本60万元；采用煤机5G远控，避免了光纤断裂导致生产中断，确保设备稳定运行；相对于中频基站，700MHz频段的覆盖距离提升了50%~75%；在满足相同覆盖范围时，可降低近一半井下基站数量。

华能庆阳煤电下属的核桃峪煤矿和新庄煤矿均年产800万吨，是华能集团"两线、两化"战略、陇东千万千瓦级"风光储输多能互补综合能源基地"建设的重要组成部分。核桃峪煤矿入选首批国家级智能化示范矿井，两矿均入选甘肃省智能化煤矿示范项目。

"两矿一核心"，建设 5G DMN

本项目共建的核心网设置在核桃峪煤矿，新庄煤矿通过租用电信运营商专线，实现"两矿一核心"。两矿井下工作面区域分别部署 SPN 光环网设备，在工作面远距离供电区域设置 BBU，为算力下沉提供支持，并分别在远距离供电供液硐室内部署 1 台 DMN 基站，用于采集顺槽皮带监控数据，顺槽内根据实际长度部署 2～3 台 DMN 基站，工作面根据实际长度部署 2～3 台 DMN 基站，实现采掘工作面采煤机、液压支架、煤矿智脑、高清摄像头、传感器及矿用单兵装备等的信息无线传输及实时互联。DMN 核心网共用拓扑如图 1 所示。

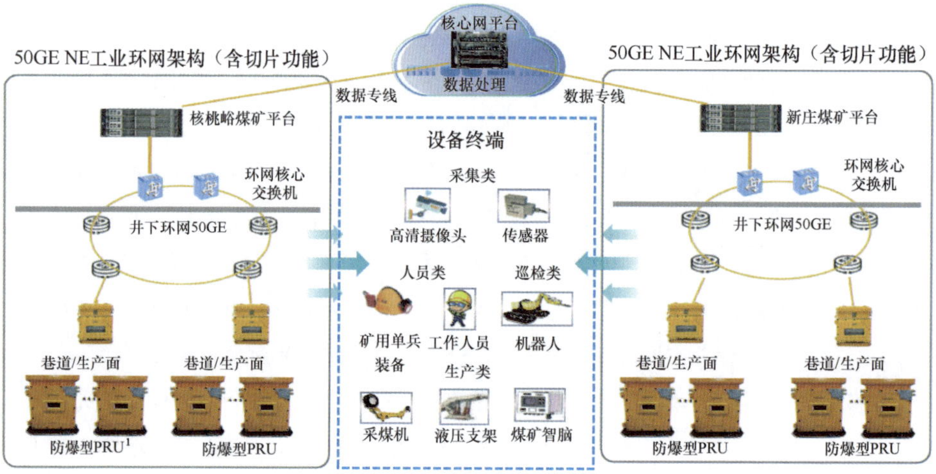

注：1. PRU（Packet Radio Unit，分组无线电单元）。

图 1　DMN 核心网共用拓扑

"两矿一核心"，建设 5G DMN，提供约 1Gbit/s 上行传输速率，支持 5G、NB-IoT 及 4G 信号覆盖。采煤机、掘进机采用远程控制双发选收方案来提升数据传输的稳定性和可靠性，为采煤机、掘进机的无人化、少人化操作提供基础保障。利用 5G DMN 超大上行带宽的优势，在综采面部署全景视频拼接系统，从而实现综采面全景可视，提供"身临其境"的煤机操作感受，精准引导远程操控作业。利用 SPN，实现对采煤巷道及掘进巷道的通信、定位、视频、广播、转载机、输送机等数据信息的采集，形成工作面"人、机、环"的动态管理功能。5G+全景视频远控如图 2 所示。

图 2　5G+ 全景视频远控

SPN 工业环网实现光速传输，架起智能煤矿"时光隧道"

通过深入研究煤矿井下网络，本项目选用支持硬切片技术的 SPN 设备，按照"两矿一核心"的要求进行规划，建设覆盖全矿井上下的 SPN 工业环网，整合承载不同业务的网络，从而解决井下同时存在多个工业环网的问题。

SPN 在组网和提供的业务方面完全可以替代目前煤矿井下所使用的光纤以太环网，且井下环网传输带宽可达 10 ～ 100Gbit/s，是万兆光纤以太环网的 1 ～ 10 倍。核桃峪煤矿及新庄煤矿 SPN 工业环网总带宽设计为 10GE，井下各业务系统通过 SPN 工业环网进行统一承载，隔离的业务系统通过不同的切片接入，然后将各种业务统一汇聚到 SPN 工业环网设备上。

SPN 工业环网架构分为核心层和汇聚层两个部分。本项目共设计了 2 台 PTN 980 作为地面 SPN 核心交换机，均部署在核心机房，互为主备。汇聚层为 4 ～ 6 台内置 PTN 970C 的井下隔爆兼本安型万兆交换机 KT685（5G）–J1，分别位于远距离供电供液硐室、工作面及其运输顺槽。

SPN 工业环网保护倒换时延达到电信级水平，即故障保护倒换时间小于 30ms；隔爆型 PTN 设备，后备电源供电时间不低于 4 小时；支持井下不同业务统一接入、相互隔离。

目前，井下千兆 / 百兆环网采用二层环网技术，相关业务最终要迁移到 SPN 工业环网，业务按需分批次、逐个节点迁移业务，将原有交换机下挂 Hub（集线器）/二层交换机等链路直接挂到 SPN 工业环网节点上。环网融合方案如图 3 所示。

把终端链路直接从原有的二层环网切换到 SPN 后，在终端修改 IP 地址和网关地址，在服务器上增加到终端 IP 的路由。

井下的矿用摄像头汇聚连接到 SPN 工业环网，逐步把原有摄像头也接入 SPN 工业环网。井下视频网络如图 4 所示。

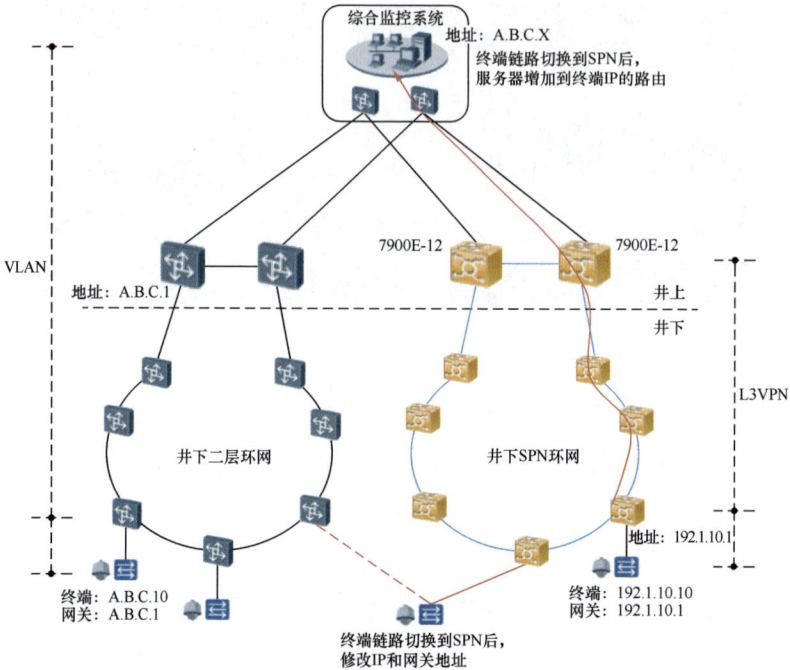

图3　环网融合方案

图4　井下视频网络

🎯 三大方案落地应用，撬动智能煤矿加速演变

一是 DMN 补充上行（Supplementary Uplink，SUL）带宽方案。针对煤矿井下场景，在 700MHz 频点附近组建网络，采用 5G SUL 带宽方案，即引入新的频段（703 ~ 803MHz），将上行带宽由 30MHz 扩展到 100MHz，并将该 700MHz 频段中原有的新空口频分双工（New Radio Frequency Division Duplexing，NR FDD）制式改为 SUL 方式。同时，在同一矿用 DMN 基站中，利用 5G 的上下行解耦技术，以 900MHz 频点为中心建立 5G 下行网络，实现 5G 广播、系统信息、上下行配置信息、下行控制、数据信息等的发送，满足综采面、掘进面、硐室，以及巷道等多场景应用的网络需求。

二是基于 AI 识别的全景工作面。综采面全景视频远控方案通过 5G+AI 智能视频拼接与行业应用场景的深度融合，创新性地突破了短视距大视差视频拼接、相机移动拼接、百路摄像机实时拼接、重复纹理的特征匹配、粉尘干扰情况下的特征提取与匹配等难题，实现"可视 + 智能 + 联动"的沉浸式综采面全景视频远控采煤。

三是远程控制双发选收方案。对于井下 700MHz 频段发送的控制信号，利用双发选收技术提升信号传输的稳定性和可靠性，通过在采煤机、掘进机上安装双发选收相关设备，双路发送控制信号，信号接收端从双路信号中择优选择接收，实现核桃峪煤矿实用、高效、智能化生产的要求，支持 5G 上行 700MHz + 下行 900MHz 频段传输。

华能庆阳煤电千万吨级"两矿一核心"5G 项目，打破了以往"建设项目一矿一建"的建设方案，在 5G 头部网络架构上作出了改变，在矿井场景下以两个煤矿和一个数据中心为核心，通过 5G 网络实现多个煤矿之间、煤矿和数据中心之间的联网和数据共享。本项目借助先进的技术力量打造行业集群性矿井"两矿一核心"的网络架构，建设了 5G"灯塔煤矿"的首个实践案例，为全国集群性矿井 5G 建设提供可复制、可推广的模型。

中国平煤神马 5G+煤炭绿色安全开发项目

((( ))) **参与企业：** 中兴通讯股份有限公司、中国平煤神马控股集团有限公司、中国移动通信集团河南有限公司、河南中平自动化股份有限公司、河南科矿智能科技有限公司

技术特点： 本项目立足矿山高质量绿色发展，建设5G智慧矿山数字星云体系，支撑智能选矸、智慧采掘等核心生产场景，使矿山数据可视、可管、可控，实现机器换人，在大幅提升生产效率的前提下，解决矿工工作"苦脏累险"的问题。

应用成效： 本项目研发了全球首款5G智能煤矸分选装备系统，并具有完全自主知识产权，该系统通过机器视觉+X光断面分析，能够精准识别并剔除矸石，实现块煤与矸石的精准分选，分选精度达到97%，皮带速度达到3.5m/s。本项目改造掘进机、采煤机的内置5G通信模块，完成信号转换，单班作业人员由16人减至7人。综采人员在地面调度中心，通过5G网络控制井下采煤机，实现一键启车、远程采煤和自动截割，单矿作业人员由160人减至59人，月出煤量由8万吨提升至13.5万吨。

煤炭作为国家能源安全的压舱石，要向安全、高效、绿色的体系迈进。要推进煤炭消费转型升级，必须实现煤炭资源的高效开发、利用和转化。作为首个自行勘探设计兴建的特大型煤炭基地，中国平煤神马近年来大力引进 5G、人工智能、大数据等新一代信息技术，全面推进煤矿智能化建设，打造了全国首个千米级 5G+智慧煤矿项目，构建了全国首套 5G+智能选矸、河南省首套 5G+智能综采、5G+辅助作业等应用场景，实现危险作业区域设备远程控制，助力煤炭企业少人化、无人化。目前，中国平煤神马已建成 1 对国家级、11 对省级智能化示范煤矿，煤矿生产效率提高 15% 以上，采掘一线作业环境持续改善，职工劳动强度大幅降低，矿井安全保障能力显著提升。

☻ "一张图""一道墙""一平台"构筑矿山"智慧大脑"

在多数矿山作业场景中，5G 相比其他通信模式，有着更高的兼容度，主要体现在百兆上行宽带速度的视频回传，毫秒级、低时延的生产控制，灵活移动的便捷性与高频切换的稳定性。同时，本项目不断推动5G 设备形态与组网优化，为煤矿"量体裁衣"，全方位保障煤矿生产域的数据安全与业务安全。

近年来，中国平煤神马将 5G 与大数据、云计算、物联网等技术相结合，着力构筑煤矿集控"一张图""一道墙""一平台"，逐步实现采掘智能化、系统操控可视化和管理信息化。

中国平煤神马成功搭建了集团骨干环网，骨干环网链路带宽 200Gbit/s 以上，并携手华为公司共建 5G 承载网，在 14 对矿井建成万兆"数字高速公路"，为智能化采掘、无人驾驶、视频分析、远程运维等多场景应用提供精准信息，并实现"定位导航"。同时，本项目建成技术水平行业一流、国内领先的云中心、算力中心和大数据中心，不仅让中国平煤神马 100 多项核心业务实现"上云用云"，还为煤矿未来实现"云端作业"打通了多网融合的数据传输"大动脉"。

多网融合的数据传输筑牢了高阶智慧矿山发展的"底座"。目前，中国平煤神马在 19 对矿井建成智能化综合管控平台，各生产系统实现数据集成、业务融通、一体应用，构建了安全生产信息管理"一张图"；11 对矿井完成工业控制安全平台建设，打造了横向到边、纵向到底的煤矿网络安全保障体系，构建了工业控制系统网络防御"一道墙"；20 对矿井建成工业视频平台，实现了对井下生产工况的在线监测、实时感知、超前研判，构建了工业视频监控"一平台"，为煤矿安全高效开采打造了"智慧大脑"。

在千米井下，本项目建设了 700M 本安基站，设备防爆箱火花风险为零，大幅降低了施工难度与安全风险；其在 10Mbit/s 边缘速率下，巷道单站覆盖达 600m 以上，实现了安全、性能、成本的最优化。本项目增强 5G 的轻量化与可用性，实现 4 台服务器即可支持"核心网 +IMS"与调度系统全打通；合作研发算力单板，匹配井下狭窄的安装环境，实现工作面的自组网。本项目将 5G 与工业环网相融合，将 SPN 硬切片应用到矿山，通过分阶段并网，实现超大带宽、一网多能、安全隔离的矿井传输网络。5G 专网示意如图 1 所示。

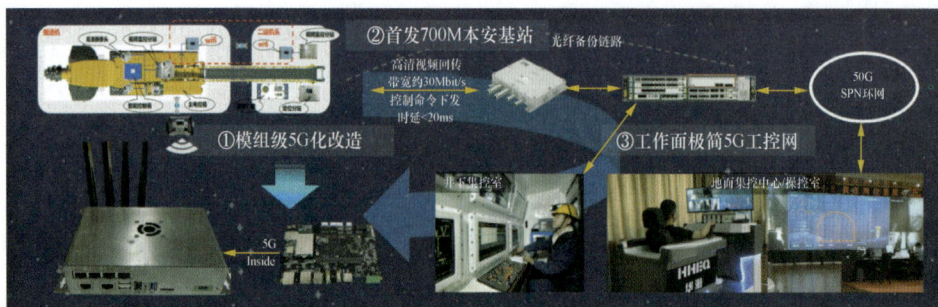

图1　5G专网示意

智能化装备实现安全高效智慧开采

中国平煤神马在井下实现了远程掘进、无人综采、智慧测控；在井上建设了5G智能煤矸分选装备系统，实现无人化选矸，安全高效。5G融入煤炭开发，由深到广，从采到选，赋能多业务场景，开启中国平煤神马智慧矿山新时代。

在"5G+采煤"方面，中国平煤神马在煤与瓦斯突出等灾害严重的矿井率先完成智能化建设，形成薄、中、厚采煤工作面全覆盖生产格局，智能化采煤工作面单班作业人数由22人减至6人，常态化运行率接近80%，智能化产能占比突破50%。同时，中国平煤神马建成5G+规划开采与数字孪生系统，做到井下装备工艺数据信息在线显示、同步采集、自动提取，开创了全国深部矿区综采工作面透明开采技术应用示范。

在"5G+掘进"方面，中国平煤神马新增成套智能化掘进装备51套，智能化开掘进尺达到82km，并自主研发智能化掘进自移皮带机尾和工作面多功能巡检机器人，构建了具有中国平煤神马特色的煤矿智能化快速掘进体系，实现了"地面截割，井下支护，无人值守"，智能化掘进工作面单班作业人数由12人减至8人，中国平煤神马首套全断面岩石掘进机岩巷单进突破623m，刷新全国同类型矿井进尺纪录。

在"5G+智能分选"方面，中国平煤神马自主研发的5G智能煤矸分选装备系统成功投用，与中兴通讯联合搭建的"5G+智能分选数字星云平台"，经行业鉴定达到国际先进水平，矸石选出率达到90%、效率提升60%，原煤灰分降低6%～10%，人工选矸彻底退出煤矿历史舞台。

此外，在实训领域，中国平煤神马打造了全国首个智慧矿山5G+数字孪生实训基地，针对目前煤矿招工难且高技能人才紧缺的问题，将井下生产环境与实训教学实时互动，完善了智能开采、通信、物联网等学科的虚拟仿真实训教学体系，建成国家级煤炭教学实训基地，高质量输送行业高技能人才，大幅提升培训效率，解决了煤矿培训"三难"和高技能实操人才紧缺等问题。

目前，中国平煤神马累计建成 40 个智能化采煤工作面、88 个智能化掘进工作面，智能化采煤工作面人均工效平均提高 20% 以上，智能化掘进工作面人均工效平均提高 30% 以上。5G 智慧开采系统如图 2 所示。

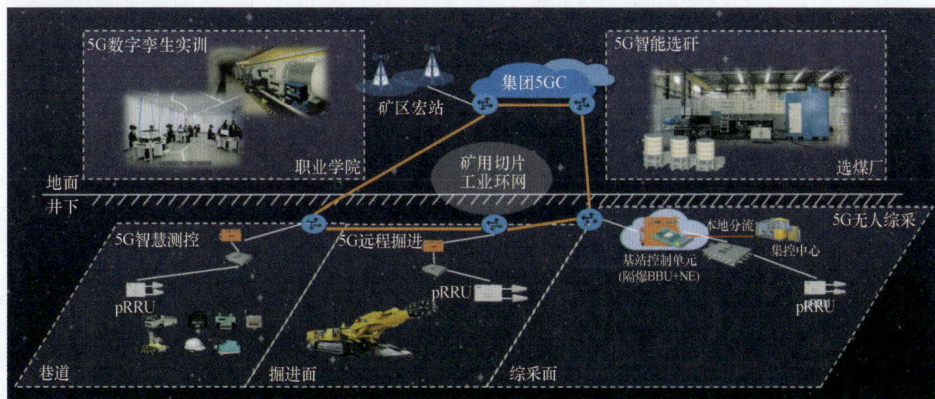

图 2　5G 智慧开采系统

深耕 5G 数字新蓝海，助力煤炭工业高质量发展

在经济效益上，通过 5G 的持续赋能，本项目降本、减员、增效成果显著，在采煤板块，效益提升了 3.5 亿元；在选煤板块，销售额增长了 6.5 亿元；在实训教学板块，受益学员达 5 万人。

在规模复制上，基于采煤板块的 5G 远程掘进场景，已复制推广到全国 22 家煤矿；在选煤板块的 5G 智能选矸场景，已签约 10 家煤矿，并对接巴西、越南等 5 个国家洽谈项目合作。

在产业联动方面，通过 5G 赋能采煤、选煤、实训等领域的智能化改造升级，本项目促进了煤炭全行业的技术革新、应用孵化、场景复制，进一步带动了能源、通信、智能制造、环保、教学等相关产业链的良性可持续发展。

在社会效益方面，依照国家能源行业"清洁低碳、安全高效"的发展方向，在煤炭全行业的 5G 智能化改造过程中，一方面通过减少能耗浪费、伴生资源循环利用，极大促进了煤炭工业的"双碳"进程；另一方面通过不断优化产业结构，提升煤炭自主供给能力和产能利用率，减少对进口能源的依赖，保障国家能源安全。

鞍山钢铁 5G 智慧钢铁项目

参与企业：中国移动通信集团辽宁有限公司、鞍山钢铁集团有限公司

技术特点：本项目通过5G SA模式建设5G专网，在厂区内实现5G专网深度覆盖，打造5G+无人铁水运输、5G+无人天车、5G+带钢表面质量检测、5G+电机全生命周期管理、5G+PLC远程控制、5G+智慧一键炼钢等多种场景，进一步提升了冶金企业的数字化、智能化水平。在保证人员安全的同时，助力企业降低生产成本，为打造鞍山钢铁5G全连接工厂奠定了良好的基础。

应用成效：5G+智慧一键炼钢实现吨钢成本降低5.1元，单炉冶炼时间从40分钟降至30分钟，效率提高33%，单炉每年节省成本1020万元；5G+无人天车应用后，单吊入库任务时间可降至2.22分钟，操作效率提高25%；5G+无人铁水运输实现了人、车、路的智慧协同，铁水降温约10℃，现场人员减少42%；5G+带钢表面质量检测规模应用后预计可降低维修成本1000万/年。

鞍山钢铁与辽宁移动合作，共同开展"鞍山钢铁 5G 智慧钢铁项目"建设，通过 5G SA 模式建设 5G 专网，在厂区内实现 5G 专网深度覆盖，打造 5G+无人铁水运输、5G+无人天车、5G+带钢表面质量检测等多个 5G 应用场景，进一步提升了鞍山钢铁的数字化、智能化水平，取得了较好的经济效益和社会效益。

中国移动 5G 技术保障"最后一百米"

中国移动 5G 专网采用 SA 网络架构，独建独用基站资源，移动网络覆盖范围广，建设能力、资源调度能力有保障，同时具有最广泛的 5G 无线频谱资源，可根据业务需求进行多频段立体 3D 组网，可满足不同企业数据不出厂、大带宽、超低时延应用场景需求，并提供优享、专享、尊享等服务模式，降低 5G 专网使用门槛，节约建网成本，可免费提供 5G 专网运营平台，实现专网自服务，保障 5G 专网的运

行质量。

辽宁移动结合当前 5G 规模拓展中存在的设备接不进来、数据用不起来、网络管不起来等痛点，结合行业现场网发展趋势，打造了业界首个自主化、支持 R16 高精度时钟同步的 5G 确定性网关产品，面向行业生产控制中远程控制、自动化控制等场景对高可靠、低时延、低丢包、高确定性、高精度时钟同步等的底线要求，内置自动化配置能力，可实现端到端时延降低 5% ～ 10%、网络数据传输抖动降低至 1ms 以内、丢包率降低 20% ～ 60%、对时误差小于 250ns，助力 5G 网络建设低成本、易部署、即插即用、异构融合等能力提升，加速 5G 深入工业"最后一百米"。

"数字鞍钢"助力国有企业数字化转型

根据深入推进国有企业数字化转型专题会上提出的工作要求，"数字鞍钢"整体规划以"五转、五化、五新、五维"为指导，深化数据应用的数字化转型新模式，打造数据驱动、技术支撑、流程优化、组织变革的发展体系，加快管理和业务体系变革，由业务数字化向数字化业务创新转型，形成新型生态体系；持续以工业互联网＋大数据创新应用为抓手，在"一套大数据运营治理体系"和"一个工业互联网生态平台"技术架构下创新迭代数字应用，用数字技术攻破冶炼、轧制过程中的难题，快速推进鞍山钢铁数字化转型升级。

同时，鞍山钢铁结合《5G 全连接工厂建设指南》，依托 5G 网络的大带宽、低时延、广连接等特性，以企业生产辅助及相关的生产保障性环节为基础，重点围绕生产关键环节，助力实现研发设计、生产运行、检测监测、仓储物流、运营管理五大类领域内的应用。

5G 智慧推动 5G 工业化应用再上新台阶

鞍山钢铁基于 5G+智慧一键炼钢系统，实现了智能排程系统、运输调度指挥系统、微机联锁系统、无人驾驶系统、智能感知系统、智能分析系统、远程自动化系统、远程监控与诊断系统、视频监控系统和地面数据中心等的炼钢全流程数据互通和炼钢过程精准控制，减少原材料损耗、生产能耗和有害废气废物的排放，推动 5G 工业化应用再上新台阶。5G+智慧一键炼钢如图 1 所示。

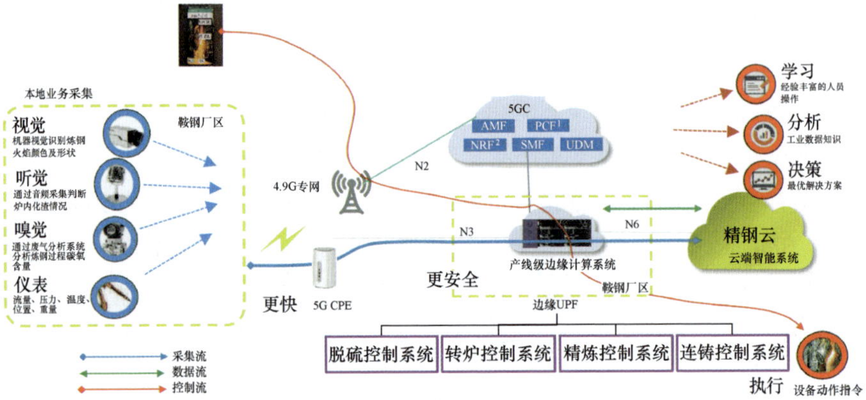

注：1. PCF（Policy Control Function，策略控制功能）。
　　2. NRF（Network Repository Function，网络存储功能）。

图 1　5G＋智慧一键炼钢

　　鞍山钢铁智慧铁水运输系统由自动驾驶车载系统、智慧铁水运输地面管控系统、控制通信网络、视频监控通信网络组成。

　　通过机车对位、摘挂钩、驻车、进路控制、机车走行等各个操作环节实现自动化联动、钢水调度智能化、机车作业无人化。5G＋无人铁水运输示意如图 2 所示。

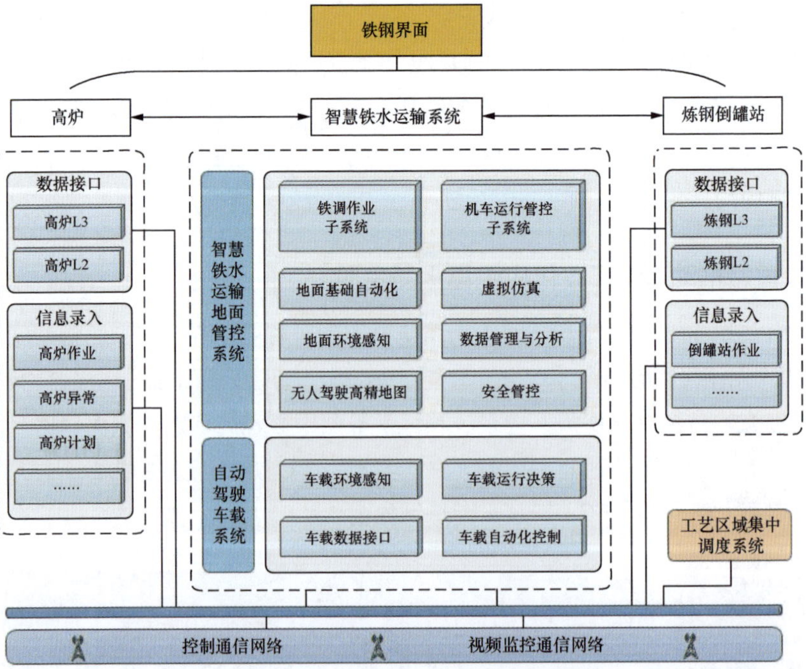

图 2　5G＋无人铁水运输示意

智慧铁水运输地面管控系统主要获取高炉和炼钢的生产计划和实时数据，通过模型计算实现炼铁和炼钢之间的铁水运输管理和铁水平衡管理。自动驾驶车载系统通过高速无线网络获取地面管控系统的机车调度指令，结合车载环境感知模块和区域集中调度系统（微机联锁系统）实现自动驾驶功能。

本项目在库区内建立 5G 专网，并对板坯库内 4 跨 12 台行车实施改造，建立天车位置跟踪系统（CLTS），主要完成库区管理及行车吊运入库、上料、卸料、倒垛和发货功能。CLTS 通过 L3 网络与钢轧生产执行系统互联，接收计划、同步库位信息；通过 5G 网络实现库内行车作业信息的实时传输，达到库内物料信息流与实物流一致的目的。同时，通过位置检测设备，精确指导行车作业行进方向并告知行车作业目标位置。5G+无人天车如图 3 所示。

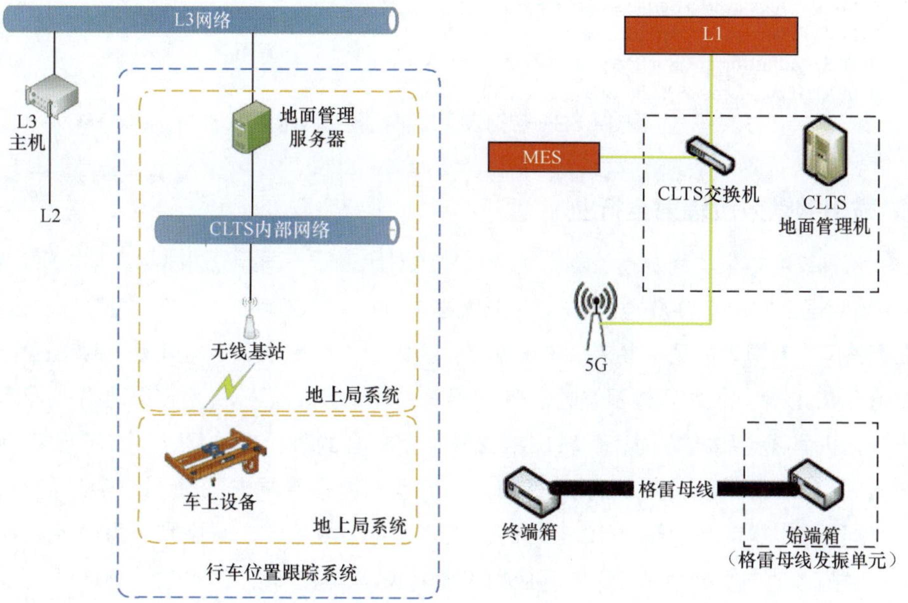

图 3 5G+ 无人天车

鞍山钢铁打造的基于 5G 的带钢表面机器视觉质量检测方案，通过在生产线部署工业相机 + 边缘计算网关，实现视频图像处理和边缘计算平台自动比对判断，杜绝人为漏检、错检，所有单元无线组网，可按需、快速、灵活组合，明显提升装配、包装等生产工序质量合格率，同时可以根据不同企业的需求进行定制化开发，助力实现企业质检无人化，提升效率，降低成本。该方案能够根据缺陷图像判定缺陷的类别，进而辅助操作人员对生产状况作出判定和决策。5G+带钢表面质量检测组网示意如图 4 所示。

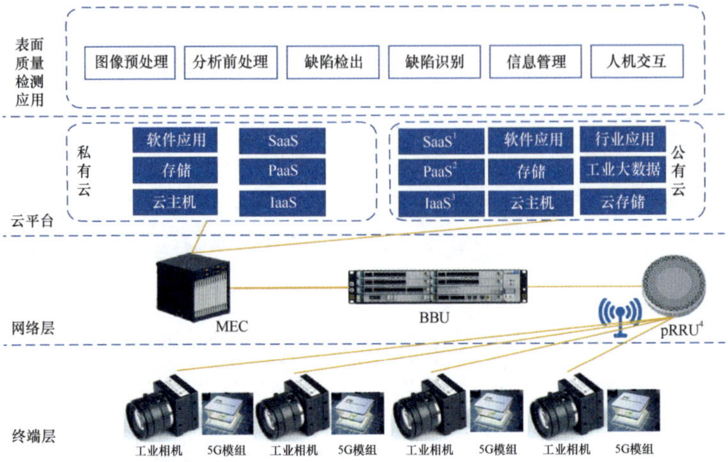

注：1. SaaS（Software as a Service，软件即服务）。
  2. PaaS（Platform as a Service，平台即服务）。
  3. IaaS（Infrastructure as a Service，基础设施即服务）。
  4. pRRU（pico Remote Radio Unit，微型射频拉远单元）。

图 4　5G+ 带钢表面质量检测组网示意

鞍山钢铁效应辐射全行业

从钢铁冶炼长流程及短流程劳动生产率的对比来看，国际先进水平人均吨钢产量为：短流程 2700 ～ 3000 吨 / 人·年；长流程 1700 ～ 2000 吨 / 人·年，智慧铁水运输在钢铁厂内有极大的现实需求。未来 5 年，国内钢铁产量 500 万吨以上的钢铁企业超过 100 家，以常规铁水运系统的 20% 进行智能化升级改造测算，潜在市场约 40 亿元。

在机器视觉质检方面，仅鞍山钢铁就有 500 套的表检系统需求，市场规模约 1 亿元；除了表检系统，鞍山钢铁总计有 5000 套机器视觉需求，预计市场空间 10 亿元；全国每年粗钢产能超过 10 万吨的钢铁企业有 240 家，市场空间更为广阔。

中国移动自主研发的 5G 专网应用工业网关，在钢铁、化工、电力三大典型行业，测算市场需求约 20 万台（套），市场空间约 20 亿元。

5G+智慧一键炼钢解决了企业炼钢过程中存在的"信息孤岛"、加料难控制、操作步骤繁杂、终点过氧化等问题，解决了现有作业中存在的重复劳动、人为干预等问题，提升了生产组织的管理水平；5G+无人铁水运输实现了人、车、路的智慧协同；5G+带钢表面质量检测可实现处理带钢图像 10m/s，常规缺陷检出率 95% 以上，预计每年节省人力成本 700 万元，每年降低维修成本 1000 万元。

鞍山钢铁 5G 应用场景的建设和实践，促进了 5G 智慧钢铁的应用推广，为钢铁行业智慧制造注入发展新动能，在全行业具有较高的推广价值。

5G+码垛，让华东最大的立体仓快中有进项目

参与企业： 中国移动通信集团浙江有限公司宁波分公司、得力集团有限公司

技术特点： 本项目为得力集团打造了5G+AI笔检、5G+码垛、5G+AGV等八大5G应用，建设了100多条生产线，近200个连接终端，落地了行业全国首个5G笔检、全国首个全自动5G混码分拣生产线，突破行业技术难点。

应用成效： 本项目为真正解决得力集团生产需要而孵化融合技术应用场景，在提升产能、人均产值、质检效率、仓储效率等方面效果显著，降低维修成本30%、设备停机时间50%，大幅提升质检和码垛自动化的效率，质检效率提升130倍，仓储效率提升71%，年约节省成本1亿元。

在得力集团产业规模急速扩张的同时，得力集团数字化转型升级之路也遇到了许多不可避免的技术瓶颈，包括设备数据的高效获取、仓储效率的优化提升、快速响应和满足日益多元的服务需求等方面能力的不足。传统有线网络灵活性不足、无线网络稳定性欠佳，5G以其超高速率、超低时延和超广连接的特性，成为智能制造的"助力剂"，打破设备独立控制、分散管理的壁垒，突破企业数字化转型升级的瓶颈。

端到端层级架构支撑应用落地

本项目紧密围绕重点制造领域的关键环节、痛点问题，开展新一代信息技术与制造装备融合的集成创新和工程应用，加强得力集团工业互联网基础设施建设规划与布局。在建设低时延、高可靠、广覆盖的5G工业互联网前提下，本项目紧扣关键工序智能化、关键岗位机器人替代、生产过程智能优化控制、供应链优化，通过高效稳定的5G专网，探索5G+融合技术创新应用，帮助得力集团提质增效。

本项目端到端层级架构主要分为四层，分别是接入层、网络层、能力层及

业务层。

接入层通过 5G 同其他接入网络的融合使用，实现各类终端的全量接入，其中 5G 通信能力以工业模组、CPE、工业网关、专用终端等形态出现。

网络层可提供基于 SA＋切片＋MEC 的高可用、低时延、安全 5G 专网服务，并提供专网运营平台、终端拨测管理平台、端到端故障诊断平台等。生产应用 App 可以根据不同的业务需要，直接调用边缘云的强计算、AI 等能力满足自己对硬件服务器的要求，从而替代本地服务器。由于边缘云距离终端或信息源近，网络响应用户请求的时延大幅减小，可以满足各种应用对低时延和大带宽的要求。边缘云能够实时获取基站 ID、可用带宽等网络数据，以及与用户位置相关的信息，为各种生产应用提供网络开发能力，极大地改善了服务质量和服务体验。

能力层可提供定位、视频结构化分析、大数据分析、AI 训练推理、可视化开发等各类模块。

业务层可采用适合各类场景应用的方式，接入现有业务系统或者单独构造新的工作流，实现闭环管理。

打造一张移动 5G 立体式专有网络

5G 专网一网到底、三跨融合是得力集团的核心特色，本项目实现了得力集团国内生产基地的 5G 网络全场景覆盖，同时部署入驻式边缘计算，并将跨基地数据通过跨国跨省专线同步至总部的得力"产业大脑"。本项目部署了得力集团专属的 5G 专网"轻骑兵系统"，将网络质量运维下沉到企业侧，为得力集团这样工厂面积大、有跨基地需求的企业提供了高可靠和稳定的 5G 专网环境，打通烟囱式系统、贯通工厂"数据血液"。得力集团 5G 专网架构如图 1 所示。

5G＋AI 笔检全面提质增效，改变生产模式

5G＋AI 笔检将自动化改造、AI 算法、5G＋云计算等关键技术充分融合，帮助得力集团实现提质、降本、增效，改变原有的生产模式。通过自动化改造，将笔进行 360° 旋转，使笔的每个面都能被预先架设好的相机拍摄到；使用柔性夹具，兼容长短、形状不同的笔，并且可实现后续其他系列笔检的快速复用。除了使用最新的深度学习框架，5G＋边缘云的计算方式满足了 300Mbit/s 左右的数据上传速率，可传输数据量大，传输效率高。同时利用 5G＋边缘云的计算方式，实现了缺陷项目全检，满足每 1.4s 检测 8 支笔的生产节拍，大幅降低误判率，得力集团计划后续将其复制到 100 条生产线。5G＋AI 笔检示意如图 2 所示。

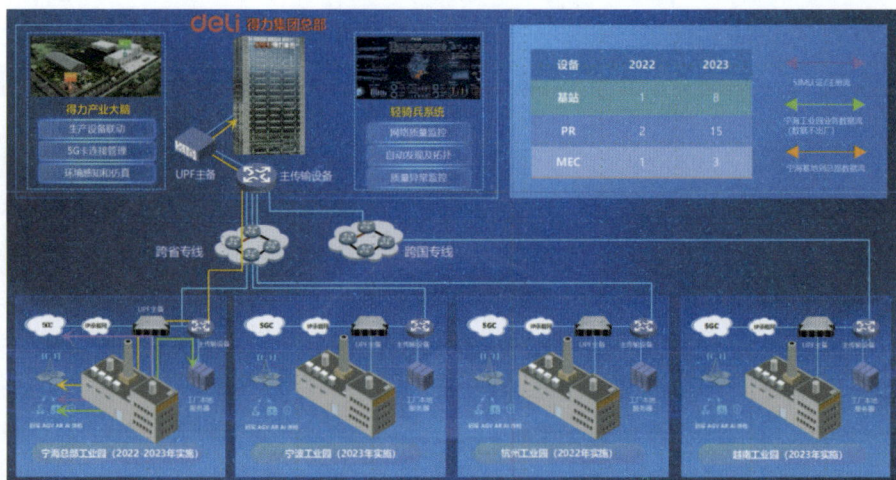

图 1 得力集团 5G 专网架构

图 2 5G+AI 笔检示意

5G+码垛，让华东最大的立体仓快中有进

得力集团的中央仓是华东最大的立体仓，日吞吐量近 40 万箱，收货、存货、补货、拣货及出货目前均已实现全流程自动化，唯独在最后一个环节，28 条拣货线滑下来的货箱全靠人工码垛。人工码垛每小时最多码 350 箱，无法满足中央仓几

十万箱的吞吐量需求。中央仓存货单位（Stock Keeping Unit，SKU）超过一万种，人工码垛因为存在不合理码放情况，容积率低于 40%，浪费运输空间，加上中央仓 24 小时作业，作业强度大生产安全问题易发生。

得力集团联合宁波移动、AI 厂商、设备厂商等反复讨论、研究和试验，孵化出全国首套文体行业全自动混码分拣线，在传统分拣线增加码垛缓冲区、码垛机器人、3D AI 相机等，再结合 5G＋边缘云的计算方式，精准识别率达到 100%，核心算法采用"箱子—位置"的配对框架，突破了传统的局部最优解算法模式，转向全局性与长期性的模式。这一革新性转变成功突破了过去的技术瓶颈，从而实现了上万个混合 SKU 码垛。把箱子码放到托盘的过程中，采用最大剩余空间的方式来表述状态，使得同一模型算法能够兼容任意大小或比例的码垛场景，极大地简化了部署过程。本项目通过结合全新设计的可应对多种 SKU 的端拾器，以满足 9s 内的高效码垛节拍和不同类型的箱子型号，真正实现了高容积率、强兼容性的实时无序混合码垛。本项目建立 SKU 模型库并持续训练更新，实现一万多种箱体类型识别，吞吐量也从原来的 300 多箱提升到 600 箱，人工从原来的 100 人减少到 5 人。

5G+AGV 在生产和仓储的全面应用

5G+AGV 是 5G 在工业领域应用最普遍的一个场景，目前，得力集团总计应用 5G+AGV 超过 380 台，在实现降本增效的同时联合行业一起创新突破，孵化新型技术，并反馈到整个行业。

5G 赋能车联网，构筑古襄阳智慧交通新篇章项目

> **参与企业：** 中国电信股份有限公司襄阳分公司、汉江智行科技有限公司、江苏天安智联科技股份有限公司

技术特点： 本项目打造国家级车联网先导区，赋能襄阳市智慧交通，打造车联网先导区是襄阳市发展的战略目标，努力实现5G车联网（Vehicle to Everything，V2X）"从点到面"的突破，使车辆与交通基础设施之间实现高效的信息交互与协同，通过建设深度应用城市样板，打造城市品牌，提升本地交通行业信息化和智能化水平。

应用成效： 本项目服务政府推动数字化治理，服务市民提升出行体验，服务行业、企业推进产业升级；提升城市综合治理能力，改善交通运行效率；加快襄阳汽车产业迭代升级，助力"汉孝随襄"十万亿级汽车工业走廊建设，带动了汉江生态经济带发展。本项目每年为襄阳市节约37亿元燃油消耗，减少1.8亿小时车辆运行时间，每年碳减排量104万吨。面向车辆运营企业的数据变现服务，预计每年产生超过3000万元的收益。面向个人的绿色碳积分平台服务，促进本市每年超过6亿元的低碳消费，运营平台每年可获超过4000万元的收益。

　　襄阳市是全国重要的汽车制造业基地、国家新能源汽车推广应用城市、国家新型工业化（新能源汽车）示范基地、国家汽车动力和零部件产业基地、中国汽车产业集聚区，拥有国家汽车质量监督检验中心、国家智能网联汽车质量监督检验中心、国家动力电池产品质量监督检验中心、国家复合材料及制品质量监督检验中心等多个国家级汽车及零部件检测机构，已形成集制造、物流、商贸、研发、检测于一体的汽车产业链。

　　在智能网联汽车领域，襄阳市是湖北省首个发布智能网联汽车道路测试管理办法、首个公布智能网联汽车道路测试公开测试路段、首个发放智能网联汽车道路测

试牌照的城市。襄阳市拥有智能网联汽车道路测试与检验的优势资源，以及集研发、生产、测试、体验、应用、配套于一体的智能网联汽车生态圈项目，具备创建国家级车联网先导区、打造国家先进制造业产业集群（智能网联汽车）的优势地理位置。自 2018 年 12 月工业和信息化部鼓励支持各地创建国家级车联网先导区以来，襄阳市委市政府一直积极推动襄阳车联网先导区建设。2023 年 4 月，工业和信息化部正式复函湖北省人民政府支持湖北（襄阳）创建国家级车联网先导区。

目前，襄阳市成立了智能网联汽车产业发展领导小组，深入研究、全力推进智能网联汽车发展工作。立足汽车产业基础，打造以整车制造业为核心，以零部件制造业为支撑，以蜂窝车联网（Cellular Vehicle to Everything，C-V2X）智能网联体系、整车与零部件测试为保障，建设以自主创新为动力的智能网联汽车产业集群。襄阳市打造车联网先导应用环境、产业公共服务平台、车联网多维应用场景和运维管理中心，建设产业技术基础公共服务平台，服务车联网规模测试验证，为智慧交通和智能网联产业提供服务和支撑，在短时间内形成辐射性强的车联网产业生态圈。

🛜 顶层设计：搭建智能网联平台

智能网联平台总体架构如图 1 所示，包括智能网联系统（道路智能交通设施、路侧传感器、路侧通信单元等）、智能交通设施（交通信号设施、视频监控设备、信号采集设备等）、网络通信系统（5G 通信、RFID 通信、以太网通信等），以及智能网联基

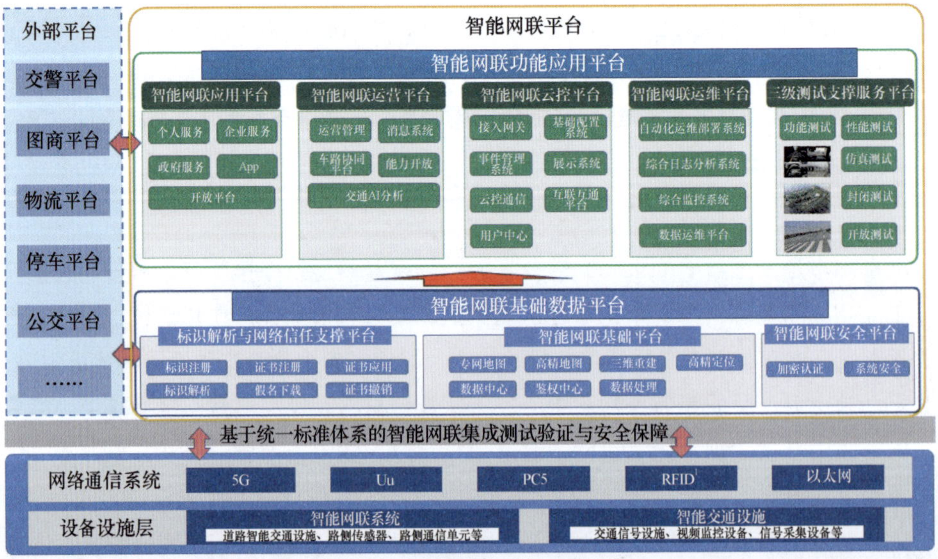

注：1. RFID（Radio Frequency Identification，射频识别）。

图 1　智能网联平台总体架构

础数据平台和智能网联功能应用平台等。

其中，智能网联系统中的路侧通信单元由交换机实现交通设施、路侧传感器、感知计算节点与路侧通信单元的互通，数据由交通设施端、路侧传感器端汇入感知计算节点，进行路口级多维融合感知计算，并将结果输送到路侧单元（Road Side Unit，RSU），实现对外传播。路侧交通设施及传感器原始数据同步可由以太网传输至边缘计算平台和智能网联基础数据平台。同时，智能网联基础数据平台和边缘计算平台输出的应用数据和设备管理数据通过主干以太网分发至智能网联系统。系统由硬件模块层、通信和数据接入层、数据初步处理层、融合算法层和应用平台层组成。硬件模块层主要包括 C-V2X 网联通信模块、视频解析模块、微波解析模块、CPU 模块、蜂窝网络模块、全球定位系统（Global Positioning System，GPS）/ 北斗模块，以及以太网 /USB 等模块组成；通信和数据接入层实现用于车辆的长期演进技术（Long-Term Evolution for Vehicle，LTE-V）、有线通信、5G 蜂窝网络、4G 蜂窝网络等方式的多模式数据交互，以及传感数据的接入；数据初步处理层完成网联数据、传感数据，以及蜂窝数据的初步清洗与处理；融合算法层实现网联数据和感知数据的融合；应用平台层实现逻辑路网应用、信号灯信息应用、交通目标信息应用、高精度定位应用、感知数据管理应用、道路状态信息应用及其他 C-V2X 相关应用。

车载终端作为相对独立的子系统，包括通信终端、定位终端，通信终端基于 C-V2X 技术实现与路侧交通设施、周围车辆、云控平台等对象的数据交换。同时，通过控制器局域网（Controller Area Network，CAN）总线可以获取车辆本体数据，并返回 C-V2X 交互的信息服务、安全类和效率类信息。

智能网联平台包括智能网联功能应用平台和智能网联基础数据平台两个部分。

智能网联功能应用平台可满足用户、企业、政府等交通和出行需求，并持续扩展。为减轻智能网联平台的负担，实现车联网应用数据的快速处理，降低时延，路侧交通设施及传感器将大部分数据分流至边缘计算平台。在边缘计算平台侧实现全息感知计算、遥控驾驶、大容量数据分发和低时延数据推送等业务应用。功能应用平台聚焦于轻量数据的处理及其他应用平台的数据交互管理。

智能网联基础数据平台汇聚车联网先导区所有数据资源，并提供专网地图平台、高精定位平台、高精地图平台、三维重建平台、数据处理、鉴权中心、标识解析、网联信任支撑、安全保障等功能，为整个项目提供数据、地图、定位、标识解析、鉴权、安全等基础功能支撑能力服务。

四大智慧应用构建协同环境与车联网应用体系

襄阳市国家级车联网先导区围绕"智慧物流、智慧出行、智慧交管、智慧公交"四大深度应用，构建完善的"人、车、路、网、云"协同环境与车联网应用体系，探索产业创新融合机制，构建可推广可复制的商业化落地模式：智慧物流应用带动襄阳市物流安全高效运营；智慧出行应用提升襄阳市民便捷出行体验；智慧交管应用赋能襄阳市交通管理智慧升级；智慧公交应用优化襄阳市城市智能绿色通行。

智慧物流应用。本项目打造城区物流园区、配送中心、末端网点 3 级物流节点，引入末端无人配送资源，进一步完善无人驾驶物流车的智慧物流解决方案，加大新能源配送车辆推广和示范企业培育，科学搭建城市绿色货运配送平台，构建"集约、高效、绿色、智能"的城市民生物流配送服务体系，打造从园区内部到园区间再到末端配送的完整物流体系，解决城市配送"最后一公里"难题，重点围绕场景贯穿、5G 应用、智能感知 3 个方面展开建设。

智慧出行应用。襄阳市国家级车联网先导区围绕智慧导航、智慧停车、智慧公交、智慧高速 4 个方面开展智慧出行深度应用示范建设，在服务襄阳市本地市民出行的基础上，通过信息上图、智慧公交应用、智慧停车和智慧高速向旅游人群提供 C–V2X 智慧出行服务，使更多民众感知并享受智能网联带来的便捷出行。智慧停车如图 2 所示。

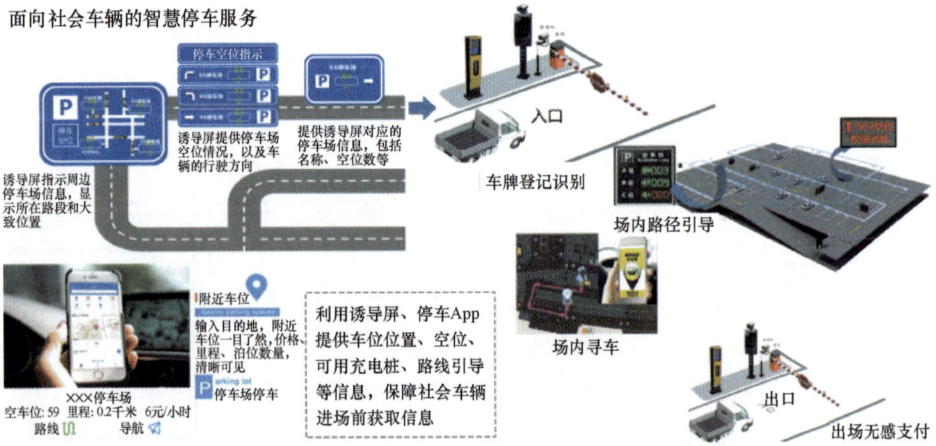

图 2　智慧停车

智慧交管应用。本项目基于交通分析研判工具和模型，对襄阳市路网运行、交通事故、交通违法、交通车辆、车道行为、路口、交通运输等进行全方位分析，根据分析数据梳理结合襄阳市本地交通特色，通过智能网联技术、城市交通数据底座及"交通大脑"，融合交警、车联网先导区感知采集数据，融合分析和深度挖掘多元数据，实现对城市交通运行态势的评价分析。

智慧公交应用。本项目在全长 14km、每日 2.5 万人次乘坐的 9 路示范线路上实现多终端交互。通过计算最优行驶速度，绿波通行可节约 10% 的能源。同时，通过提前识别可能障碍物，可降低 80% 的安全事故隐患，并能提高平均车速 30%，这将打造自动、快速、准确、安全与智能的 V2X 智慧公交深度应用场景。公交网联系统如图 3 所示。

注：1. NSSF（Network Slice Selection Function，网络切片选择功能）。

图 3　公交网联系统

"襄阳模式"推动车、路、城协同发展

车联网深度应用示范落地。本项目利用云计算、车联网和大数据分析等技术，构筑道路交通实时监测感知体系，结合襄阳本地特色，围绕智慧物流、智慧出行、智慧交管和智慧公交打造车联网深度应用示范，进一步提升襄阳交通出行和行业服务的效率，提高襄阳市民出行的满意度。

多模式信息交互高效赋能。本项目以智能路侧基础设施为抓手，建立快速、安全、高效的车路信息交互平台，赋能智慧交通和自动驾驶。一方面，本项目可为智慧交通提供更加丰富的智能网联信息数据源，支撑智慧交通管控手段升级，提高智慧交通管理效率，促进智慧交通体系迭代升级；另一方面，自动驾驶是未来汽车行业的发展方向，传统的自动驾驶技术往往基于单车智能实现，存在成本高昂、可靠性差等问题，而智能网联则通过先进的无线通信技术，全方位实现车车、车路、人车等动态实时信息交互，可为自动驾驶车辆提供更多的信息，从而提升自动驾驶性

能，本项目通过智慧道路基础设施建设，搭建起一个高水平的自动驾驶示范测试环境，可支撑自动驾驶车辆进行测试验证及运营，通过 C–V2X 技术，支持驾驶安全、行车效率、信息服务等多种车辆间、人车间、车辆与基础设施间应用，赋能自动驾驶，打造全国领先的车联网示范区。

多系统协同运行应用创新。本项目搭建新一代 5G 智能网联网络，率先探索 5G+智慧交通新应用。5G 具有高速率、低时延、广接入等特点，可应用于各行各业，从而推动行业变革。一方面，本项目将率先探索车辆编队、共享传感器、遥控驾驶、高级自动驾驶等 5G 智能网联应用，验证 5G–V2X 与 C–V2X 融合组网通信性能及应用，助力汽车产业发展；另一方面，本项目将与现有交管系统进行深度融合，助力打造新一代智慧交通样板。

车路云耦合全息感知融合。在传统的感知手段之外，增加激光雷达、毫米波雷达等先进感知手段，通过多源数据融合分析，获取公路网、重点设施监测的实时交通状态和预测数据，探索路网运行感知新体系。

多行业跨平台能力开放。开放平台推动行业应用创新。智能网联汽车行业是一个密切关联、分工合作的新兴产业，本项目采用行业通用的技术标准与规范，紧跟第三代合作伙伴计划、国际标准化组织、中国汽车工程学会、全国汽车标准化委员会、中国通信标准化协会等国内外组织最新标准，系统具有良好的开放性、可扩展性，通过行业上下游的分工合作，可以有效推动智能网联技术的创新应用，加速行业高质量发展。

构建生态圈助力产业汇聚。车联网产业增量汇聚，打造全国领先的车联网产业集聚区。车联网应用涉及汽车、通信、交通、电子等多个行业，产业链条包括通信芯片、通信模组、终端设备、整车制造、运营服务、测试认证、高精度定位及地图服务等多类型企业和相关高等院校。在襄阳发展车联网产业，有助于实现襄阳市车联网产业的高端资源要素聚集，实现新兴产业升级及飞跃式发展。

随州市工业互联网公共服务平台项目

参与企业：中国联合网络通信有限公司随州市分公司、随州市经济和信息化局、云镝智慧科技有限公司

技术特点：通过工业互联网、大数据、5G、MEC、算力网络等新兴技术与传统产业深度融合，本项目成功面向政府打造工业经济运行监测系统，以标签化、模型化理念构建工业企业数据分析模型，聚焦重点产业园区、重点项目、重点企业的经济运行监测，实现政府对工业经济的可视化管理，提升政府数字化决策与服务能力；面向企业，本项目成功打造企业数字化应用商店并已上架数字化诊断工具与服务、企业经营管理、供应链管理等100多款数字化应用，聚焦随州市本地主导产业及企业共性需求，为企业提供贴合的数字化解决方案及应用。

应用成效：截至2023年第四季度，随州市工业互联网公共服务平台注册企业710家，注册用户847个，该平台汇聚咨询服务商、解决方案提供商、系统应用服务商等50家商户；开展数字化解决方案应用集中推广培训活动20余场，提供100多款数字化应用，累计培训2000人次。落地企业项目100多家，对于本地企业，尤其是中小型企业的信息化转型具有重要的推动作用。

为深入贯彻落实国家新基建战略部署，加快推动工业互联网与随州市经济社会各领域深入融合和创新发展，突出支撑"品质随州"建设，以助力政府数字化治理、提升企业数字化应用水平为目标，通过整合现有资源，建设一个功能强、易管理、安全性高、开放性强的工业互联网公共服务平台。

2021年，随州市人民政府、中国联合网络通信有限公司湖北省分公司、云镝智慧科技有限公司三方签署了"中国联通（随州）工业互联网研究院"组建项目合作协议，共同组建"中国联通（随州）工业互联网研究院"，依托"中国联通（随州）

工业互联网研究院"及随州联通"神农云"信息平台，建设随州市工业互联网公共服务平台。2023 年 3 月 14 日，随州市工业互联网公共服务平台正式上线并迈入应用阶段，通过工业互联网、大数据、5G 与传统产业融合，推动重点产业数字化生产制造和工业服务体系建设，赋能工业企业数字化转型升级。

随州市工业互联网公共服务平台基于新一代网络技术、大数据、工业智能等创新应用，与企业经营实践深度融合，通过与人、机、物、系统等的全面连接，构建覆盖全产业链、全价值链的全新制造和服务体系，为工业乃至产业数字化、网络化、智能化发展提供了实现途径，重塑企业形态、供应链和产业链。

平台核心保障提供高质量服务

在业务体系上，随州市工业互联网公共服务平台构建了数据平台和能力中台两个核心领域。

数据平台。数据平台通过对多端异构系统的数据源的接入与采集，对全部数据资源进行"一站式"综合管理与开发利用，提供异构系统协同、数据建模协同、数据治理协同、数据运营协同的统一能力，为平台运行提供数据燃料和动力。数据平台主要包括数据存储、数据计算、数据管理、数据建模和数据服务 5 个依次推进的环节。

能力中台。能力中台以数据为主要要素进行数据开发、连接与应用，提供开发视界、物联视界、数据视界、集成视界四大中台能力，向下承接数据平台的治理能力，向上支撑企业 SaaS 平台的开发与应用。

随州市工业互联网公共服务平台开发与优化先进工业 App，包括经营类、智造类及工业云图。其中，经营类 App 结合随州生态伙伴，提供主流的企业应用，例如 ERP、MES、CRM 等；智造类 App 以随州自研为主，提供车间执行、设备管理、设备监控等功能；工业云图通过大数据分析处理以及汇总机制，建立面向政府以及辖区内企业的工业经济运行监测平台，为政府提供服务门户及数字化决策依据。

平台推动企业实现"上云用数赋智"

随州市工业互联网公共服务平台基于对互联网的产业化理解与应用，提供广泛的商业协同能力，例如产业电商、社会服务、政企服务等。其中，产业电商提供企业之间的供需整合能力，例如商品营销、采购寻源、招投标等；社会服务提供专业性的区域资源，例如产业招商、人才服务、财税服务等；政企服务提供区域政府与辖区企业的协同渠道，例如产能填报、资源监测、资讯发布等。

随州市工业互联网公共服务平台一是强化政策引导。随州政府加大政策与资金支持，并结合实际，明确了产业数字化转型升级总体要求、重点方向、实施路径和政策保障，优化产业数字化转型升级的外部环境，充分调动随州各行各业融入和参与数字化转型升级的积极性。

随州市工业互联网公共服务平台二是强化本地企业的标杆示范作用。专汽是随州市工业产业的根基与灵魂，是随州的城市品牌和骄傲。通过程力集团企业上云、智慧园区等建设，发挥头部企业示范引领效应。支持重点优势企业实施数字技术改造，建设智能工厂、智能车间，支持企业设备更新和升级换代，提升智能制造水平，推动生产装备数字化。定期组织企业参观学习5G智慧工厂、工业互联网应用标杆项目，开展对标学习活动，激发企业实施智能化、数字化改造的内生动力。

平台优质服务为应用保驾护航

随州市工业互联网公共服务平台运营团队落户随州大数据产业园。应用服务场景主要分为政府服务、产业服务和企业服务。

政府服务。云政务包括企业库、指标库、数据上报、项目管理、工业云图、工业全景监测、项目分析、产业分析等。企业库包含本地企业的基本信息；指标库包含政府监测的常用指标；数据上报是指企业需要上报每月的工业增加值增速、能耗用量等；项目管理是指企业需要上报每月的项目运行情况，包括项目的投资、进度等；工业云图是一款面向政府的经济监测、分析与政策决策平台；工业全景监测可提供工业全景监测、重点指标监测、产业监测、项目监测等；项目分析提供企业上报的项目信息分析展示；产业分析提供产业的能耗分析以及产值的增速情况等。

产业服务。供需大厅是为供、需双方提供开放的信息共享平台，是提供各产业企业发布产品的展示大厅。用户可在供需大厅免费发布产品信息的需求，供需大厅内可以进行购买交易，为企业提供供需信息的发布、展示和对接全流程服务。

Paas提供了云端低代码的可视化开发平台，支持在多租户模式下进行界面模型设计、建模，能够为不同用户定制个性化应用，为SaaS层提供支撑，包含开发平台、IoT平台、ERP平台、工业标识平台。平台采用微服务技术，为搭建可复用的微服务组件库（例如知识组件、算法组件、原理模型组件等）提供技术支撑。平台采用云原生技术，支持微服务、分布式计算与存储、容器服务、多租户，并独创了云端动态领域模型，是基于微服务架构的云端在线应用开发平台。

云双创包括技术专家、创新学院、社会服务和创新中心等。随州政府组织在此发布各行业的专题讲座、职业培训和精品课程，各个企业在此发布最新的科研成果，技术专家可以为企业提供技术咨询服务，最终形成技术帮扶的良好闭环。

云智库包括专家人才库、产业知识库和解决方案库：专家人才库可提供各个企业内部的优秀专家信息；产业知识库可提供各个产业的专业知识介绍；解决方案库可为工业企业提供信息化转型的技术解决方案。

企业服务。应用商店是为工业企业提供 App 服务的商店。其中，随州市工业互联网公共服务平台 App 按国家与行业通用标准进行分类，主要包括研发设计、运营管理和生产控制三大类。

研发设计类：研发设计类 App 是指用于提高企业产业设计和研发工作效率的 App，以产品生命周期管理（Product Lifecycle Management，PLM）为主，打通从研发端到生产制造端的业务流、数据流、审批流及用户连接，实现研发制造型企业的数字化协同。具备图文档管理、物料管理、设计物料清单管理、变更管理与合规性管理等常用功能模块，同时能够满足用户边研发、边设计、边生产的技术要求，实现供应链各方的协同运作。

运营管理类：运营管理类 App 是指用于提高企业管理水平、资源配置效率的 App，包括企业管理、供应商关系管理、客户关系管理、供应链金融 / 电商 / 办公自动化等，例如制造协同云 App。制造协同云 App 是制造企业基于物料需求计划，与配套供应商构建的一个与生产进程相匹配的精确配送平台。它通过制造采购计划、制造采购执行、制造供应计划和制造供应协同四大应用，实现工艺设计、需求与供货计划、订单执行、委外工序加工、对账与收票等各环节的紧密衔接，满足企业生产过程中原料和零配件保质、保量、保期的有序配送与高效交付。

生产控制类：生产控制类 App 是指用于提高企业制造过程的管控水平、改善生产设备的效率与利用率的 App，包括生产执行系统、设备管理、运维等，例如轻智造云（云镝小豹）。

🌐 平台提升企业信息化、智能化、网联化水平

随州市工业互联网公共服务平台提供企业诊断的功能，通过实地与企业交谈、走访调研，结合企业目前的实际情况，以线上填写的方式生成一份企业诊断报告，为企业进行信息化改造提供方向和建议。下一步可基于随州市工业互联网公共服务平台搭建"产业大脑"，围绕产业集群，开展产业"四链"研究，辅助政府科学决策、靶向施政。

为了满足全产业链集群效应发展，本项目构建产业链地图，通过大数据、人工智能等手段，挖掘并形成国内外市场主体全景动态数据库，以此绘制重点产业链图

谱；通过平台能力，可精确产业结构、分析区域布局、研判发展状态，通过精准招商促进集群效应发展，提升产业经济。

在明确产业结构的基础上，进行供应链研究，随州市工业互联网公共服务平台主要围绕头部企业，实时分析其上游供应商、制造配套企业的供应能力，准确掌握区域经济体系内供应链现状，及时准确拓宽和完善供应链，面对复杂多变的国内外局势，在降低成本的同时，可保障供应链稳定。

此外，随州市工业互联网公共服务平台还提供销售链研究，能够准确掌握区域经济体系内的市场现状，及时了解区域外的销售链布局，同时，促进产业链与市场的精准对接，洞察市场需求，拓展市场渠道，支撑定向销售和市场前瞻。

同时，随州市工业互联网公共服务平台能够将产生的工业经济相关数据实时汇聚在系统上，并通过其模型预测分析能力，加强工业和信息化主管部门对区域工业经济的管理，降低信息壁垒，提升对产业经济指标的预测分析能力，为产业的决策性部署提供战略方向。

第 二 部 分

转型

升级

案例

型

级

例

2023

数实融合 大力推进新型工业化

海天 5G+产品全链条质量智控项目

> **((·))** **参与企业：**中国联合网络通信有限公司广东省分公司、佛山市海天调味食品股份有限公司、佛山市海天（高明）调味食品有限公司、广东娅米智能信息科技有限公司、中国联合网络通信有限公司佛山市分公司、联通（广东）产业互联网有限公司

技术特点：本项目通过引入先进柔性化自动生产线，打通原材料、订单、库存、计划、交付、生产、品质、物流、销售、售后服务等全链条，结合5G先进技术，实现"生产线自动化、生产数字化、运营智能化、供应链协同化"，以质量提升海天品牌效应，以5G打造海天数字经济芯片。

应用成效：本项目通过5G+MEC、5G+AI场景化应用、大数据分析平台与原有信息化系统的协同融合，覆盖产品全链条，实现质量的全链条管控，在确保出厂质量100%合格的基础上，实现原料良品率99.1%、半成品合格率98.6%、质检流程信息化率94%，以及智能检测准确率99.6%等重要指标的提升。同时，基于产品全链条质量的管控与持续提升，企业营利水平也持续提升，实现年营业收入提升11.36%，净利润提升3.57%，纳税总额提升7.57%。

海天联手中国联通打造"海天 5G+产品全链条质量智控项目"，建立"全面、全程、全员"的质量保障体系，推动调味品生产行业高质量发展。本项目融合 5G、边缘计算、人工智能、大数据等技术，从以下五大方面，保障生产安全、品质稳定，赋能产业链质量协同优化。

🛜 5G 网络架构支撑应用落地

本项目通过新建宏站、新增室内分布系统等对海天厂区实现 5G 网络 100% 覆盖，同时在海天机房内部署私有化 5G+MEC 节点，大大降低了 5G 网络传输的时延，实现设备与平台的快速联动和反馈，为 5G+场景化应用提供了网络底座，也为海天产

品全链条质量控制提供了新动能。改造后整体网络架构如图 1 所示。

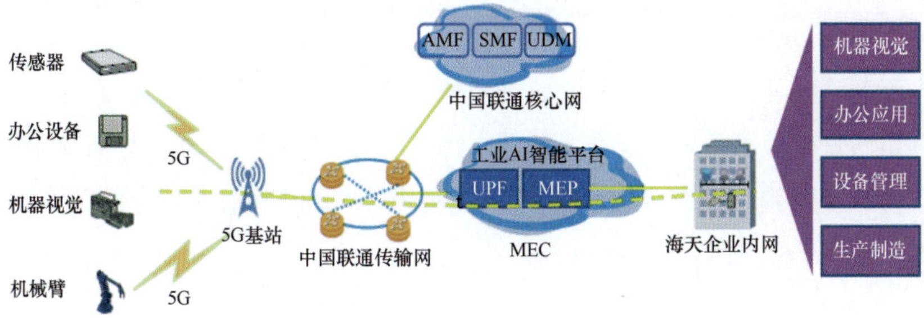

图 1 改造后整体网络架构

5G+生产安全质量智控

本项目通过融合 5G 及视觉 AI 分析平台能力，对关键核心区域实现了特殊区域防闯入、人员安全帽监测、人员全面防护，以及车辆速度合规等 5G 场景化应用，建设园区生产安全质量智控体系，为生产安全提供了质量保障。

5G+生产制造质量智控

本项目借力 5G 技术，强化产品全链条质量监测体系，为海天生产制造质量全面提升提供动力。

原料环节。传统作业依靠人工倒料和人工目视抽检，效率低且错漏率高。海天通过 5G+AI 视觉算法及比对技术，辅助原材料无人拆垛视觉系统和黄豆质量快速筛选检测，实现卸货、拆垛、上料的全智能零接触生产及快速高效全检，原料筛选效率提升 28%，识别准确率高达 98%，每年节省人工成本 120 万元。

生产环节。在以往的工作中，种曲质量依靠熟练工通过显微镜目测，所需工作经验门槛高，检测耗时长，无法保证稳定性。而制曲质量检测则需要人工定期进出高温、高湿、高腐蚀的圆盘进行取样，破坏密闭性，影响食品安全。为解决此问题，海天通过 5G+AI 机器视觉及深度学习技术赋能种曲质量微观检测和制曲质量分级检测，自动识别曲种与曲料的孢子数，判断温度、颗粒度、发白程度等，实现精确、高效、安全的无人动态监控和实时检测，检测效率提升 47%，质量分级准确率达98%。此外，通过 5G 网络技术，对发酵罐区的落黄、到期等情况进行信息化数据采集，并实时回传到生产系统，实现对发酵程度的实时监控。

成品检测环节。传统成品成分和外观检测需要人工抽样检测，存在耗时长、化学试剂污染大、成本和误检漏检率高等问题。本项目通过 5G+AI 红外光谱及深度学习技术，比对技术助力成品线边侧快检和产品外观检测，通过微量元素吸收光谱程度实现特性的高效检测，通过增强技术处理（例如，高斯噪声、移位、随机裁剪、锐度变幻等），得到深度学习所需的数据集，开发所需的深度学习算法，并在训练过程中不断调整具体的参数，把缺陷产品的图片输入系统进行训练，最后得到一个高准确率的目标检测结果，使系统能够识别真正存在缺陷的产品，实现非接触、非破坏、快速高通量的实时分析，检测效率提升 5 倍，准确率高达 99.6%。AI 外观检测算法原理及效果如图 2 所示。

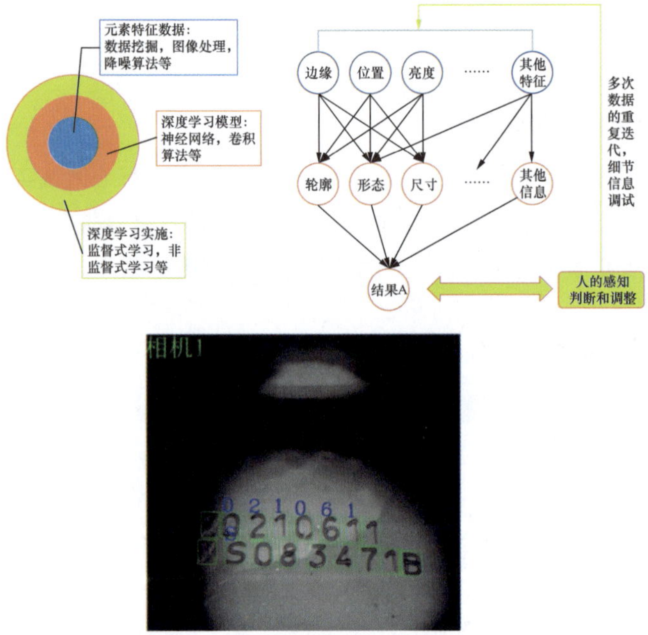

图 2　AI 外观检测算法原理及效果

关键生产设备预测性维护。此前，海天关键的风机、电机设备运行情况依赖人工定时巡检，不仅人力成本高，而且无法做到事前预防修复，存在极高的不稳定性，为日常生产带来极大风险。为解决上述问题，本项目将智能传感技术与 5G 技术相结合，实现了高频自动在线监测电机等设备的工作状态，将现场采集的数据传输到服务器进行实时展示和分析，并对设备故障进行诊断，能有效避免设备事故，大幅降低非计划性停车，保障安全生产。海天通过模型的迁移学习能力，将使更多种类动态设备的故障智能诊断准确率达到业界领先水平，并持续提高各类动态设备的故障智能诊断准确率至 95% 甚至更高，全面降低动态设备故障智能诊断的漏报率和误报率。设备预测性维护系统架构如图 3 所示。

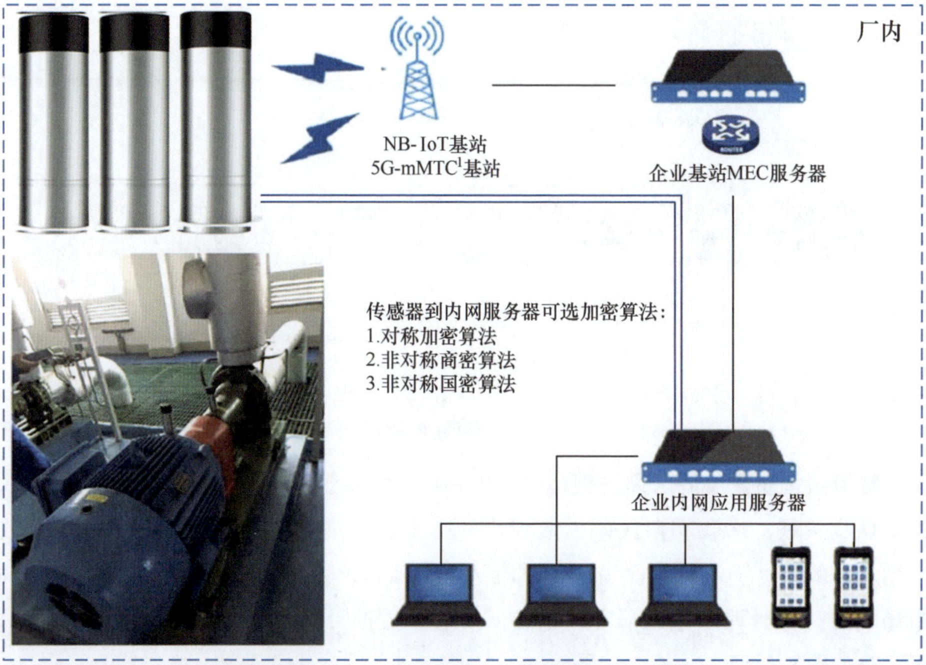

注：1. mMTC（massive Machine Type of Communication，海量机器类通信）。

图 3　设备预测性维护系统架构

🛰 5G+工业大数据质量智控

在海天自动化、信息化的基础上，建设海天工业大数据分析平台，整合系统资源，打破"数据孤岛"，提供数据可视化驾驶舱，通过数据直观展示，可以快速、高效地发现问题，打造企业的数据仓库，提升数据整合能力和数据服务能力。

供应商原材料质量协同。本项目结合 5G 技术，通过海天全供应链协调云平台中的质量协同模块，对供应商来料的质量进行约束和管控，提升关键来料的质量，降低食品安全风险。针对核心供应商、核心物料建立一套成熟的质量监控体系，实现海天与供应商供需双方质量口径的统一性，通过关注核心、关键的质量指标，从根本上提高海天产品品质，将质量管理前移。对于核心指标，通过采集供应商现场数据，提前预判存在的质量缺陷，提高产品质量。建立对应供应商的批次库存信息共享平台，实行 5G+条码管理，做到供应商的批次库存信息与海天货单信息的关联，实现只有合格批次的产品才能送货到海天生产线，出现质量异常时可以准确追溯到当时所用的生产线，以及当时的关键质量信息记录，准确发现问题并解决问题。质量联检流程如图 4 所示。

图4 质量联检流程

物流销售质量协同。通过纸包机、码垛机、仓库管理系统，实现瓶码箱码关联、箱码垛码关联、垛码客户关联，做到"一物一码"，最终将瓶码和客户关联，实现产品流向的精准追溯。产品流向的精准追溯可实现产品质量精准召回管控，以及对市场的规范化管理，并为精准营销和消费者大数据分析打下基础。"一物一码"方案示意如图5所示。

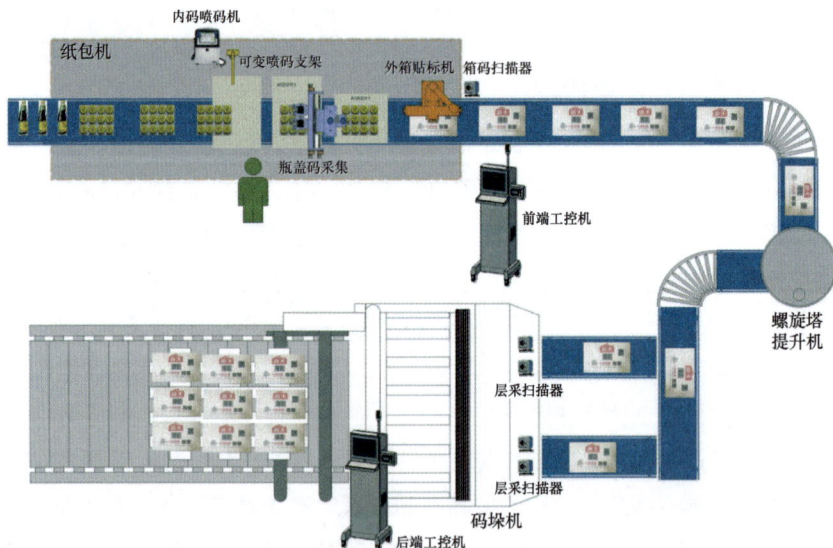

图5 "一物一码"方案示意

基于产业集群平台的 5G 应用赋能产业数字化

　　本项目打造调味品产业集群协同制造平台，充分利用海天 5G 场景应用，赋能上下游企业生产，优化生产过程、预判及诊断故障，带动供应链企业实施生产制造环节统一标准的数字化改造，实现产品质量更稳定、生产状态透明化、生产和产品品质预警分析，提高调味品行业上下游产业链协作效率和供应链可靠性，最终实现 5G 应用创新赋能调味品产业链质量协同优化。调味品产业集群协同制造平台架构如图 6 所示。

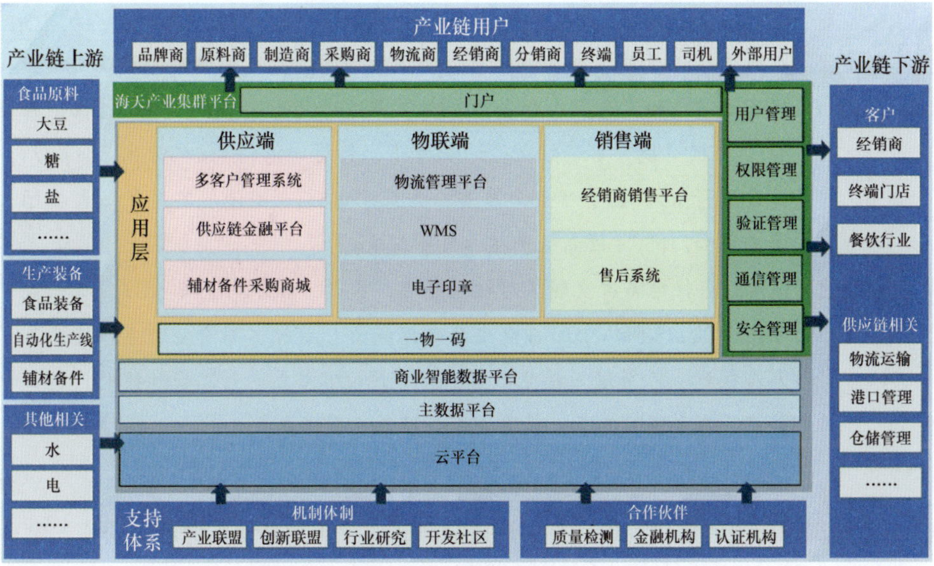

图 6　调味品产业集群协同制造平台架构

江苏核电 5G+内生安全创新防护项目

((•)) **参与企业**：中国移动通信集团江苏有限公司

技术特点：本项目以5G无线专网为切入点，高度契合核电生产领域使用无线通信替代有线通信的需求，充分发挥5G的大带宽、海量连接、低时延特性，在"5G替代有线"可行性理论的支撑下，针对田湾1~4核机组生产区和厂前区进行5G物理专网全面覆盖，并基于该5G专网使能实现了三大类场景应用和7种5G+核电生产核心业务落地。

应用成效：田湾5G+核电首次实现了对核电终端、人员、权限的100%全方位统一数字化管控，80%以上的核电生产数据采集、监控、高清实时感知类业务无人替代，人员进入核生产区频率下降60%以上，大幅提升核电厂健康生产、安全高效生产、精准决策，降低运营成本。

田湾 5G+核电基地项目通过各方团队协作，对核电业务进行深度调研和安全需求分析，借鉴人体生物免疫系统原理，根据人体免疫系统三道防线构造和免疫能力自学习、自适应、自成长等特性，设计打造了 5G+核电内生安全创新防护体系，高度匹配 5G+核电专网安全风险防控及持续演进的需求。在核电领域，首次实现了 5G 替代有线，将基于免疫的内生安全能力体系进行了顶层设计及落地实践，为田湾核基地安全开展 5G+应用实践提供安全能力支撑，为核电领域全面迈入 5G 和数字化充分夯实安全基础，大力助推我国核电领域关键技术自主可控和业务改革创新能力，为核电业务数字化转型、业务改革和优化创新提供了广阔的空间。

🜨 田湾 5G+核电网络内生安全能力体系架构设计

田湾 5G+核电网络内生安全能力体系始于顶层设计，将 5G、核电业务、安全、AI 等进行融合考虑和一体化设计，首先构建 5G+核电专网统一身份标识和信任评估体系、两个 AI 安全知识库（5G+核电安全业务模型与算法库、5G+核电安全数据隐私模型与算法库）作为安全基础，向上模仿人体免疫的三道防线，针对安全风险及需求，构建了边界（类似人体皮肤）、网元（类似人体）、全网（类似人体淋巴系统）三道安全防线，各安全防线之间互相协同。

一方面，形成了 1 个安全全网全流程一体化协同大闭环和 *N* 个安全小闭环，形成类人体的先天免疫基础架构，充分满足 5G+核电对安全支撑业务的支撑诉求和安全实时协同管控需求；另一方面，两个 AI 的 5G+核电安全知识库，不仅有效支撑了上层的安全三道防线，同时在三道防线中积淀形成的数据也能反向迭代并丰富 AI 知识库信息，形成类似人体免疫的后天自学习、自组织和自成长能力，有效匹配核电通过日常运行和安全演练等各种场景增强安全体系能力的诉求。田湾 5G+核电专网内生安全能力体系如图 1 所示。

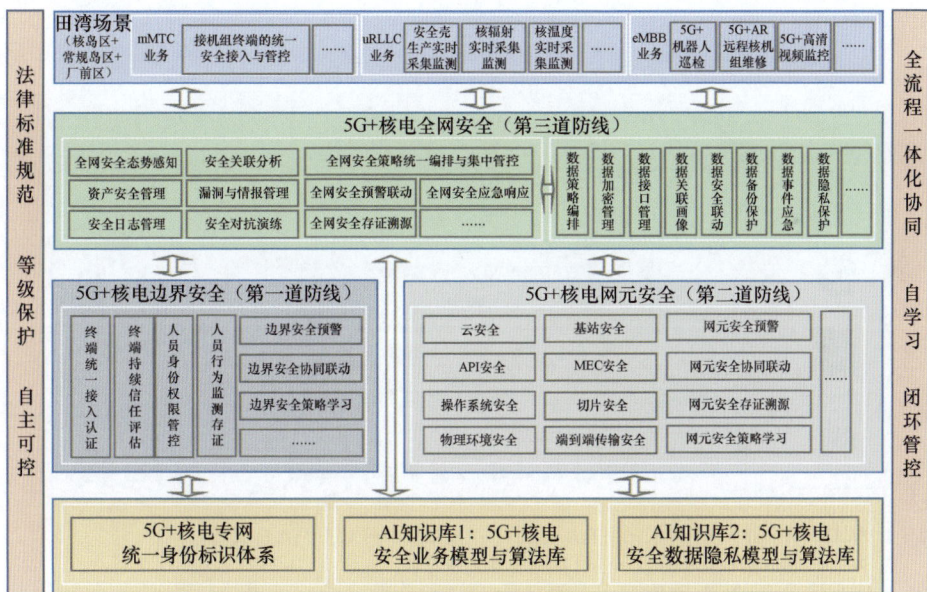

图 1　田湾 5G+ 核电专网内生安全能力体系

田湾 5G+核电专网统一身份标识体系

田湾 5G+核电内生安全体系设计并采用了基于安全芯片的统一身份标识体系，对核电所有终端设备赋予唯一标识，在设备设计、生产、安装、使用、维修保养至回收再利用的处置过程中，进行全生命周期的资产安全管理，同时，有效支撑边界的统一接入安全管控。此外，设备与人员、权限等进行关系绑定统一管理，为安全接入、操作、策略等提供决策基础。

田湾 5G+核电专网边界安全

田湾 5G+核电专网边界安全是构成其内生安全能力体系的第一道防线，类似人体皮肤防护。旨在第一时间在边界对安全风险进行感知、发现和拦截，协同联动，最大化降低安全影响，有效预防异常终端、内外异常人员、异常操作等风险。

将安全访问服务边缘（Secure Access Service Edge，SASE）与零信任结合，一旦感知到异常终端、异常角色、异常操作等，能够及时发现和感知安全风险，及时预警联动，并在处理的过程中进行有效存证，充分满足边界安全协同诉求；同时，边界安全积累的安全接入、边界策略等数据知识流入 AI 知识库，以迭代反哺安全模型和策略决策算法，帮助安全体系进行自学习、自组织和自成长。基于 SASE+零信任的私有云化边界安全方案示意如图 2 所示。

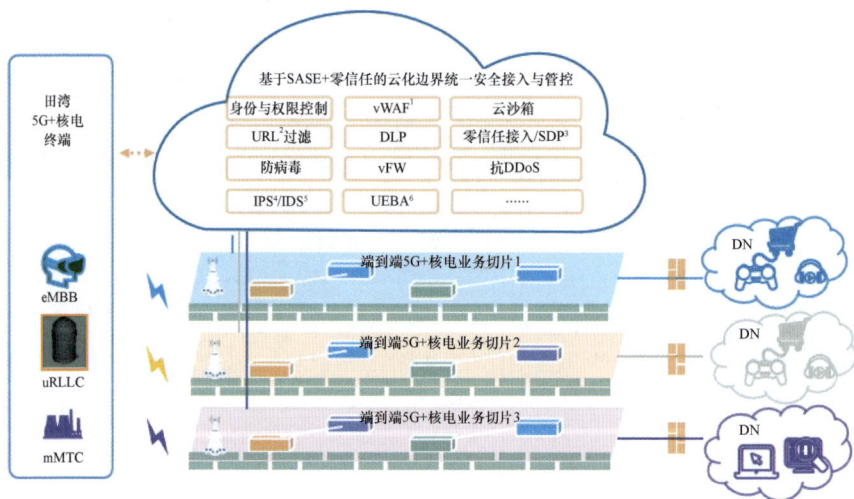

注：1. vWAF（virtual Web Application Firewall，基于虚拟技术的 Web 应用防火墙）。
　　2. URL（Uniform Resource Locator，统一资源定位符）。
　　3. SDP（Software Defined Perimeter，软件定义边界）。
　　4. IPS（Intrusion Prevention System，入侵防御系统）。
　　5. IDS（Intrusion Detection System，入侵检测系统）。
　　6. UEBA（User and Entity Behavior Analytics，用户实体行为分析）。

图 2　基于 SASE+ 零信任的私有云化边界安全方案示意

田湾 5G+核电专网网元安全

田湾 5G+核电专网网元安全是构成其内生安全能力体系的第二道防线，类似人体的肝脏等各主要功能脏器自身的安全防护能力。旨在在核心功能网元本地对安全风险进行及时感知发现、拦截和协同联动。有效预防穿越进入网络核心设备的攻击风险、异常人员对核心网元进行异常操作等风险。

田湾 5G+核电专网网元安全包括了核心功能网元的软硬件安全，主要有虚拟化安全、云安全、5G 核电业务切片安全、OS 安全等。虚拟化安全主要对容器和主机等进行安全增强；云安全主要为云化设施（例如 5G 核心网各网元等）配套了云内安全资源池以实现云自身安全防护，同时增强对云化设施的权限管控和行为审计。

🔰 田湾 5G+核电专网全网安全

田湾 5G+核电专网全网安全是构成其内生安全能力体系的第三道防线，类似人体淋巴系统的全局免疫协同能力，旨在从安全视角，与边界安全、各关键网元安全协同联动。通过全面的安全数据采集，依托专网平台对监测到的网络安全情况进行全网态势呈现，包括综合态势、威胁态势，并且提供对海量告警事件的日志数据进行多维度统计分析，生成可视化报表。对资产类型分析、用户组分析、网络威胁分析、失陷主机分析可进行趋势统计、占比统计和多表联动分析操作，为田湾 5G+核电全网安全态势实现无死角呈现，形成真正全网一体化的安全协同管控。田湾 5G+核电全网统一安全管控系统如图 3 所示。

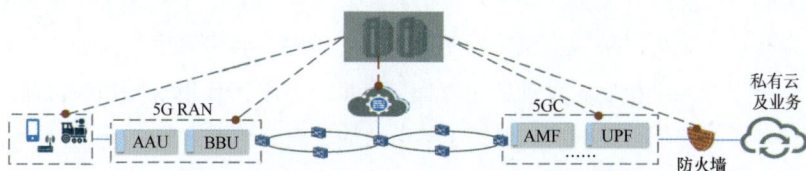

图 3　田湾 5G+ 核电全网统一安全管控系统

🔰 田湾 5G+核电 AI 安全知识库

田湾 5G+核电基于 AI 构造了 5G+核电安全业务模型与算法库、5G+核电安全数据隐私模型与算法库两大安全知识库。两大 AI 安全知识库是实现内生安全类免疫后天学习能力的关键支撑。安全知识库的数据主要来源于 3 个渠道，包括：系统正常运行时边界、网元、全网的积淀数据；外部安全情报库及漏洞库引发的变化数据；田湾安全攻击演练产生的数据。通过构造系列化的 5G 安全能力关键知识库，设计和训练系列化 AI 算法，构建对安全的类免疫的记忆和学习能力，同时，利用 AI 学习能力和知识库储备，可通过多维度信息绘制攻击者的画像，发掘攻击者常用手段及工具，方便安全分析人员对其进行分析，能够满足田湾 5G+核电对安全的自组织、自适应和自生长需求。基于 AI 的两大类 5G+核电安全知识库如图 4 所示。

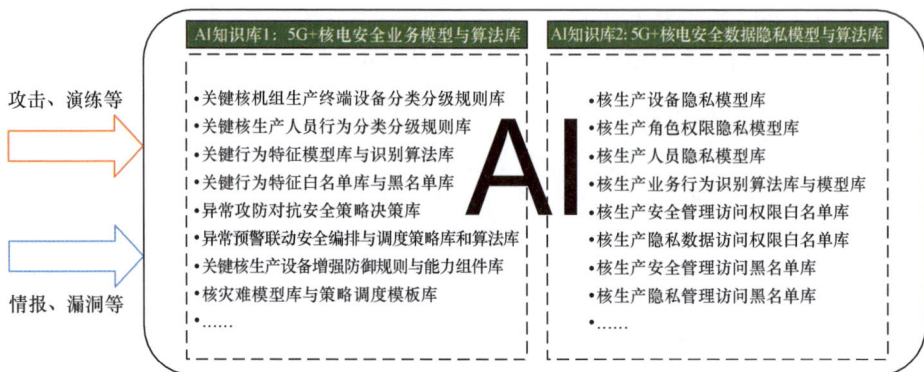

图 4 基于 AI 的两大类 5G+ 核电安全知识库

🎯 带动多个重要产业链和行业发展

田湾 5G+核电项目以面向核电行业提供 5G+核电高价值专网为主线，其规模化复制将凝聚和带动多个重要产业链的发展：在基础设施层面，涉及 5G 通信产业链上下游、核电产业链上下游、网络安全产业链上下游 3 个关键产业链；在 5G+核电业务应用层面，涉及 AR/VR 视频终端、工业传感产业链、工业机器人产业链 3 个关键产业链；在自主可控方面，涉及以上 6 个核心产业链。利用 5G 赋能核电业通信和数字化底座能力、解决安全问题等的实操可行性，具备高度可复制性，后续将持续复制至田湾全部机组、江苏核电其他核基地，并面向核电领域和高价值、高安全要求的能源等领域持续推广，对整个核电业的发展具有重要意义。

开展实施的三大类七大场景业务表明，具备内生安全的 5G+核电高价值专网，必将为中国核电生产领域数字化转型注入强劲动力，并为核电生产业务改革和优化创新提供广阔的空间。项目所积淀的基于免疫的 5G+核电内生安全顶层设计能力、AI 知识库等，对核电领域安全自主可控、解决核心技术问题等具有重要意义。

5G 应用创新赋能汽车电子行业高质量发展

参与企业： 中国联合网络通信有限公司广东省分公司、中国联合网络通信有限公司惠州市分公司、惠州市德赛西威汽车电子股份有限公司、广东省威汇智能科技有限公司

技术特点： 本项目基于两套MEC下沉园区互为主备打造高可靠专网，18类5G智慧应用实现300余名工程师参与跨域沉浸式协同、一分钟转产换线、全流程生产线智能AI检测，超过50条产业链的企业数据接入管理闭环，打造敏捷研发、柔性制造、品质可靠、产业协同的汽车电子生产运营新模式。

应用成效： 研发效率、生产管控效能、产品品质稳定性、园区综合运营等大幅提升，实现降本提质增效，研发效率提升10%，设备稼动率提高5%，产品良率提升10%，生产效率提高12%，报废率降低0.5%，故障时间缩短5%，能源节省8%，整体降本增效达5000万元/年，累计参观接待超100次，参观学习人员超3500人。

本项目通过 5G 室外宏站及室内小站，完成全场景 5G 覆盖，UPF 下沉至园区，保障数据安全不出园区，结合 5G 网络超大带宽、低时延、广连接的特性，构建融合计算、存储和电信网络业务核心能力的开放平台，通过部署各类工业应用，满足制造业在数字化变革过程中对实时控制、人工智能、数据聚合与交互操作、安全与隐私保护等方面的关键需求。5G 应用创新驱动智慧出行产业链高质量发展如图 1 所示。

5G+沉浸式自动驾驶测试系统

本项目打造德赛西威自动驾驶测试系统，针对高级驾驶辅助系统（Advanced Driving Assistance System，ADAS）和L3级自动驾驶测试验证内容，建设规划34 个常规物理场景，具备多样性、覆盖性和典型性等特点。同时，多个车联网典型场景模拟，为各类传感器、ADAS 辅助驾驶、高阶自动驾驶提供了开发验证的真

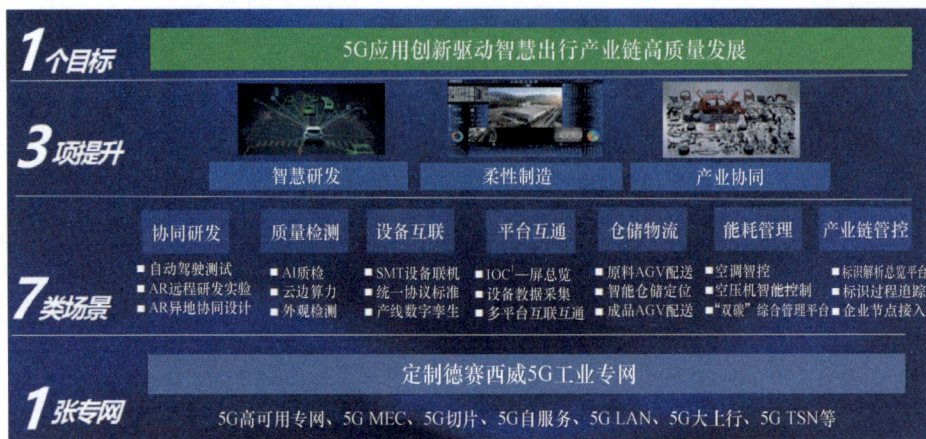

注：1. IOC（Intelligent Operations Center，智慧运行中心）。

图 1　5G 应用创新驱动智慧出行产业链高质量发展

实场景和验证技术支撑，借助中国联通"5G＋北斗"定位系统实现室内外高精度定位、地图、导航一体化操作，并将定位信息以接口的方式开放给合作方，完成多系统联动。室内 5G 定位架构如图 2 所示。

园区自动驾驶试验外场区域安装部署了高清摄像机，通过 5G 专网超高速网络传输，帮助众多高清视频摄像头采集大量数据，并上传到云端进行高速运算，实现多路高清视频传输及实时数据分析反馈。同时，基于"5G＋北斗"定位系统，通过室内 5G 信号实现高精定位。本项目基于 UTDOA[1] 定位、指纹定位和场强三角定位算法，实时定位测试车辆的运行状态，同时采集车联网自动驾驶数据传输时延需求及多物联传感器连接需求，实现测试数据毫秒级回传至自动车联网管理系统，以及"车—路—云"的全连接，助力自动驾驶车全域态感知。同时在车辆上安装部署了 6 路高清摄像机，通过 5G 专网超高速网络传输速率，辅助远端工程师沉浸式体验自动驾驶车辆，助力研发效率提升。

5G 随行专网 ＋ 协同研发

远程研发实验并实时采集现场实验画面和实验数据，通过 5G 网络同步传送到分布在不同地域的科研人员，利用 AR/VR 技术建设或升级企业研发实验系统，让科研人员跨地域在线协同操作，完成实验流程，联合攻关，解决问题，加快研发进程。异地协同设计，基于 5G、数字孪生、AR/VR 等技术建设协同设计系统，实时生成

注：1. UTDOA（Uplink Time Difference Of Arrival，上行到达时间差）。

工业部件、设备、系统和环境等数字模型，通过 5G 网络同步传输设计数据，提高设计效率。5G 随行专网如图 3 所示。

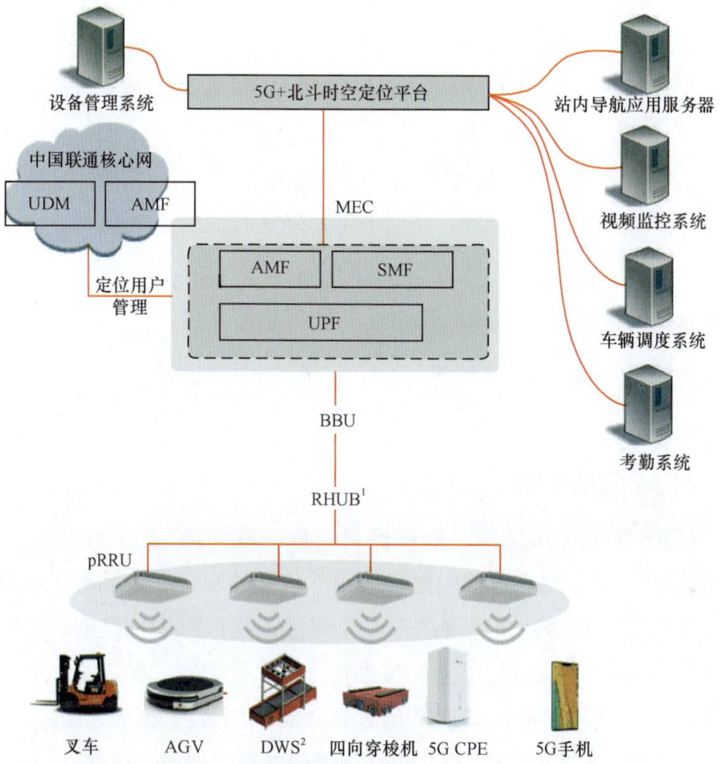

注：1. RHUB（Remote Radio Unit Hub，射频拉远单元集线器）。
　　2. DWS（Data Warehouse Service，数据仓库服务）。

图 2　室内 5G 定位架构

图 3　5G 随行专网

随行专网园区新建一对单独的 ULCL[1]＆辅锚点 UPF，用于疏通园区流量；地市级 toB UPF 作为主锚点，疏通美的通用户的互联网流量。PCF 针对美的通用户签约策略：当用户在 AMF 白名单下激活时，即下发预定义规则到 SMF → UPF，无论此用户是否在园区内。SMF 配置预定义规则，接收 PCF 下发的预定义规则并联合 UPF 执行，配置基于 TAC ＆ DNN ＆ DNAI 选择 ULCL＆辅锚点的规则；UPF 配置针对内网服务器 IP/ 域名的分流策略。

基于 5G 网络服务，可有效提升研发设计环节的协同及问题定位和研发迭代的能力与速度，压缩研发实验成本。结合 5G 大带宽和低时延的特点，满足 AR 眼镜单台上行带宽大于 10Mbit/s，时延小于 50ms，生产线工人佩戴 5G+AR 眼镜，将现场情况和设备情况第一时间传送给不在工作现场的工程师，工程师能够实时看到现场画面，可通过实时标注的方式，协助指导快速解决问题。远端工程师可实现一对多的技术支持，减少 70% 的差旅成本，提升 40% 的员工培训效率。

🛜 5G LAN+AI 质检系统

5G 专网超大带宽可满足实时回传检测照片，应用 4K 工业相机和 AI 算法，结合 5G MEC 优势，满足生产过程中整机线束、包装外观、印刷品等不同应用场景的产品机器视觉检测，可对线束外观的 5 个不同面进行拍照识别检测，检测合格后保存信息，发现异常及时推送至相关人员进行处理，可节约 35% 人工成本，提升产品检测的精度、准度和速度，确保产品质量，实现铭牌商标漏贴问题 100% 识别，同时自动采集数据，实时保存图片，提升质量问题可追溯性。

本项目采用 5G LAN 技术，可以直接实现设备间的二层互通。目前，5G 网络可以支持以太网协议数据单元（Protocol Data Unit，PDU）会话类型，在 5G 网络中，可以直接传输二层协议，因此工业终端和应用平台之间无需再插入 AR 路由器来新建隧道，同时也能够为没有 IP 地址的终端提供路由，5GC UPF 可以识别终端的 MAC 地址，实现二层转发。

🛜 5G+SMT 设备智能运维

基于 5G 专网，前端通过工业网关采集核心设备贴片机状态、生产线状态、稼动率等生产数据，在工业智联平台实现全厂 SMT 生产线状态监控，实时监控 SMT 生产线的运行状态、生产线各设备的运行状态，以及设备稼动率等，基于千兆光网实现核心生产线设备（国外设备）协议对接、数据采集分析。同时，数字孪生虚拟

注：1. ULCL（Uplink Classifier，上行分类器）。

工厂平台集 Web3D 建模仿真、Web3D 监控管理、XR 远程监控协作、智能运维管理等功能于一体，建立可看、可触和可控的"虚拟工厂"。

统一数据服务入口实现多平台互联互通，全方位展现数据治理流程、各流程环节资产、资产存储情况等；根据行业业务特性，按照部门、业务、主题、要素、服务等多个维度进行数据资产分布分析，打造"一站式"大数据资源服务体验。

🛰 5G+ 线边物流智能配送 AGV

通过引入 AGV、配套台车、上下料机构等物流媒介，AGV 实现物料不落地，建设从仓库到机台再到成品的端到端智慧物流体系，结合后拉式生产概念，搭配自动叫料配送系统，与 WMS 实现前后制程自动叫料直供配送。通过扫码 PDA[1]、监控大屏等人机交互界面，实现人与设备的高效互动。通过打通 ERP、MES 等现有系统，实现物流自动化。AGV 与后台调度系统之间采用 5G 通信，超低时延和严格的频率规划，让 AGV 运行不被干扰，跨基站切换不掉线。研发调度管理系统，通过 5G 网络，在边缘云端实现对各条生产线 AGV 的集中规划、集中管理和集中调度，并接收 AGV 的状态指令信息，整体测试时延低于 20ms，满足实时控制生产线的需求，物流成本降低 20%。

本项目在研发方面，运用自动驾驶测试、AR 远程研发实验、AR 异地协同设计实现协同研发；在生产制造方面，运用 AI 质检、设备互联、平台互通、智能仓储物流、能耗管理实现柔性制造；在协同应用方面，运用标识解析平台对产品标识进行检索追踪，实现企业互通、产业链协同。以 5G+ 行业为突破口，企业生产流程优化结合 5G 网络改造，通过内外网深度覆盖，推动全球生产基地从单点和局部应用信息技术向数字化、网络化和智能化转变。

注：1. PDA（Personal Digital Assistant，个人数字助理）。

5G 全连接驱动施耐德电气
智能制造再升级

> **参与企业：** 深圳艾灵网络有限公司、施耐德（广州）母线有限公司、中国电信股份有限公司广州分公司

技术特点： 采用分布式MIMO（Distributed MIMO，D-MIMO）技术实现5G超大上行，单小区可支持大于480Mbit/s的超级上行能力，通过端到端的网络优化，实现时延16ms、确定性99.99%，满足PLC南向无线控制，为柔性化制造奠定基础。通过5G+AI、AI+AGV、5G LAN+云化PLC、5G网络智能规划工艺路径、数字模型实时监控生产过程参数预测质量结果、5G跨域混合专网、生产工序互锁等技术，切实解决运营领域面临的实际问题，充分发挥5G作为工业现场数字化基础设施重要组成部分的价值和优势。

应用成效： 有效解决了传统网络结构对于专网的复杂性、安全性及稳定性的严格要求等一系列技术挑战。在生产活动中，5G网络的低时延、大带宽和广连接等特性被充分发挥，为母线工厂、物流中心及供应商下沉局点的5G全连接应用提供了强大支持，推动了5G技术在工业规模以上的广泛应用。

　　本项目遵循各方共同制定的数字化转型战略，旨在提升施耐德电气广州工厂的智能制造和绿色制造水平，同时推动传统供应链管理模式的数字化变革。本项目的目标是利用 5G 网络的低时延、大带宽和广连接等特点，实现工厂内部的无线化、智能化、柔性化和低碳化，提高生产效率和质量，降低运营成本和风险，增强市场竞争力和可持续发展能力。本项目的应用场景包括 5G+AMR、5G+PLC、5G+IIOT、5G+AI 及 5G+VDI 等。

多维聚合：八大应用方向

结合自动化、信息化、智能化和数字化的发展理念，融合多个维度的项目和设计方案，整体按照以下八大应用方向开展建设工作。

5G+AMR[1]。利用 5G 技术提供高速稳定的通信方式，加速 AMR 等智能运输平台在智能制造中的规模化部署。

5G+PLC。在 PLC 性能提升的时代，利用 5G 技术实现 PLC 主站与现场 I/O 设备之间的可靠无线连接，通过集中化部署 PLC，避免性能溢出造成的浪费。

5G+IIoT[2]。利用 5G 技术实现大规模数据采集，使 IIoT 采集软件边缘化部署成为可能，将进一步降低实施和维护成本。

5G+AI。利用 5G 技术实现基于视频图像的边缘 AI 部署方式，回传判断可达毫秒级，满足实际运营的反馈需求。

5G+VDI[3]。利用 5G 技术支持虚拟桌面的大规模应用，解决因卡顿造成的使用体验不佳问题，降低部署成本，方便统一管理、运维和更新等。

5G+EAE[4]。将 EAE 系统与 5G 结合，实现 PLC 的软件化及中心化部署。

5G+eInk（电子墨水屏）。在现有 5G 网络中扩展 NB-IoT 能力，实现一张网具备多种功能，支持大规模 eInk 业务。

5G+供应商数采。通过供应商端的公网 5G 进行数据采集和加密传输上云，各个站点可以查看供应商的生产和质量数据，打通供应链。

自治管理：轻量化 5G 核心网

为了实现数据和信令不出园区，提高生产制造安全等级，实现自治管理，施耐德电气广州工厂部署轻量化 5G 核心网，相关 AMF、SMF、UDM 控制网元和 UPF 数据网元均下沉到工厂，并在工厂部署一套 5G 专网集中式管理平台，提供面向整个工厂 5G 专网系统的"7×24 小时"远程监控和运维服务。所有工业现场应用软件均在施耐德电气MEC上运行。部署在生产现场的5G专网同时支持实现二层互联，具备大带宽上行和低时延特性，以及"一网多用"能力，具体包括 5G LAN、内网切片及带宽配比灵活调整等功能，并在 5G 基站上采用 D-MIMO 技术，实现速率不低于 480Mbit/s 的超级上行能力。此外，现场 5G 基站提供专频专网能力，避免

注：1. AMR（Autonomous Mobile Robot，自主移动机器人）。
2. IIoT（Industrial Internet of Things，工业物联网）。
3. VDI（Virtual Desktop Infrastructure，虚拟桌面基础设施）。
4. EAE：施耐德电气 EcoStruxure Automation Expert 平台，是一个基于云计算、物联网、人工智能等技术的工业互联网平台。

和公网频段互相干扰。

由于 5GC 系统全部下沉部署在工厂机房，用于实现各生产线设备之间的数据互通，因此必须保证系统具备足够的冗余保护能力，从而确保生产线稳定运行。5GC 系统采用了主备容灾方式部署，可确保单一节点发生故障时，业务会话实现秒级切换，从而不影响业务运行。技术方案如图 1 所示。

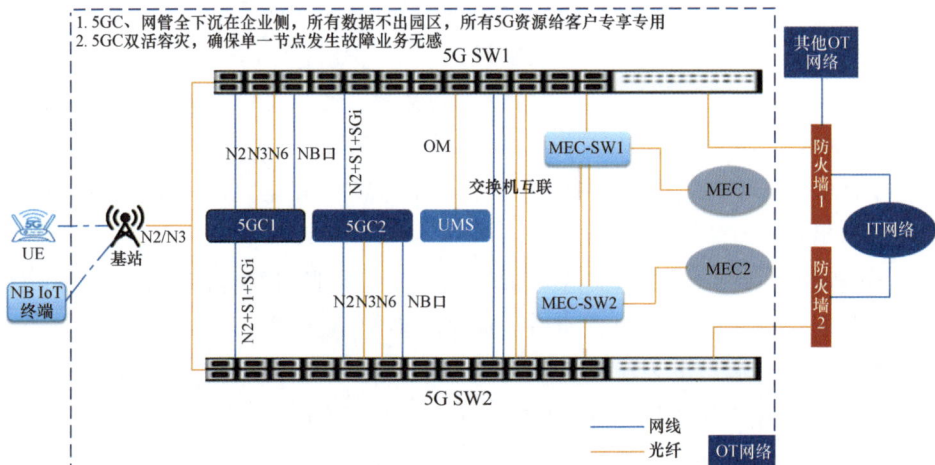

图 1　技术方案

📶 实时通信：无缝协同工作

以网络基础设施建设作为支撑，通过 5G 专网，实现了设备之间的实时通信，使各种生产设备和机器能够无缝协同工作，满足了不同场景对网络差异化的要求。

5G＋AMR。通过 AMR 实现生产线物料配送。实现 5G 网络覆盖后，其信号接收能力是 Wi-Fi 的 3 倍以上，极大地提升了网络的可靠性，现场测试期间实现零丢包、零掉线。在多终端设备共存的情况下，可有效提升无线信道的利用率，降低终端之间的无效争抢，实现零丢包及无断连，加速了智能运输平台在智能制造中的规模化部署。

5G＋IIoT。利用 5G 网络的大连接及高速上行能力，施耐德电气 IIoT BOX 系统可在 OT 网络环境下低成本部署 I/O 设备，提供现场的综合数采能力，同时，IIoT BOX 系统服务端部署在 MEC 平台，通过 5G 网络保证数据采集和回传的实时性，可进一步降低系统的实施和维护成本。

5G＋VDI。利用 5G 网络的高速传输能力，改善了虚拟桌面应用基于 Wi-Fi 通信时经常出现的操作画面卡顿等问题，提升了用户体验，大规模降低部署成本。

5G+PLC。随着 PLC 性能的提升，为了减少性能溢出造成的浪费，开始集中化部署 PLC，可覆盖 80% 的业务场景。在 PLC 集中化部署的情况下，可通过 5G 网络，以无线通信的方式，实现 PLC 主站与现场 I/O 设备的数据通信。其中，PLC 主站与现场 I/O 设备之间的双向通信时延需达到 20ms、确定性达到 99.99% 才能保证业务稳定可靠运行，最终通过端到端的网络优化，实现了时延 16ms、确定性 99.99%。基于对 5G 网络的深度优化，可使 PLC 主站与现场 I/O 设备的通信时延满足相关的确定性要求，从而为 5G 赋能柔性生产打下良好的基础。

5G+AI。施耐德电气广州工厂在生产现场部署工业相机等视频传感器，实现对生产过程的安全、高效及高质量监控。通过内嵌 5G 模组或连接 5G 网关等方式，可实现视频传感器的 5G 网络接入，实时拍摄高清图像，通过 5G 网络传输至部署在 MEC 上的机器视觉 AI 处理平台，完成快速识别处理。这种方式可快速对已有生产线进行改造部署，减少人工成本，提升监控效率。利用 5G 网络的毫秒级传输能力，可充分满足实际运营的反馈需求。除了用于安全管理监控，视觉 AI 还会和线边物流结合，自动识别生产现场物流情况，向 AMR 下发货物搬运任务。

5G+eInk。利用 5G 网络，可以实现基于融合 5G 核心网的 eInk 业务，即在施耐德电气广州工厂的各个工位上安装 eInk，通过 5G 网络实时接收来自 MEC 上部署的生产管理软件的工单信息，包括生产任务、进度、质量等数据，方便工人查看和操作。5G+eInk 业务不仅能够节省纸张，而且还能够实现动态每小时生产数量等业务，即根据市场需求和生产能力，动态调整生产计划和目标，提高生产效率和灵活性。这种 5G 网络在智能制造中的应用，有效地赋能了柔性生产，为施耐德电气广州工厂的数字化转型提供了强大的支撑。5G+eInk 如图 2 所示。

5G+EAE。在 EAE 平台上，可以以软件化的方式集中部署 PLC，从而对整个生产线进行中心化管控，提高生产效率和质量。

通过本次工业 5G 专网建设，实现了柔性自动化、预测分析、数字孪生、5G 等数字化技术，实现端到端价值链的数字化转型升级，在 5G 全连接技术的加持下，施耐德电气广州工厂的各个环节都得到了显著的改善和提升。在采购环节，实现透明高效的自动化供应链管理，使施耐德电气广州工厂的准时交货率提高 30%；在生产环节，通过部署 5G 柔性生产线，产品上市时间缩短了 25%，同时能够根据市场需求快速调整生产计划和规模；在交付环节，智能柔性仓储解决方案提升仓储灵活度和效率，节省仓储空间多达 52%。真正实现了端到端价值链的全面升级，为施耐德电气广州工厂的竞争力提升和可持续发展奠定了坚实的基础。

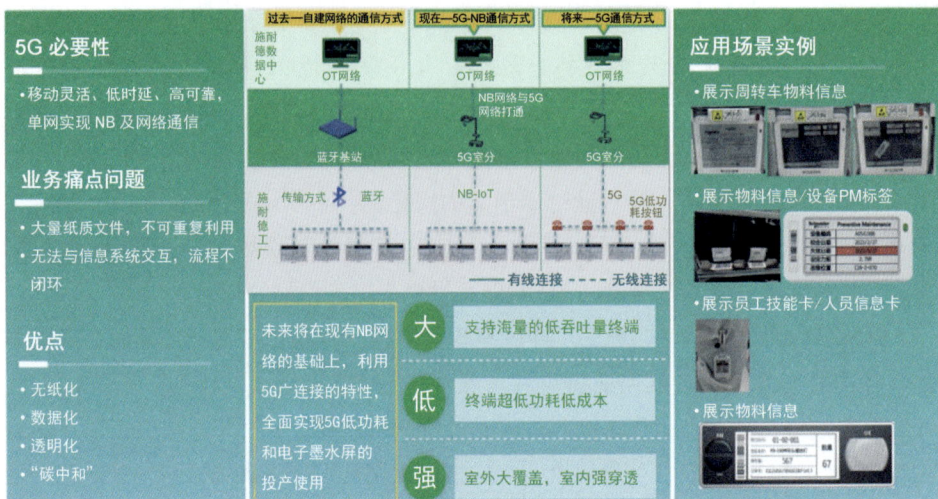

图 2　5G+eInk

行洛坑钨矿多模态融合 5G 智慧矿山

参与企业：中国移动通信集团福建有限公司三明分公司

技术特点：本项目以5G矿山专网为基础，实现无人化采掘、低碳化运转、数字化治理等场景，打造现代化矿业智能体系。同时，已与行洛坑钨矿就后续合作展开密切沟通，编制后续项目规划，最终形成有色行业5G智慧矿山示范点。

应用成效：5G智慧矿山以智能化、无人化采矿装备为核心，以高速率、低时延、高可靠5G矿山专用网络与矿山工业有线网络和边缘计算为基础，以数字化智能化的矿山生产、管理系统为抓手，对矿山生产过程进行全面感知、泛在互联、动态更新、智能决策和实时反馈，持续提升矿山整体安全水平和管理水平，最终实现矿山开采的降本增效。

　　近年来，我国许多矿山逐步由浅层开采转向深部开采，由于地下矿山的资源禀赋条件、开采工艺、生产流程、生产装备的差异，以及资源的不确定性和动态性、工作场所的离散型、生产力要素的移动性、生产环境的高危险性等特点，导致矿山企业生产效率低下，造成了诸多难题，例如：矿卡等设备车体巨大，盲区多，碾压、碰撞事故隐患多，工程危害较大；多种设备混合作业，人工调度安全机制存在滞后性，人工调度效率低；人力成本、管理运营成本、维修成本逐年升高；矿山企业由于缺乏高效的网络基础设施、自动化智能化生产装备和生产管理系统，尚未利用先进的技术手段，也未通过数据驱动来支撑生产和经营优化，导致无法通过精细化管理降低经营成本，生产效率仍有较大的提升空间。

　　为了提高矿山的技术实力，开展矿山智能开采技术研究并逐步推广与实现矿山智能开采尤为重要。以"5G行业专网＋平台＋丰富应用场景"的一体化5G智慧矿山解决方案落地案例为标杆，可推动传统矿业加速向绿色、安全、智能、高效的方向转型升级。打造5G应用，可以提升矿山的生产运输效率，保障人员作业安全，真正为企业降本增效，实现矿山高质量发展。

5G 智慧矿山智能管控平台

应用 5G 新技术，将工业技术、信息技术、管理技术高度融合，建立覆盖全矿生产、经营、管理的智能管控平台，实现对企业的实时监视、统一管控和资源共享。通过采掘智能化、无人化、远程控制化，促进矿产资源开发利用，降低矿产开采风险。通过机械化换人、自动化减人、智能化提质增效来提升企业的综合竞争力，同时缓解人员流失、人才短缺的问题。实施过程突出风险预控、决策分析、实时成本、优化管理、远程诊断等流程，按照统一规划、分步实施的建设思路，使 5G 智慧矿山建设有条不紊地进行，最终打造一个安全、协同、共享、高效的 5G 智慧矿山。本项目已经具备复制推广价值，将对相关行业和区域同类业务发展起到示范带动作用。5G 智慧矿山智能管控平台如图 1 所示。

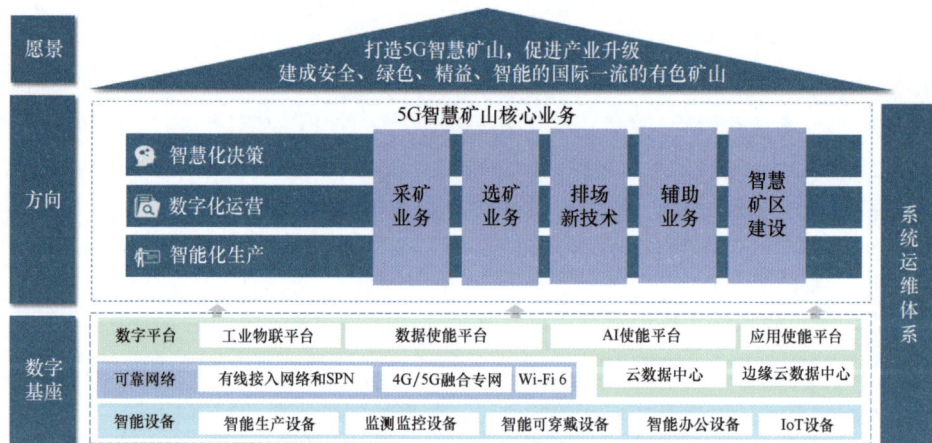

图 1　5G 智慧矿山智能管控平台

智能化生产助推数智化转型

无人化/少人化操控。加强穿孔、铲装、运输等业务环节的 5G+无人/远程操控设备建设。例如，矿卡无人驾驶系统、挖掘机远程操控系统、潜孔钻机远程操控系统、钻孔布控自动化、推土机远程操控系统等。

矿卡自动充电。实现矿卡自动充电，简化矿卡充电过程，准确调度车辆适时自动充电，充电过程孪生呈现，精准掌握充电时间，提高作业效率。矿卡自动充电示例如图 2 所示。

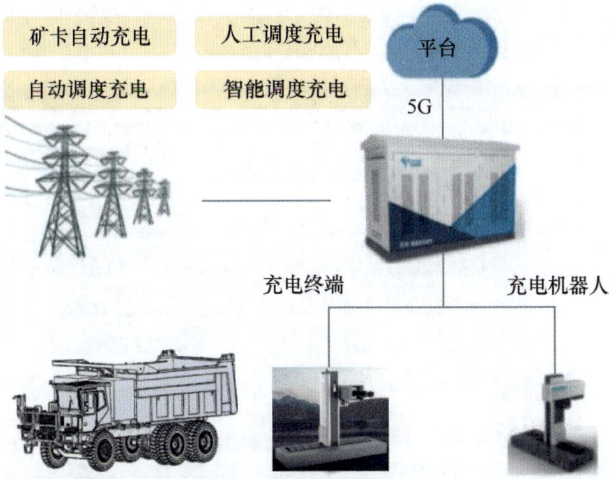

注：充电桩、矿卡充电部件等需要改造。

图 2　矿卡自动充电示例

专家系统建设。建设爆破质量在线评估系统、卡调系统优化升级、精准配矿与品位控制系统、选矿综合管控平台、磨矿专家控制系统、浮选专家控制系统等专家系统。

数字化运营打通运营管理全链条

生产运营数字化。建设卡车智能调度系统、三维数字采矿、基于无人机的爆破设计系统优化、智能生产运营系统，从采矿、选矿、辅助等方面，融合生产、经营相关数据，利用各专业子系统数据，驱动生产运营数字化管控。生产运营数字化管控系统如图 3 所示。

安全管控数字化。三维安全生产可视化综合管控，稳定性检测区域覆盖采矿场边坡、排土场、尾矿库，实现安全巡检评估管理、隐患闭环管理、事故预警处置管理、矿区安全管理、人员违规行为检测等相关业务。

设备管理数字化。实现矿卡运行状态孪生可视，装备维护数字化，矿用装备的端到端设备维护管理，装备作业数字化，提升安全、质量，降低生产误时。

智慧化决策提供一体化方案

智能化生产使能。建设一体化智能分析平台，整合生产视频资源，提升全流程智能分析、决策及预警能力。

智慧决策驾驶舱。利用生产数据，构建生产计划决策模型，综合展示设备运行

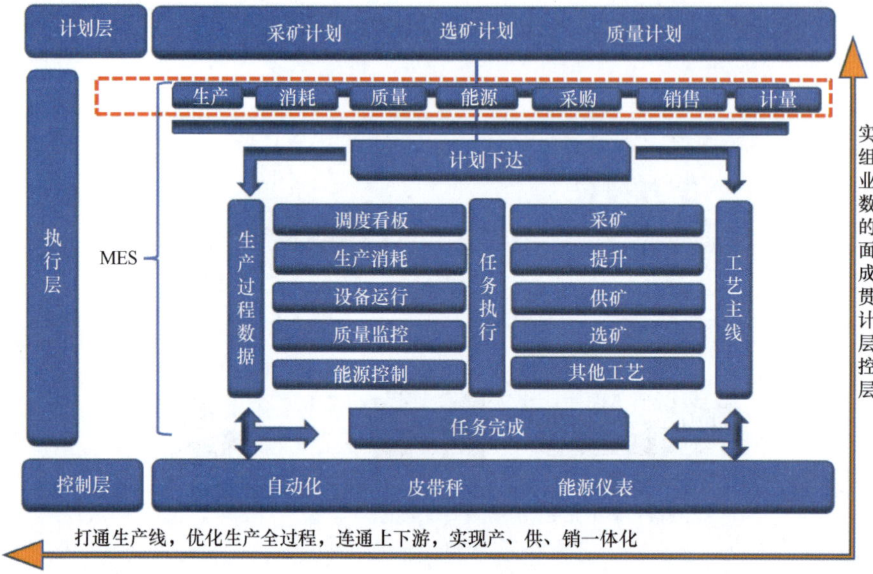

图 3 生产运营数字化管控系统

时间、作业情况、能耗等信息，整体提升生产计划的科学性和准确性。

智慧效益精算。基于人、机、料、法等相关数据，搭建成本分析模型，实现员工、设备、物料的最优化调配，以及成本的综合效益最优化。

差异化创新打造创新成果

行洛坑钨矿是中型露天矿的代表，其 5G 智慧矿山作业环境非常特殊，具体表现为：矿区圆周半径窄、道路和坡度条件受限；具有作业平台更换频繁、车辆易扎堆、会车频繁、碰撞风险骤增等特点。为保障智慧矿山规模化应用、稳定运营和产能提升，需要在装载、运输、卸料等多个关键环节深入现场、识别风险，通过数字技术与行业应用交叉融合，从全流程层面实现差异化创新，保证质量、保障产能。

斗齿识别。通过采集挖掘斗齿的图像数据，利用深度学习算法对斗齿进行分析和识别，实现对斗齿状态的准确判断和监测，实时监测斗齿的磨损及脱落情况，及时预警，避免斗齿脱落后随矿石物料进入粉碎机，影响整条生产线的正常运营。通过斗齿识别系统的预警功能，操作人员可以立即采取措施，如停机维修、更换斗齿等，不仅可以降低维修粉碎机的成本，还可以减少因粉碎机故障而导致的生产停工时间，提升整个生产线的生产效益。

防碰撞预警。通过激光雷达技术实时扫描和测量周围环境的距离和障碍物位置，获取挖掘机周围的物体信息，再通过 AI 识别技术对这些信息进行分析和处理，识别出潜在的碰撞障碍物，并进行预测和预警。本功能可以有效避免挖掘机与其他物体发生碰撞，避免损坏设备和增加维修成本，同时可以让操作人员更加安心和专注地作业，减少了因担心碰撞而产生的操作失误和不安全因素，提高了作业的效率和质量。

一键卸料。又称自动复位功能，应用 GPS 和自动控制技术可实现挖掘机一键回到之前记录的位置的功能，使重复的装车动作自动化。操作人员不需要手动操作挖掘机回到之前的位置，节省了寻找和调整位置的时间和精力，提高了操作效率。本功能确保挖掘机准确地回到之前记录的位置，消除了人为误差，提高了装车的准确性和一致性。自动复位功能减少了操作人员对位置调整的需求，降低了操作的难度，使得操作人员可以更加专注于其他重要的操作任务，提高工作效率。

异步操控。通过运用远程控制技术和云计算技术，实现了操作人员在不同时间在同一操作台上登录不同的工程机械设备（例如装载机和挖掘机）的功能，操作人员无须来回切换操作位置，节省了时间和精力，在提高工作效率的同时，减少人员调度的成本，提高了资源利用效率。

坚美高端铝型材绿色智能 5G 应用示范项目

> **参与企业：** 中国联合网络通信有限公司广东省分公司、广东坚美铝型材厂（集团）有限公司、佛山坚美铝业有限公司、中国联合网络通信有限公司佛山市分公司、联通（广东）产业互联网有限公司

技术特点： 本项目从基础、平台、应用、价值四大体系出发，在ERP、CRM、PLM、MES、WMS、SCADA等基础业务系统之上，通过电子数据交换（Electronic Data Interchange，EDI）低代码平台实现系统间的数据高集成强交互，通过全链条数字化实现一体化运营，并从生产、安全、供应等价值链条出发，构建基于5G的生产单元数字孪生、AI安全生产监测、智能仓配一体化等创新应用，打造铝型材行业数字化创新运营管理模式。

应用成效： 坚美通过5G设备数据采集分析，实现远程实时在线监测与智能化管理，设备故障率从5%降至2%；通过搭建工厂一体化平台，拉通工厂内业务数据的融合；通过搭建企业级高标准数据中心和5G MEC边缘云，加固网络信息安全等级，确保数据信息安全；通过5G+AI原子分析技术进行车间内合规分析方案比对，实现车间安全零事故。通过CRM和供应商关系管理（Supplier Relationship Management，SRM）完善外部供应链环节，提升整体供应链的协作能力；通过5G智能仓储管理系统，实现物料可精准追溯、物流自动定位，有效减少人工寻货，节省仓储物流人力75%。

坚美于2018年开始实施"坚美智能制造5年规划"，分3个阶段达到了数字化智能化示范工厂一级标准，实现了企业数智化转型。2021年，建成MEC下沉的企业5G专网，并依托5G网络探索实现5G+设备数据采集、5G+能耗管控、5G+仓

配一体化管理、5G+AI 安全生产监测、5G+生产单元数字孪生和 5G+DPaaS[1] 大数据平台六大 5G 创新应用场景，产生经济效益 3179.27 万元，带动上下游产业链 23家企业协同转型升级，提升了企业的竞争力，为佛山铝型材企业树立转型示范标杆。

多种技术支撑企业数字化转型

5G 网络深度覆盖。 坚美 5G 专网采用无线、承载和核心网的端到端整体解决方案，在 A 区建设部署 5G 宏站 1 套（共 3 个 AAU）、5G 室内分布系统 1 套（共48 个 pRRU），实现厂区 5G 信号深度覆盖。

MEC 算力下沉。 基于 5G 网络，坚美部署端到端的 5G 无线专网服务，通过5G+MEC 平台的 UPF 和边缘云计算资源的下沉，将坚美用户面数据内容分类进行卸载和分流，保障数据安全性，大幅降低响应时延，网络侧时延可降低到 10ms 以下，满足坚美的工业生产及办公需求。MEC 的私有化部署能够使业务聚焦于非实时、长周期数据的大数据分析，适合周期性维护、业务决策支撑等领域。算力的下沉使5G+应用聚焦实时、短周期数据的分析，将大部分数据处理推向网络边缘，在设备周围对数据进行快速处理，减少数据往返云端的等待时间和网络带宽成本。坚美将5G+AI 视觉检测分析平台部署于 MEC 上，实现 AI 内容处理和数据转发 / 计算 / 存储节点的合一化，依靠 5G 网络特性进行调度优化，同时，多节点互助协同实现数据本地存储和计算，满足数据不出园区的安全可靠需求，真正使通信网率先演进为内容网。MEC 部署方案如图 1 所示。

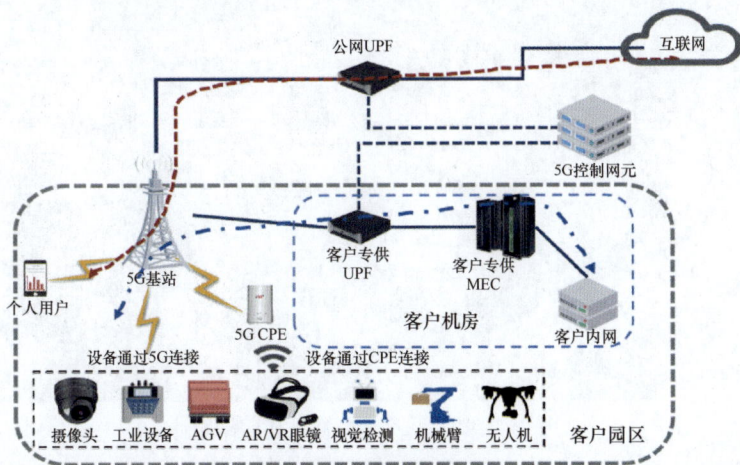

图 1　MEC 部署方案

注：1. DPaas（Data Platform as a Service，数据平台即服务）。

EDI 低代码平台。该平台是一个通用的、开放式的基于 Web Service、RESTful 接口技术的数据交互平台，支持通过配置的方式增加新的数据接口，坚美通过该平台实现基础数据与 ERP、OA 等系统集成，以及与应用无缝对接，整合业务数据 ERP、OA、MES、SRM、WMS、QMS[1] 等，实现应用一体化。

📶 5G+智能应用赋能生产加工全流程

5G+设备数据采集。针对熔铸车间智能排产难、挤压车间无数据分析、生产线自动化程度低、品质追溯难、人工成本高等痛点问题，本项目通过 SCADA 采集数据，结合 5G 网络，完成对全厂区熔铸车间、挤压车间、表面处理车间测控点分散的各种设备或过程的实时数据采集，实现对生产过程的全面实时监控，并为安全生产、调度、管理、优化和故障诊断提供必要和完整的数据及手段。

5G+能耗管控。铝型材挤压、熔铸车间存在大量高耗能生产设备，原能耗平台和数采平台仅实现数据收集事后查阅的功能，缺少实时有效的能耗监控及智能化的能耗分析调优功能。联通通过 5G 专网实现实时能耗运行监测，及时发现浪费能源的现象，通过设备能效预警，及时进行设备节能维护和保养，通过能源优化调度和班组能效竞赛机制，节省生产能耗，通过能耗平衡分析，发现能效薄弱环节，支持节能改造的智能化决策和部署。坚美铝业狮山厂能耗监控画面如图 2 所示。

图 2　坚美铝业狮山厂能耗监控画面

注：1. QMS（Quality Management System，质量管理体系）。

5G+仓配一体化管理。铝型材加工行业具有产品种类多（坚美共有 20 余万种产品）、物料重（普遍超过 1000 千克）、产品长（6 ～ 7m）、产量大（超过 3×10^8 千克）等特性，物料存储及流通一直是铝型材行业的痛点。坚美通过建设基于 5G 的智能化立体仓库系统、AGV、WMS，并通过 5G 信号控制铝型材全自动装框机、自动卸框机、自动包装机、自动喷砂机等生产装备实现与 AGV 的对接，建立了行业领先的"智能仓储 + 物料运输"网络系统，实现了挤压车间至各表面处理车间及仓储、关键大通道平台的数字化和智能化，为解决行业物流运输难题树立了标杆。

5G+AI 安全生产监测。坚美车间安全生产要求高，不能有火苗、人员脱岗等情况，原有的人为车间检查和人为查阅车间监控的方式，工作量大且仍存在遗漏情况。联通通过 5G+MEC+AI 的能力，将高清视频流通过 5G 直连到 MEC，在 AI 平台进行视觉分析和预警报警，反馈到车间的报警大屏，最大限度地预防安全风险，在贯彻国家"铝七条"安全生产中发挥了示范带动作用。

5G+生产单元数字孪生。通过 5G+SCADA 系统获取设备传感数据和状态数据，结合 PLM、ERP、EAM[1]、EMS[2]、MES 等获取生产进度、设备状态、物料信息、质量信息和能耗等数据到孪生平台系统，通过 3D 场景构建、3D 模型导入，实现挤压车间生产线数字模型与物理对象的融合，形成基于三维可视化场景的运营与管理。

DPaaS 大数据平台提升数字化运营能力

为统一数据标准和口径，打通"信息孤岛"，实时掌控企业经营生产的状态，支撑对业务管理工作的督导检查、横向对比、综合分析、风险预警、问题诊断和辅助决策，坚美建立 DPaaS 大数据平台，帮助企业完成数据接入、数仓建设、数据处理、统计分析、报表生成、商务智能大屏设计与展示的功能，全面提升企业的数字化运营能力。DPaaS 大数据平台示意如图 3 所示。

注：1. EAM（Enterprise Asset Management，企业资产管理）。
　　2. EMS（Energy Management System，能量管理系统）。

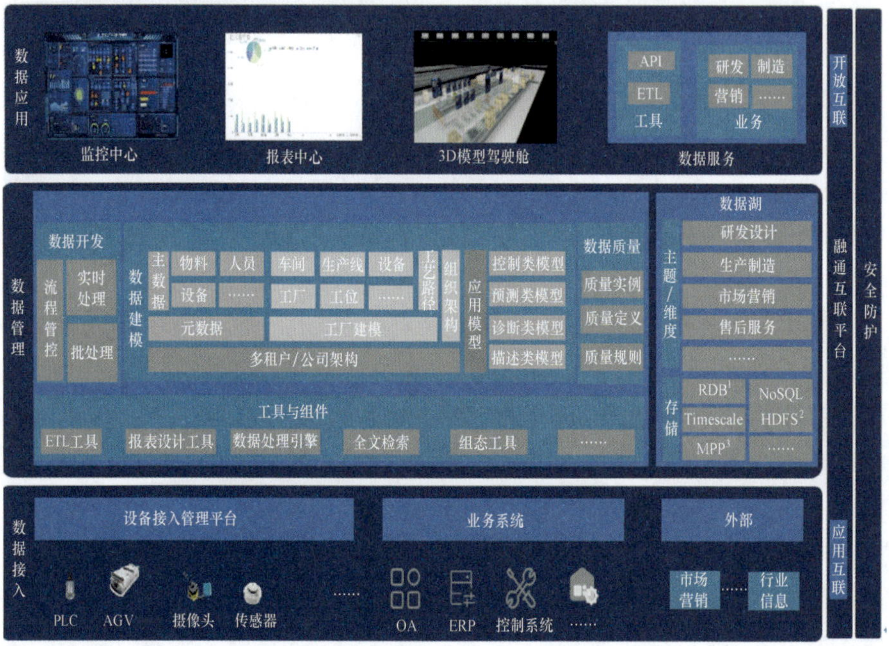

注：1. RDB（Relationship Database，关系数据库）。

2. HDFS（Hadoop Distributed File System，Hadoop 分布式文件系统）。

3. MPP（Massively Parallel Processing，大规模并行处理）。

图 3　DPaaS 大数据平台示意

5G+SPN 小颗粒承载赋能国网配电自动化智慧运行

参与企业： 中国移动通信集团河北有限公司、中国移动通信集团河北有限公司张家口分公司、中兴通讯股份有限公司

技术特点： 本项目基于5G技术建设面向分布式光伏智慧管控的源网荷储调度平台，通过5G切片+MEC的网络架构实现数据传输对于安全性和低时延的要求；通过核心网网元UPF下沉到边缘侧实现低时延保障，MEC为数据上行传输的终点，通过缩短数据传输的路径，降低端到端时延；在安全性方面，5G切片保障传输过程中的数据隔离，MEC实现数据不出本地，整体保障端到端的数据安全。

应用成效： 本项目响应了国家对分布式光伏"应接尽接"的政策，切实保障分布式光伏完全消纳的目标。配电网有源化能提高现有配电网的调度运行及管理能力，建设适应分布式能源发展的新型有源配电网调度体系，助力新型电力系统建设。

新型电力系统五大基本特征是清洁低碳、安全可控、灵活高效、智能友好和开放互动：发电要清洁低碳；输变电要安全可控；配电要灵活高效；用电要智能友好；能源要开放互动。为实现智能电网的上述特征，对通信连接的需求也更高。分布式电源调控、精准负荷控制、配网区域保护等电力控制业务不断涌现，对电力通信的覆盖范围、带宽时延、可靠性、安全性等提出了更高的要求。

🔵 新型电力系统的发展趋势

2021年3月15日，中央财经委员会第九次会议上提出，要深化电力体制改革，构建以新能源为主体的新型电力系统，为智能电网的发展指明了方向。与传统电力系统相比，新型电力系统融合了大量的风电、光伏、分布式储能、充电桩等新业务，"新"主要表现为以下4个方面。

第一，电源结构由可控连续出力的煤电装机主导，向强不确定性、弱可控性出力的新能源发电装机主导转变。

第二，负荷特性由传统的刚性、纯消费型向柔性、生产与消费兼具型转变。

第三，在电网形态方面，传统电力系统以单向逐级输电为主，新型电力系统是包括交直流混联大电网、微电网、局部直流电网和可调节负荷的能源互联网。

第四，运行特性的转变，传统电网是"源随荷动"的实时平衡模式，以及大电网一体化控制模式。新型电力系统是"源网荷储"协同互动的非完全实时平衡模式，大电网与微电网协同控制模式。

新型电力系统的核心优势

实现分布式光伏"四可"。基于 5G 技术，建设面向分布式光伏智慧管控的源网荷储调度平台，接入主网图模及运行数据、配网图模及运行数据、气象数据，实现多维数据聚合，构建分布式光伏可观可测、高比例分布式光伏并网后的风险识别、新能源规划辅助等应用，并实现对分布式光伏的控制，达到地区分布式新能源的"可观、可测、可调、可控"。

技术领先。本项目研究分布式光伏管控多级协调调控架构，通过 5G 网络对分布式光伏单元进行实时监测和灵活调控，提升电网对分布式光伏的接入及调控能力。能够大幅降低实现分布式光伏调控的投资成本，促进分布式光伏的有序接入和智能调控，保证分布式能源健康和持续发展。

确定性网络。通过无线、承载、核心网等领域的技术创新保障各节点的确定性；通过不同专业端到端精准编排控制及网络协调实现系统的确定性。实现电力网络通信精准时间同步、有界时延抖动、端到端闭环协同、可靠网络传输、混合业务共存。

量子加密通信。在本项目中，建设一套量子密管平台及相关量子安全软硬件设施，提供量子密钥分发、更新和管理等功能，保障远程终端单元（Remote Terminal Unit，RTU）远动控制终端、智能融合终端与电力监控主站之间的数据安全和通信安全。

分布式光伏赋能新型电力系统

本项目包含张家口市万全区的 69 个接入点，其中，14 个 35kV 集中式光伏通过调度数据网接入；43 个接入点被 5G 信号覆盖，优先采用 5G 网络无线接入；12 个接入点不具备 5G 接入条件，采用 4G 无线／光纤方式接入。分布式光伏优先利用 5G 切片方式，通过纵向加密认证装置接入配电自动化安全接入区，实现接入安全防护，将采集的信息传输至面向分布式光伏智慧管控的源网荷储调度平台，全面实现趋势整体感知。分布式光伏接入方案如图 1 所示。

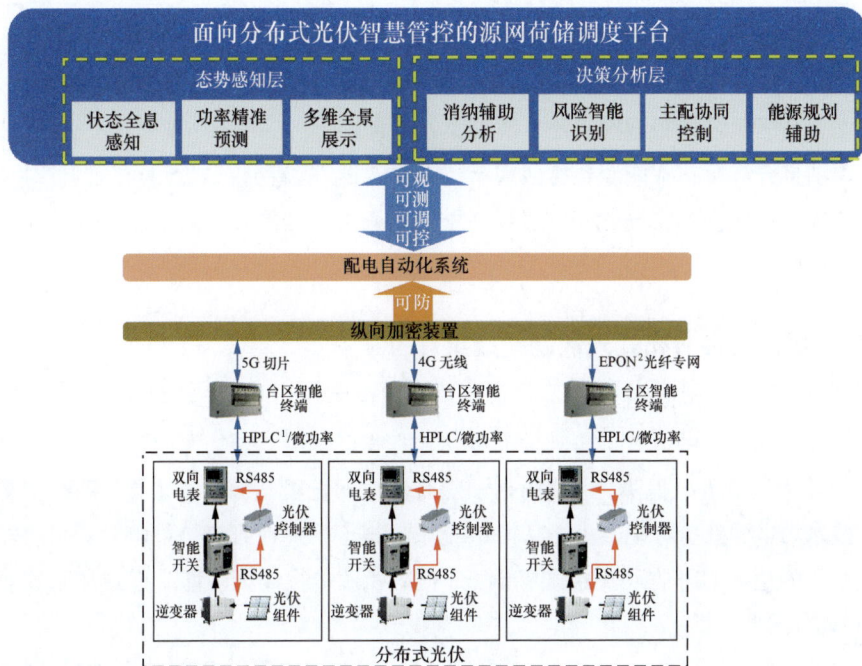

注：1. HPLC（High-Speed Power Line Carrier，高速电力线载波）。
　　2. EPON（Ethernet Passive Optical Network，以太网无源光网络）。

图 1　分布式光伏接入方案

智能融合终端部署在配电网台区，部署在电力公司的分布式光伏管控主站先通过配电自动化系统安全接入区，再利用 5G 网络控制台区分布式能源设备，之间部署纵向加密认证装置和微型纵向加密装置。分布式光伏管控平台的数据和运行情况通过 Web 方式实现发布和浏览。

5G 网络演进的趋势是向网元虚拟化、架构开放化、编排智能化的方向发展，针对分布式能源对于大带宽、低时延的网络需求特点，在本项目中，分布式光伏管控主站的接口服务器、台区智能融合终端通过 5G 网络通信，具体实现方法如下：采用 SA 网络架构，从无线网、承载网、核心网实现端到端切片；通过下沉 MEC 实现电力数据的本地化处理，构建具有特定 SLA 保障的逻辑专网；通过端到端切片和网络架构的调整保证数据的网络时延约为 15ms，保证数据的安全性；终端设备采用千兆网口和 5G DTU[1] 进行连接，充分利用 5G 的网络资源。

注：1. DTU（Data Transfer Unit，数据传输单元）。

本项目研究基于 5G 的分布式能源监控系统总体架构，明确分布式新能源监控系统各层级功能、控制逻辑、通信组网及数据传输方案。研究分布式能源台区内部潮流、电压优化控制策略和虚拟同步控制策略，实现分布式能源台区内部自律控制；基于 5G 通信技术及边缘计算技术实现分布式能源台区 AGC[1]/AVC[2] 功能开发；基于 5G 通信技术，研究秒级调控通信协议，实现调控命令快速响应；基于 5G 通信技术，研究配电台区柔性秒级调控算法，实现柔性调控。

本项目开展分布式能源监控创新示范工程建设，实现分布式能源台区自律控制、分布式能源台区间的协同优化调度和主配网协同控制，提升电网新能源消纳和安全稳定运行的能力。

🛰 专享组网调控分布式光伏创新成果

针对分布式光伏调控等业务，本项目采用中国移动 5G 专网专享组网：在无线侧使用资源块预留的方式，与其他非电网业务物理隔离，硬切片内两个业务通过不同的 5QI 优先级进行保障；承载侧基于现有传输网配置 FlexE 硬管道，同时使用小颗粒技术为电网业务分配最小 10Mbit/s 通道；核心网侧在张家口供电公司机房部署电力专用的边缘 UPF，利用中国移动 5G 核心机房的控制面功能，搭建端到端隔离的 5G 虚拟专网。

本项目具有以下三大特点。一是隔离承载，差异化。引入 SPN 小颗粒切片技术，实现业务的安全物理隔离，为电力业务提供稳定的时延，实现"零丢包"的承载通道，满足国网冀北电力生产实时控制类业务与管理、信息类业务差异化 SLA 需求。二是三重保护，高可靠。引入 SR[3] 技术，对电力业务实现三重保护，提供极高的可靠性。三是可视可管，定制化。引入随流检测技术，为电力业务提供可视可管的定制化服务。

分布式能源系统具备点多、面广的特点，采用传统的有线接入方式，在经济性和便捷性方面无法满足业务场景的需求。而 3G、4G 在空口时延方面超过了 60ms，也无法满足系统对实时性的要求。采用 5G 接入方式，空口时延可以控制在 10ms 左右，使得对分布式光伏的管控具备了技术可行性和先进性，同时解决了接入成本问题。

注：1. AGC（Automatic Generation Control，自动发电控制）。

    2. AVC（Automatic Voltage Control，自动电压控制）。

    3. SR（Segment Routing，段路由）。

金陵石化 5G+工业互联网护航安全环保转型升级

参与企业： 中国移动通信集团江苏有限公司南京分公司

技术特点： 本项目通过建设5G+工业互联网，实现智慧园区与5G通信技术的紧密结合，采用5G基站资源和相关配套设备，满足金陵石化厂区内的信号覆盖需求，利用SA提供完善的5G全业务，并具备网络切片能力。MEC方案设计部分核心网，带来超低的时延和大带宽能力，并支持4G/5G融合，实现对现有终端设备投资的保护。通过5G基站——MEC——企业内部服务器前端应用信号传输，全程不上公网，确保数据安全。

应用成效： 金陵石化采用5G+工业互联网技术，整合多张网建设成一张5G专网，部署多种能力定制化应用，对传统模式进行改造升级。通过电子作业票系统、设备状态监测、智能车辆调度和灌装系统、环保监测等多种应用，实现承包商管理、设备监测、危化品车辆管控、环保监测等业务的全面数字化转型。本项目改造多个生产环节，降低成本，提高生产效率，每年可节约成本超过3000万元，并保障了各项业务的安全高效稳定运行，具备较好的经济效益。

金陵石化将 5G+工业互联网建设作为公司发展战略的重要组成部分，紧紧围绕加快建设世界领先炼化企业的奋斗目标，以提高发展质量和效益为中心，加快 5G+工业互联网的建设步伐，努力提升智能化应用和创新应用水平。中国移动通信集团江苏有限公司南京分公司搭建 5G 专网，构建从云到端的全方位班组安全创新服务模式，以及一体化智慧平台，实现金陵石化全业务、各环节的集约化、智能化协同管理。目前，金陵石化厂区完成了 5G+ 工业互联网护航安全环保转型升级应用场景的建设，以模型化、集成化、可视化、自动化的方式助力企业提升管控能力和效率。

一体化智慧平台实现协同化管理

安全环保管理系统。通过 5G 专网实时监控预警作业现场运行情况，5G 专网可线上审核审批率、通过率、开工率、及时关闭率等现场作业指标，提高工作效率；建立施工作业电子地图，实现一体化、集约化管控；集成 5G 移动视频监控和固定 AI 视频分析，对施工现场全天候、全方位的监控使施工现场"看得准、守得住"，有效降低了作业现场的安全风险，增加了现场的安全督查范围，提高了现场的安全监管效率；实时监控现场挥发性有机物（Volatile Organic Compounds，VOCs）值，为气味管理提供依据，确保环保设施可以正常投入使用；适应各层级检查的安全检查模块，实现多次交互功能，支撑企业实施闭环管理。

危险化学品安全生产风险监测预警系统。本系统通过 5G 专网实时监测确保数据完整性、数据真实性和系统稳定性，支撑各企业上报风险监测预警交换数据的完整、有效。围绕危险化学品安全生产风险，通过一二类重大危险源、高危化工工艺装置风险监测监控指标数据监测预警，实现总部及企业风险预警系统功能的二级应用；建立中国石化危险化学品基础信息数据库，开展中国石化各直属企业危险化学品风险的监测预警数据交换和数据治理建设。

班组安全培训系统。利用信息化手段快捷、有效地提升员工的安全意识，培养并提高员工的操作技能；落实中国石化三基工作，从内容和形式上全面革新班组安全活动的现状，构建从云到端的全方位班组安全创新服务模式。系统可以支持两种学习模式，即自主学习模式和集中班组安全活动模式，组员可通过 5G 终端实时登录进行学习。班组安全培训系统示意如图 1 所示。

图 1　班组安全培训系统示意

应急指挥信息系统。通过对企业火灾、有毒有害气体泄漏、可燃气体泄漏 3 个方面的集成监测，实现报警信息集中管理；建立接警、警情分级、事件级别判定规则，实现警情信息自动分级，支撑快速有效接警；以事故地点为中心，通过 5G 专网，实现现场视频、消防车辆定位信息、救援人员定位信息、现场气体浓度监测、气象信息、现场处置动态等信息的高度汇集，为应急指挥提供决策的依据。

承包商管理平台。本平台能够实现承包商单位信息管理及准入审批管理、人员信息管理及健康体检审批管理、安全教育审批管理及安全教育管理、实训成绩管理、项目管理、项目人员及项目违章管理、作业票查询管理、器具维护及器具检修审批管理、违章登记及违章审批管理，承包商可通过 5G 专网实时登录学习审批系统进行评审维护。

碳排放实时监控系统。系统整合公司 MES、能源监控、实时数据库及化验室信息管理系统（Laboratory Information Management System，LIMS）等数据，通过构建碳排放测算模型，实时监控公司固定、制程、间接、逸散四大类 20 余个小类的碳排放量指标，通过 5G 专网全方位、全过程监控公司各版块、各运行部、各生产装置的碳排放量。

LDAR[1] 数据传输系统。通过 5G 专网实现现场扫码检测、数据智能传输、漏点报警、维修任务下达、修复、现场复测、统计分析等功能，支撑 LDAR 全过程管控。公司设置了超过 70 万个标准化密封点，制作、悬挂二维码密封标识牌近 6 万个，通过 LDAR 管理与信息化深度融合，及时发现并消除漏点，保证现场无异味，进一步提高公司 LDAR 管理的智能化水平。

环保实时监测系统。通过 5G 专网，实现对公司废水、废气、净水事故罐、环境空气等的实时监控和历史数据查询，按照监控点和报警级别进行分级、分类报警，为企业提供一个环保数据的实时监控平台。区域环境 VOCs 在线监测，结合环保地图，自动对标、分析趋势、异味管理，做到"定位精准，指标严控"，加强对所有环保排放点的实时管控，前移管控关口，强化源头预警功能，实现由"管排口"向"管源头"转变，推动环保管理由定性管理向定量管理转变、由经验管理向科学管理转变、由事后管理向事前控制转变，进一步提升环保管理的水平。

助推企业数字化转型升级与效能提升

5G 承包商管理系统优化作业流程，实现准确高效监督，提升管理水平，优化培训流程，缩短周期，每年可节约培训费用约 280 万元。5G 生产状态监测系统可

注：1. LDAR（Leak Detection And Repair，泄漏检测与修复）。

节约人工成本，完善应急预案，减少生产安全环保隐患，每年可节约维修费用超2000 万元；5G+危化品车辆管理改造后效率提高了 15%，缩编了 6 个岗位，1 个岗位实现无人值守，每年可节约人工成本 400 万元。

金陵石化在发展生产的同时，更注重社会责任和担当，坚持守住安全红线，根据"绿水青山就是金山银山"的原则进行可持续发展。5G 的高速率和低时延让生产设备的运转与作业更加高效和安全，5G 的全覆盖让防爆区的安全性进一步升级，助力打造"安全石化"；创新推进节能减排和绿色环保，切实实践国家的"双碳"理念，助力推进"绿色石化"的建设。

打造"智慧石化"5G+工业互联网，助力企业实现生产优化、设备管理、节能减排、安全环保、经营决策等领域的数字化转型与效能提升，使生产经营业务一体化、管理控制一体化、工厂建设与运维一体化，并全面支撑决策准确快速、运营卓越、能源节约、环境友好、生产优化的一流炼化企业运营。

攀钢集团5G全连接智能采矿技术研究项目

参与企业：中国移动通信集团四川有限公司攀枝花分公司

技术特点：本项目在5G远程采矿项目实现区域覆盖的基础上，实现全采面覆盖5G网络设计、网络建设、网络优化的端到端支撑，适度超前构建5G专网，为智能应用提供大带宽、低时延、高可靠、安全隔离的广域移动网络支持。打造"矿石流"智能化装备系统与"信息流"信息管理系统、数据管理系统、协同管理系统，以数据采集为基础，实现数据在5G专网的传输，以及在5G边缘数据中心的统一管理，有效发挥数据的价值，支撑5G全连接智能采矿装备的高效应用。

应用成效：本项目将5G、边缘计算技术与自动控制技术、传感技术、采矿技术有机结合，将离散型设备转变为流程型设备设施，实现企业运营管理直接到机台，促进企业管理模式变革和管理效率提升。项目实施后，关键设备异常损害率降低30%、设备巡检效率提升30%、巡检人数减少80%、运维成本下降60%、生产线可靠性提高50%，设备现场作业效率、生产效率、作业时长得到明显改善，此外，通过在线监测将人员从现场撤出，从本质上改善安全生产作业条件，降低职工劳动强度，保障职工人身安全。

中国移动通信集团四川有限公司攀枝花分公司聚焦智能采矿建设核心和难点，对攀钢集团现有的矿山采面工作装备进行智能化升级和改造，积极开展5G远程采矿科研项目，进行牙轮钻机智能化改造、电铲智能化改造、矿卡智能化改造，使原有的离散采矿作业实现自动化和智能化，初步打造了5G矿山专网及5G边缘数据中心等新型数字基础设施，通过智能化转型实现新技术融合应用，减少一线作业人员数量，实现矿山"少人化、无人化"，推动传统作业的智能化转型。

网络层：5G 专网为数据互联互通打下基础

5G 网络由 5G 端侧接入设备、5G 无线接入网、5G 承载网、5G 核心网组成，方案需要基于业务对低时延、大上行、高可靠和高安全等相关要求进行设计确定，5G 网络提供项目所需的专网环境、5G 网络规划设计及分析服务，以及基础的调测及网络维保服务，保障相关数据及控制指令的正常传输，为矿山设备及数据互联互通打下基础。

5G 端侧接入设备包括传感设备、摄像头、控制器、工控机等自动化控制部件，以及 AR 路由器、5G CPE 等网络接入设备。5G 无线接入网，即 5G 基站及其无线覆盖小区，通过 5G 基站覆盖矿区，可实时连接矿山移动设备。5G 承载网采用 FlexE 物理隔离和 VPN 逻辑隔离的方式，实现业务安全，采用环形组网，实现高可靠性。5G 核心网包含矿区 MEC 和电信运营商 5GC，在矿区新建 MEC，实现矿区业务低时延接入，MEC 部署在 5G 边缘数据中心一体化机箱 / 机柜中。5G 矿山专网如图 1 所示。

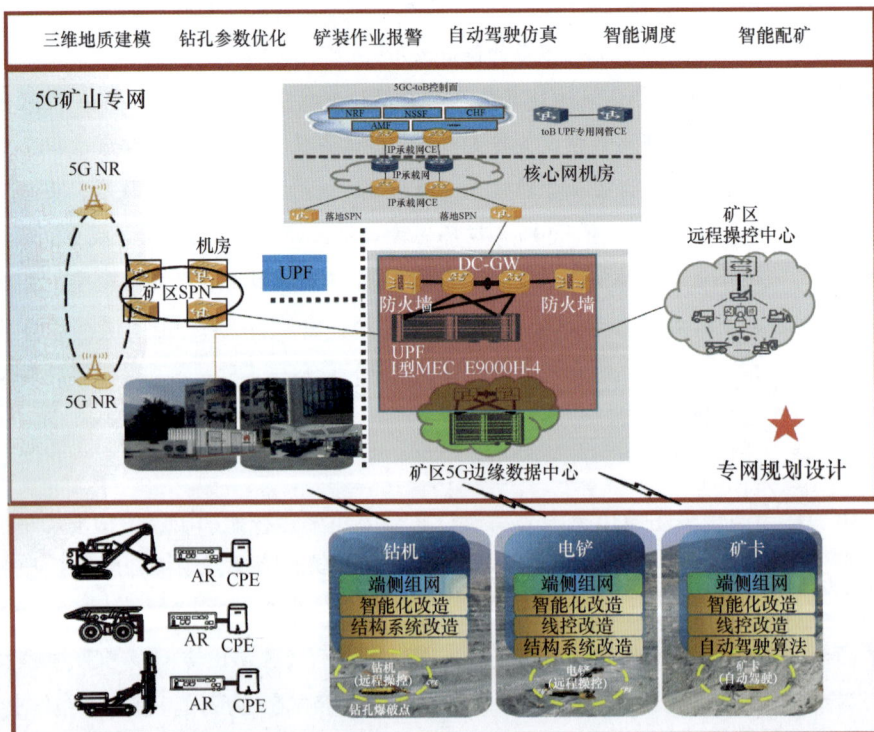

图 1 5G 矿山专网

信息管理层：5G 边缘数据中心支撑一体化数据管理系统

5G 边缘数据中心通过满足工业级标准建设一体化机房/机柜，集成 5G 网络及边缘计算基础软硬件资源，满足系统对生产数据的通信安全性和网络实时性诉求，打造 5G 无人矿山智能化控制系统相关应用。一体化机房/机柜具备一体化集成、安全可靠、节约能源、架构兼容等特点，通过边缘计算基础硬件，在 5G 移动网络的边缘层提供 IT 服务环境和计算能力，实时处理移动网络边缘的业务。

应用层：实现作业现场自动化

牙轮钻机和电铲远程操控。YZ-35B 牙轮钻机通过远程智能化改造后，按需配置实现精准测深定位、自动调平、自动找孔、自动换杆、全自动作业、自动卷缆等功能，减少人工现场操作定位不准确、钻孔耗时长、部件易损坏等问题。WK-4B 电铲能够接收计算机发送的控制信号，并将电铲产生的必要数据通过计算机传送至遥控舱，通过 5G 网络实时连接设备，集控中心设置电铲操作平台，同时，传感器可回传设备倾角、振动数据等，实现用户的体验一致性。

矿卡和电机车自动驾驶。TR-60 矿卡支持人工驾驶、遥控驾驶与自动驾驶 3 种模式。人工驾驶的优先级最高，自动驾驶的优先级最低，自动驾驶过程中可通过遥控接管驾驶控制系统，为实现矿卡的遥控与自动驾驶，需要先对其进行线控改装，使矿卡能够接收计算机发送的控制信号，并将矿卡产生的必要数据通过计算机传送至遥控舱。ZG150-1500-V 型电机车自动驾驶可实现矿山铁路运输的自动化调度、少人化运行、远程集中操控。自动化应用示意如图 2 所示。

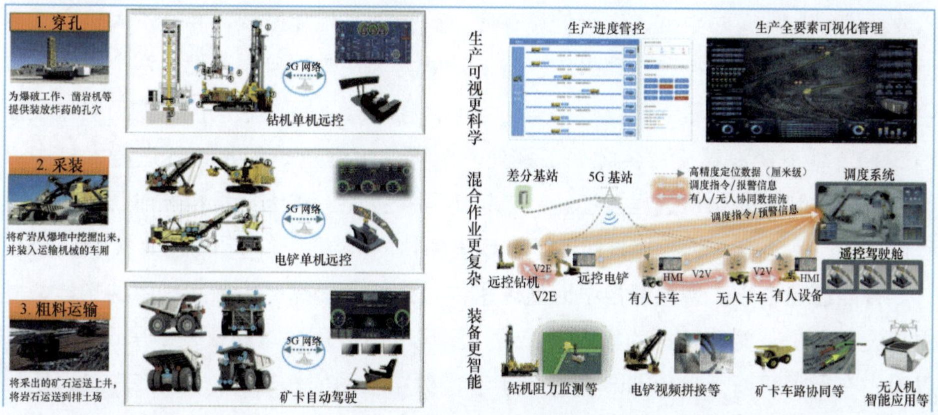

图 2 自动化应用示意

多用途无人机应用。多用途无人机应用包括硬件系统及软件系统两个部分。其中，硬件包含无人机和无人机自动机场；软件包含航线规划软件和数据处理软件。无人机测量的完成需要经过"数据采集—数据处理—成果输出"3 个流程。其中，无人机和无人机自动机场服务于采集流程，代替测量人员到达现场，满足大面积、长时间作业的需求，构成了整个测量系统的硬件数据采集的基础。航线规划软件用于规划无人机飞行路径、完成不同的数据采集任务，达到远程操作采集流程的目的，支持整个测量工作按计划进行。无人机完成采集任务后自动将数据通过 5G 专网快速传至本地，专业人员对数据进行处理，从而获得符合要求的数据成果。

旋转设备在线监测和皮带异物识别及撕裂在线监测。 采用传感器基于底层 AI 识别芯片，测量电机 / 轴承设备的在线振动、噪声、磁通量和温度等，通过无线网络支撑，提供远程故障预警服务，实现长期的维护和管理。传感器采集振动、噪声、超声、磁通量、温度等数据，同时可外接电流指纹，通过边缘 AI 算法，对电流底层特性和算法进行整体分析，可实现对管理范围内超过 90% 危险故障设备的诊断预警。皮带异物识别及撕裂在线监测分为异物识别及撕裂在线监测两个模块，通过 5G 专网将实时监测数据发送到上位机服务器中进行数据存储、分析，并将分析结果传输至集成监测系统，可实现报警事件远程推送。

5G 融合定位管理系统。 5G 融合定位管理系统基于 UWB 技术实现精准定位，基于 5G 专网实现定位信息的传输，简化 5G 融合定位管理系统，并在此基础上支撑智能管控中心井下人员及设备的定位管理。

📡 物理层：远程控制中心实现协同控制

远程控制中心。 远程控制中心配置远程驾驶舱，通过远程操控及自动驾驶系统接收所有设备的实时数据，进行信息存储、分析与可视化呈现，并提供人机交互界面，以及装备远程操控和自动采矿任务下发能力。在本项目中，设置两个远程操控中心，露天矿设置于攀钢矿业机关文化中心大楼一楼，距离朱家包包露天矿作业面约 3km；地下矿设置于兰尖地采工程处，距离兰尖地下矿约 5km。远程操控中心可以协同控制牙轮钻机远程操控舱、电铲远程操控舱、矿卡远程操控舱、电机车远程操控舱、凿岩台车远程操控舱等，实现设备协同控制，提高现场作业效率。

智能管控中心。 智能管控中心通过提供基础平台支撑矿山数字地图的构建，并支持设备数据、网络数据的集成及管理，实现矿山应用数据和报表的呈现；在业务层面，在无人机露天矿山 GIS 及地下矿巷道数字地图的基础上，集成 5G 融合定位人员、设备定位数据，并进一步集成远程操控、自动驾驶等系统，实现对项目应用的在线查看及智慧运营。

宝钢集团新疆八一钢铁有限公司 5G 专网生产场景的智慧化应用和数字化钢厂建设

参与企业：中国移动通信集团新疆有限公司乌鲁木齐市分公司

技术特点： 本项目利用5G网络的高速率、低时延、大连接等特性，搭建一张5G专网+一个基础平台+若干现场终端+若干应用场景，打造"5G+工业互联网+安全生产"智慧工厂，满足钢铁企业生产、辅助各环节的智能建设要求，并通过移动云对生产数据进行存储、计算、分析和决策，实现企业运营的少人化、无人化、自动化目标。

应用成效： 本项目基于5G专网，在厂区各单位重点区域实现现场数据无线采集、智能安全帽应用、无线对讲、人员定位、轨迹跟踪、超高清视频监控+AI识别、应急响应等多种应用场景，现场终端采集数据，通过5G专网回传至后端基础平台，从而实现对重点岗位、重点人员、重点设施的安全风险事前预警、事中管控，以及厂区安全生产的不间断监控预警，提高项目建设的整体安全水平，推动传统钢铁企业智能化、绿色化生产，高质量转型发展。

中国移动通信集团新疆有限公司乌鲁木齐市分公司通过 5G 专网打造全天候、无死角的覆盖生产安全、环保监测、维稳保卫、智慧应用的管理平台，为八一钢铁实现各种场景下的 5G 应用提供数据分析与建模，辅助八一钢铁最大限度地挖掘数据的价值，进而根据反馈优化八一钢铁的主营业务运营。本项目向下支持生产现场连接的深度管理，从而进行生产数据的管理并提供云化资源；向上为钢铁企业打造数字化运维能力，实现设备运行状态监控、数据分析、异常监控与告警、反向控制等核心功能，辅助八一钢铁提升设备的运维能力，助力八一钢铁实现智能化转型升级。

🏵 制定一体化技术方案

网络架构。打造 5G 专网，覆盖厂区中的各个分厂。为满足智慧八一钢铁 5G 超高清视频安防项目的业务接入需求，本项目针对八一钢铁管理网络和业务数据网络规划不同的 DNN；同时，将 UPF 设备下沉至公司机房，满足钢铁生产业务数据不出园区的网络需求。八一钢铁厂区内现场实时的终端数据，可通过 5G 网络回传至系统，实现八一钢铁厂区生产环境的无间断监控预警，满足厂区对网络超大带宽、超低时延、海量连接的需求。

平台架构。通过通信连接管理、设备管理、运营管理、数据管理能力，为智慧钢铁实现综合管控、数字化运维打下基础。

🏵 5G 专网生产场景的智慧化应用

5G 超高清摄像头 AI 识别。以 5G 专网为数智化基础，充分利用 5G 网络的超大带宽、海量连接、超低时延等特性，结合云计算、大数据、物联网等新一代信息通信技术，以超高清技术点亮"工业之眼"，实现钢铁生产环节的 5G 应用全覆盖，加快推进信息化在安全生产、智慧制造等领域的应用，切实提升生产厂区的信息化水平，促成八一钢铁公司厂区安全生产标准化、智能化，提升生产及安全管理效率，实现"5G 专网 + 智慧工业"新突破。

5G 智能安全帽。5G 智能安全帽具有语音播报、紧急呼叫、静默报警、脱帽报警、高温报警、语音通话、远程视频指导、实时监控等功能，通过 5G 技术实现了可视化的异地监控、应急指挥调度。在日常作业中，特防人员佩戴 5G 智能安全帽，通过远程监控功能，查看、分析、指挥完成特殊动火、电动操作盲板阀、手动操作盲板阀等工作。5G 智能安全帽切实做到了"事前有保护，事后有数据"的安全生产精准化管理。

5G 对讲机。依托 5G 专网超大带宽、超低时延的网络优势，实现不受传输空间限制、不受传输距离限制的无线对讲、可视化调度、实时视频回传。通过 5G 对讲机，打造适应时代发展趋势的，极具前瞻性、应用性、科学性的新一代钢铁厂现代化对讲系统，完善钢铁行业的智能融合模式。

5G 监测管理系统。能够统一监测、管理八一钢铁全厂的有组织排放及无组织排放，并计算清洁运输比例，运用 5G、物联网、大数据、机器学习等技术，结合 3D 地图开发渲染，对八一钢铁的生产、监测、治理数据进行多维度分析与数字化展示。建设符合政策要求且最优化的 5G 监测体系，能够根据环保政策对可见烟尘识别的要求提前布局，提升八一钢铁全厂大气污染管控的信息化、智能化、系统化水平，打造地区标杆企业形象。

5G 机器人宝罗。通过智能化手段提升效率，八一钢铁取样作业从粗放的人工模式转变为智能的机器人模式，真正将员工从作业环境差、劳动强度大、危险系数高的岗位中解放出来。5G 机器人宝罗本体搭载自检测系统，具有上电检测、健康检查等多种功能。5G 机器人宝罗可对异常情况进行报警，记录异常点的位置并回传至集中控制室，实现塔架区域设备机械化作业代替人工作业，降低工作人员的危险环境作业频次。5G 机器人宝罗如图 1 所示。

图 1　5G 机器人宝罗

以 5G 专网为核心推动产业升级，发展智能制造

落实 5G+安全生产目标。打造 5G 网络分层级服务方案，以专享、尊享为主要拓展策略，为钢铁企业建立安全、可靠的专网服务；同时，依托 5G 专网能力，实现 AI 视觉安防、远程控制、AR 辅助指导等安全生产目标。

工业互联网解决安全生产难题。钢铁生产现场存在大量的高温、毒气、灰尘和易燃易爆等危险因素，具有较大的生产及人员安全隐患，本项目通过为八一钢铁打造 5G+工业互联网，结合厂区内安装的 1851 台 5G 超高清摄像机，实现生产环境所有区域的安全智能分析，确保系统之间的设备快速联动、响应警情，彻底解决安全管理中"看不见、够不着、来不及"的痛点问题。同时，5G 专网及无线监控平台的建设为 5G 智能安全帽、5G 对讲机、5G 机器人宝罗等智能安全应用提供可靠保障。

无人化应用实现降本增效。本项目围绕八一钢铁在效率、成本、安全、质量等方面的实际需求，打造 5G+工业互联网并推动一系列 5G 应用落地，例如，5G 超高清摄像头 AI 识别、5G 智能安全帽、5G 对讲机、5G 监测管理系统、5G 机器人宝罗等，将工作人员从作业环境差、劳动强度大、危险系数高的岗位中解放出来，实现八一钢铁对相关设备和人员的智能综合管理，助力企业进一步降本增效。

衣针衣线 5G 协同中央工厂

参与企业：衣针衣线（东莞）制衣有限公司、中国联合网络通信有限公司广东省分公司

技术特点：本项目充分利用以5G、物联网、大数据为代表的新一代信息技术集成，新建大规模、现代化的标准工厂和新型工业互联网基础设施，引入先进的技术设备和管理模式，通过应用数字技术和小单快返柔性按需生产新模式改造，提高传统服装制造企业的生产效率和产品质量，更好地满足当前快时尚订单模式的市场需求。

应用成效："衣针衣线5G协同中央工厂"平台目前在衣针衣线公司东莞工厂和清远工厂应用，基于按需柔性供应，大幅降低了库存浪费，将企业的库存率下降至1%以下。平台数字化管理极大地强化了订单协同和多部门协作高效生产，全环节生产进度数字化记录解决了过去生产进度管控的难点和痛点。本平台吸引了"小、乱、散"的传统小企业、小工厂进驻，通过实施数字化和生产模式的改造，形成强大的产能供应能力。产业工人依靠本平台获得更稳定的工作条件和更规范的管理，收入增加20%～50%。

　　植根于东莞虎门的衣针衣线（东莞）制衣有限公司自创立之初就把数字化融入公司的发展目标中，始终高度关注数字技术在服装生产中的应用。衣针衣线针对传统服装生产的难点和痛点，准确把握小单快返柔性按需生产新模式的发展方向，在广东联通的技术支持和协助下创建了"衣针衣线5G协同中央工厂"平台，通过实践、优化升级和不断完善，在全国范围内推动传统服装产业的数字化转型升级，提高传统服装制造企业的生产质量和效率，抢抓数字化浪潮机遇，满足当前快时尚订单加工深度浅、货期短、质量要求高的新订单模式市场需求。

新一代信息技术集成助推生产现场智能化

本平台以产业数字化为引擎，以产业升级为抓手，以新型工业化为目标，基于小单快返柔性按需生产新模式的独特性，充分利用以 5G、物联网、大数据为代表的新一代信息技术集成，新建大规模、现代化的标准工厂和新型工业互联网基础设施，引入先进的技术设备和管理模式，例如，5G 数据传输设备、大数据和云计算技术等，对生产线级、车间级、工厂级等生产现场实施数字化和自动化改造，实现生产进度实时跟进、全流程数据跟踪溯源，以及生产资源的合理调度、及时调整与协同管理，提升生产效率与质量保障，满足小单快返动态产能调整的生产需求。

数字化平台赋能生产全流程

E-CMT 数字化生产管理系统提高生产现场效率。 本平台主要面向跨境电商平台和快时尚品牌方订单，该类型订单需要成衣生产现场对销售情况进行快速响应与动态调整。衣针衣线利用 5G 和物联网等技术在生产现场研发 E-CMT 数字化生产管理系统，建立数据跟踪机制，应用大数据、云计算等技术，在物料溯源、采购管理、仓储物流、订单协同等环节实现全环节的数字化管理和协同，以及全流程物料跟踪和问题责任追溯机制，全时点管控生产进度，准确、快速、高效地对生产信息进行汇总分析，及时跟进、协调解决问题，提高生产效率，保障成衣质量。E-CMT 数字化生产管理系统结合采集的生产设备数据、人员技能数据、订单数据等进行智能计算排产，提高企业排产的合理性和科学性，并把工人技能价值最大化，提高了产业工人的工作效率和收入水平。E-CMT 数字化生产管理系统在生产现场的应用如图 1 所示。

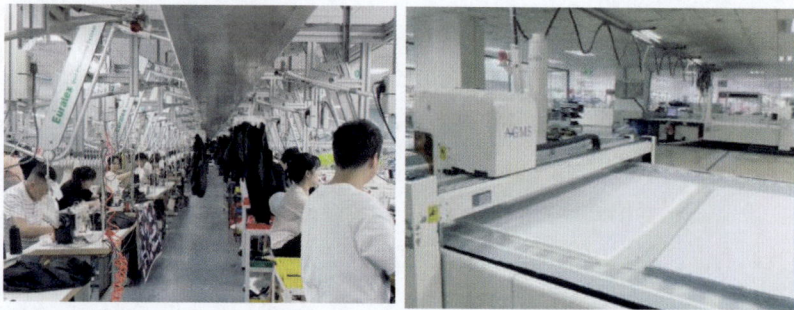

图 1　E-CMT 数字化生产管理系统在生产现场的应用

硬件软件协同升级轻松实现小单快返新智造。 本平台通过硬件设备数字化升级改造，提高软件的适用性和可用性，辅以与时俱进、贴合小单快返柔性按需生产新模式的管理机制，可以为国内数量庞大、仍待整合产能的传统服装制造企业提供一条适应小单快返柔性按需生产新模式的可行路径，具有深厚的产业基础和良好的可推广性。

共享产业空间实现资源共享。本平台通过建设共享产业空间，采用众包生产模式，把众多"小、乱、散"的小企业、小工厂集中起来，搭建了一套实现共建、共享、共治的小微企业联合体生产组织体系和数字化运营平台，形成生产单元广泛连接、信息和运营深度融合、数据要素充分利用、创新应用高效赋能的先进工厂，由平台统一接单，并向产业工人统一支付劳动报酬，将小规模、分散、零乱的经济活动集聚起来赋能升级。

平台建设助推传统服装制造企业转型升级

本平台目前在虎门服装产业集群先行实践，直面当地服装企业数字化建设能力薄弱、规模小、订单和产能不稳定等行业发展困境，并基于小单快返的强大市场需求，应用数字化先进技术，创新接单和生产组织模式，率先做出服装制造企业的数字化转型升级的探索。通过数字化转型升级和小单快返柔性按需生产新模式改造的应用，本平台模式能够提高传统服装制造企业的生产效率和产品质量，破解传统服装制造企业多部门协作困难、生产进度信息不全面等管理难题，提升管理效率，增强市场响应能力，更好地应对小单快返柔性按需生产新模式的挑战，增强企业竞争力，提升企业经济效益，稳定地方服装制造产业基础。

当前，工业互联网的推广和发展、各项数字技术的完善为传统服装制造企业实现数字化转型升级提供了良好的硬件基础，小单快返柔性按需生产新模式契合当今服装快时尚的市场需求。本平台为传统服装制造企业提供了一种新的生产模式和数字化转型路径，通过建设衣针衣线标准工厂，以众包生产的模式吸纳一众小工厂进场作业，搭建了一套实现共建、共享、共治的小微企业联合体生产组织体系，由平台统一接单、统一向工人代发劳动报酬，将"小、散、乱"的经济活动整合起来并统一纳税，对于传统服装制造企业的数字化转型和生产模式转变具有重要的示范效应和推广价值。这种模式让传统的小微服装制造企业享受到数字技术给生产制造带来的科技红利，实现了工人增收、企业增效、社会增益，具有良好的社会效益和经济效益。

"数"说纺织——福建金源纺织 5G 智慧工厂

参与企业： 联通（福建）产业互联网有限公司、福建金源纺织有限公司、华为技术有限公司、中国联合网络通信有限公司福州市分公司

技术特点： 本项目基于5G网络建设了智能数字生产中心，主要包括5G专网、5G+粗细联智能生产、5G+单锭智能检测、5G+成品智能仓储、5G+全景数字孪生等多个5G应用场景，能够解决粗纱—细纱—络筒—成品入库环节的问题，大幅提升管理效益，推动工厂数字化转型升级。

应用成效： 本项目实施后，每年可节约630万元运营成本，每年产能爬坡增加产值1400万元，机台利用率提高22%，平均生产效率提高5%，员工平均产量提高8%，异常停机时间减少13%，吨纱耗电降低5%，生产质量问题减少30%，仓储盘点工作量减少38%，产量工资统计工作量减少75%，产品质量工艺可追溯率达到100%，有效提高了生产及管理效率。

金源纺织在实施数字化转型的过程中面临的主要问题包括纺纱厂流程长、工序多、设备种类多，数据采集难度大，数据未充分发挥其价值，难以真正实现降本增效。在项目改造实施之前，金源纺织工厂车间的管理模式相对传统，管理完全依赖"人治"，未充分发挥"数治"的价值。金源纺织急需将全流程生产从半自动向全自动升级，进一步减少中间人工干涉的环节。

近年来，金源纺织进行了智能化改造的探索工作。福建联通联合金源纺织打造的 5G 智慧工厂，充分发挥 5G 网络的聚合作用，可满足金源纺织工厂"专网＋平台＋终端＋应用"的需求，实现企业核心业务的云化部署、数据本地化。5G 技术的融合应用，能够帮助金源纺织的生产运作更加灵活，同时提高生产的安全性并降低维护成本。

智能纺纱 MES+ERP 云平台

针对纺纱生产过程中的数字化关键技术进行深入研究，本项目开发了基于工业物联网的智能纺纱 MES+ERP 云平台，将生产各个环节中的人、机、料、法、环、测等数据有机融合，实现了大数据等新技术在纺纱领域的创新应用。

本项目通过 5G 专网设计研发了适用于纺纱车间的高可靠、低时延数据采集系统，构建了纺纱生产过程全设备 5G 专用网络，解决了异构工业网络的数据获取问题，系统研究了影响纺纱车间网络稳定性的因素，设计了 5G 专网回传策略，解决了强干扰环境下网络的稳定性问题。

智能纺纱 MES+ERP 云平台实现了设备实时状态监测、故障即时报警、生产进度动态预测、关键数据历史回溯、统计报表自动生成、生产数据智能分析、客户订单实时追踪、工艺数据远程写入和产品质量档案管理等功能，完成纺纱全流程、全设备数据的集成、融合和分析。

本项目运用大数据、云计算等技术，实现了多场景下的纺纱数字化创新应用，开发了生产质量追溯系统、领域知识驱动的成纱质量预测系统、差异化纺纱生产中的订单预排系统、动态产能平衡计算系统、纺纱设备在线诊断及运维和多维度纺纱工艺管理系统。

智能数字生产中心

金源纺织基于 5G 网络，建设了易管理、易落地、流程清晰、操作简单的智能数字生产中心，其主要包括 5G 专网、物联网采集平台、全流程业务管控平台、大数据决策分析平台等。智能数字生产中心基于互联网技术应用，特别是新一代信息技术 5G 的部署根基，结合车间基础网络和网络安全，实现涵盖清花机、梳棉机、并条机、粗纱机、细纱机、络筒机、打包机、辅机、车间机电设备等全方位的数据自动采集和全流程业务应用的全面链接、高效协同，首创海量数据采集、智能化报警平台、主辅机联动降耗、络筒机集团化大数据分析等多个场景，同时依托多屏联动、辅助决策、全链条全场景数字化赋能，助力金源纺织降本增效，大幅提升管理效益，推动工厂数字化转型升级。智能数字生产中心如图 1 所示。

构建"5G 双域专网 ＋ 跨域专网"

本项目联合华为打造最新的"5G 双域专网 ＋ 跨域专网"，建设投资 12 个宏站、161 个 pRRU，实现 60 万平方米厂区 5G 全覆盖，日均在线终端 1000 台以上，日均流量达 351GB，建设金源纺织厂区内的 MEC 服务器。"5G+MEC（含 UPF）+

边缘智能化"，为金源纺织生产线的智能化生产提供了强有力的网络支撑，为金源纺织打造了一个安全、稳定、可靠的 5G 专网。

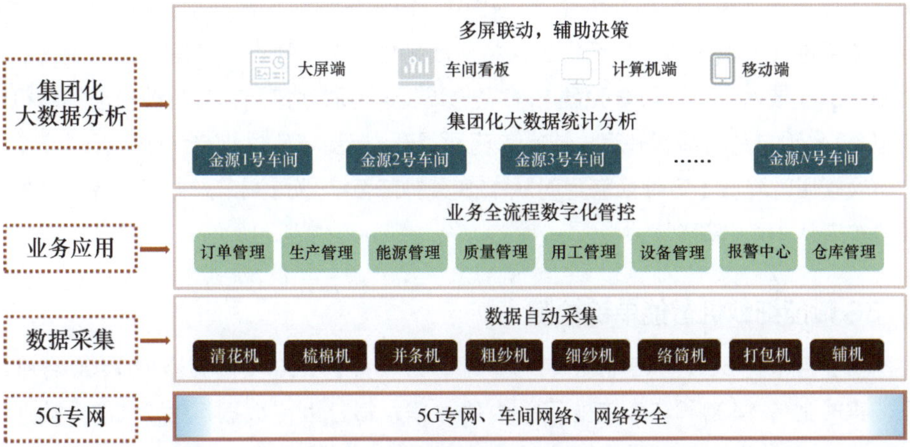

图 1　智能数字生产中心

本项目利用 5G 网络的低时延、大带宽、广链接等特点，针对重复性、低效率的作业场景，开展了系列自动化技术升级，实现生产数据不出园区，保障了企业数据安全，同时通过"5G 双域专网 + 跨域专网"，金源纺织联盟管理层可以随时随地通过 5G 手机终端接入企业内网，查看企业生产运行情况。金源纺织的核心网络构建如图 2 所示。

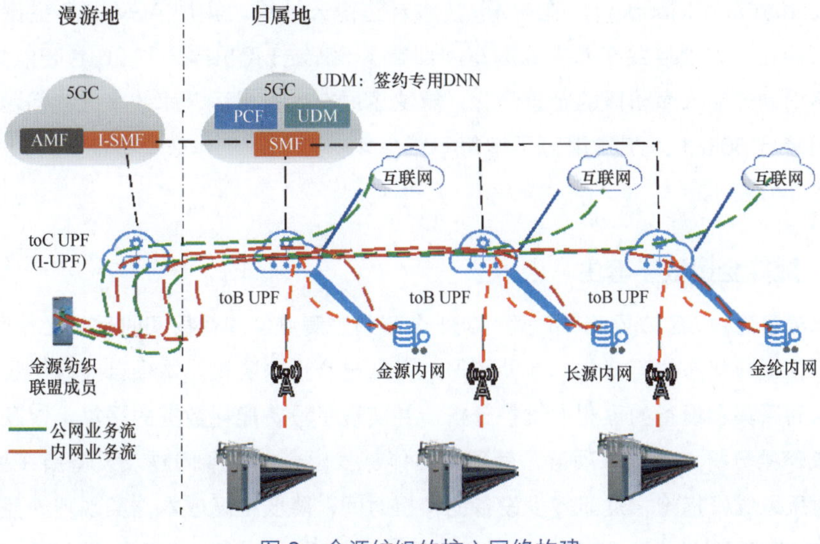

图 2　金源纺织的核心网络构建

5G 赋能粗细联智能生产

本项目依托 5G 超低时延的特性，采用 5G LAN+PLC 技术，实现设备点对点连接及远程控制。在传统模式的生产过程中，粗纱与细纱工艺分别设在不同的楼层，首先需要进行人工落纱，然后由工人将半成品搬运至二楼进行细纱工艺。本项目通过 5G LAN 技术，将以前单独的 PLC 通过 5G 进行联动控制，将粗纱机与细纱机连接起来，实现自动落纱和转运。成品率明显提升（万锭坏品数从 62 个降低至 29 个），平均换管用时降低（万锭换管用时从 128 分钟降至 78 分钟），人力成本降低（生产线挡车工从 15 人降至 7 人）。

5G 赋能细纱机智能单锭检测

本项目依托 5G 超大连接的特性，部署每台具有 500 个传感器的 1400 台细纱机，实时上传 1400 个 5G 工业网关中的数据，每日上传数据可达 21GB。数据在 MEC 上进行处理，实现针对断头的精准定位与落纱趋势分析，帮助金源纺织提高产能。细纱工序的断头率降低（千锭断头数由 20 根降至 12 根），落纱留头率提升（由 83% 提高到 99.3%），平均产量提升（细纱锭速由每分钟 16000r 提升至每分钟 18000r）。

5G 赋能成品智能仓储

本项目借助 5G 超低时延特性，结合即时定位与地图构建（Simultaneous Localization and Mapping，SLAM）技术及边缘云计算，实现 AGV 的自主搬运与仓储智能化，本项目共在七大仓库车间部署了 56 台托盘机器人和 26 台智能叉车，实现络筒到成品入库阶段的全自动化，解决了原有人力搬运入库效率低的问题。成本费用降低 60%（人工费用可平均每年减少 42 万元），工作效率提高 30%（日出货量达 320 吨）。

5G 赋能全景数字孪生

本项目通过 5G 专网将全厂区 1054 个高频监测点位的数据实时采集上传分析，实现厂区运行状态的可视化，帮助管理人员做出合理的决策。本项目实现了设备数据的实时采集和设备的预测性维护分析，并实现了设备能耗数据的采集，以及节能降耗策略的分析。通过本项目，管理人员能够找出企业能耗问题及设备潜在故障，并及时采取维修措施，进而减少设备的停机时间，降低维修成本，实现吨纱耗电降低（用电由 700kW 降至 500kW），设备运维成本降低（由每年 45 万元降至 30 万元）。

5G+先进制造业之晨光电子防伪追溯服务平台建设

参与企业：中国联合网络通信有限公司湖北省分公司

技术特点： 本项目开发了晨光电子防伪追溯服务平台，实现了计算机—多媒体数字信息防伪追溯服务功能。从工厂生产线到销售终端均使用了智能数据采集设备，对各个环节的产品信息进行采集，通过互联网上传平台进行大数据统计分析及智能决策，实现了一物一码，消费者可以在终端上扫码查询、辨别真伪，有效杜绝假冒伪劣商品，实现商品来源可追溯、流向可查询、风险可防范、责任可追究。

应用成效： 5G+MES可实现高碱腐蚀环境下的机器视觉智能检测与故障预警提醒，通过工业标识授信、多技术融合形成的综合防伪追溯体系，赋予食盐唯一的"数字身份证"。晨光公司攻克了铝膜表面二维码扫码时镜面反射的技术难题，研究出激光全息综合防伪新技术。产品合格率提高了5%，投诉率降低了75%，监测效率提升了2倍，人工成本降低了80%，额外带来了每年约120万元的收益，不仅可以助力企业降本增效，还促进了食盐安全监管。

晨光电子防伪追溯服务平台的软件系统集成应用大数据分析、人工智能、互联网、5G、物联网等技术，实现产品数据上云，融合激光全息防伪技术，开展生产端产品数据采集统计分析、互联网上传、远程操控、终端标准化的真伪溯源查询，构建"激光全息防伪 + 数字技术 + 工业互联网平台"的标码合一追溯系统。食盐全生命周期追溯如图 1 所示。

图 1 食盐全生命周期追溯

基于 5G+工业互联网，打造晨光电子防伪追溯服务平台

本项目在顶层设计方面，通过采集原料、生产、质检、市场流通等各个环节的数据，一物一码实现食盐的全生命周期追溯。探索"激光全息防伪 + 数字技术 + 工业互联网平台"多位一体的技术融合应用，打造一个运营大脑、七大 5G 场景、两大标识场景、一个防伪追溯服务平台、一张 5G+工业标识融合网络的晨光电子防伪追溯服务平台。顶层设计方案如图 2 所示。

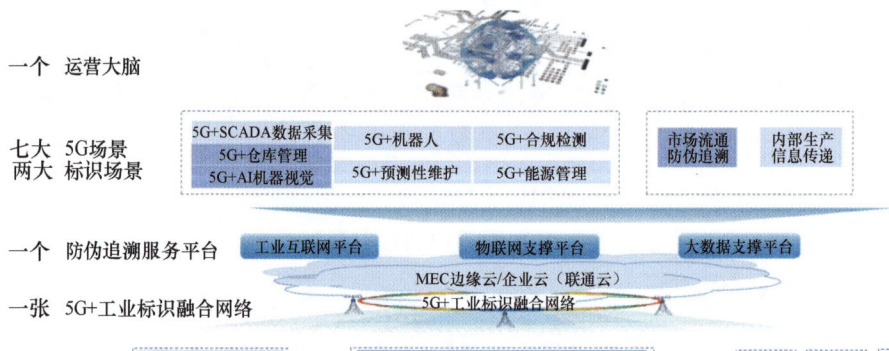

图 2 顶层设计方案

在网络技术上，本项目使用 5G+工业标识 +MEC 解决多业务融合、无线、大带宽接入、低时延、高可靠性、网络安全等关键问题，实现"云—网—边—端—业"一体化部署。技术架构如图 3 所示。

晨光电子防伪追溯服务平台的主要功能如下。

产品追溯。企业入网通过后，可以在平台上申请二维码，每个产品对应唯一的二维码，即一物一码。二维码中包含产品的原料、生产、流通等各种信息，用户通过扫描二维码或终端查询可以查询到该产品的相关信息。

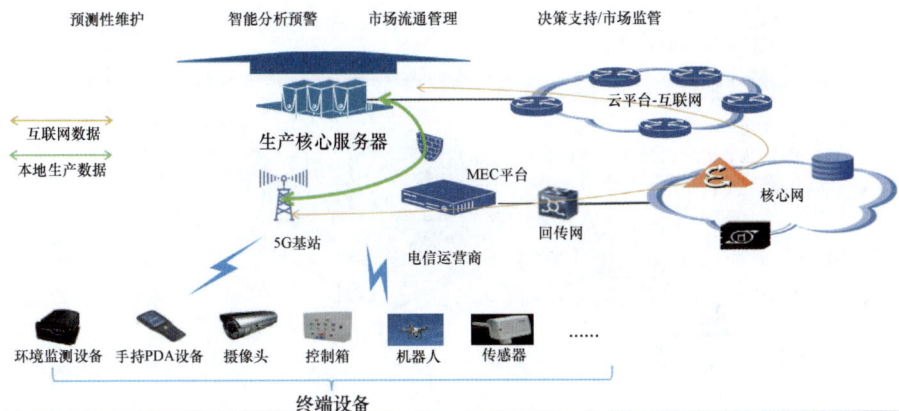

图 3　技术架构

大数据统计与分析。该平台可以统计各入网企业的生产数据、销售数据，并提供相应的报表；统计扫描信息和预警信息；统计企业的食盐生产、销售、储备情况；统计用户扫码情况，并根据用户扫码频次进行产品市场分析。

助力精准营销。该平台可增加企业微信公众号的关注度，快速吸引用户关注微信公众号；吸引用户领取红包、流量等奖品，同步更新用户信息。拓展网上商城用户，快速吸引用户在网上商城注册成为会员；借助参与用户的微信社交关系带来更多注册用户。积分兑换提升用户黏性，通过激励的形式，提升品牌价值；通过宣传页、短视频等活动提升品牌的转发量，在社交关系中进行二次传播。

场景应用凸显晨光电子防伪追溯服务平台功能

5G+仓库管理。产品生产工厂选用清晰度高、扫描速度快的采集设备安装在产品包装线上，实行三级（即小袋、纸箱、托盘）扫描，生产线上所有计量包装好的合格产品均要经过赋码、扫码、数据整理（平台）、归集、核对、审批、存储、上传等程序进行关联处理，这些主要在内网服务器上完成，服务器与采集设备一般采用桥架或埋设的方式。内网服务器通过互联网将数据以可扩展标记语言（extensible Markup Language，xML）格式上传到平台，实现工业内网、外网互联互通。包装生产线智能设备数据采集示意如图 4 所示。

产品入库，进出管理。当装箱产品经过传送带、上托盘时，利用工业摄像头扫描产品箱码，将箱与托盘关联。

产品出库，订单绑定。通过企业的订货管理系统对接晨光电子防伪追溯服务平台，发货时选择发货订单，扫描产品托盘码或箱码关联订单信息。

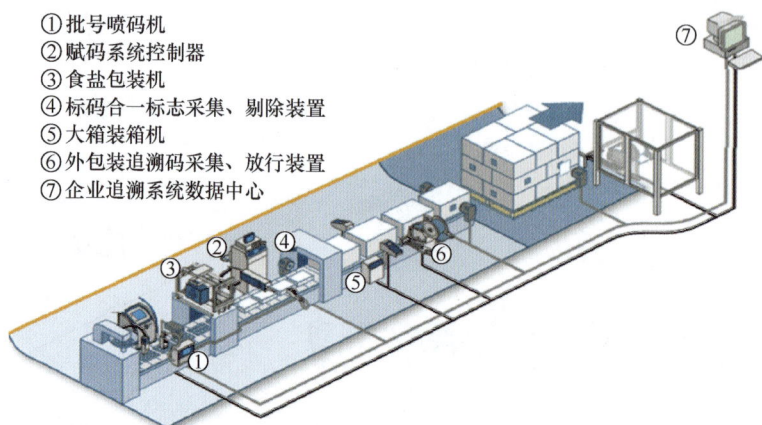

① 批号喷码机
② 赋码系统控制器
③ 食盐包装机
④ 标码合一标志采集、剔除装置
⑤ 大箱装箱机
⑥ 外包装追溯码采集、放行装置
⑦ 企业追溯系统数据中心

图 4　包装生产线智能设备数据采集示意

全程跟踪，收货单据。该平台可随时查询追溯流程，批发经销商收到货物后，可使用手机扫读订单码，晨光电子防伪追溯服务平台将自动生成批发商收货单据，这些单据上的内容包括时间、地点、单号、收货人。

终端销售，准确溯源。消费者扫描二维码可看到产品生产的整个过程，还有产品材料等信息；企业登录系统平台后台可以查询各项数据，进而达到维护消费者利益、规范市场、增加效益的目的。

市场稽查，政府监管。市场管理职能部门可通过微信小程序或手机 App 对产品进行监管，包括产品打假、防窜货、防乱价等。

防伪追溯，实现物料动态的实时跟踪

物品条码化。该平台将赋予原材料、在制品、成品、辅料条码，根据物料属性进行批次管理、单件管理，实现"有物即有码，移动即扫码"的目标。

自动叫料取消人工录入和纸质单据。MES 导入后，全部取消人工记录领料单、调拨单、入库单，系统自动根据 ERP 下发生产订单，自动计算每天每条生产线的领料量并生成领料单，仓库根据领料单扫码发料；车间内的物料转移也是通过扫码创建调拨单，在入库环节，系统通过打印的成品标签重量匹配对应的生产订单入库，并反馈至 ERP。

收发存台账。该平台的收发存台账能够准确记录各仓库的物料移动与使用记录，可全程追踪物料动态。

建成快速准确的正反向批次追溯体系。该平台能够关联各工序的投料产出记录，实现从成品到原材料的正反向批次追溯，极大地提高了追溯效率及准确率，为企业

质量分析、产能分析、异常分析提供了数据支撑。

过程工序自动批次记录，取消人工纸质记录。该平台可获取各工序计量系统的称重数据及阀门开关信号，根据工序批次重量标准自动生成批次号，并记录设备参数相关信息，可避免人工纸质记录作假和处理不及时等问题。

横向复制推广，推动产业链协同

本项目一是研究开发"激光全息防伪 + 数字技术 + 工业互联网平台"的综合防伪追溯体系；二是充分利用平台和各子系统，进行大数据统计分析、决策；三是实现平台助力营销功能，用户可通过手机扫描二维码，即可进入产品信息界面。本项目的应用为企业提供了精准数据服务，缩短了生产周期，提升了企业的管理水平和决策水平。企业的管理成本和生产成本节约超 200 万元，对用户的响应时间由原来的 48 小时缩短到 24 小时，用户满意度提高了 5%。

未来，晨光公司将继续围绕湖北盐业集团，内部深化应用，实现 5G+工业标识在生产流程中的深度使用；围绕湖北盐业集团，以盐业先行先试的防伪追溯服务成熟模式，向盐业以外的粮油、水产品、副食、饮料等食品领域拓展推广。

格力5G融合应用赋能 中国家电制造转型升级

> （((·))） **参与企业：** 中国联合网络通信有限公司广东省分公司、珠海格力电器股份有限公司

技术特点： 本项目的整体架构分为终端层、网络层、平台层和应用层，前3层可实现厂区专网的建网、组网、管网、用网"一站式"管控，以支撑应用层8类场景超25类5G融合应用的高效运行，构建行业领先的5G融合生产管理"黑灯工厂"。

应用成效： 本项目打造了现代化家电产业的基础网络架构设施，推动传统家电企业向数字化、网络化转型，在全行业具备推广价值，并通过行业共性技术、关键技术的研究和输出，有效带动家电行业、机电行业等配套产业的发展。项目建成后，将在3年内实现机器人替换4000人次，制造人员成本预计减少69600万元；能源利用率提高，年度能效可节约10%；年度耗电可节省6104479千瓦时；售后故障率逐年下降10%，预计可减少售后维修成本25699万元。

格力电器践行国家制造强国战略，担当国家队使命，致力于促进家电产品消费创新，助力中国品牌、中国企业、中国制造走出国门。本项目的整体架构围绕网络和应用两个维度，构建质量检测、故障诊断、预测性维护、远程控制、智能巡检、辅助装配、仓储物流、安全监控8类场景，实现管理效率、制造效率和资源效率提升，构建行业领先的5G融合生产管理"黑灯工厂"，具有行业影响力。此外，本项目可有效拉动经济增长、扩大内需、带动就业，通过无纸化应用等牵引家电企业实现绿色管理，为家电制造转型升级提供绿色制造、绿色工厂服务，助力企业实现"双碳"目标。

厂区专网创新提高安全性和可靠性，实现降本增效

建网创新。本项目基于高可靠方案搭建格力电器 5G 虚拟专网，实现业务本地化处理，数据不出园区，提高了 5G 网络的安全性和可靠性，实现断网不断业，可靠性大幅提升。相比 5G 传统终端，本项目采用的 5G RedCap 终端在基带和射频侧成本降低约 70%，整体成本可以降低到 5G 传统终端的 20% ~ 50%，功耗下降 80%。

组网创新。5G LAN 技术为格力电器配置二层互联网络，实现终端与服务器、终端与终端之间的二层通信，具备广播、多播能力，可简化网络组网。基于中国联通 5G+MEC 在格力高栏港智能工厂的标准化应用孵化，能够实现一点创新，向多园区快速复制上线，进而实现 5G 应用一点落地、全国快速复制落地。

管网创新。本项目通过搭建格力电器 5G 专网自服务平台，融合电信运营商 MEC、网络切片、5G 专网等产品能力，提供 5G 产品自监控、自运营、自管理的服务能力，实现专网资源纳管、专网集中监控和集中响应。

用网创新。本项目利用 5G 的技术特点和优势特性，将 5G+ 应用于多场景、全流程，赋能传统家电企业，打造现代化家电产业的基础网络架构设施，推动传统家电企业的数字化、智能化转型。

应用场景多样化，5G+ 助力产业智能化转型

质量检测类。5G+ 空调外机自动电气安全测试采用机械手 +5G 机器视觉定位技术，通过条码与信息系统关联，可自动调整设备参数和实现整机自动测试，完全代替人工操作。5G+AI 机器视觉自动检测应用 4K 工业相机和 AI 算法，结合 5G 边缘计算的技术优势，满足生产过程中整机外观、包装外观、印刷品等不同应用场景的产品机器视觉检测要求，代替人工检验，确保产品 100% 检验受控，实现 100% 识别铭牌商标漏贴问题，并提升质量问题的系统可追溯性。

故障诊断类。5G+ 设备在线故障诊断管理实现检测设备过程参数自动抓取、传输控制，并将采集的设备数据传输到云端进行大数据分析，同时对关键参数信息与设定信息进行匹配核对，实现设备运行状态的自主诊断。5G+ 商检精准自动诊断利用 5G 低时延的技术优势，通过 5G 工业网关与检测设备互联，自主研发商检精准测试逻辑算法，自动获取稳态测试标准值，精准检测空调性能异常状态。

预测性维护类。5G 无线智能监测器通过内嵌的智能诊断算法，可检测温度、pH 值、压力、时间、流量等多种参数，并在 MEC 管理平台实时监控、记录查询、

统计分析，实现数据查看、修改、报警等。根据参数的监测结果，监测设备系统进行故障预警或采用保护措施，并同步上传，使各相关部门协同联动，实现对设备的全生命周期管理和预测性维护管理。

远程控制类。5G＋AIoT 数字化虚拟工厂是基于现场设备数据驱动建立的数字化虚拟工厂，整体内容包含自主研发的格力工业机器人、RFID 智能传感器与控制装备、智能检测装备、智能物流与仓储装备等。数字化模型与虚拟监控基于实际车间生产状态的数据进行驱动，实现虚拟工厂与实际车间运行同步，并具有全生产线虚拟漫游功能。5G＋移动智能工作终端项目开发并应用了适用于工作手机客户端的管理软件，对车间所有机台状态、达成率、稼动率等生产信息进行动态可视化展示，并可查看任何一台机台的实时运行状态、机型、工艺、排程、生产等信息，为计划排产、设备采购、物料采购等生产决策提供支持。数字化虚拟工厂如图 1 所示。

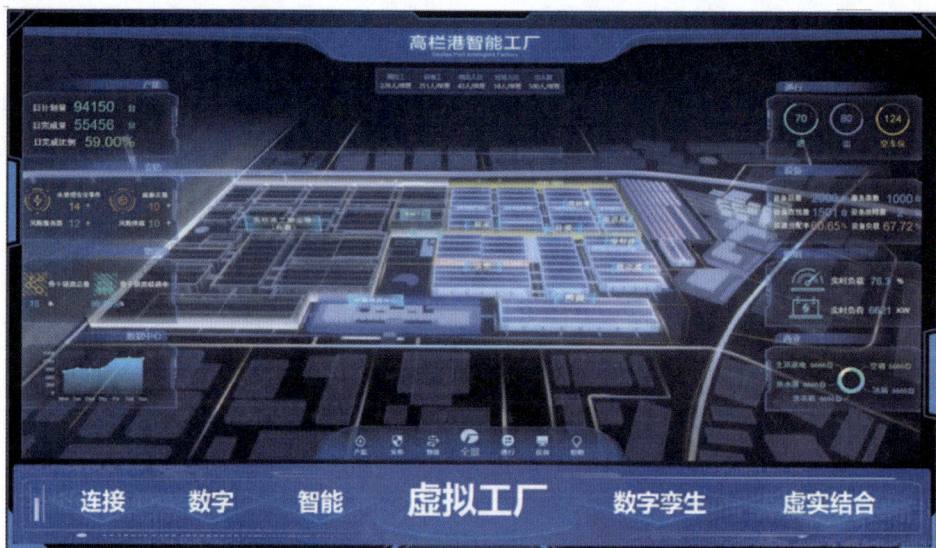

图 1　数字化虚拟工厂

智能巡检类。5G＋无纸化首检采用 5G 智能首检系统，搭载可触摸移动终端，利用 5G 低时延、超高速率的网络优势，实现信息化防错的电子智能首检，减少首检核对工作量，同时实现检验结果自动校验，有效减少首检漏检、错检异常等问题，显著提升质量。5G＋机器人移动巡检采用 5G 专网承载机器人网络，满足园区大范围使用机器人进行巡检的需求，在 5G 网络时延满足机器人无缝调度的基础上，叠加切片技术，实现巡检应用网络与其他业务隔离。

装配辅助类。5G＋AR 远程装配辅助利用 5G 大带宽和低时延的特点，AR 智能终端可实现视频、语音、3D 标记、冻结图像等实时传递，通过远程实时分析、定位故障原因，第一时间排除生产隐患，提升生产效率，差旅成本减少 70%。5G+工艺动作行为识别应用 5G+AI 视频实时监控技术，获取应用场景样本数据，用于搭建、训练、优化监测标准模型，实现在线动作分析监测，可将关键岗位人员的异常操作行为实时自动推送给管理人员，代替人工巡查生产线方式，提升制造过程的产品质量监督效率。

仓储物流类。5G LAN+智慧物流 KIVA 机器人 + 无人叉车通过 5G LAN 技术，实现终端与服务器、终端与终端之间的二层通信，打通智慧物流 KIVA 机器人、无人叉车集中管理平台、MES 和车间梯控系统，满足跨楼层、跨车间的物料自动配送需求，解决了传统 Wi-Fi 成本较高、施工量较大的问题，完成物资库的月台自动转运、自动入 / 出库等动作，实现仓库流程自动化、精益物流、高自动化物流存储。5G+物流智能定位采用通导一体的 5G 融合定位平台，亚米级领域基于上行到达角度定位技术，根据多个基站测量到达角度计算出终端实时定位，从而获得终端位置。面对复杂的应用场景，本项目能够实现 5G 和卫星协同、亚米级和米级、高低密度覆盖、室内外无缝的"一站式"定位。

安全监控类。5G RedCap+ 智慧园区 AI 视频监控通过 5G RedCap 终端进行超高速网络传输，众多高清视频摄像头采集大量数据，并上传至云端进行高速运算，实现多路高清视频的传输和实时数据分析，快速识别异常对象。AI 监控代替人为监控，减少了人力成本，规范了生产线人员行为、物料摆放、设备运行状态，保障了生产安全，生产过程透明可追溯，园区安全隐患可实现智能分析报警，构建了业务应用平台，形成业务闭环，辅助监管人员提升监管效率，避免安全事故的发生。

5G 赋能智慧铁矿
助力中钢集团安全生产

参与企业：中国联合网络通信有限公司山东省分公司—智慧矿山军团
（山东）、中钢集团山东矿业有限公司

技术特点：本项目通过灵活定制无线网元和控制网元，构建一张增强宽带、低时
延、数据不出园区的5G矿用专网，基于5G矿用专网搭建5G＋井下人员定
位系统、5G＋应急通信系统、5G＋安全监测监控系统、5G＋井下无人运
输系统，打造5G智慧矿山。

应用成效：中钢山东矿业5G智慧矿山项目解决了应急通信传输速度慢、光缆复杂
的问题，并进一步实现了5G＋电机车的无人驾驶应用，可自动完成"运
输—卸载"无人作业，大幅降低矿山安全事故率，极大地改善了井下
工人的劳动环境，提高生产效率与生产质量，预计每年可节省人工成本
600余万元，生产运输效率预计提高20%。

中钢山东矿业 5G 智慧矿山项目依托中国联通行业领先的矿用 5G 应用技术，
在智慧矿山行业开展智能化探索，打造智慧矿山解决方案，深度契合我国对矿山建
设智能化的指导意见，真正实现矿山多源信息的全面感知、实时互联和协同控制。

5G 智慧矿山技术方案

中钢山东矿业 5G 混合专网架构如图 1 所示，AMF/SMF/UDM/PCF 等核心网
网元共享中国联通核心网元，UPF 成套下沉部署在矿区管控机房，建设一套 5G 移
动通信专网，中钢山东矿业 5G 移动通信专网如图 2 所示，实现地面及井下的 5G
信号覆盖，视频、工业物联网、工业控制等数据高速、稳定、低时延传输，实现矿
井 5G 专网与公网的互联互通。

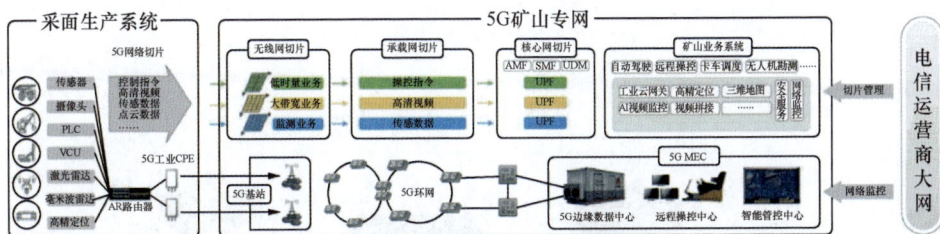

图 1　中钢山东矿业 5G 混合专网架构

图 2　中钢山东矿业 5G 移动通信专网

主要功能和运营方案

随着信息化及网络技术的发展，原来的井下网络技术水平与生产方式严重制约了中钢山东矿业的生产水平及效能的发展，以下困难点亟须突破解决。

5G+井下人员定位系统建设。传统的人员、车辆定位的数据传输方式，传输时延大，存在安全隐患及调度准确性不足的问题。需要依托 5G 及 UWB 等技术实时监测分析矿井出入井人员、人数变化及重点区域人数统计，及时发现矿井异常情况，并推送报警信息，全天候远程监测，为人员安全提供技术保障。5G+井下人员定位系统如图 3 所示。

5G+应急通信系统建设。安全可靠的井下通信设备是保障井下劳动作业者生命安全的关键措施。中钢山东矿业存在井上调度和井下生产沟通不畅的问题，传统使用固定电话沟通的方式无法满足现在生产中对调度效率和及时性的要求，且传统的通信方式无法承载用户高清的视频通话业务，井上或者企业外有经验的专家进行远程指导缺乏技术支撑。因此，亟须建设 5G 信号覆盖与应急通信系统，以实现井上、井下工作人员的信息沟通，以及对突发事故的有效救援。5G+应急通信系统如

图 4 所示。

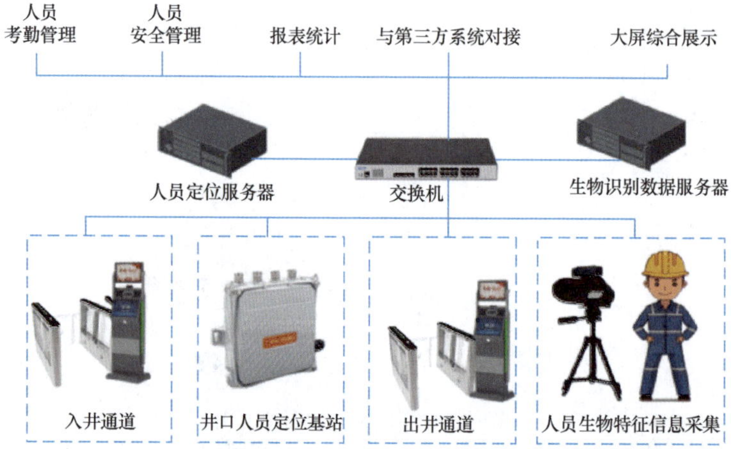

图 3　5G＋井下人员定位系统

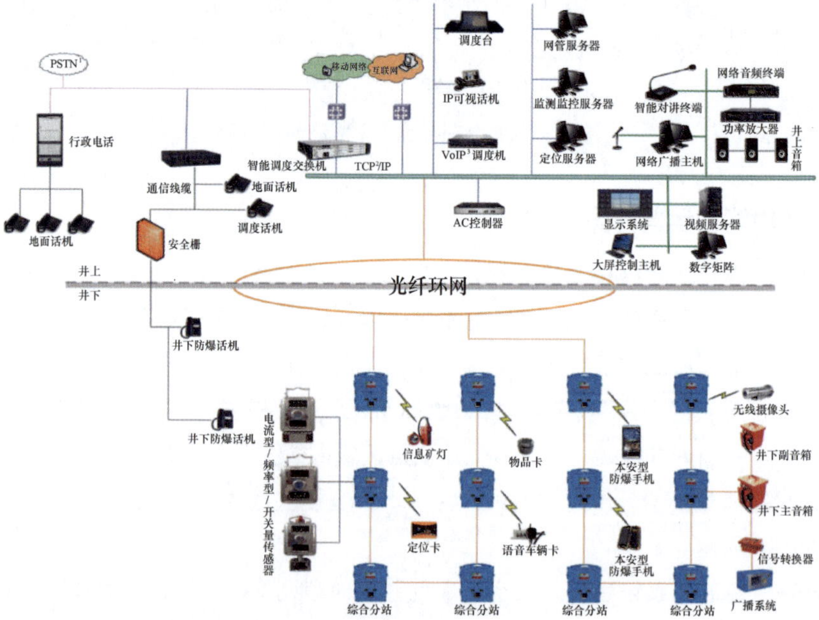

注：1. PSTN（Public Switched Telephone Network，公用电话交换网）。

　　2. TCP（Transmission Control Protocol，传输控制协议）。

　　3. VoIP（Voice over IP，互联网电话）。

图 4　5G＋应急通信系统

5G＋安全监测监控系统建设。为了满足现代矿下安全生产和信息管理的需求，要求监测监控系统朝着网络化、标准化、智能化的方向发展，并从单一的监测、监控功能向性能可靠、功能强大的矿井综合监控信息系统发展。该系统需要依托 5G、物联网等技术，提升矿下的安全监测监控水平，对井下有害气体、温度、湿度、压力等信息进行实时监测，并通过视频监控实现井下可视化管理，确保矿井的安全生产。

5G+井下无人运输系统建设。 由于矿山运输条件恶劣、劳动力不足等现状，4G、Wi-Fi 等网络建设方式无法满足无人电机车、无人装卸矿对低时延的要求，为了推动矿下运输向智能化和无人化方向发展，并降低井下作业安全事故发生的概率，改善矿下工人的作业环境，需要依托 5G 网络，通过远程化、自动化和智能化方式代替传统的人工作业方式。

矿用 5G 专网。 本项目由中国联通与中钢山东矿业联合建设矿用 5G 专网，实现矿下 5G 信号覆盖，利用 5G 网络大带宽、低时延、高可靠性和海量连接的特性，实现人员定位、井下通信、设备的全量感知、远程控制、无人化，以及对人员环境的智能安全监控，以达到安全生产、无人 / 少人化、作业效率提升的目的，助力中钢山东矿业的数字化高质量发展，促进产业全面转型升级。中钢山东矿业井下矿用 5G 专网如图 5 所示。

图 5　中钢山东矿业井下矿用 5G 专网

中钢山东矿业井下矿用 5G 专网涵盖井下 25m 水平至地表老虎口矿台斜坡道、井下 140m 水平巷道运输系统，实现 5G 专网覆盖，同时部署 UWB 精准定位基站，利用 5G 网络的大带宽特性，实时回传现场图像。另外，本项目建设 NE 分流服务器，降低传输时延，实现控制信号的实时传送，满足电机车无人驾驶系统及人员精准定位、应急通信联络等需求。

🛜 5G 赋能智慧铁矿创新成果

自研矿用 5G 高可靠专网系统。 中国联通结合中钢山东矿业的应用场景，采用 NE 分流服务器与矿用 5G 专网设备，井下 5G 网络采用矿用隔爆型波分复用器（PB 设备）、矿用隔爆兼本安型无线基站（pRRU 设备）、矿用本安型信号转换器（CPE）、矿用本安型手机等构成符合国家矿用隔爆设备要求的矿用 5G 专网，为井下的 5G

应用提供了坚实的网络基础。

创新算力下沉至基站侧。中钢山东矿业使用中国联通的矿用基站，为井下指定区域覆盖 5G 信号，通过井下矿用基站控制器添加定制分流服务器和矿用 5G 网关，实现数据分流下沉到井下工作面，使井下网络的可靠性进一步增强，最低时延小于 15ms，算力下沉到应用端，更大程度地降低视频时延，提升 AI 运算能力。基于矿用 5G 专网，实现井下机车在 5G 高速通信模式下的无人驾驶和智能调度，机车控制系统的运行数据、机车内外视频 / 图像传输时延控制在 10ms 以内，单节点接入速率大于 100Mbit/s，井下运输效率提升 20％，实现智能化、无人化 / 少人化，助力中钢山东矿业的数字化高质量发展。

5G+机器视觉 + 激光雷达精准助力无人驾驶。5G 信号接收装置能够满足有轨运输无人驾驶系统精度和响应时间的要求，保证系统数据通信可靠，保障视频数据可低时延回传、快速分析响应。当移动电机车遇到障碍物或人时，能够提前预警、减速和停车，减少事故发生概率。本项目采用 5G+激光扫描仪，激光扫描仪通过前期的位置数据采集，对井下的巷道空间数据进行采集并存入机车控制器中，建立巷道数据模型。当机车再次运行时，可使用激光扫描仪和 5G 网络实时检测现场环境与原有的巷道数据模型进行对比；同时，在不同的区域设置不同的电子围栏，实现区域预提醒、区域减速和区域停车等。激光扫描仪和 5G 网络作为网络"信号、集中、闭锁"电机车防撞系统的有力补充，实现电机车的安全可靠运行。

iSpin 纺纱工业互联网协同制造管理创新平台

参与企业： 无锡物联网创新中心有限公司、常熟理工学院、浙江浩铭机械科技有限公司

技术特点： 本项目围绕传统纺纱行业智能化水平较低、用工密集、能源密集、数据不透明等问题，突破了工业传感器组网、设备健康评估、碳足迹分析、边云协同智能等核心技术难点，形成以新一代信息技术为支撑的工业互联智能化与低碳化纺纱生产线解决方案，为纺纱工厂的智能化生产管理提供科学决策，经济效益与社会效益得到明显提升。

应用成效： 本项目根据智能纺纱设备的互联互通标准与通用物联网标准，打造标准化软硬件集成方案，能够实现低成本复制，支持轻量定制服务，助推传统纺纱工厂快速实现智改数转，未来应用市场潜力广阔、前景可期。

iSpin 纺纱工业互联网协同制造管理创新平台包括数字化底座、数据中台、组态开发平台、智慧应用 4 层。本平台构建了海量数据采集、汇聚分析的服务体系，能够兼容企业原有的系统，通过数据中台实现了集团内多套子系统的互联互通，组态开发平台提供了丰富的数据模型、机理模型、微服务组件等，为工艺优化、智能分析、远程运维、质量溯源等智慧化应用的敏捷开发提供了有力支撑。

🔘 智能化效率提升，释放数字新质生产力

纺纱工艺监测与缺陷自控处理。本项目能够自动甄别纱线断头、空锭、弱捻、不良锭子等问题，并进行组合式灯光示警、车间双面屏示警、看板示警，车间运纺状态一目了然。本平台能够自动触发粗纱停喂动作，解决了粗纱原料损耗、皮辊缠绕等问题，极大地节约了生产成本；根据纱线断头数，可自动调整吸棉风机的功率，降低了负压电机的用电成本，节能效果显著。

数智化多维巡检。本项目形成"云、边、端"协同的物联网系统解决方案，能够按照预警等级快速规划出巡航路径，并通过手机 App、AGV 实现数智化多维巡检，全面替代传统的人工巡检方式，有效增加了工人的看台数，生产和管理效率得到显著提升。

全要素连接与预测运维。本项目实现全流程生产线的精准数据采集与连接，全方位、全生命周期监控纺纱设备的运行状况，并对影响质量的生产数据、工艺数据等进行追踪、处理和分析，实现对生产线的远程健康评估，并对潜在故障设备进行识别和预警，辅助纺纱设备的可靠运行、维护和管理，有效降低了运维成本和运维难度，提高了运维效率。

🛰 实现突破的关键技术

智能感知。本项目提出了一种基于光电效应的非接触式智能传感器设计，针对国产红外线光电器件技术参数一致性欠佳的问题，采用发射管光强自适应的策略，克服电子元器件参数离散性较大的问题，通过红外光/电转换技术检测锭子高速转动过程中钢丝圈转动的频次，并基于时分复用技术分别测量单位时间内各个钢丝圈转动的频次，进而间接估算出细纱机各个锭子的转动状况。该智能传感器较好地提升了现场适应能力，现已投入纺纱厂使用。非接触式智能传感器设计如图 1 所示。

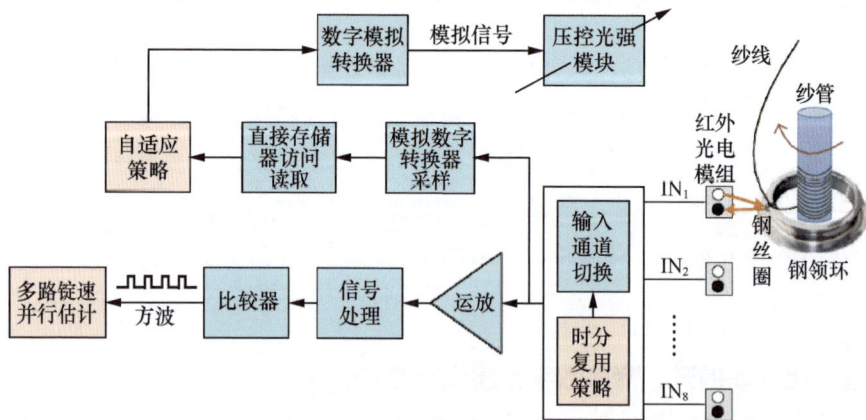

图 1　非接触式智能传感器设计

数字孪生。本项目引入数字孪生技术，构建虚实交互的 3D 可视化平台。通过对纺纱工厂的全域感知、孪生建模和深度仿真，实现对工业生产过程的全要素协同管控和全局优化，形成人机协同、数实联动的新型生产模式。数字孪生平台如图 2 所示。

图 2　数字孪生平台

智纺大数据平台。本项目通过构建统一的大数据平台，打破"信息孤岛"现象。通过汇聚并呈现全流程设备状态、工艺、能耗、质量、环境等数据，实现全方位监控、态势实时感知、统计分析等，同时基于数据、模型、微服务组件等构建企业数据资产体系，将数据汇聚转变为一种服务能力，以服务化方式支撑业务，产生持续价值。数据中台架构体系如图 3 所示。

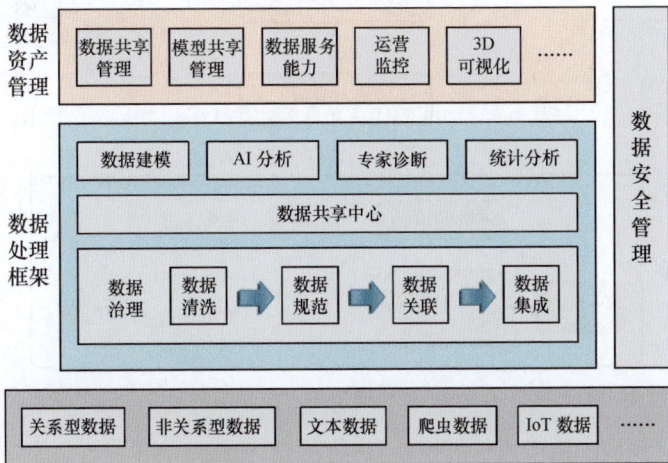

图 3　数据中台架构体系

AI 算法助力数字化转型

大型工业设备异常检测。工业设备运行时间长、运维成本高、运维效率低，而传统的阈值监测、规则约束等方法已无法满足企业柔性生产过程的管理需求。因此，本项目基于无监督学习异常检测技术提出了一种面向工业设备的新型异常检测分析方法：通过设计一种多层 Transformer 重构模型，不断重构正常的多元时间序列，学习正常数据区间的长短时依赖性和多特征相关性，从而找到与正常序列偏离较大而无法被有效重构的异常事件；采用基于极值指标策略的动态异常阈值估计方法，以增强异常检测对复杂工业现场环境的适应能力。融合 Transformer 重构模型与对抗学习的工业设备异常检测如图 4 所示。

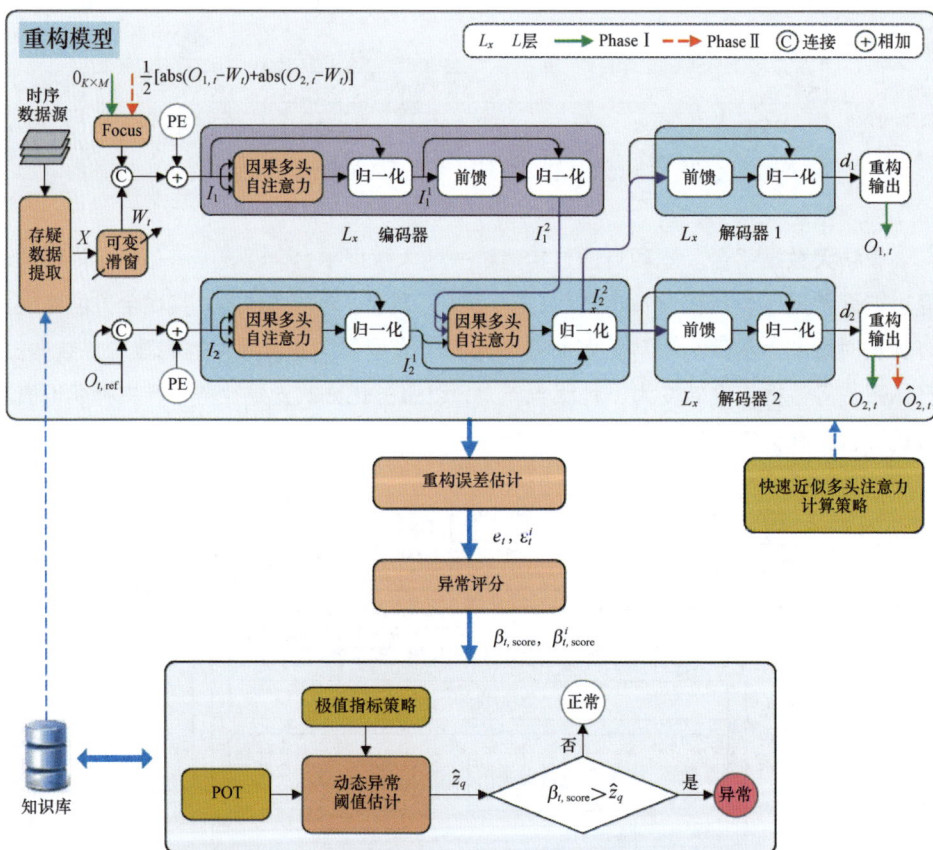

图 4　融合 Transformer 重构模型与对抗学习的工业设备异常检测

纱线质量预测。由于原棉纤维的多样性、工艺路线的多变性、设备参数的经验调控性、工人技能熟练程度的差异性等，纱线质量与多工序工艺参数之间的关系难以量化，更多依赖工人的工程熟练经验，因而导致产品质量的波动性较大，稳定性不足。因此，本项目提出一种基于工业大数据驱动的纱线质量预测模型，通过设计多工序表达的深度学习神经网络对纺纱过程中的时序数据进行深层次特征挖掘，建立最为接近的非线性拟合关系，再利用计算机仿真技术实现对纱线质量的精确预测，有效缩短品种翻改时的小样试纺时间，减少原料浪费，进而提高纺纱企业对市场需求的反应速度。

管纱按质在线分流与跟踪。纺纱是一个多工序、多流程、流水式的作业过程，原料、工艺设计、设备状态、挡车工、管理水平等均是影响产品质量的相关因素，为保证最终管纱质量的一致性，在络筒工序之前对生产出的管纱进行质量检测是必要的。因此，本项目提供了一种细纱机单锭管纱按质在线分流与跟踪算法，以改善当前纺纱企业纱线质量控制环节"被动检查""滞后干涉"的现状，实现管纱按质分流、不良锭子锭位追溯、远程监控等功能，同时能够达到优质优用、按质分流、及时干预、问题溯源的效果。管纱按质在线分流与跟踪如图 5 所示。

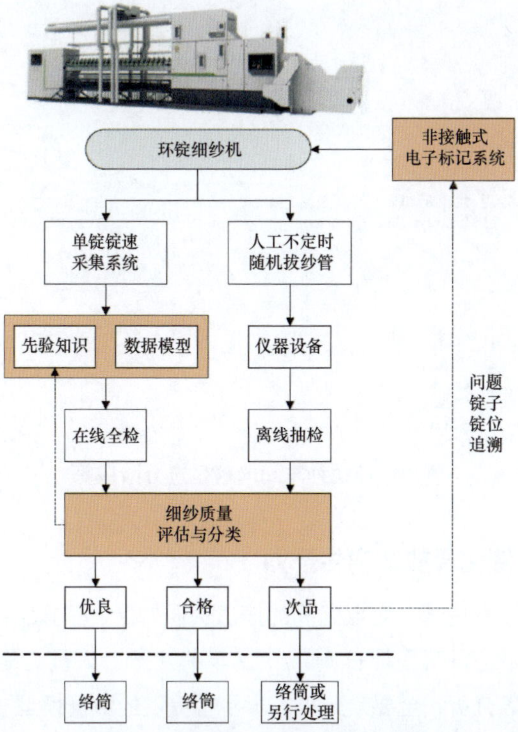

图 5　管纱按质在线分流与跟踪

碳足迹分析。随着"双碳"目标的提出，各种节能减排技术不断涌现，纺织业作为重点用能行业，纺纱作为纺织上游重要环节，实现低碳纺织、低碳纺纱的转型刻不容缓。其中，碳排放精准核算是衡量节能减排效果的前提和基础。为此，本项目提供了一种有效适用多种纺纱车间碳足迹精细化核算的泛化方法：获取纺纱车间的种类及数量，计算一阶纺纱车间的碳排放箭头；根据不同种类纺纱车间的碳源类型进行分支，计算二阶纺纱车间的碳足迹排放；根据不同种类纺纱车间的活动类型进一步分支，计算三阶纺纱车间的碳足迹排放；根据不同种类纺纱车间的能源和物料类型进一步分支，计算四阶纺纱车间的碳足迹排放；根据不同种类纺纱车间的耗能工序和系统功能进一步分支，计算五阶纺纱车间的碳足迹排放；根据不同种类纺纱车间的生产活动工序下的机台数量进一步分支，计算六阶纺纱车间的碳排放；获取无法进行分支的节点活动数据和排放因子，构建活动数据集和排放因子库；根据基本碳排放核算公式和逐阶碳足迹计算公式对一阶纺纱车间的碳排放进行倒推更新，从而得到最终的碳排放数据。棉纺纱车间的碳足迹分阶核算如图 6 所示。

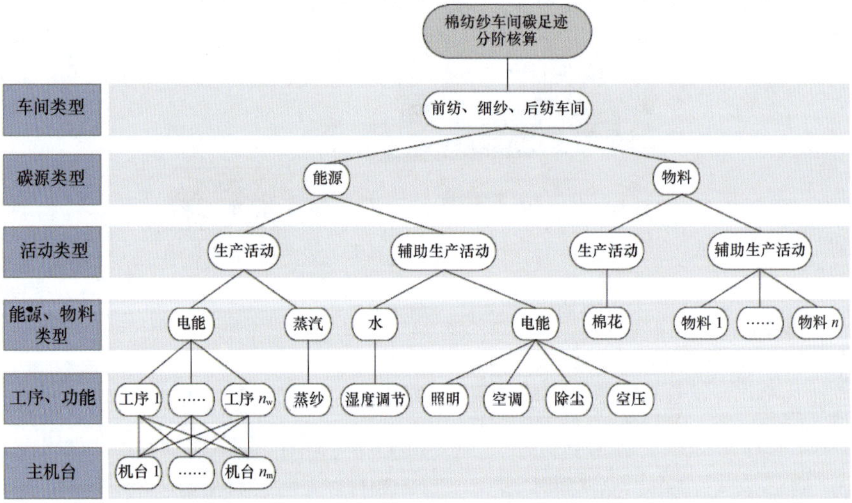

图 6　棉纺纱车间的碳足迹分阶核算

◉ 协同制造平台催化释放数字生产力

本平台实现了企业内部、企业之间的信息互通融合；基于数字孪生技术构建虚实交互的 3D 可视化平台，可呈现日/周/月/年的生产、人员、能耗等信息，并能够提供多维多层级图表分析和全要素分析。本平台提供的数据模型、机理模型、微服务组件，可以实现纺纱生产线工艺优化、质量追溯、碳足迹智能分析与优化等，有效助推纺纱企业的数字化转型，以服务化的方式持续释放数字生产力。

莆田市荣兴机械 5G 智慧工厂

((•)) **参与企业：** 中国移动通信集团福建有限公司莆田分公司

技术特点： 本项目不仅为荣兴机械提供了全流程、可追溯的信息化系统平台，还通过5G无线连接网关对全流程的设备数据进行采集，使数据充分融合汇聚到信息化系统平台，形成鲜活的数据资产，极大地提升了企业数字化"软实力"。

应用成效： 本项目帮助企业建设全生产流程可追溯的MES，以及5G+数据采集、5G+AI机器视觉检测及人员"离岗睡岗"检测等场景，实现降本增效和精益管理，同时通过5G网络帮助企业实现生产与物流的高效运行、设备灵活接入和安全稳定生产。

　　福建移动莆田分公司以敏捷园区 5G 专网为基础，围绕荣兴机械两个车间展开试点部署，聚焦 MES 应用、数据采集 / 数据传输、能耗管理、生产 AI、双域的专网内网访问等多项工业互联网应用，助力荣兴机械构建数字化、智能化、全连接的智慧工厂，全面提高其生产效率，帮助荣兴机械实现战略转型。

⊙ 5G 专网提供工业互联网络基础

　　本项目实现荣兴机械园区 5G 网络覆盖，使其满足工业互联网智能化应用对 5G 无线专网和边缘计算的需求，并构建 5G 网络架构满足机械制造企业未来 10 ～ 15 年数字化、智能化发展的网络要求，为荣兴机械园区的智能化转型提供稳定、高效、安全、智能的网络基础。本项目使用 5G 无线接入替代有线连接，通过 5G 数据网关、对接工业传感器、面板仪表实现数据回传，对现场的运行设备进行监视和控制，实现数据采集、设备控制、测量、参数调节，以及各类信号报警等，并把采集到的数据对接 MES 进行参数调整和应用，同时能够存储并生成一年及以上的历史数据曲线。5G 网络架构如图 1 所示。

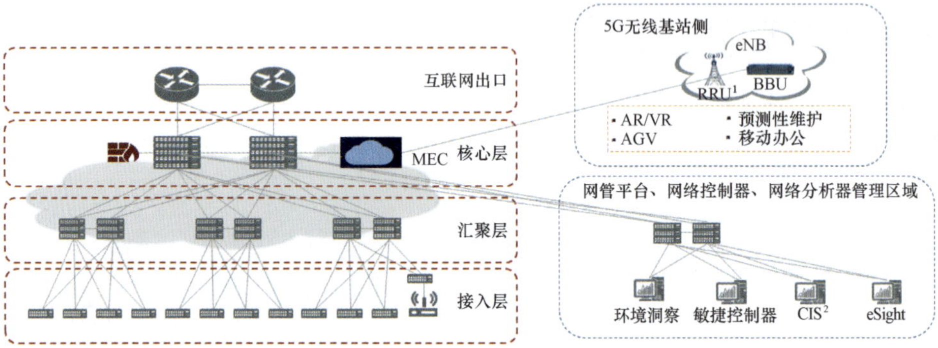

注：1. RRU（Remote Radio Unit，远端射频单元）。
    2. CIS（Comprehensive Intranet Security，全面内网安全）。

图 1　5G 网络架构

工业网关数据采集打造全周期物联网管理体系

工业网关数据采集系统收集传送带输送工件的实时图像和视频数据，包括不同运行状态下的阻塞情况等。5G 网络的海量连接充分满足设备数据采集应用的网络要求，通过标准化协议将工业领域不同 OT 协议的数据通过 5G 网络传输到云平台，挖掘数据价值。5G 网络的高可靠性也保障了传输过程中数据的准确性，能够将不同车间、不同地域的设备数据对接到系统中，从而为企业构建一个全生命周期的物联网管理体系。

AI 机器视觉检测实现全流程无人值守检测

AI 机器视觉检测是指利用人工智能技术进行图像 / 视频的分析和处理，从中提取有用信息并进行目标识别和检测。本项目主要通过采用深度学习算法，例如，卷积神经网络（Convolutional Neural Network，CNN）对采集的数据进行训练。本项目为了构建物料堵塞模型，采用目标检测算法将训练好的模型部署到合适的计算设备上，实现实时图像处理和检测。当传送带阻塞料口堵塞、传送带阻塞停机或有已知异物出现时，该模型将及时发出预警，通知相关人员进行处理，能够大幅降低人工巡检分析的工作量，并提升故障的检出率。本项目实现 24 小时无人值守检测，能够减少因人员因素导致的漏检概率，提升了工业企业的生产效率，成为工业互联网的重要组成部分。生产线生产任务 / 绩效看板如图 2 所示。

人员"离岗睡岗"检测。 本项目通过 AI 机器视觉检测对车间重点区域人员"离岗睡岗"进行监控，发现"离岗睡岗"人员及时告警。

传送带堆积检测。 本项目通过 AI 机器视觉检测实现对生产线中传送带的堆积检测，检测出堆积情况及时告警，通知相关人员处理。

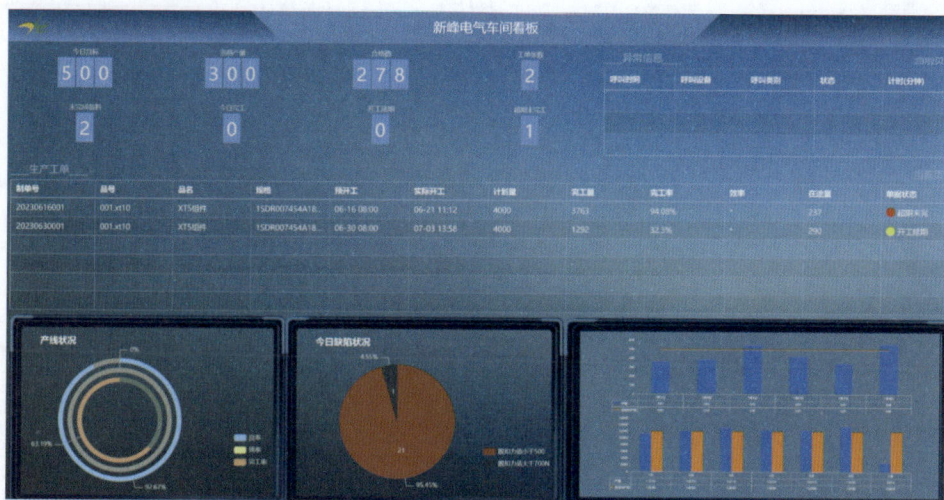

图2 生产线生产任务/绩效看板

打造全流程 MES

MES 是一套面向制造类企业之间的信息化生产管理系统。整个系统涵盖数据管理、计划管理、库存管理，并且能够进行全过程控制，构建全面可靠的协同管理平台。本项目实现生产过程的监控和调度，提高生产效率和质量；实现质量管理和追溯，提高产品的安全性；实现生产计划和排程优化，提高资源利用率和交货准时率；提供实时数据分析和决策支持，帮助企业做出正确的决策。MES 功能如图3 所示。

本项目的 MES 将分别从计划源头、过程协同、资源优化、质量控制、决策支持 5 个方面着手，实现生产过程的自动化、数字化、网络化、智能化的管理与控制，完成智能互联互通、智能计划排产、智能生产协同、智能资源管理、智能质量控制和智能决策支持的各项功能。具体的平台化功能包含设备管理、现场作业管理、产品追溯管理、生产异常报警、工单状况查询、看板管理、移动 App（预警、监控、互动）等。

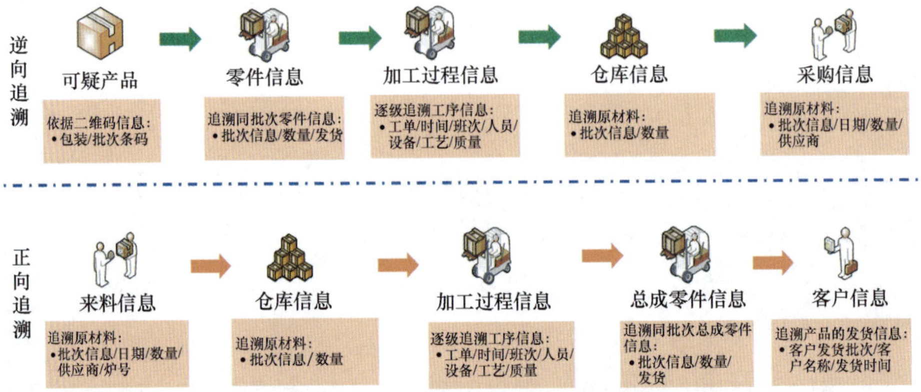

图 3　MES 功能

🛜 智慧工厂为行业转型注入活力

新技术的应用推广为企业带来活力。本项目通过部署 5G+AI+设备数据采集应用，帮助汽车零部件制造企业提高生产效率，降低生产成本，树立品牌形象。同时，积极响应国家号召，驱动工业 4.0 真正落地，进一步推动未来工厂的诞生。

带动同类型制造企业数字化转型升级。在本项目建设落地后，形成智能制造多场景应用，能够作为典型代表与标杆，起到示范性作用，同时为其他同类型制造企业的网络化、数字化、智能化改造提供可复制推广的实施措施和经验模式，有助于行业生态的发展。

助力行业上下游打造全新网络环境。本项目的建设有利于同类型行业或上下游企业打造全新的网络生态环境，加速产业进一步迈向智能化和网联化，推动行业在生产方式、组织形式、创新模式和商业模式上的变革，延长产业价值链，促进产业蓬勃发展。

华兴源创 5G 全连接高端检测装备智能工厂

参与企业： 中国移动通信集团江苏有限公司苏州分公司

技术特点： 本项目通过建设高效、低时延、灵活的5G专网覆盖整个工厂，支持厂区内各种设备和系统的无缝连接。本项目利用5G SA网络的低时延、大带宽及边缘计算的优势，满足厂区内的数据采集和远程控制等应用场景的业务需求；利用5G切片技术，为视频和控制等应用分别设置特定的切片，确保厂区内大带宽和低时延的网络需求；同时，通过MEC技术，实现数据的本地传输处理，从而降低控制时延。

应用成效： 华兴源创5G全连接高端检测装备智能工厂的建设，通过5G网络对华兴源创内部网络进行全面升级改造，建设工业互联网平台，公司整体运营成本降低20%，产品研制周期缩短30%，生产效率提升30%，产品质量提高15%，能源综合利用率提高10%，库存周转率提升20%，达到行业领先水平，提高了企业综合竞争力。

华兴源创 5G 全连接高端检测装备智能工厂项目，按照全球"灯塔工厂"及国家级数字化工厂规划建设，结合 5G 网络技术，连接生产要素，采集工业数据，打造工业互联网平台，探索 5G+工业互联网融合应用典型应用场景，提升华兴源创工厂数字化、网络化、智能化水平，引领企业数字化转型，提升华兴源创品牌影响力。

13 个典型应用场景

应用场景一：协同研发设计。 本项目通过 VMware 搭建分布式协同环境，搭建供开发人员 / 设计人员使用的 2D/3D 研发设计云桌面，所有的数据都通过终端快速检入系统，实时生成工业部件、设备、系统、环境等数字模型，并通过 5G 网络同步传输设计数据至自研的工业互联网平台，实现跨光机电不同部门的研发协同。异地设计人员可利用头戴式 5G AR 设备接入工业互联网平台，实现对 2D/3D 设计图纸的协同修改与完善，提高设计效率。分布式协同研发如图 1 所示。

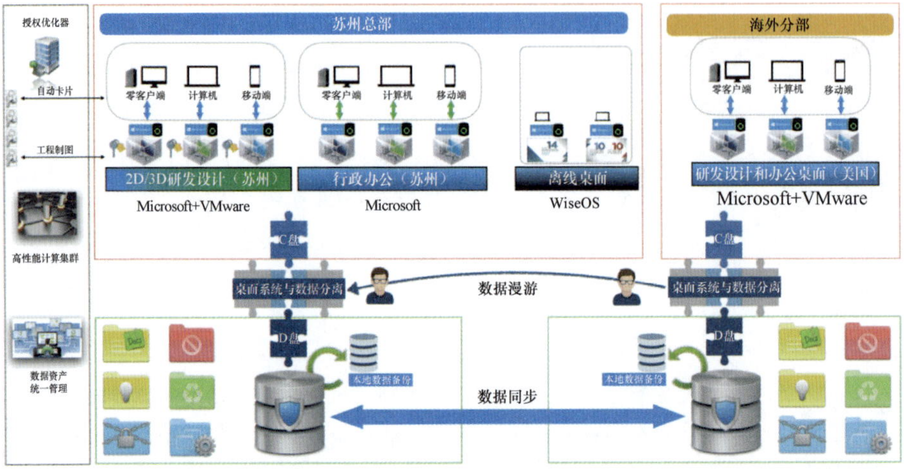

图 1 分布式协同研发

应用场景二：柔性生产制造。本项目使用带有 5G 模块的数据采集器，采集计算机数控（Computer Numerical Control，CNC）的运行状态及生产情况数据，并通过 5G 网络将数据上传至工业互联网平台，可在工业互联网平台实时查看 CNC 的运行状态和生产情况，全面提升公司 CNC 柔性调度和生产能力，满足生产的多样化要求。

应用场景三：远程设备操控。自动化组装线上设备全部通过 5G 网络进行联网，带有 5G 模块的数据采集器实时采集设备的运行状态及运行参数并上传至设备控制系统，有操控权限的工程师根据产品的组装需求，远程启动部分设备和调整相应启动设备的运行参数，实现实时精准操控，保证控制指令快速、准确、可靠执行。

应用场景四：设备协同作业。本项目通过 5G 网络将 CNC、AGV、自动上下料机械手组成一个协同工作体系，实现自动运输、自动上下料、自动运行，CNC、AGV 等多个设备分工合作，完成物料的加工和运输，提高设备的利用效率。

应用场景五：机器视觉质检。经过 CNC 加工的产品可通过影像仪进行拍照，测量出产品外围和孔的尺寸，并生成检测报告，检测报告经 5G 网络传输至质量管理平台，通过与设计图纸数据进行自动比对，专家系统判断物料加工尺寸是否合格，并将报告上传到质量管理平台，如果有质量缺陷，则可以被快速发现和及时纠正，降低了质量损失成本。

应用场景六：无人智能巡检。本项目通过内部自带 5G 模块的摄像头，实时采集各个区域的现场视频数据，并通过 5G 网络快速传送至 AI 智能监控中心，替代巡检人员进行巡逻值守，实现生产安全态势快速感知、智能分析、精准预警、联动处置。AI 智能监控中心如图 2 所示。

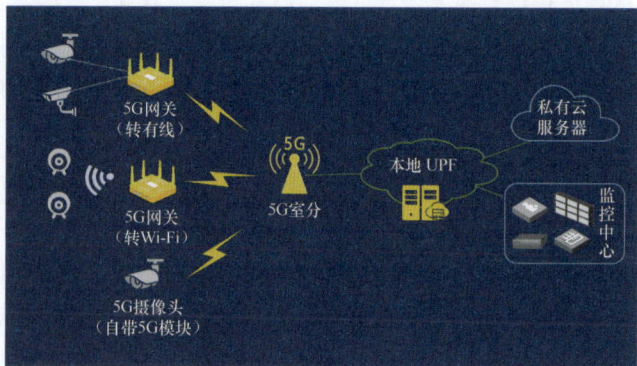

图 2 AI 智能监控中心

应用场景七：生产现场监测。当生产现场存在异常时，5G 数字化对讲机将实时连线相关人员，将实时采集的环境、人员动作、设备运行等监测数据以语音、在线视频等形式上传至在线指挥调度平台，实现对生产现场的全方位智能化监测和管理，为安全生产管理提供保障。

应用场景八：厂区智能物流。仓库在 MES 中收到备料计划后，AGV 将依据设定好的路径将原材料运送至生产线，并配送到对应的站点，成品下线时也由 AGV 将产品运输至仓库的待收料区，初步实现了物料投放、产品产出数据的自动采集，并实时掌握货物配送状态。

应用场景九：厂区智能理货。厂区内使用的四向车运用 5G 专网与 WCS 双向通信，通过 5G+立库实现产品的自动上架、自动存储、自动下架和自动拣选，大幅提高仓库管理自动化水平和出库拣选效率，并且在四向车上集成 UWB 定位设备，可通过 5G 实时回传位置信息，实现四向车的实时追踪。

应用场景十：全域物流监测。本项目通过在运输车辆上安装定位器，对运输车辆位置信息进行实时采集，这些信息通过 5G 网络传输至物流监管平台，通过物流监管平台实现车辆的实时定位和轨迹回放，并对车辆进行实时监测，实现车辆的全过程监控，保障货物准时准确地送到客户手中。同时，物流监管平台对客户开放专有账号，客户可通过物流监管平台，查询产品的在途信息，全面提升客户满意度。

应用场景十一：生产过程溯源。本项目通过应用 ERP、MES、WMS 等系统，结合条形码、二维码的标识技术，将 PDA 连接 5G 网络，快速形成生产溯源数据，实现产品追溯，并能够提升追溯的精确度。

应用场景十二：生产能效管控。 本项目通过内置 5G 模块的智能电表，实时采集企业电能消耗数据，实现大规模终端海量数据秒级采集和能效状态实时监控。并对能耗数据分析、设备运行故障告警、能耗超标告警、管理员权限设置等进行辅助运维管理。基本实现车间能耗监测，并按要求进行能耗绩效评估，可按设定的能耗和能效水平对能耗过大、能效过低的状况进行告警，并提醒系统进行原因分析，寻找节能改善空间。

应用场景十三：企业协同合作。 本项目利用 5G＋数据采集技术，采集外协供应商的设备运行参数，并通过 5G 网络将数据接入工业互联网平台，实现数据共享。针对所有的外协供应商，提供标准外协管控流程，追溯外协订单，形成华兴源创内部标准的简化版 MES。统一管理加工程序，汇聚所有外协供应商的编程资源，减少图纸加工程序的重复编程，实现资源的最大化复用。外协供应商加工设备实时生产信息界面如图 3 所示。

图 3　外协供应商加工设备实时生产信息界面

🛰 融合应用助推行业企业智能化发展

华兴源创建设的 5G 专网、云化 AGV、立体库、AR 运维场景是工业互联网典型应用场景，且可在工厂现有设备的基础上进行升级改造，在"新基建"背景下，其具有较高的市场接受度和可复制性。

本项目通过 5G＋工业互联网的应用，对内进行系统性数字化工厂建设，协同企业内部各业务系统，通过全量全要素数据采集，实现项目数据透明、沟通同频、信息对称；对外进行上下游供应链协同工业互联网平台建设。在数字化转型过程中，结合 5G 网络，加强内外部协同配合，持续赋能，保障产业链、供应链稳定运行；并通过 5G+工业互联网扩大物资汇聚、供需对接、动态调配等产品及服务供给，助力非标自动化企业生产协同、柔性转产和产能共享，提升非标设备行业企业的整体竞争力。

本项目通过 5G+工业互联网平台的融合应用，支撑"人、机、物"等全行业制造资源泛在连接、柔性配置和聚合共享，逐步推行网络化协同、服务化延伸、智能化生产等新模式，保障供应链的稳定运行，助力构建安全、敏捷、经济的现代供应链。通过 5G 全连接高端控制装备智能工厂的建设，助力上下游供需匹配和能力共享，价值链上的环节以高效率的方式匹配，赋能更多行业内的中小型企业实现营收增效。

5G 赋能打造中策集团"朝阳轮胎"未来工厂

参与企业： 中国移动通信集团浙江有限公司杭州分公司

技术特点： 本项目以工业互联网平台为基础底座，在传统的ERP、MES等工业应用的基础上，积极落实无人物流、工业数据采集、柔性制造、AI安防等5G智能应用场景，通过5G网络和各类终端，实现各类生产设备数据与生产系统互联互通，并借助5G智能应用场景助力企业生产与办公全方位智能化升级。

应用成效： 本项目通过网络协同、柔性生产，提升企业的核心竞争力和企业的价值力。在生产效益方面，实现产能提升15%，人工成本降低70%，综合能耗降低5%，产品不良率和损耗率分别降低40%和30%。在产业效益方面，本项目有效带动5G与智能装备上下游产业链产业规模升级；打造5G未来工厂标杆，推动企业数字化转型升级。

本项目利用 5G 的大带宽、低时延等技术特点，结合轮胎生产工艺流程，通过 5G 专网建设，建设面向中策橡胶的 5G 未来工厂，实现 5G+X 光机快速传输的网络协同、5G+轮胎外观自动判别云计算的检测协同、5G+机器人巡检、5G+AR 的生产协同、5G+AGV 的物流协同、5G+安防的管理协同，在检验、生产、安防、物流、数据共享等多方面应用协同，打造业界可复制推广的 5G 未来工厂。

技术发力，破解数字化转型难题

中策橡胶 5G 未来工厂需要解决差异性更大的定制化服务、更小的生产批量、不可预知的供应链变更 3 个基本问题。驱动业务从传统的面向市场营销的电子商务企业（Business to Marketing，B2M）向从消费者到生产者（Customer to Manufacturer，C2M）转型；通过工业互联网和物联网，实现智能生产和服务延伸，并在精准对接的基础上满足个性化定制的需求，最终实现中策橡胶 5G 未来工厂的数字化转型。

中策橡胶 5G 未来工厂通过工业自动化、柔性制造、数字孪生技术，打造万物感知、数据驱动的业务可视平台，为可视化的工厂治理和决策提供支撑。

◉ 运营建设，共创数字化转型未来

5G 专网建设。本项目共建设 2 个宏基站、2 个室内分布基站，通过在机房部署 MEC 节点，包含 ULCL-UPF、MEP 等网元，承载工厂作业环境、工厂内部沟通、公众用户等应用。MEC 节点挂接大区中心 5G 核心网，通过融合管理面 NFVO/MEAO、MEPM[1] 进行集中管理。针对应用通过 MEC 平台提供统一的连接 + 计算服务，立足网络优势，打造最佳 5G 连接 + "即插即用" MEC 算力，构建中策橡胶 5G 未来专网，中策橡胶 5G 未来专网如图 1 所示。本项目建设入驻式 UPF 环境，实现公司内部信息化业务数据不出园区的目标，以满足工厂数据安全管控的要求。

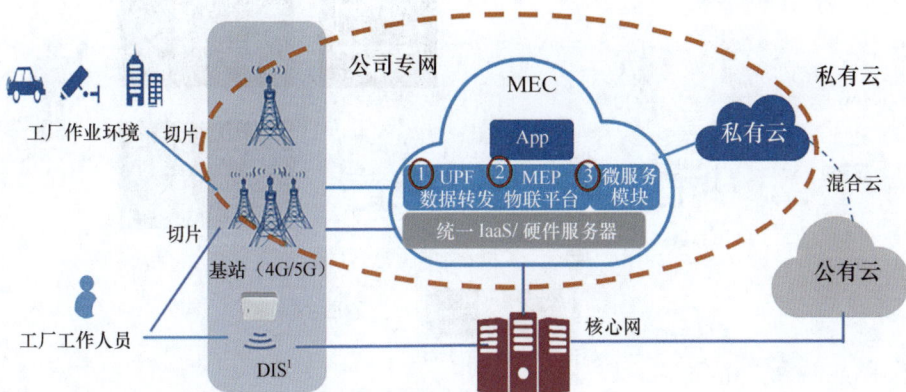

注：1. DIS（Digital Information System，数字化信息系统）。

图 1　中策橡胶 5G 未来专网

5G 应用场景。本项目利用 5G 的大带宽、低时延等技术特点，结合轮胎生产工艺流程，通过 5G 专网建设，实现 5G+X 光机快速传输、5G+轮胎外观自动判别云计算、5G+机器人巡检、5G+AR 远程协作、5G+AGV 物流协同、5G+视觉安防六大应用场景，实现在检验、生产、安防、物流、数据共享等多方面应用协同，打造业界可复制推广的 5G 未来工厂。中策橡胶 5G 未来工厂如图 2 所示。

5G 专网建设后，在 X 光机的检测上应用 5G 技术，可进行快速移动检测和快速上传数百兆大小的图像到服务器，从而进行自动判断轮胎病疵并进行反馈分拣，极大地提高了检测效率并降低了漏检概率。同时，本项目为企业节约了大量劳动力，

注：1. MEPM（Mobile Edge Platform Manager，移动边缘平台管理器）。

每年可以节约工资支出超过 600 万元。5G+X 光机检测如图 3 所示。

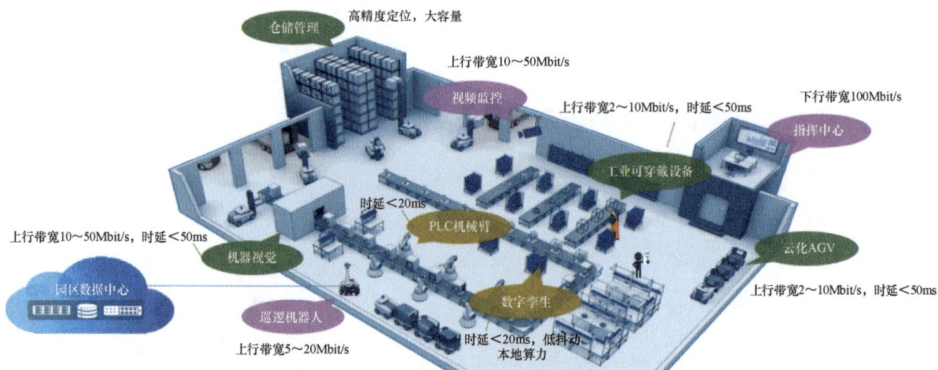

图 2　中策橡胶 5G 未来工厂

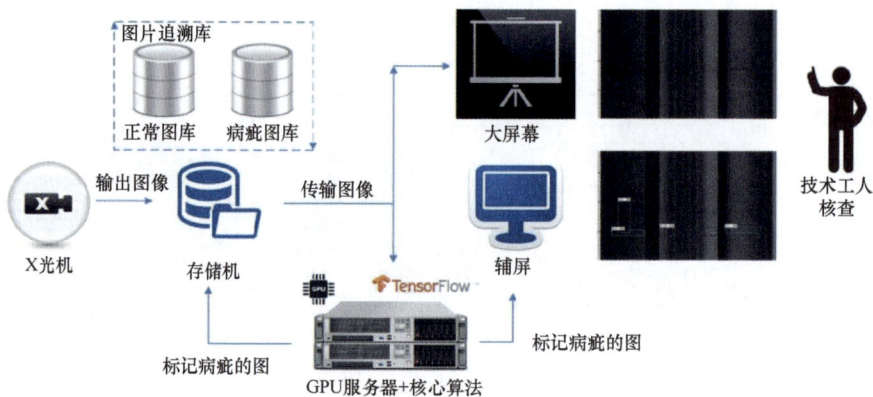

图 3　5G+X 光机检测

5G+轮胎外观视觉检测云计算的检测协同。本项目基于 5G 网络和云计算的外观视觉检测判级，利用图像识别、人工智能技术和云技术，在成品轮胎外观检测环节进行自动判定。利用 5G 的移动性对轮胎内外进行全方位视觉高清图像采集，同时利用 5G 的大带宽将图像数据传输至云平台，在云平台部署联合算法团队，开发和应用相应的识别算法模型，对轮胎的外观病疵进行自动识别和判级。并通过 5G 网络快速回传判定结果，利用 VR 技术，对轮胎外观病疵点进行精准标注，方便现场人员快速定位和确认。本项目技术的应用解决了轮胎外观判级人工劳动需求大、计算机算力要求高、移动高速采集困难等诸多问题，实现了轮胎外观检测的革命性转变。单张450MB 图片基于 5G 网络传输至云识别中心，其结果可秒级回传至总部数据中心。

5G+机器人巡检。本项目主要应用定位技术、传感器技术、机器人技术、图像识别技术等，以集中式管理、分布式采集的网络化管理模式，改善和提升传统的设备巡查和检修作业流程，准确、及时、全面地按照标准进行规范化作业，从而获得设备的运行信息和维护信息，通过系统进行整合、分析及趋势预测，监控管理设备运行全过程，有效地提高了设备管理人员对现场设备运行的掌控程度，解决了设备欠修和过修的问题，并且大幅降低了耗材的使用率和设备维护费用。智能巡检整体架构如图 4 所示。

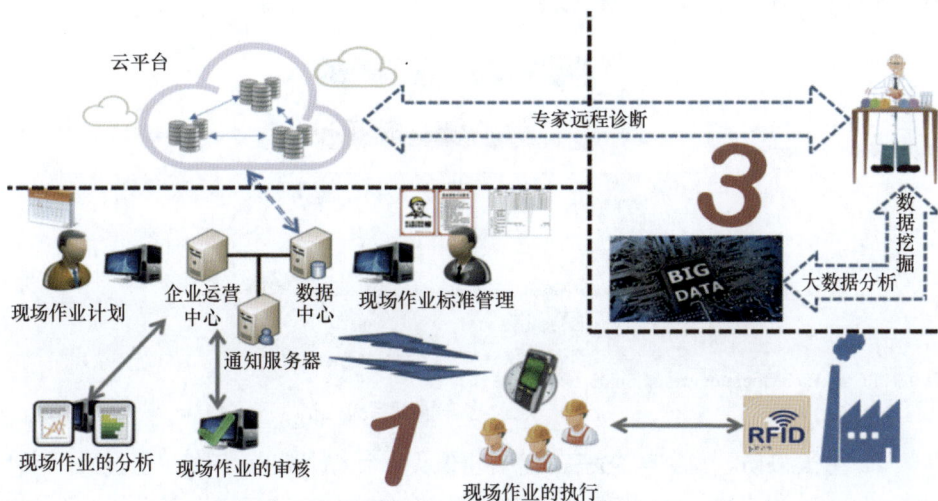

图 4　智能巡检整体架构

5G+AR 远程协作。该系统主要由设备检查信息查询和设备检查指导两大模块组成。其中，设备检查信息查询主要通过连接设备检查数据库获取设备检查信息，即对现有记录的方式云化，在服务器中进行统一管理，做到检查全过程可追溯，方便企业管理及事故追责等。设备检查指导利用 AR 展示现有设备检查规范、手册等，对检查工人进行实时指导，并记录检查过程，使检修工人能够根据提示对设备进行无遗漏规范检查，可以节约员工的教育投入成本，提高设备的维护效率。该系统完整实现标准化检修流程，减少维护工程师的工作量，进而降低企业的设备维护成本。

5G+AGV 物流协同。工厂在智能化进程中，仓储物流与生产环节存在智能化升级改造的难题。车间内部面积大，各车间相距较远，且生产过程中的物料及成品的种类多、重量大，跨多楼层作业，也增加了仓储作业的难度和强度。在轮胎半制品工序调度 53 辆 AGV 输送轮胎半制品物料，并将 5G+视觉与激光 SLAM 导航相结合，实现 AGV 自动化运输。5G 信号覆盖强度高、时延低，可以做到 AGV 不停顿。在场景建设中发现 5G 完全满足大带宽、低时延的要求，支持 AGV 控制上移、为

AGV 大规模调度组网提供能力支撑、集中控制，大幅降低单台 AGV 成本，节约用工 100 多人。

AGV 多车调度系统。5G 赋能 AGV，使自动仓储物流系统在智能制造生产系统中应用，大幅提高了产品生产的质量和效率，实现了仓储搬运基本无人化、出入库单据电子化、仓库管理可视、物料进出智能化，改善了车间运营能力。5G 原生的移动性优势，解决了传统 AGV 漫游丢包导致的 AGV 停车、拥堵甚至整个生产物流瘫痪的问题。AGV 多车调度系统如图 5 所示。

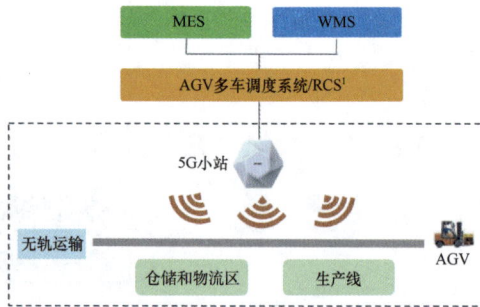

注：1. RCS（Rich Communication Suite，融合通信）。

图 5　AGV 多车调度系统

5G＋视觉安防。本项目首先获取各种摄像头（个人计算机、手机、摄像机、各种视频源设备）视频流，然后通过 5G 网络将视频流实时推送到流媒体服务器，由流媒体服务器实现直播服务以及录像与回放服务。高清视频回传系统架构如图 6 所示。

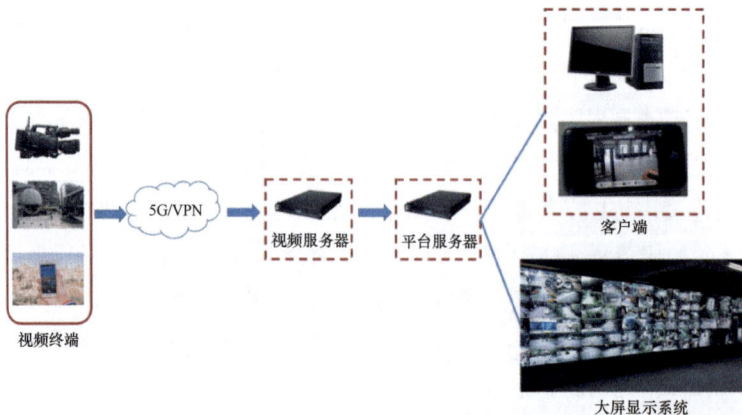

图 6　高清视频回传系统架构

平台功能，智能化系统集成

智能监测。平台内集成了视频组件，能在统一平台上轻松查阅视频图像，并实现系统内视频与报警的联动功能。另外，平台还可以通过机器视觉人工智能的方式，对现有视频监控中人员的行为进行识别、分析和记录报警，对人员不戴安全帽、抽烟、登高、翻越等行为进行识别，针对具体行为方案展开分析。机器视觉原理如图7所示。

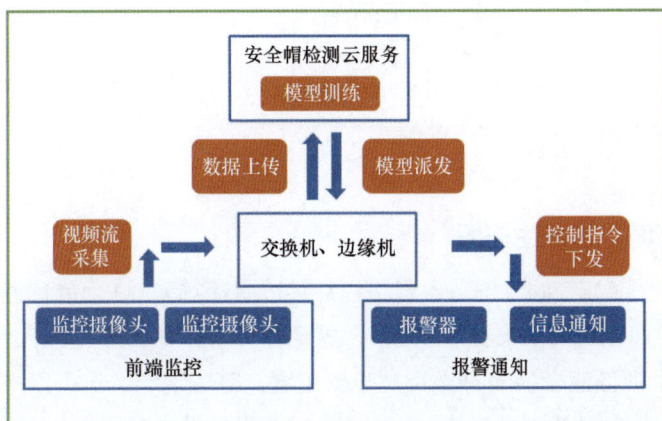

图 7　机器视觉原理

远程诊断。利用高清直播视频将现场设备情况通过 5G 网络实时传输给异地专家，异地专家通过个人计算机、手机等设备收看高清直播视频，并给出语音指导。在设备故障排查过程中，现场操作人员可随时向异地专家提出指导请求，异地专家团队可对视频进行回放、截屏等操作，并结合语音系统向现场发送图像和语音结合的指导意见，现场操作人员可根据指导意见完成设备故障诊断。

远程操控。依托 5G 网络边缘计算的高效运算能力，高清视频回传可与 AR/VR 等技术结合，将现场视频流在云端进行三维重建和模型渲染，降低端到端时延，使异地专家能够更全面、更清晰地观察视频细节。异地专家在远程操作室中，戴上头盔和立体耳机，好像在工作现场一般，能看到机器人的操作工程和听到机器人工作的声音回响。异地专家还可以通过各种手势、手柄、键盘等发出指令，控制机器人的操作。基于 5G 的远程操控示意如图8所示。

高清监控。基于 5G、MEC、人工智能技术等打造 4K 高清智能视频监控，5G 高清视频监控基于统一云化平台为工厂提供视频采集、存储、管理、分析等整体视频监控服务。通过在现场安装 4K 高清视频监控终端或头戴式摄像机，可稳定回传现场的 4K 监控视频。MEC 边缘节点搭载的人工智能对巡检人员的巡检、检修视图数据进行特征提取和识别，通过对目标的全网布控、动态检测、轨迹追踪，实现对巡检质量、路线、检查程度、设备检修流程、工艺操作流程的规范性和安全性进行实时监控。

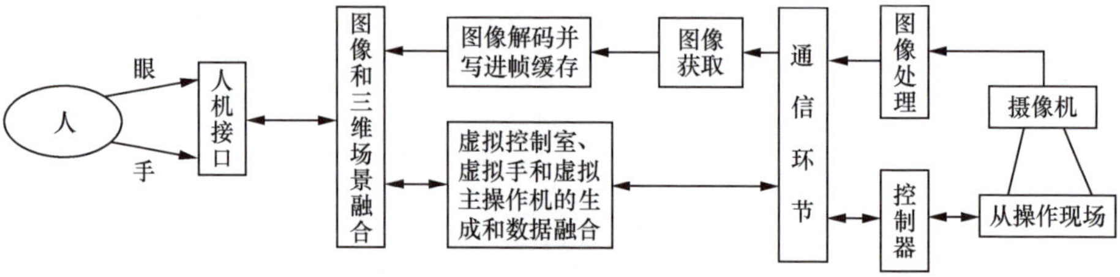

图 8　基于 5G 的远程操控示意

🛰 链接上下游，形成生态圈

本项目融合 MEC 独享部署、网络切片、边缘计算等 5G 功能特性，建设一张覆盖各大生产厂区的省域行业 5G 专网，满足各类场景终端灵活便捷、安全可靠的接入需求。本项目建设的 5G+数字化运维平台，可实现专网运行监控、终端实时管控、业务分发管理等日常功能，为企业公网专用提供自服务能力，满足企业安全生产管理及日常运维需求；将 5G 网络技术能力与生产核心业务场景深度融合应用，落地视觉质检、物流协同等核心场景，充分表明 5G 网络的大带宽、低时延、高可靠、高安全等特性与企业生产具备高度适配性。

中策橡胶 5G 未来工厂项目实施后，可带来巨大的数字经济效益：生产效率可提升 300%，能源资源综合利用率可提升 5%，产品良品率可提升 0.8%，万元产值成本降低 1.5%，研制周期缩短 50%，同规模产能用工人员减少 2/3。

中策橡胶 5G 未来工厂通过分阶段试验，探索成熟的应用方案和全新的商务模式，打造精细化运营管理平台。未来，中策集团将整合网络能力、终端芯片厂商能力、设备厂商能力及平台软件厂商，由传统提供单一网络能力，逐步向平台化管理、一体化方案、生态化发展的方向转变，进而向垂直行业客户提供整体解决方案。

5G+工业互联网赋能轨交装备智能制造

参与企业：中国移动通信集团江苏有限公司南京分公司

技术特点： 本项目聚焦轨道车辆运营数字化、网络化、智能化发展目标，利用AR/VR新型交互技术、5G及边缘计算技术，打通"信息孤岛"，实现与轨道业主运营密切相关的各系统间信息的高效传递和价值提升，加快智慧化运营转型升级。

应用成效： 本项目在中车南京浦镇车辆有限公司已实施的江苏省智能制造示范工厂项目的基础上，针对已有连接设备进行5G智能化改造，并进行新业务场景的拓展应用。本项目不仅充分体现了中车在5G应用上的创新，而且具备可推广、可复制的应用效果，极具标杆示范作用，助推产业链转型升级。

江苏移动携手中车南京浦镇车辆有限公司建设以"6621精益数字管理体系"和"三大驾驶舱"为指导的城市轨道交通装备"5G+工业互联网"智能工厂。通过打造"6621精益数字管理体系"，本项目实现设计、工艺、采购、生产计划、质量和成本6条管理线高效运营，与市场、人力、环境安全、资产、信息和售后6个管理平台高效融合，保障模拟配送和模拟生产2条流水线的顺畅运作、1条工位制节拍化流水生产线的精益生产。"三大驾驶舱"包括企业经营端的经营管理数据驾驶舱和产品制造端的生产指挥数据驾驶舱，以及产品服务端的全生命周期数据驾驶舱。本项目以经营管理透视化、生产制造精细化、产品服务全生命周期为重点，加快构建基于工业互联网平台的新型研发、生产、管理和服务模式，实现轨道交通行业的智能化生产和数字化管控。

技术方案引领项目实施

本项目由江苏移动南京分公司提供5G专网专享整体架构，适用于中车南京浦镇车辆有限公司工厂室内外场景，同时存在 toC 及 toB 的场景，通过 5G 技术对人、机、物、系统等的全面连接，实现工厂研发设计、生产制造、检测监测、仓储物流、运营管理等多个业务环节的协同管理，构建了以 5G 虚拟专网为核心的协同研发设计、设备协同作业、柔性生产制造、现场辅助装配、机器视觉质检、设备故障诊断、厂区智能物流、无人智能巡检、生产能效管控、硬件和工序协同等多个场景，实现企业产供销一体化的有效协同。中车南京浦镇车辆有限公司 5G 工厂框架如图 1 所示。

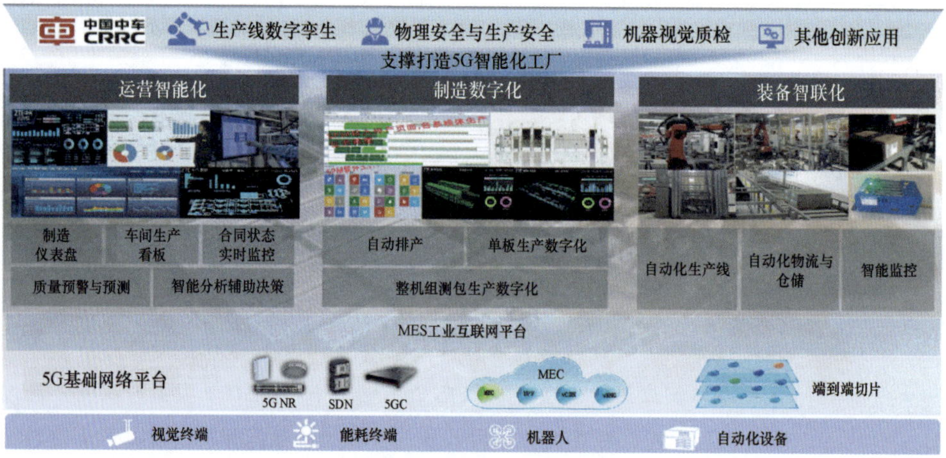

图 1　中车南京浦镇车辆有限公司 5G 工厂框架

🔆 主要功能托举项目实施

　　5G＋厂内外协同研发设计。本项目基于产品构型平台，依托工位制节拍化精益理念，建立以"设计树""工艺结构树""制造树""服务树"为基础的产品全生命周期数据贯通体系。构建设计、工艺、制造一体化协同平台，贯通从电气原理图到三维设备设计到线缆的协同研发通道，实现从电气设计到机械设计、软件设计的全数据贯通，以及电气物料清单（Bill Of Material，BOM）、布线路径自动生成。打造电气到机械的协同平台，构建模块化的设计管理库，实现设计方案的标准化，建设产业链上下游企业协同研发环境。

　　5G＋产品远程运维。轨道交通健康诊断与智能维护系统，包含轨道交通健康诊断大数据应用平台和基于车辆维修的资产管理系统。微服务架构应用数据采集、数据挖掘、数据存储、大数据分析、多系统集成等技术，借助大数据智能分析及机理规则建模手段，满足不同岗位需求。面向地面调度人员提供运营决策支持，包括车辆实时状态监测、故障实时预警、应急处置建议等；面向维保人员提供状态诊断支持，包括专家系统故障诊断、子系统性能劣化趋势分析和关键部件剩余寿命评估；面向运营管理人员提供动态修程修规管理支持，最终实现对车辆数据的实时监控与智能远程诊断分析。

5G+设备协同作业。三维工艺设计平台如图2所示，整体采用多层级、结构化工艺设计方案。该平台基于工艺结构树的工序切分，通过电子数据仓，设计和建立PSE结构树对应的工艺结构树，采用消耗式自动分配技术，将设计三维与BOM按工位投送至工艺结构树。建立结构化工艺，在工艺结构树下开展三维装配工艺设计，包括建立产品各组成零部件的三维工艺模型、装配BOM划分、装配流程规划、详细设计及仿真、可视化装配操作指导手册及现场工艺文件可视化浏览等。建立三维工艺文件设计规范，采用动作编码、工艺标识、颜色区分等技术使工艺设计更具有可操作性。三维工艺文件数据经过模拟生产线审核，通过MES与设计、生产、质量等各个平台实现数据直连。

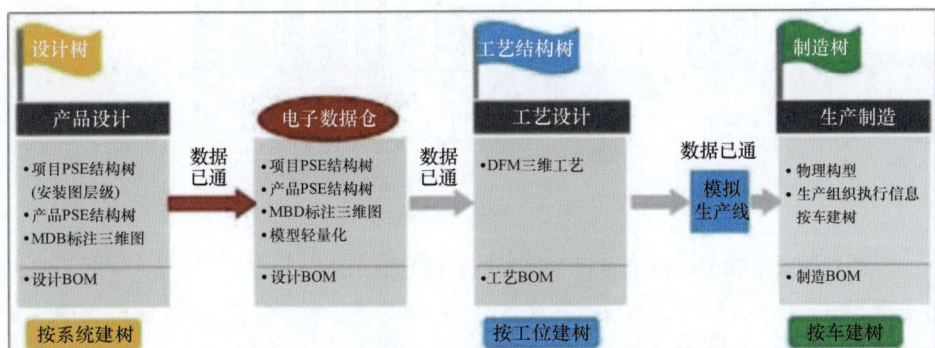

图2 三维工艺设计平台

5G+柔性生产制造。本项目采用微服务架构，运用建模思维、寻优算法、AI、大数据分析等技术，搭建完整的生产流程构型体系、生产执行控制体系，对内提供生产准备、生产计划、执行过程及执行结果的信息化管理，对外直观展示各项目不同阶段的生产组织信息。在生产车间任务排产上，实现了项目订单、生产资料、工艺产能、物料配套、人员到岗等信息的集成，并应用到计划排程中。

5G+AR智慧仓储中心。该中心使用AR技术支持点云的摄像机到达现场进行环境勘察，同时对现场环境进行扫描，扫描结束后使用点云空间算法输出1：1还原现场的3D模型，为虚拟环境与真实环境空间对齐提供参照物，并为后续功能开发提供基础环境。该中心通过AR技术搭建虚拟场景，以虚实结合的方式，实现对到货核验、物料上架、物料下架等主要业务的操作指引。

5G+厂区智能仓储。智能仓储系统如图 3 所示。本项目在智能仓储系统的基础上搭建微库系统，采用浏览器 / 服务器（Browser/Server，B/S）和客户端 / 服务器（Client/Server，C/S）多层架构，操作端采用 C/S 架构，负责各业务操作；管理端采用 B/S 架构，以浏览器页面的形式，负责数据管理、数据存储、数据挖掘、数据展示等功能。微库系统的运行是基于智能仓储系统的生产需求计划，运用算法对多个订单的任务明细进行合理的组合、排序和计算，通过与 ERP 业务数据交互，实现一键操作、简易拣选的目的，依据计算后的指令拣选物料、激光指引、精准定位，不需要人工干预。

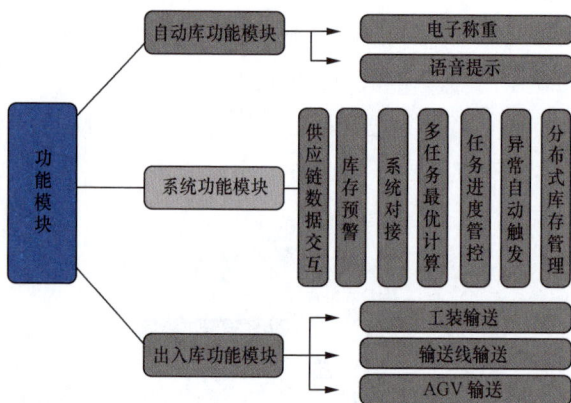

图 3　智能仓储系统

5G+厂区智能物流。本项目自主研发的智能仓储系统结合 5G 网络，可依据不同的业务形态进行个性化定制，实现对齐套管理、配送环节的数字化管控和可追溯管理，以及物流信息透明化和管理信息一体化。智能仓储系统采用 B/S 架构，基于 VS 框架开发，客户端采用浏览器页面的形式展示，服务端数据分为系统业务数据和 ERP 业务数据两个数据区域。通过数据采集技术与用户进行交互，显示、接收数据，通过逻辑判断实现程序功能，通过大数据技术对数据存储、挖掘等功能进行统一管理、分析和展示。

5G+生产现场监测。iEEm 系统的建设在数据采集和系统应用两大技术方案中实现。数据采集指通过对设备增加信号数据采集传感器，并通过内置的 5G 模组，保证设备信号的可靠性；通过建设智能边缘采集单元，利用 5G 网络实现数据在设备边缘段完成采集、分析、处理、智能预警及数据传输功能。iEEm 系统的建设采用 5G、大数据平台技术和 AI 算法，针对采集的数据，进行合理存储、对比分析、建模评估，形成知识库管理，可以对设备状态进行准确诊断和评估，从而达到维修智能决策的目的。iEEm 系统利用微服务技术，开发了微信小程序和"定时提醒"等功能，提高了设备故障一键报修和点检、保养的管理效率。

5G+生产单元模拟。先进过程控制运用数据的采集、处理和软测量技术，以及多变量动态过程模型辨识技术、数据建模技术、集成技术等先进技术，搭建由访问层、应用层、采集层、基础设备层构成的智能生产线，实现分厂数字化管理，以七大管理系统作为平台层。

访问层以现有的工控机、显示大屏、计算机端、手持移动端作为操作层；通过先进采集技术采集关键数据，实现数据传输、状态上报、边缘计算、指令下发，构成以质量控制为核心的采集层；通过大量的智能控制设备，构成以效率控制为核心的基础设备层；围绕操作层、采集层、基础设备层构成具有本公司特色的精益制造MES，实现对生产过程的控制。

5G+精准动态作业。本项目采用 B/S 架构的 N 层结构系统的高效处理模式，采用微服务架构设计，实现业务功能模块化，各个业务功能模块通过中间件以 Web 服务方式，实现与异构数据的集成。

本项目采用微服务架构，应用数据采集、数据挖掘、数据存储、大数据分析、多系统集成等技术，借助大数据智能分析及机理规则建模手段，满足质量管控需求。通过集成手段获取智能扭力扳手生成过程中的参数数值，使用系统中的统计过程控制（Statistical Process Control，SPC），对智能扭力扳手进行过程能力分析，若达到或超过极限值，则需要及时校验、整改。利用统计方法监控产品生产过程状态，确保产品生产过程在受控状态下的质量。

应用成效增强发展动能

从企业的视角分析，城市轨道交通装备 5G+智能工厂，实现从研发、设计、生产到物流和服务等各个环节的数据串联，平均生产效率、组装装配作业单车生产效率、数控中心自动化覆盖率等数据均得到明显提升。两年内，企业业务收入和经济利润稳步提升。

在关键技术的研发中，本项目有 12 项技术申请了发明专利，其中 3 项获得知识产权局的授权；在平台软件的开发和集成方面，有 20 项软件申请著作权，并通过国家版权局认证；主持 1 项国家标准的制定；参与 1 项标准体系的建设。

从产业链的视角分析，本项目实施成果可被推广并辐射到其他中车制造企业，同时拉动中车上下游企业，形成 5 倍以上的产业拉动效应，实现配套周期缩短、降低配套成本，快速提升协作能力。

从行业的视角分析，本项目打造出高端装备制造业的应用，形成行业标杆，输出国家级 / 行业级数据标准，实现工业与信息化在更广范围、更深程度、更高水平上的融合发展。

5G 助力永洋特钢全面迈向智能制造

((•)) **参与企业：** 中国联合网络通信有限公司邯郸市分公司、河北永洋特钢集团有限公司、中讯邮电咨询设计院有限公司

技术特点： 本项目充分利用5G、云计算、大数据、物联网及人工智能等数字技术，围绕数字化生产、数字化运营、数字化办公和数字化交易4个维度赋能永洋特钢生产经营管理的各个环节，打造5G+全连接智慧工厂，全面赋能企业数字化转型。

应用成效： 本项目为传统生产流程赋能，形成数据采集—数据整合分析—反向控制执行的闭环管理。在生产管理上，本项目配合MES实现生产过程的精细化管理，实现生产计划可执行、生产数据可追溯，降低人工参与程度，提高生产效率，实现降本增效。

永洋特钢 5G+全连接智慧工厂项目（一期）涉及 5G 专网＋全光网络、模块化机房、网络及安全、私有云建设、指挥中心建设、工业互联网平台、数据中台、可视化平台、信息标准化、生产执行系统、设备管理系统、能源管理系统、生产指挥中心（业务）、协同办公共 14 个子项。永洋特钢数字智能化管控平台如图 1 所示。

图 1 永洋特钢数字智能化管控平台

顶层规划：勾勒数字化转型蓝图

为实现工业和信息化的深度融合，永洋特钢携手中国联通规划"12342"数字化转型蓝图，即"一朵云、两张网、三大平台、四类应用场景、两项保障"。永洋特钢5G+全连接智慧工厂顶层规划设计如图2所示。

注：1. GPU（Graphics Processing Unit，图形处理单元）。
2. DCS（Distributed Control System，分布式控制系统）。

图2 永洋特钢5G+全连接智慧工厂顶层规划设计

一朵云：基于超融合技术建设私有云，实现了计算、存储、网络的资源共享、灵活分配，实现资源的高效利用，保障了业务的可靠性和其他性能。基于高端全闪存储秒级远程复制能力+应用双活容灾方案，保证数据"零丢失"、业务"零中断"。

两张网：基于永洋特钢未来生产运营的需求，通过全光网络+5G专网双网融合等新技术，叠加5G混合专网、工业无源光网络（Passive Optical Network，PON）主备冗余保护等技术，实现了生产、能源、设备、管理等数据的统一接入，实现人、机、物的全方位高质量互联，促进工业数据的充分流动和无缝集成。

三大平台：中国联通格物（Unilink）工业互联网平台以工业互联网平台、数据中台、可视化平台为核心，提供数据汇聚、数据分析、数据应用、低代码开发等全流程服务，消除"信息孤岛"，促进企业内、企业间信息互联互通。联通Unilink工业互联网平台架构如图3所示。

四类应用场景：包括数字化生产、数字化运营、数字化办公和数字化交易。紧密结合永洋特钢生产特点，以数字化作为驱动，以智能制造为核心，形成智能制造、智能装备、智慧管理和智能决策的智能钢铁应用服务。

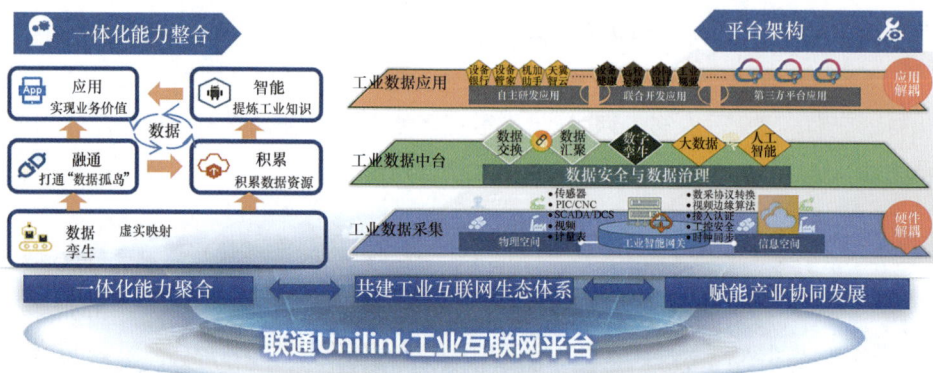

图 3 联通 Unilink 工业互联网平台架构

两项保障： 信息标准化体系 + 墨攻安全防护体系。中国联通墨攻安全防护体系利用联通基础网络资源，提供威胁监测、威胁预警、威胁处置、攻击溯源、攻防一体的安全服务能力，可全方位感知网络空间安全态势。两项保障体系遵循信息化管理制度，制定相应的实施规范与指引，可作为具体职能领域的管理规范与依据，有利于实现不同层次、不同部门信息系统间的信息共享和系统兼容。

高效方案：赋能数字化转型

本项目基于超融合技术建设私有云，系统上线后冗余率低于 40%，适应企业的业务需求。私有云建设方案如图 4 所示。

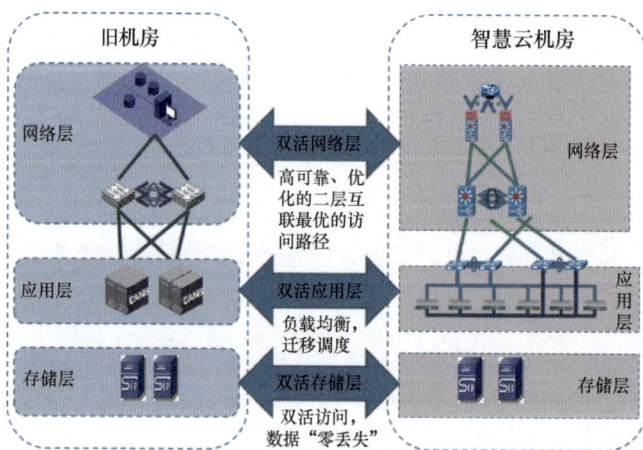

图 4 私有云建设方案

一个集中、统一的生产管控中心，可实现生产跟踪、视频监控、调度指挥、信息展示等功能，进行全面的监视、管理和分析。生产管控中心的建设，不仅能够实现集中、统一的管控，更是承载数字化运营的核心，助力永洋特钢的管控信息全覆盖、全掌握。

应用系统建设。应用系统建设包括对生产执行系统、能源管理系统、设备管理系统和数据采集系统 4 个系统的建设。

生产执行系统通过 5G 专网和全光网络技术实现全厂生产数据采集，并与 ERP、计量系统、车间二级系统衔接，实现管理精细化、工序协同化、管控可视化、辅助成本的管控最优化。主要子系统包括制造管理系统、生产执行系统和现场数字孪生。生产执行系统架构如图 5 所示。

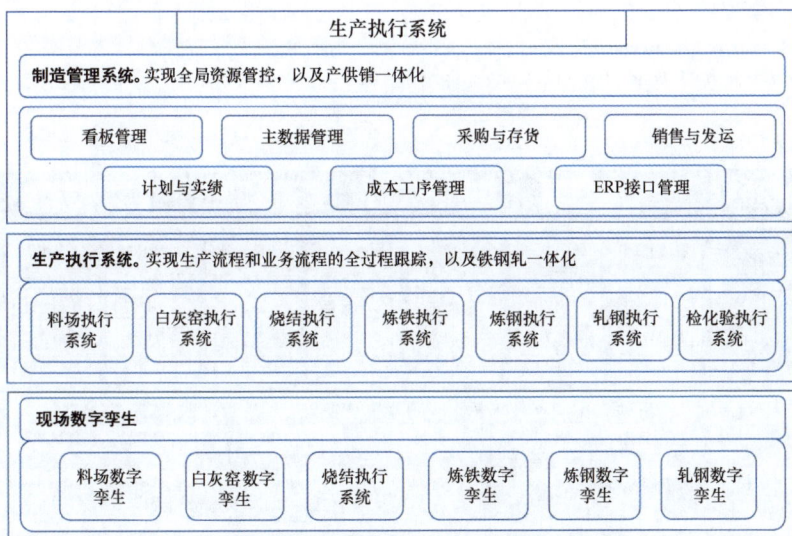

图 5　生产执行系统架构

能源管理系统：作为钢铁厂能源公辅系统的管理枢纽，能源管理系统在能源管理部门的支撑下实现扁平化管理。该系统通过 5G 专网实现全厂区能源数据的实时采集，建设能源监控、能源计量、能源管理为一体的智能化信息管理系统。能源管理系统架构如图 6 所示。

设备管理系统：设备管理信息化建设结合永洋特钢自身实际业务的特点和发展需求，通过 5G 技术实现设备数据采集、设备点巡检、设备全生命周期管理、设备管理业务的规范化管理。该系统融入全面生产维护管理思想，建设全生命周期跟踪、全方位管控体系及点检定修制管理，从而降低企业的检修费用，降低备件库存资金占用成本，提高设备备品 / 备件的利用率。设备管理系统整体架构如图 7 所示。

管理理念建设体系	能源监控体系		能源计量体系		能源管理体系	
能源监控＋能源管理	**能源监控**			**能源管理**		
	发电系统	变配电系统		计划管理	实绩管理	绩效管理
	压缩空气系统	鼓风监控		指标管理	结算管理	能耗分析
	煤气热力系统	天然气系统		能耗告警	能耗跟踪	能源平衡模型
	新水/纯水系统	污水处理系统		统计分析	节能量分析	平衡管理
	蒸汽系统	氧气系统		质量管理	报表管理	数据上报
支撑平台	数据采集平台			工业互联网平台		
基础平台	PLC	DCS	RTU	SIS¹	DEH²	综合保护 仪表

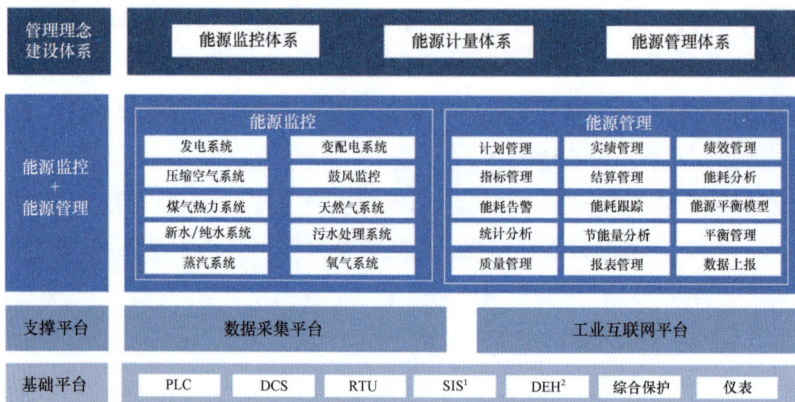

注：1. SIS（Safety Instrumented System，安全仪表系统）。
　　2. DEH（Digital Electro-Hydraulic Control System，数字式电液控制系统）。

图6　能源管理系统架构

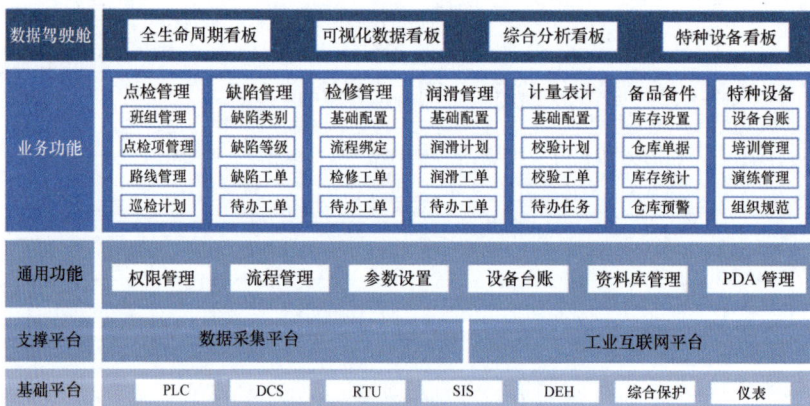

数据驾驶舱	全生命周期看板	可视化数据看板		综合分析看板		特种设备看板	
业务功能	点检管理	缺陷管理	检修管理	润滑管理	计量表计	备品备件	特种设备
	班组管理	缺陷类别	基础配置	基础配置	基础配置	库存设置	设备台账
	点检项管理	缺陷等级	流程绑定	润滑计划	校验计划	仓库单据	培训管理
	路线管理	缺陷工单	检修工单	润滑工单	校验工单	库存统计	演练管理
	巡检计划	待办工单	待办工单	待办工单	待办任务	仓库预警	组织规范
通用功能	权限管理	流程管理	参数设置	设备台账	资料库管理	PDA 管理	
支撑平台	数据采集平台			工业互联网平台			
基础平台	PLC	DCS	RTU	SIS	DEH	综合保护	仪表

图7　设备管理系统整体架构

数据采集系统：根据永洋特钢控制系统的现状，通过5G专网和全光网络技术，数据采集系统将现场具备采集接口的控制系统内的生产过程数据采集到实时数据库，并对实时生产过程数据进行分类、加工、有序存储和管理，打造全厂统一的企业级生产过程数据采集平台。数据采集网络拓扑示意如图8所示。

工控安全防护体系。该体系划分不同的安全区域，在各厂区的工控网络边界处分别部署工业防火墙。通过对OPC、S7、Modbus工业协议的深度解析，防止来自外部网络的非授权访问，同时实现从数据链路层到应用层的入侵攻击防御和病毒实时检测拦截，从而有效地阻断针对外网的有目的的攻击行为，强化边界访问的控制能力。

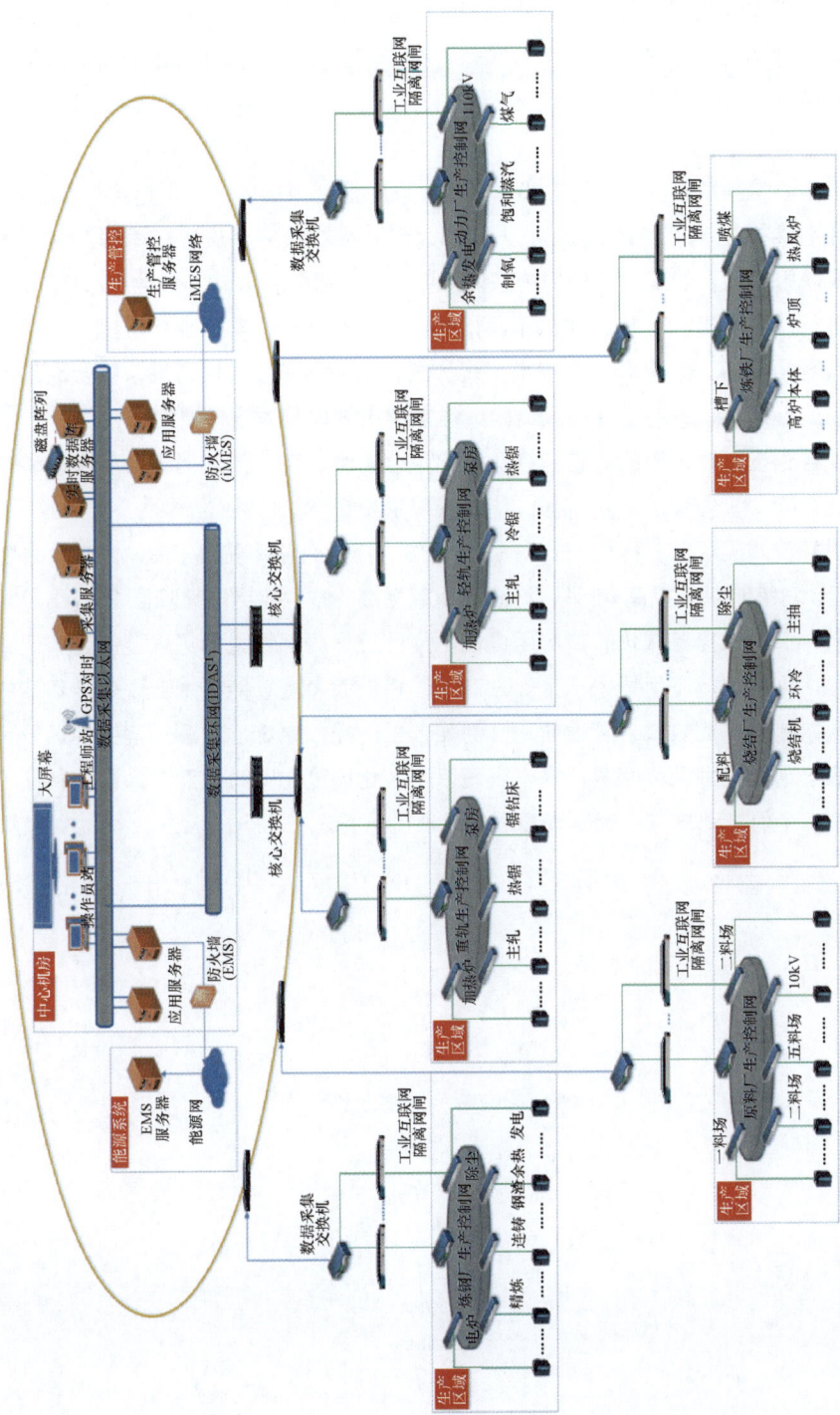

图 8　数据采集网络拓扑示意

注：1. IDAS（Industrial Data Acquisition System，工业数据采集系统）。

　　本项目在工控主机上部署工控主机卫士，通过开启文件白名单、安全基线和外设管控等功能实现对恶意代码的有效防范，提升工控主机计算环境的安全。本项目部署工控安全管理平台，实现安全设备集中管控、安全事件集中采集和关联分析，提高安全运营效率。

　　指挥中心是集数字化大屏幕、指挥调度、集中控制为一体的大型指挥运维场所，综合利用各类数据资源，通过5G、大数据、云计算、数字孪生等技术形成直观可视的虚实映射模型，汇聚已连接的物联设备数据，利用各种算法、大数据分析技术，对数据进行综合运算和分析，并从不同指标维度进行展示，实现业务数据化。指挥中心还可利用GIS、数字孪生等技术实现方式，构建3D可视化场景，综合展示作业场所的运行情况，有助于业务人员的远程操控或管理层的指挥调度。

　　本项目建设指挥中心的内容包括数字化平台1套、工业互联网平台1套、生产执行系统6套、设备管理系统1套、能源管理系统2套。

　　本项目整体实现全流程生产效率提高20%，产品合格率提高3%，人工成本降低5%，计划编制时间提高40%，产能利用率提高1%，吨钢能耗降低2%。

　　未来，二期工程将深化智能应用建设，预计聚焦局部场景的远程控制，实现局部智能化，打造智能应用场景示范。三期工程将借助各类智能技术实现生产环节的数字化，以提高作业效率、管理效率，例如，生产端的冶炼、监测、浇钢等环节可利用超级自动化技术及传感器技术，实现以无人化调度、实时监测与预警为特征的智能工厂，全面推动永洋特钢实现高质量发展的目标。

5G 赋能宝钢全连接工厂协同智造

> **参与企业：**中国移动通信集团上海有限公司、宝山钢铁股份有限公司

技术特点： 本项目以宝钢热轧厂生产线智慧化改造为样本，融合5G、AI、大数据、边缘计算、数字孪生等信息技术，搭建全国首个控制面下沉园区、数据面下沉厂部的5G定制化专网，利用中国移动OnePower工业互联网平台专网管理能力，实现工业确定性网络管理。基于5G专网，实现5G+视频融合、5G+高精度时钟同步、5G+数字孪生、5G+生产模型、5G+AR、5G+机器人巡检等12类智能制造应用，并构建企业级热轧"工业大脑"，打造全连接工厂标杆示范。

应用成效： 本项目实现热轧生产线轧制间隙、故障响应速度、纠偏响应速度、整体生产效能的提升，每年可助力1880热轧生产线实现亿元以上的效益增长。在建设过程中，本项目形成多项技术专利，并可快速复制推广，产生极强的产业联动效益。

本项目围绕宝钢热轧厂1880热轧生产线5G全连接，实现厂区"一厂一线一室"智能化改造升级，立足于钢铁制造的本质，紧扣智能特征，以工艺、装备为核心，以数据为基础，以制造单元、车间为载体，将5G与全景数字孪生、"工业大脑"、自动化控制相结合，构建虚实融合、知识驱动、动态优化的智慧制造工厂。

依托设计框架推进技术方案

本项目产品主要依托于实景数字孪生系统与AR智能点检系统两大框架。

实景数字孪生系统。该系统总体逻辑架构框架主要分为4个不同的层次，包括基础设施层、数据层、平台支撑层和应用层，实现系统在开放性、实用性、安全性、可维护性、可扩展性、标准化和性能上的完美融合。实景数字孪生系统总体逻辑结构如图1所示。

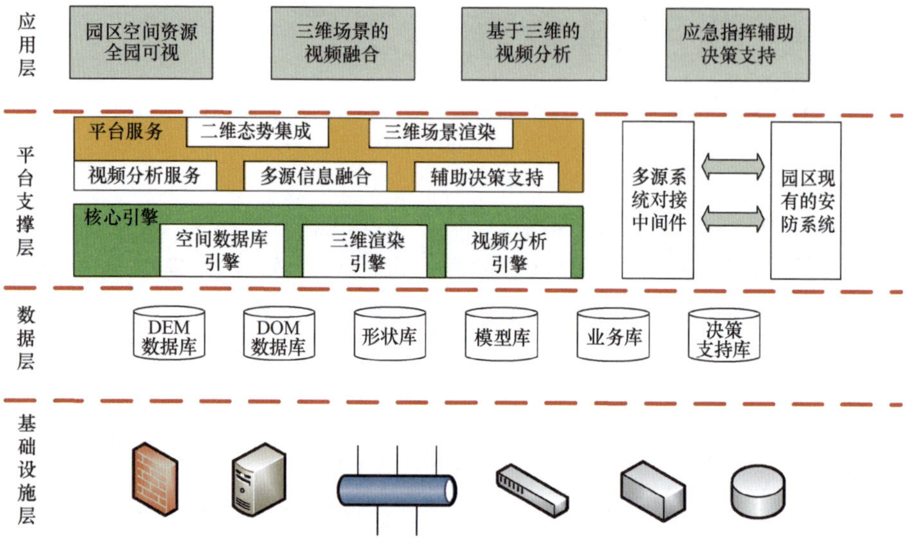

图 1 实景数字孪生系统总体逻辑结构

基础设施层借助 5G、有线网络、虚拟机、操作系统、数据库等，为平台的开发和运行提供基础的运行环境和软件支撑；数据层主要包括 DEM 数据库、DOM 数据库、形状库、模型库、业务库和决策支持库，为平台提供基本的数据服务；平台支撑层是数字孪生系统的核心，包括核心引擎、平台服务和多源系统对接中间件，为系统集成、态势显示和综合应用提供支撑；应用层主要面向用户，并为用户提供人机交互功能，实现场景中的视频资源与三维虚拟场景的融合，构建基于视频融合的态势"一张图"，通过对视频数据进行分析检测，可对异常情况进行报警。

AR 智能点检系统。该系统提供大空间 AR 智能点检集成服务，包括基于智能终端的 App SDK、iEQMS App 集成调试服务，服务端私有化部署和相关展示规划，以及数据对接等咨询服务和实施服务。AR 智能点检系统如图 2 所示。

🌀 协同智造主要功能和运营方案

实景数字孪生系统。该系统通过个性化的机器视觉算法对生产线重要区域（长度约 60m）的画面进行融合，并针对重点生产场景实现活套抬升（AI 识别）、机组背面传动侧火情检测（火情检测 AI）、精轧入口飞剪识别等功能。在出现意外情况时，系统会弹窗预警，识别风险，提高工作效率。

该系统主要通过机器学习视觉算法，建立机器在虚拟现实空间对视频的感知能力，提供多个区域的连续、直观监控，实现可跨越区域、空间的基于虚拟现实的全景视频融合展示、一屏全览，为生产线安全生产提供有力的技术支撑，方便监控管

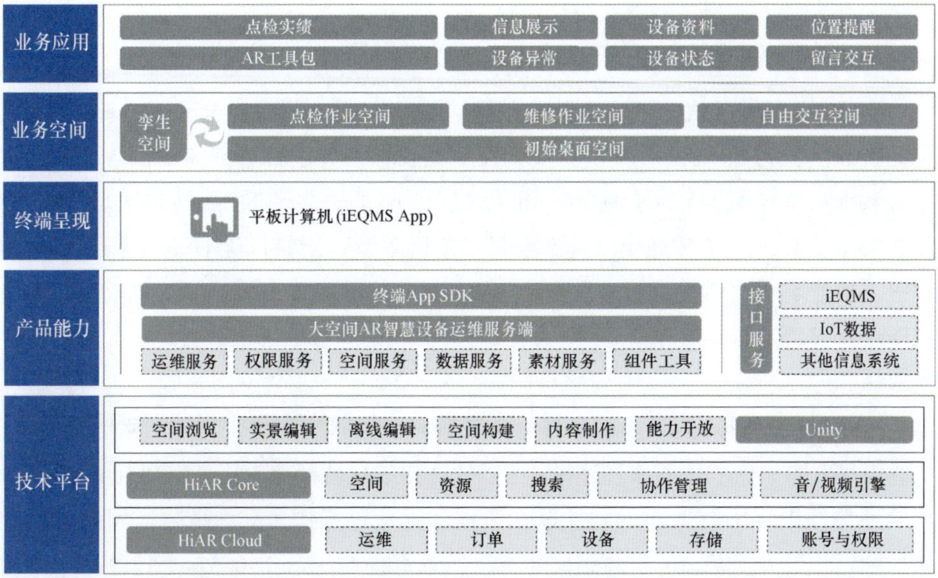

图 2　AR 智能点检系统

理人员进行全局指挥和对突发事件的快速处置。在生产线三维场景中，展示层 1～层 7 的整体全局实时画面，如果需要重点关注某个局部区域，可配置关注部位。在点选对应区域后，通过独立窗口展示相应区域的实时视频画面。当发生突发状况时，使用者既能纵观全局，又能掌控具体细节。

AR 智能点检系统。该系统包括如下功能：AR 工具包，支持在终端上使用拖、拉、拽的方式快速编辑素材到空间中；录制模式，可选择是否开启录制模式，记录作业过程并通过超级管理账号在服务端查看生产情况；空间入口切换，产品默认进入初始桌面空间，可选择切换进入点检作业空间、维修作业空间和自由交互空间，切换不同空间后系统将自动浮现空间素材，不需要扫描实物或标识信息；消息提醒，在主页面可以看到消息提醒，如果有点检异常消息，则会在"点检作业空间"入口处提醒，如果有留言消息，则会在"自由交互空间"入口处提醒；今日提醒事项，在"初始桌面空间"中固定展示当天厂区的备注和提醒，数据来自第三方系统提供的API；临时发布公告，在"初始桌面空间"中固定展示当天厂区的公告信息，数据来自第三方系统提供的 API；安全挂牌指示，在"初始桌面空间"中展示安全标识，项目定制安全标识 2D 模型，并将标识放入空间中的对应位置；区域概要信息，在"初始桌面空间"中展示不同区域的介绍信息，可在系统服务端创建数据。

📡 5G 赋能宝钢全连接工厂创新成果

创新 5G 部署模式，下沉全量核心网 + 多 UPF 分布模式，灵活适应 5G 应用业务的扩展。支持组 Pool 容灾、异地容灾、兜底容灾等多种容灾模式，增强网络安全性和业务安全性；下沉全量核心网 + 多 UPF 分布模式，可扩展性和灵活性更强，部署效率更高，业务开通更快捷。全量核心网下沉，支持厂区 UPF 进行平滑扩容升级、功能定制性部署，同时，安装部署和开通设备不需要复杂的工单流程，园区内即可自部署、自运维和自管理；多厂区多 UPF 之间数据下沉、交互，促进数据共享孪生。

多频组网，提升上下行速率与业务流量。避免同频干扰，充分利用频谱资源，快速提高宏微小区的覆盖率和速率；可以快速完成后台频点变更、异频互操作设置，成功避免同频组网时大量的宏微联合测试、优化等操作，极大地降低网络运维成本，快速提升业务感知；多频组网后，下行速率平均提升 110%，上行速率平均提升 10%，业务流量提升 60%。

利用多频组网，双发优选、多发优选，保障业务收发的可靠性。通过两条独立的无线链路，在汇聚侧实现数据的优收转发，既规避了空口无线链路的偶发干扰导致重传甚至丢包的情况，也规避了单 UE 突发异常引起的业务中断，适合在无线环境复杂的钢铁行业的控制类业务中应用，提升了端到端业务的可靠性。控制数据在双发选收通道的时延达到 20ms，可靠性达到 99.99%，助力企业实现行车现场操作无人化。基于 5G+Wi-Fi、5G+ 有线网络、5G 双平面等异构组网架构，通过 FRER 双发选收冗余传输机制，可提升业务端到端数据包传输的成功率，保证数据准确收发的可靠性，保障钢铁行业应用场景低时延、可靠性、可用性等业务的确定性。

三维图像拼接技术融合数字孪生技术，首创沉浸式数字生产线。在本项目中，数字生产线主要采用基于 CAD 图纸及现场采集素材的方式对生产线及生产车间的三维数字化建模重构。生产线数字模型与数字孪生、场景视频结合，实现虚拟与现实的统一，数据与景象的融合，对机组生产要素（人、机、料、法、环、测）等进行不间断值守。

热轧"工业大脑"与自动化执行协同的生产实践，为"黑灯工厂"树立"智能制造"创新探索标杆示范。结合智能生产层与智能运营决策层，本项目攻克"1+N"智能生产线近 10 项自动控制技术与高精度设定模型开发、AI 算法的跨界应用，提升了层 1～层 2 现场基础的自动化水平，完善了生产线人为干预部分，整合了厂区的数据资源，融合人工智能，实现业务运营的智能化和数字化，通过智能决策，使1880 热轧生产线各区域最高自动化率达到98%。

5G 赋能成效凸显

宝钢热轧厂已经完成 5G 专网的部署，全套小型核心网下沉部署，全厂覆盖率达到 95%；基于 5G 专网，实现了 5G 大规模数据采集、5G 设备点巡检、5G 机器视觉等智能制造场景的应用，极大地提升了生产效率，推动了宝钢热轧厂数字化、智能化发展。

本项目部署的热轧"工业大脑"系统，针对热轧生产作业场景，结合 AI 等信息技术手段，创新性地提供以下功能：开发高精度热轧设定模型，全面提升层 2 自动投入率；活套控制技术的集成与创新，提高活套的稳定性，减少人工对活套的干预；利用 AI、大数据等技术，从精准检测到精准控制，全方位提高热轧全生产线的板形自动控制水平；以表面缺陷精准自动判定为基础，探索氧化铁皮缺陷自动反馈闭环控制；视频 AI 异常识别深度开发，探索轧线各种异常的自动识别并采取相应措施；构建知识图谱，实现指标、故障、异常、缺陷等自动分析功能；完成 1880 热轧生产线 "1+N" 智能生产线的建设，以及宝钢 OneMill 智能运营模式的探索。

在经济效益方面，目前一期项目已签约，项目金额为 484 万元。二期"宝钢轧制区 5G 全连接及智造应用项目"整体预算金额超过 3000 万元。本项目在企业降本增效、人员优化、产能提升方面具有明显的商业推广价值。

基于 GIS 的煤炭工业互联网大数据分析平台

参与企业： 山西焦煤集团有限责任公司

技术特点： 本项目利用云计算、大数据、AI等关键技术，以智能煤矿5G+工业互联网建设为核心，对现有信息化平台进行优化集成，建成基于GIS和Java开发的煤炭工业互联网大数据分析平台，实现对多业务系统的一体化融合、多维度分析、透明化呈现，全域赋能山西焦煤的数字化转型。

应用成效： 本项目涵盖了煤炭企业安全生产经营的不同维度和深度，解决了智能煤矿安全生产应用系统集成、数据共享等核心技术问题，促进了山西焦煤大数据的横纵向协同和高效流通。在安全生产效益方面，本项目有利于降本增效，降低设备故障率，减少安全生产事故；在经济效益方面，本项目的推广应用预计能为每个生产矿井节省投资150万元，按照推广应用500座煤矿计算，将产生7.5亿元的经济收益，具有广泛的应用前景、示范意义和行业推广价值。

山西焦煤持续推进数字化转型发展，作为传统的能源企业，经过多年的信息化建设，以煤矿安全生产经营为重点，建成涵盖安全、生产、经营的"十大信息平台"，围绕业务领域建设不同的信息化和自动化系统，基础设施较为完备，业务系统较为齐全。虽然在推动集团安全生产经营管控、井下减人提效等方面取得了积极成效，但是各信息系统垂直管理、独立运行、"信息孤岛"情况严重，无法实现数据的有效共享、业务的流程联动和系统的全面协同，对集团多维度的大数据分析缺乏有效支撑。

针对上述现状，山西焦煤加强顶层设计，规划了"数字焦煤"建设总体架构，以服务安全生产和产品销售为核心，以贯穿财务管理为主线，通过"企业中台"，融通人、财、物、产、供、销、投资、法务、综合办公九大业务平台，形成山西焦煤多层级、全要素、云应用、无边界协同的新型ERP集团级数字化管控系统，全面提升集团精益化管理的效率、效益和效能。根据集团数字化总体蓝图架构，结合信息化建设的实际，山西焦煤确定了"数字集煤"的建设路径：以5G+工业互联网为重点，对现有信息化平台进行优化集成，深化信息化系统应用，开展物联网平台、5G建设与应用、时序数据库和数据仓库、数据分析平台、组态可视化、数字孪生6个方面内容的建设，实现对多业务系统的一体化融合、多维度分析和透明化呈现，对矿井故障隐患进行预测预警，实现集团各层级大数据的实时互联和业务系统的集成控制，助力科学、精准和高效决策，有效提升集团的安全生产经营管控水平。

数智赋能，打造智慧矿山

本项目通过井下感知设备采集海量生产数据到工业互联网网关，利用5G+万兆工业环网传输到煤矿物联网平台，通过边缘计算等技术实时处理并向生产现场及时反馈智能感知设备采集的人、机、料、法、环、测等数据，实现对煤矿安全生产的实时感知，物联网平台数据通过煤炭专网传输到山西焦煤能源云，经过云计算，在煤炭工业互联网分析平台中进行大数据的分析、应用和展示，最终实现集团各层级大数据的实时互联和业务系统的集成控制，有效支持各层级的决策。

细化方向，明确建设重点

本项目重点关注的是物联网平台建设、5G建设与应用、时序数据库和数据仓库、数据分析平台建设、组态可视化和数字孪生。

在物联网平台建设方面，本项目通过搭建一个分布式、高性能设备数据汇总交换的平台，实现对海量数据的实时解析、处理和转发。

在5G建设与应用方面，本项目主要依托5G的广连接、大带宽和低时延特性，为煤矿高清通信、智能巡检等5G应用场景提供技术条件。广连接可以满足煤矿工业互联网多路传感器实时上传的应用需求，大带宽可以满足井下多路高清视频的同步上传需求，低时延可以满足矿井工业控制的要求。

在时序数据库和数据仓库方面，本项目主要是实时采集、汇聚、存储煤矿安全生产、经营管理等各业务中结构化数据和非结构化数据，为集团多维度数据的统计、分析与应用提供大数据支撑。

在数据分析平台建设方面，本项目主要通过建设AI建模平台和机理建模平台等，实现对集团安全生产经营大数据的深度挖掘分析和应用，有力支撑企业各层级的决策。

在组态可视化方面，本项目主要利用数据分析平台上的图元、微服务等生成组态图，实现对煤矿安全生产，以及产、洗、运、销协同联动的一体化直观展示。

在数字孪生方面，本项目利用 3D GIS 技术构建 3D"透明化"矿山，与工业互联网大数据协同联动，实现智能煤矿的数字孪生。

🌐 贯彻战略，聚焦建设情况

当前，山西焦煤已基本建成基于 GIS 和 Java 开发的煤炭工业互联网大数据分析平台，实现对煤矿安全生产经营大数据的实时监测、应用与分析，调度大屏实时展示山西焦煤的矿井信息，并随时查看智能化工作面等生产环节和生产现场，做到安全生产经营环节"看得见、管得了、控得住"。

本项目以汇聚、治理"采、掘、机、运、通"、调度、地测防治水等统一核心业务系统关键数据为重点，围绕煤炭主业，建立原煤生产、收入利润、公铁路运销量及其趋势等分级分类经营管理决策指标体系，按照集团、子分公司、基层单位三级架构实现多维数字化穿透、在线式管理，以及对主体业务的全方位感知和洞察。

平台构建包括资源禀赋、可持续性、生产、经营四大指标，以及煤种、地质、规模、年限、达产率、人员效率、安全环保、精煤产率、成本、利润共 10 项具体指标在内的生产煤矿指标体系，进行矿井画像建模，形成对集团生产矿井的排名和排序。同时，可对任意两个矿井的 10 项具体指标进行全方位对比分析，实现对生产矿井情况的可视化直观呈现和量化对比分析，初步构建生产矿井画像，全方位把控生产煤矿。

以标杆示范矿马兰矿为例，平台的建设实现了对人员的位置、行为和状态，皮带等井下机器设备的位置和健康状态，水流、电流、煤流、风流和瓦斯等环境的实时监测，推动形成以人、机、料、法、环、测全面感知互联、监测预警为重点的智能矿井。

马兰矿应急指挥平台实现了对马兰矿的应急流程与应急广播的联动，当井下突发事故时，该平台会弹窗报警，同步启动应急预案，企业管理者将系统弹出的应急机构专家队伍、预设避灾路线图等应急资源与各相关图纸相结合，制定准确的避灾路线，通过系统手动列表选择和 GIS 可视化选择等方式定位广播终端，语音播报通知井下人员的撤离路线、注意事项等信息，有效保证突发事故时井下人员及时撤离。马兰矿应急指挥平台如图 1 所示。

马兰矿通过对 5G 专网的建设实现了高清语音通信、中央变电所智能巡检机器人、八臂掘进机现场高清视频、系统控制相关参数等数据的实时回传。马兰矿 5G 专网如图 2 所示。

图 1　马兰矿应急指挥平台

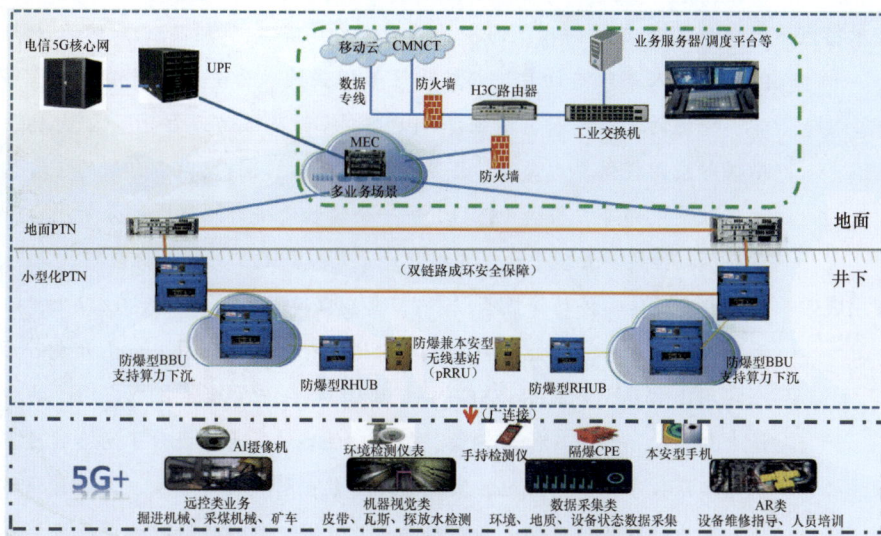

图 2　马兰矿 5G 专网

领克汽车张家口工厂5G+工业互联网转型实践

> **参与企业：**中国移动通信集团河北有限公司、中国移动通信集团河北有限公司张家口分公司、浙江吉利汽车有限公司张家口分公司、中移（上海）信息通信科技有限公司、中兴通讯股份有限公司

技术特点：本项目构建"1+1+N"的基础架构体系：搭建1张精品5G云网，5G与POL等接入手段与切片、超级小区等增强技术为全厂区提供安全、可靠、稳定的设备接入，增强型UPF、边缘云及移动云为全厂区WMS、AGV等应用提供算力资源；搭建1个IIoT平台，同时，1个自研的"智慧大脑"集中部署吉易达（JYD）统一仓储物流平台、质检AI分析平台、设备预测性维护管理平台，支撑落地上层N类5G工业智能化应用。

应用成效：本项目实现传输抖动降低至1ms内，复杂环境下丢包率降低80%以上，使无线性能接近有线性能；导入无人配送等13项高效应用，自主开发若干个实用小程序，已经落地5G+异厂商WMS统一管理等多个应用，共申请专利超过30个。多种5G网络保障手段的实施，大幅提升了网络的可靠性，工厂数字化应用落地，实现降本增效；引领集群发展，优化营商环境，助力"双碳"目标达成，推动产业升级，创造性地打造现场级端到端5G+新型工业无线体系。

　　本项目由河北移动张家口分公司牵头，联合中兴通讯在领克汽车张家口工厂进行项目部署与实施。河北移动联合中国移动研究院面向垂直行业核心生产控制场景形成确定性技术及解决方案创新体系，创新四大产品能力，形成6种技术方案，进而打造典型解决方案。面向工业需求，本项目构建业界首个5G+行业现场网能力体系——"1+3N"能力体系，打造构建面向业务的端到端服务。

🛜 5G+工业互联网多样化的应用场景

5G+AGV 调度系统。领克汽车张家口工厂新能源总装生产线物流智能配送项目，在总装车间内实施 28 种 SPS 物料的上线工作，通过使用 5G+AGV 调度系统进行统一调度管理，能够满足领克汽车全天候、快生产节奏的生产诉求。在 5G 网络基础设施建设层面，通过 5G 超级小区、PAD、RRU 及宏站覆盖，中国移动实现了大型钢制厂房内 5G 网络的连续、无缝覆盖，AGV 行驶区域稳定无丢包、无卡顿，有效避免了交通管制失控情况发生，并实现了 AGV 运行情况、告警信息的及时反馈和处置。

5G+AI 质检应用。质检是整车生产中贯穿焊接、涂装、总装等全流程的基本动作，领克汽车创新性地落地 5G+AI 质检应用，实现了视觉检测能力、算法优化和质量管理的闭环提升。AI 算法通过对不同类型质量问题的检测与分析，不仅能发现问题，还能将质量问题深入生产过程中的具体环节。以常见的开裂问题为例，当机器视觉质检平台发现开裂问题部件下线时，不仅应发出告警提示剔除此部件，还应通过 5G 网络和工业网络关联，控制现场拉延工位立即停机检修，并通过企业 OA 通知现场员工及时处理，还会依据先前生产中记录的产品良率和冲压机工艺参数给出优化建议。

5G+SLAM 导航 AGV。领克汽车张家口工厂实现全国首个 5G+SLAM 导航 AGV 在汽车总装物流车间复杂场景下的大规模应用。通过使用 5G+SLAM 导航 AGV 物流配送系统，配送减员 7 人，物流配送速度提升 140%。

🛜 联合开发，技术突破，助力业务稳定运行

5G 云边保稳定。构建业内首批集成 5G 模组，使用 5G 专网、特定优化连接，实现 2×10^4 平方米大型钢制厂房内外网络无缝覆盖，保证配送过程中无丢包和无卡顿，做到交管零失效。

系统联动保协同。JYD、GLES 共同配合，实现全域仓储管理，双车联动、多车联动同步上线，SPS 及排序件占整体物料使用的 95% 以上，真正实现按需生产和供货，保证线边无冗存、生产不停线。

增强技术保可用。运用对角雷达、dToF 相机、高速扫描相机等多种传感设备，使数据量、算力需求达到传统 AGV 的 3～4 倍，研发了置信度自适应变更、辅助对接定位技术和动态区域检测功能等行业首创技术。

多种 5G 网络保障手段并施，大幅提升网络可靠性

5G＋工业互联网通过 UPF 核心网控制面下沉、无线网智能预调度、双路由传输网接入、5QI 优先级业务保障，保障 5G 专网高可靠运行、AGV 与机械臂低时延高可靠协同。

5G 确定性网关使业务确定性交互得以实现，5G 确定性网关低抖动、低时延、低丢包和高可靠性，保障机械臂与 AGV 协同，实现链路备份、双发选收。本项目通过自主设计 5G＋确定性通信协议，对确定性传输技术进行创新，无线性能达到或接近有线性能，在业界创造性地提出现场级端到端 5G＋新型工业无线能力体系，打造面向异构网络融合、移动设备协同的解决方案，打造汽车制造、钢铁、港口等垂直行业设备远程控制等典型场景的端到端解决方案，使 5G 专网性能稳定可靠，达到行业核心生产控制等应用场景的网络交付要求。

经济价值与社会效益显著提升

领克汽车张家口工厂 5G＋工业互联网转型实践实现营商环境优化，提升地区 GDP，引入了 7 个重点项目，预计投资 25 亿元，助力国家"双碳"目标达成。同时，通过持续探索、优化自身，追求高质量发展，工厂产值近乎翻倍，成功实现降本增效和数字化转型，树立车企"5G 数字工厂"的标杆，引领产业升级，降低同类企业的试错成本，赋能 110 多家产业链企业发展，成立张家口市汽车产业人才联盟。

5G＋数字化工厂结合先进工业制造高端化、绿色化、智能化的国家战略，助力企业数字化、智能化改造，促进了智能制造业的发展，帮助企业实现降本、提质、增效、绿色和安全发展，提升先进制造产业的活力，加速 5G＋先进制造的数字化发展。加快无人化进程，改善工作环境，保障人员的生命安全，个仅提高了生产效率和质量，还为员工创造了更安全、更舒适的工作环境，推动"5G＋工业互联网"融合创新发展，助力 5G 赋能千行百业，同时也为河北工业互联网的创新发展和传统产业的数字化转型注入新动力。

山西华翔 5G 数字工厂
专业小镇的冠军之路

> **参与企业：**中国移动通信集团山西有限公司

技术特点：本项目运用5G网络技术，通过5G专网和共享地市UPF，利用网络切片技术实现各个生产环节的数据传输、存储、呈现和分析等，打造"1+3+7"，即1张5G全覆盖网络+3台支撑引擎+7个业务平台，依托5G实现精益数字工厂建设，实现系统间的有机协同，打造一个至简开放的体系，高效支撑业务需求。

应用成效：本项目运用5G专网全覆盖，实现了对3000台以上的设备数据直采，人员、设备、环境、能耗和物料数据采集率提升到90%，设备停机率降低80%，真正拿到了运营的大数据、真数据、准数据。在基站规划中，本项目聚焦业务所需的具体位置及带宽需求，根据生产线、车间、厂区业务需求差异分层次原则，利用精准仿真模型，实现精准规划、宏微站协同和室内外网随业动，在满足企业效率、安全需求的同时，也降低了成本，实现5G+工业互联网与精益管理协同，助推企业的数智化转型。

　　山西华翔集团是一家集铸造生产、加工、贸易于一体的大型装备制造企业。本项目在其工业园区内实现 5G 网络全覆盖，山西移动通过搭建的 5G 专网和共享地市 UPF，利用网络切片技术实现各个生产环节的数据传输和存储，将 5G 技术逐步渗透生产现场、网关和设备，形成多样化的 5G 应用场景，实现生产各要素的全面连接，进一步促进 5G 与工业互联网的深度融合，满足工厂透明可视、柔性生产、少人无人的需求，供需的精准匹配为工业智能、安全、绿色的生产要求提供了关键的技术支撑。

一张全覆盖的 5G 专网支撑多样化 5G 应用场景

　　5G 大规模数据采集。5G 大规模数据采集涉及终端改造、网络、平台与应用四大部分，借助 5G 数据采集网关，利用 5G 网络大连接和高速率的特点，可实现对铸造行车、AGV 等其他自动生产设备，以及各生产线产量、车间能耗、环境等数据的采集，并实现对工厂内大量不同设备数据的实时解析与高速上传，在平台上对数据进行统计分析、可视化呈现，让生产管理人员掌握工厂的实时生产状态，辅助其优化生产决策，提升生产效率。

5G 数字孪生。5G 数字孪生利用 5G 大带宽传输特性及三维可视化技术，建设线上三维仿真机加工生产线数字工厂，直观呈现车间内部设备的工作状态、场景环境参数指标等，用户可通过线上工厂平台了解车间生产线内部的情况，为实现智能一体化管理打下基础。

5G AR 生产辅助。5G AR 生产辅助通过 AR 全息混合现实眼镜，实现现场人员和远端专家的人机交互以及对现场环境信息的采集，提升系统的可靠性。

5G 天地一体巡检机器人。5G 天地一体巡检机器人是针对工业室内场景设计的轮式智能巡检方案，具有自主性和智能化的特点，以及全自动定位和导航技术，可绘制大场景高精度地图，实时准确定位；搭载多种传感器，协作实现自动避障、多层防护；基于智能识别算法，可检测各种表计开关、设备缺陷、异常行为，进一步实现车间少人化和无人化值守。

5G 云化 AGV。5G 云化 AGV，即把 AGV 上位机运行的定位、导航、图像识别及环境感知等需要复杂计算能力需求的模块，上移到 5G 边缘计算服务器，以满足 AGV 日益增长的算力需求。同时，运动控制 / 紧急避障等对实时性要求更高的模块仍然保留在 AGV 本体以满足安全性等要求，降低单 AGV 的成本，提升 AGV 的作业效率。基于 5G 云化 AGV，可以实现端边协同、云边协同、云上协同，全流程、多业务系统的贯通和协同，提高移动物流的智能程度，提升企业效能。5G 云化 AGV 方案架构如图 1 所示。

图 1　5G 云化 AGV 方案架构

5G 产品溯源。产品全生命周期追踪溯源利用 5G 网络的高速传输和低时延特性，将生产过程中的关键数据实时采集并上传至区块链网络，实现实时性数据采集与传输；将采集的数据以区块的形式存储在区块链上，并通过加密算法确保数据的安全性，利用共识机制验证数据的合法性和完整性。通过产品生产过程、原材料来源、质量检测报告等信息的实时查询功能，可实现追溯管理、快速定位问题并采取相应措施，提高产品质量。

三大业务引擎实现协同管理

技术数字化引擎。技术数字化引擎能够自动整合企业各个部门的工艺要求、技术指标、生产数据，并进行全面深入分析，通过数据挖掘和机器学习算法，可帮助企业发现有价值的信息，提供决策支持，并能够根据历史数据和实时信息进行预测和模拟分析，给出最优的解决方案；通过建立标准化和自动化的工作流程，能够对企业内部的技术工艺进行优化和自动化管理，提高工作效率和准确性，降低人为错误发生的概率。

业务数字化引擎。流程设计器可根据企业的具体需求创建、修改和优化工作流程，实现个性化定制。通过与现有系统集成，将分散在不同系统中的数据整合到一个统一平台上进行管理和共享，避免出现数据重复录入和"信息孤岛"的问题，提高数据的准确性和一致性；自动化工具和机器学习算法能够实现对常规任务的自动化执行，节省人力资源，提高工作效率，并减少出错的可能性；通过可视化的报表和仪表盘，用户可以随时查看关键指标和数据趋势，获取业务的运行状况并及时发现潜在的问题，为企业管理层决策提供支持。

管理数字化引擎。管理数字化引擎可以对海量数据进行深度分析和挖掘，发现隐藏在数据背后的规律和发展趋势，为企业提供准确的商业洞察和智能决策支持，并且可以实现自动化生成报告、预测市场趋势和优化资源配置等功能，帮助企业高效决策，并及时调整战略。

七大业务平台助推企业提质增效

目视化系统。该系统支持多维度数据（包括设备数据、运行数据和人员数据等）导入，提供数据清洗、预处理等功能，确保输入数据的质量，并进行数据聚合、统计和趋势分析，帮助用户发现数据背后的规律和趋势，并将可视化结果导出为报表或图片。利用大数据对比精益体系所分解的目标数据与实际数据的差异，可以在问题暴露时及时将问题推送给责任人，实现管理闭环，打通层级壁垒，做到快速响应。

安环系统。安环系统主要包括视频监控子系统、智能感知子系统、数据分析子系统，以及预警与应急响应子系统，能够实时反馈巡查情况，针对风险点进行防呆防错，大幅减少、消除安全隐患。

品质管理系统。该系统将相关数据进行系统化整合，通过区块链、AI 进行智能分析，从源头杜绝不良品的流出，提高整体的制造质量。

人效系统。该系统包括数据管理模块（人力资源数据库）、绩效指标体系、绩效评估模型、激励机制设计、数据分析与报告生成等。通过人效系统对各项数据进行监测和分析，可生成相关报告供管理层参考决策，进行精准的人员管理。

巡检系统。该系统包括数据处理与分析模块，具备异常检测、故障诊断等功能，以提供准确的巡检结果和预警信息；根据巡检结果自动生成巡检报告，并将报告在系统界面展示，方便操作人员查看；通过将现场关键巡查点数字化，保证巡检动作的真实性。

设备管理系统。该系统主要包括数据采集模块、数据存储模块、数据处理模块和用户界面模块，形成设备全生命周期管理。该系统能够实时监测设备的运行状态和工作参数，并及时报警和处理异常情况，以保障设备的正常运行。用户可以通过该系统远程操作设备，包括开关机、调整参数等功能，提高操作的便捷性和效率，确保及时保养每台设备，故障率得到显著降低。

成本管理系统。该系统通过每日成本报送展示日利润的完成情况，推动年度目标的达成。通过这些数据搭建起安环、人效、设备、品质、日常巡查、经营目视化、节能等方面的数字化管控应用平台，对企业提质增效起到显著的推动作用。

七大业务系统与 5G 场景的支撑关系如图 2 所示。

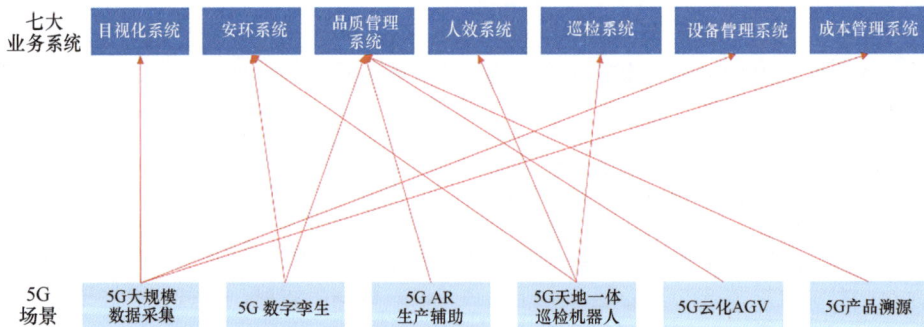

图 2　七大业务系统与 5G 场景的支撑关系

南京长安新能源 5G 全连接智慧工厂

参与企业：中国移动通信集团江苏有限公司南京分公司

技术特点：本项目基于MEC的海量、超低时延数据计算与传输需求，利用核心云和边缘云的关键数据备份和多业务联动，实现设备的可知、可视和可控，打造68个5G应用场景，助力南京长安建设智慧工厂，提升管理效率，实现南京长安数据不出园区，保证园区内数据的隐秘性和安全性。本项目建立了"管理模式+信息化支撑"高效管理体系，以数据标准化为基础、以信息共享为平台，围绕生产管控一体化，实现各级业务的整合贯通，大幅降低了数据与流程的流转时间，显著提升了生产管理水平，实现了生产管理、质量管理、人员成本和安全等效益的多方面提升。

应用成效：本项目实现了工艺过程的全面数字化，以及企业的高效运营管理，使公司的产品不良率由上一年的31.35%降低至目前的10.89%，管理能力提升了80%，生产效率提高了25%，全员劳动生产率提高了30%，设备利用率提升了21%，设备综合利用效率为85%，产能利用率为80%，按期交货率保持在100%，产业链交付绩效保持在100%，全厂能源和环境数据得到100%监控，节约成本约280万元。

　　南京长安拥有完整的"冲压、焊接、涂装、总装、电池"整车制造工艺生产线，生产经验和技术水平在同行业中位居前列，截至2022年年底，在我国自主品牌乘用车国内市场的份额中占有率位列第二。南京长安是满足个性化定制的智能绿色工厂，是基于"软件定义汽车"的全新制造模式打造的全新新能源智能个性化定制示范工厂。

数字技术驱动产业链互联互通

随着汽车消费需求的转型升级，原有的汽车制造流程和生产模式已经无法满足柔性需求：在传统车架、底盘焊接的过程中，需要大量人工参与记录焊接数据，这些数据的滞后性、低准确性影响生产的质量和效率；整车装配工艺涉及大量零部件和设备，自动化装配机器人缺乏实时的数据监控手段，导致装配过程中设备协作不畅，影响整体的装配效率。另外，环保和能耗也是南京长安一直关注的问题，传统的厂区能耗监测只能提供整体能耗数据，无法实时且精细化监测各个工序和设备的能耗情况，导致能源的利用效率低下；在生产线、车间建模的过程中，缺乏实时数据支持和模拟优化手段，无法对制造过程进行实时的仿真和优化，限制了智能制造的推进速度和效益提升。

近年来，以 5G 为代表的新一代信息技术得到广泛的关注和部署，5G 能够更快速、更准确、更智能、更可靠地实现设备互联、数据传输和处理。另外，我国政府也出台了一系列支持 5G 发展的政策。技术的优势和政策的引领，为南京长安及整个汽车制造行业提供了良好的发展机遇和支持环境。

南京长安采用定制化 5G 专网，全方位覆盖冲压、焊接、涂装、总装、综合楼等区域，部署 5G 网关、MEC、边缘云等，"端、管、云、用" 4 层架构平台支持的终端并发接入数量超过 5 万个，助力南京长安实现工业控制智慧化管理，实现生产流程的 5G 全覆盖、智慧场景的 5G 全应用和生产要素的 5G 全连接。南京长安 5G+工业互联网整体架构如图 1 所示。

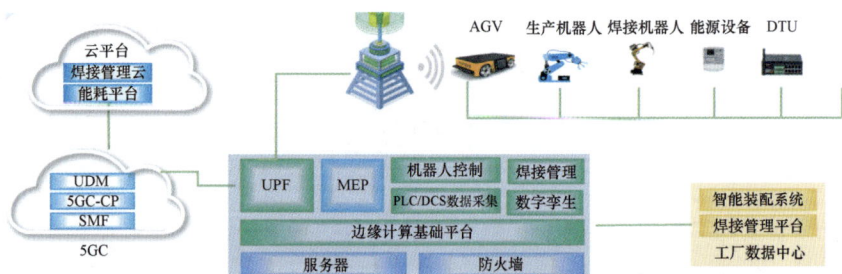

图 1　南京长安 5G+ 工业互联网整体架构

柔性生产 5G+ 自动装配

在总装车间的自动装配生产线上，传统方式受限于网络布线和拓扑结构，限制了装配的柔性生产能力。本项目通过部署 1 张 5G 专网和 10 个算力网关，将其应用在轮胎装配、玻璃挤胶等 5 条装配生产线上；通过 5G 连接 80 个 PLC 模块进行

I/O 解耦，做到装配数据的实时传输和指令下发，实现精准控制能力提升 20%，装配效率提高 35%，装配成本下降 25%。

🛰 万物互联，5G+云化 AGV

整车总装零件库的存储和转运多为人工作业，零件种类多、数量多，难以追溯，现场管理难度大，效率低且存在错拣、漏拣的现象。库位管理混乱，找料困难，物料配送过程无跟踪，任务不明确。

基于 5G+云化调度系统，在总装车间应用智能道口、视觉扫描物流门、穿梭车立体库、无人仓、AGV、无人叉车和流水翻包线等智能物流设备，引入 5G+（物联网＋）、图像识别、智能监控等信息技术，实现物料接收、装卸搬运、存储管理、物料操控、配送上线的数据实时采集、上传、分析和决策，实现物流的数智化运营。以供应链要素、供应链协同、供应链实时动态柔性响应为核心建立供应链控制塔，实现厂外物流环节的实时监控；搭建零部件物流能力中心一体化业务平台，整合零部件物流管理系统、车位引导系统、仓储管理系统和包装管理系统，打通信息壁垒，实现全环节透明、万物互联、总体最优的数智化物流模式。

🛰 参数优化，5G+焊接管理

在焊装车间，为了解决焊接设备"孤岛化"、焊接数据实时性低等问题，通过部署快、成本低的 5G LAN，连接激光焊接机器人、点焊机器人等进行 IP 自主配置，即插即用使能柔性调整。通过 5G 的实时监测和设备间协同，以及将焊接数据上传至云平台进行智能分析和工艺参数优化，实现焊接质量提升 40%，焊接效率提高 35%，人工成本降低 20%。

🛰 节约资源，5G+能耗监测

南京长安重视环保和能耗问题，面对能耗数据需要人工收集和处理，以及数据采集有盲区、能耗数据利用率低等痛点，通过 5G 和物联网技术的应用，实现锅炉、制冷机、空压机、循环水等能耗数据的实时采集，并通过 5G 实时上传至云平台进行实时分析处理和优化。目前，本项目整体总优化运行时间达到 730 小时，下达能耗优化指令达到 195 万条，提升能效利用率近 47%，助力南京长安实现可持续发展和资源节约的目标。南京长安 5G+能耗监测系统如图 2 所示。

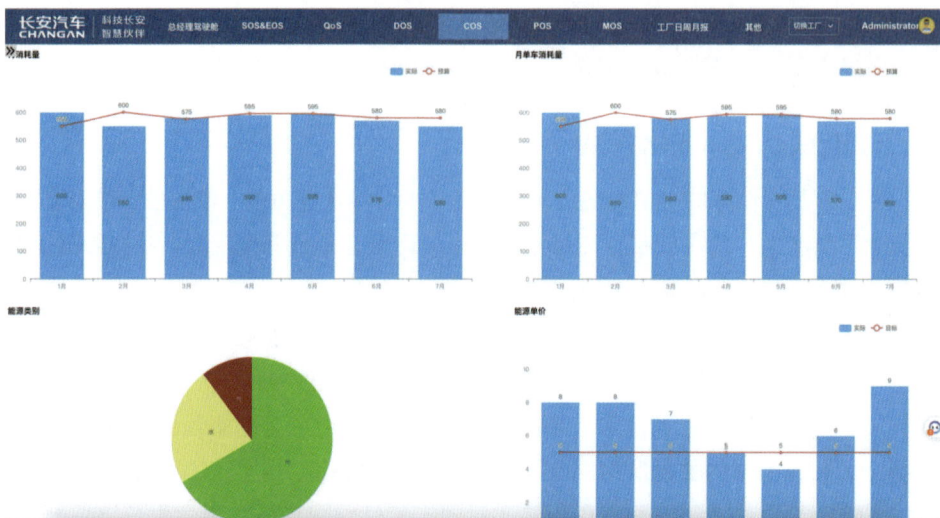

图 2　南京长安 5G+ 能耗监测系统

全息感知，5G+数字孪生

　　南京长安通过 5G 结合虚拟仿真技术，实时连接四大工艺车间的运行状态与模型，并进行复制模拟，实现对整车制造过程的全息感知，帮助管理人员实现数据驱动的决策制定，实现了更高效、更智能和可持续的汽车制造工厂运营模式。

　　本项目由南京长安和南京移动联合打造，采用下沉式 5G 网络资源、定制化解决方案、个性化服务模式，以及可持续的合作方式。这套成熟的运作模式可以在长安汽车国内八大生产基地以及其他车企进行复制推广，能够推动整车制造的技术升级，以及汽车产业链的数字化转型和协同优化，并且引领整个汽车制造业向智能制造转型，推进整个产业的升级和发展。

　　本项目实现了"5G+智能制造"赋能产业升级，提升了行业整体的竞争力和可持续发展能力；通过坚持"绿色发展、节能减排"的理念，为可持续的资源利用、环境保护和生态建设作出贡献；以"融合发展，创新业态"的模式，推动产业增长，拉动整体经济蓬勃发展。

湖北省荆州美的 5G 全连接工厂

参与企业：中国移动通信集团湖北有限公司荆州分公司

技术特点： 本项目按照世界级"灯塔工厂"的规划建设，利用美的集团自主研发的工业互联网、机器人等软硬件自动化产品和技术，结合5G、AI、大数据、云平台等创新技术，建成工业4.0智能制造示范基地，打造"全5G连接全新智慧工厂"标杆。

应用成效： 本项目首创了多项5G专网创新能力，打造美的全5G连接全新智慧工厂运营保障体系，基于激光点云的网络仿真建模，高度还原了工厂环境；采用分布式Massive-MIMO提升上行容量3.1倍，配对增强叠加提升20%以上，满足端到端网络大带宽保障和低时延转发的需求；构建无线网高可靠性保障，在单RHUB故障模式下，吞吐量下降10%，实现了业务连续性保障。

湖北移动荆州分公司专注于为制造业提供全方位的数字化转型解决方案，具有多年5G工业应用项目的经验，对工业数字化转型和智能制造有着深刻的认识和理解，可帮助企业实现数字化转型和智能制造的目标。近年来，"5G+工业互联网"发展已形成相对完备的政策体系，为我国5G的持续繁荣向好提供了指引和遵循，经过一年时间的锤炼，全产业上下游齐发力，在信息消费、实体经济、民生服务三大领域打造了一批批"样板房"，荆州美的洗衣机厂正是在这一背景下涌现的典型应用。

5G 赋能助力美的降本增效

通过5G、AI、大数据等技术与工业互联网的完美融合，完成对低增值、纯人工、环境较差及效率较低的人工操作等岗位的自动化改造，荆州美的洗衣机厂降本增效效果明显，预估供应链成本下降 3%，人工费下降 30%，单台人工成本下降 30%，端到端交付周期缩短至 8 天。5G 赋能云物流改变了整个生产模式，提质增效，来料入库、来料出库、配送排序、空箱解绑回流，全过程通过 5G 通道完成，借力于超低业务时延（20ms），实现"零库存"管理。云物流自动调配 AGV 工作，机器人可自动规划路线并实时根据工作流程开展工作，下线直发率从 40% 提升至 80%。云物流生产模式如图 1 所示。

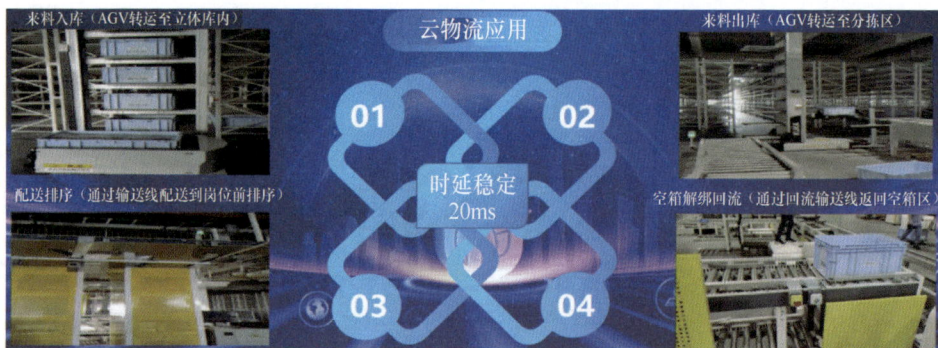

图 1　云物流生产模式

🛜 5G+落地，提升生产智能化水平

　　本项目落地了 15 个场景，包括 5G+AGV 智能运输、5G+AI 视觉质检、5G+设备联机等，实现物流智能化、品质"去人为化"、设备高度物联化和生产柔性化。

　　5G+AGV 智能运输。本项目将 5G 技术、UWB 定位技术、大数据等技术融合，使 AGV 代替员工穿梭在车间，通过 SLAM 激光精准导航，自动将货物运输至指定地点。AGV 可以快捷地与各类生产线、装配线等有机结合，根据不同的需求以不同的组合实现不同功能，能够最大程度地缩短物流周转时间，降低物料周转消耗，实现来料与加工、物流与生产的柔性衔接，最大程度地提高生产系统的工作效率。

　　5G+AI 视觉质检。本项目将 5G、AI、大数据等运用于洗衣机的生产、检测各环节，以高清工业相机为"眼睛"，部署在检测工位，将采集到的图片信息通过 5G 网络上传，随后由设置在厂区的边缘服务器作为"大脑"，通过 AI 算法及时、快速、准确地检测出表面缺陷，自动记录表面缺陷的位置，并辅助人工查看、处理瑕疵信息，从而促进改善生产工艺、节约生产成本、提高产品外观的品质。5G+AI 视觉质检示意如图 2 所示。

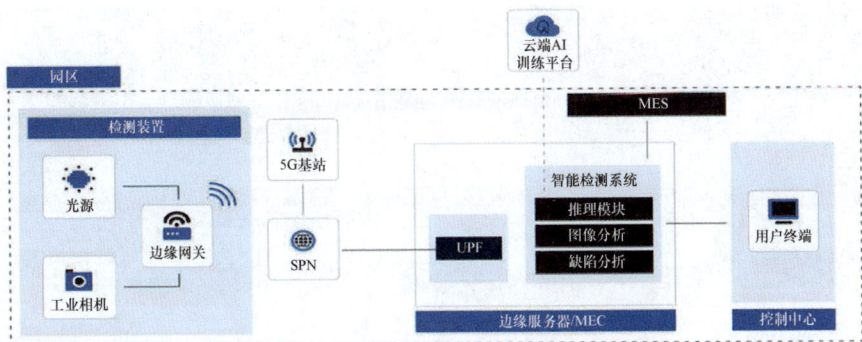

图 2 5G+AI 视觉质检示意

5G+设备联机。本项目将车间设备采集的数据通过 5G 网络上传至边缘云边缘物联网平台，通过汇总分析后，实现车间产量分析、统计报表、设备故障提示与预测、安全生产监控等功能。5G+MEC 切实做到内网数据无线传输，突破传统布线模式的瓶颈；而 5G+CPE 充分利用轻部署、广覆盖等特点，解决了传统制造行业的厂区线路复杂、设备工艺场景多变等问题，做到园区网络无死角，实现了"以移代固"。

建设专属网络，打造全 5G 连接全新智慧工厂

本项目通过建设服务荆州美的洗衣机厂的 5G 专网，部署服务于虚拟企业专网的 5G 宏站信号覆盖、5G 室分信号覆盖及搭建 MEC 平台，实现产业联动，助推网络、终端、应用生态能力，全面构建家电行业的新标准。本项目建设专用物理承载网络，隔离其他 5G 业务，实现 5G 生产数据不出厂区；建设端到端网络，实现网络通道具备大带宽保障和低时延的转发能力；实现 AR 应用的操作响应时延小于 20ms、工业相机视频图像从压缩到解压缩显示的总时延小于 25ms、机器视觉单台工业相机终端数据上传带宽不少于 80Mbit/s。全 5G 连接全新智慧工厂示意如图 3 所示。

助推工厂向全面数字化和智能化转型

5G+AI+ 云 + 工业互联网使能全要素连接智能制造工厂少人化，总体节约人工成本 9048 万元；5G+AI+云 + 工业互联网使能全要素连接智能制造工厂年产量达 1500 台，一台洗衣机的生产成本比无锡工厂节省 40 元，一年节约金额达 6 亿元；生产环节通过 5G 终端设备"无缝衔接"，每 15 秒下线一台洗衣机，下线直发率提升到 80%，库存降低 50%，单台人工成本下降 30%。从 5G 应用的"点""线""网"构建以 5G 为主题承载网络的工业互联网，打造工厂本地化能力架构，并深入培养本地化支撑团队，向全面数字化、智能化转型。

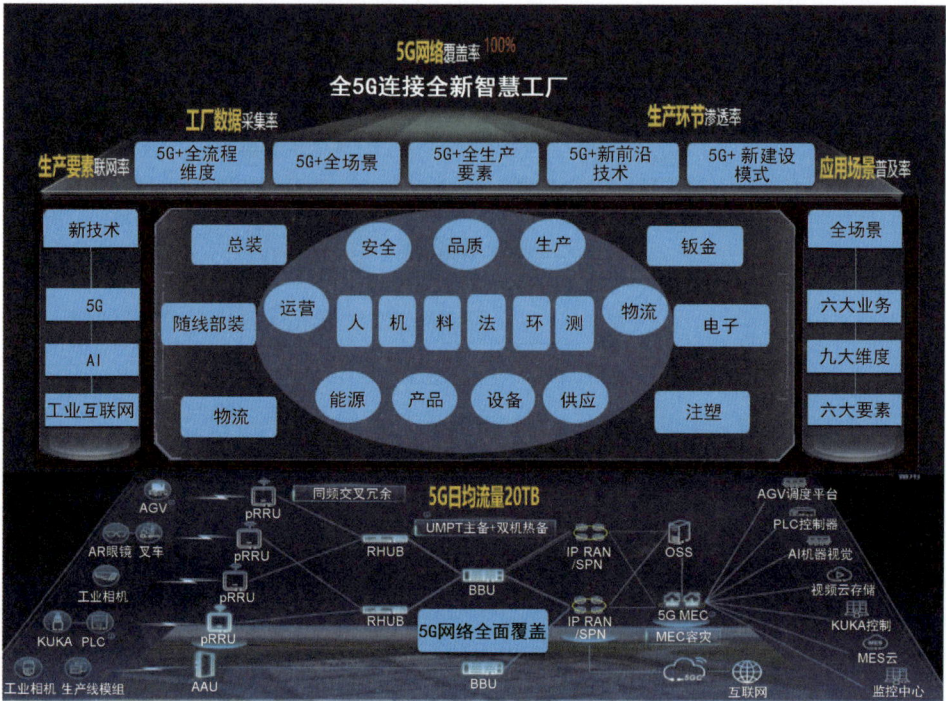

图 3　全 5G 连接全新智慧工厂示意

中信科移动东方气田 5G 海上智能平台建设（试点）

参与企业：中信科移动通信技术股份有限公司

技术特点： 本项目依托5G网络，运用5G+工业互联网技术进行5G+海上智能平台项目建设，以智能化、自动化、信息化和数字化实现海上平台智能化升级，提升海上平台的工作效率与安全保障能力。本项目实施后，加快推进并逐步实现海油生产从传统管理模式向现代化、数字化、智能化的跨越和转型。

应用成效： 本项目通过在海上平台广泛部署感知终端与数据采集设备，采用5G及互联网技术实现生产区域人、机、料、法、环、测全要素、油气生产全环节状态信息的全面深度实时监测、管理和分析，打造海上平台的泛在感知能力。基于泛在感知形成的海量工业数据，通过工业模型与数据科学的融合开展分析优化，并作用于设备、工艺流程和管理等领域，形成企业智能决策能力。基于信息数据的充分与高效集成，打通智能平台之间与上下游信息的壁垒，提升生产响应速度和交付速度，形成敏捷响应能力。通过对物理系统的精准建模与虚实联动，在监控物理系统的同时，能够在线实时地对物理系统的运行进行分析和优化，使平台始终以最优的状态运行，提升动态优化的能力，从而提高生产效率、保障安全生产、提高采收率和资产利用率。

中信科移动 5G+海上智能平台整体设计架构包括采集层、传输层、控制层和展示层 4 个部分。5G+海上智能平台整体设计架构如图 1 所示。

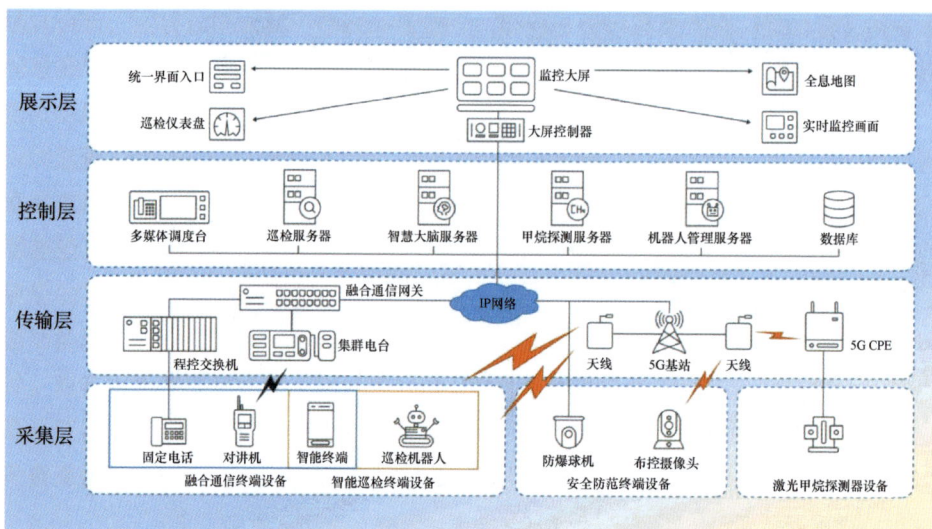

图 1　5G+ 海上智能平台整体设计架构

海陆一体的 5G 工业专网

5G 网络主设备包括 5G 核心网、BBU、RRU 等设备，打造全平台覆盖的 5G 全连接网络空间。通过在海上平台搭建 5G 专网，实现全平台的高速无线网络覆盖，构建一张海陆一体的大带宽、广连接、低时延的高质量无线网络通道，在以移动应用与物联网设备为建设重点的基础上，为 5G+海上智能平台建设奠定了坚实的基础。

防爆型工业 Wi-Fi

本项目在海上平台进行防爆型工业 Wi-Fi 部署，打造海上平台工业现场网的无线覆盖。在东方 DF1-1 中心平台、PRP 平台、东方 ABEF 井口平台部署工业 Wi-Fi，通过现场智能传感网与工业 Wi-Fi 的无缝连接，实现平台的动、静电仪等生产设备的工况参数采集、安全环境数据采集、业务与管理数据采集，为数据集成、数据分析及数据应用提供强有力的技术保障和有效手段。

智能防爆巡检机器人

智能防爆巡检机器人集成激光遥测、红外成像、声波频谱分析和智能识别等技术，利用大数据分析、5G 和数字孪生技术，在易燃易爆、有毒有害、石化危化领域巡检时，能够代替人工巡检，及时发现"跑、冒、滴、漏"、异声异响、异味异热等安全隐患，及时显示故障源，提出故障处理办法并主动预警，避免进一步扩大设备故障和安全隐患，有效保障企业的安全生产。

5G 智能移动终端

5G 智能移动终端基于平台 5G 专网通信系统，具备测温、测震、测转速、自带 Wi-Fi、近场通信等功能，为平台工作人员配备 5G 智能移动终端，配合诸多 App，可使平台工作人员获得多种智能或移动作业的能力。5G 智能移动终端在安全作业中可以实现智能巡检、集群对讲、音 / 视频通话、视频会议、移动审批、隐患随手拍、红外测试等功能，也可以根据平台各个岗位的职责，为不同岗位的员工配置不同规格的 5G 智能移动终端。

5G+AR 单目眼镜

使用 5G+AR 单目眼镜可制定数字化工作流程，详细规定每个流程的动作和目标，并以列表的形式存放在 Arise 系统中。在使用前端时，用户可通过扫描二维码或者将对应的工作流程下载到手机上。在开始执行后，整个流程会以文字和语音播报的方式在 AR 单目眼镜中逐条展现，工作人员按照指示进行操作，只有确认每个步骤后才可以进入下一步，这样就杜绝了员工忽略某些操作的可能。在执行每个步骤的过程中，员工可以通过语音指令调取相关的文本或者图片学习，也可以采用语音的方式录入一些信息，例如，仪器读数、异常情况备注等。

5G+移动布控球

移动布控球基于 5G 网络，可灵活、移动地部署在海上平台。当在平台上进行重点工作或大型连续作业时，需要使用实时不间断的视频监控系统，基于 5G 网络的移动布控球有利于后台管理人员第一时间获取现场作业的视频信息。采用移动布控设备对临时作业区进行监控，采集现场作业视频信息并通过 5G 网络实时回传至中控室，可为后台远程作业指导提供支持。

5G+吊车辅助系统

吊车辅助系统高清摄像头基于 5G 网络，在吊车的吊臂头安装防爆摄像头，摄像头的重心可自动旋转，保证吊臂在运动过程中，摄像头的监控视角始终垂直向下，而且有自动聚焦的功能，保证摄像头监视不同距离的视角后，画面均可自动调节清晰。在驾驶室安装合适尺寸的工业级触摸视频显示器，吊车操作人员能够通过显示器实时观察工作过程及周边情况，为吊车驾驶操作人员提供安全作业的保障。

一体化协同工作平台

本项目为现场各级人员提供一个一体化协同工作平台，实现跨业务岗位、跨系统的信息协同，平台内置应用并支持扩展，可实时获取相关指令（指派、委托其他系统工作单等），开展各项业务工作。各级人员都可以通过一体化协同工作平台简化操作，轻松获取相关信息。一体化协同工作平台包含现场业务应用、分析预测、接口服务和服务端应用等各类典型应用。各岗位协同作业，统一入口，用户通过一体化协同工作平台登录系统，只需要一次登录，即可便捷地实现智能巡检、隐患填报、作业许可和远程支持等功能。

"2+3+2+1"

5G+海上智能平台建设项目的总体成果可概括为"2+3+2+1"，即搭设 2 张网、构建 3 套系统、提升 2 项能力、打造 1 个协同工作平台，最终实现降本增效、促安全的建设目标。

2 张网为东方气田海上平台实现全平台覆盖的 5G 专网和井口平台内部覆盖的工业 Wi-Fi 网络：5G 专网的建设是实现全连接海上油气工厂的基础，同时为后续更多的感知设备提供了更加便捷、简约的安装方式；Wi-Fi 网络的建设可使平台实现无缝覆盖的网络互联，使生产生活更便捷、更高效、更灵活。

3 套系统包含智能防爆巡检机器人系统、吊车辅助系统和融合通信系统，实现了对设备与环境的实时感知，可有效降低设备故障率、减少生产关停时间，以及降低油气泄漏、外来入侵等异常情况对平台安全生产的影响。

2 项能力为现场人员单兵能力与协作能力，通过数字化单兵装备与针对现场作业的各信息化功能模块的建设，极大地提高了现场人员作业的效率与质量。

1 个平台为协同工作平台，可为安全生产工作提供统一的调度协调，为维保人员、中控人员的日常工作定期形成分析报告。分析报告通过报告审核组审核后可作为指导性意见，优化维保策略、操作策略。同时，分析报告的成熟结论也将在模型化后嵌入系统，通过这种数据分析机制，实现以数据分析促进数字化建设的正向循环，真正建立数据驱动的业务形态。

中信科移动工业互联网赋能
东风车辆工厂智能化生产线

参与企业： 中信科移动通信技术股份有限公司、东风商用车有限公司车辆工厂

技术特点： 本项目采用工业互联网+边缘计算技术对总装车间自动输送线实施智能化改造，EMS、有轨导引车（Rail Guided Vehicle，RGV）等输送设备采用先进的移动通信技术替换无线局域网（Wireless LAN，WLAN），结合5G-LAN提供高可靠、低时延传输方案，降低因通信故障导致的停工时长占比。在设备运维方面，通过5G+工业互联网技术实现监测自动输送设备运行状态，实时上报告警信息，并结合专家经验推送故障处理措施，辅助现场排除故障，提高生产线工作时率。

应用成效： 本项目在总装车间建设了一套高性能无线专网系统和工业互联网应用平台，两条生产线的EMS、RGV等30台设备通过边缘计算网关接入主控PLC，实现C2IO（PLC to IO）通信，使每次故障恢复时间大幅降低，保证了生产连续性，提高了生产效率。

　　中信科移动主要从事移动通信国际标准制定、核心技术研发和产业化等，是5G无线移动通信产业的核心推动力量。中信科移动利用"通信、物联、安全"3类终端，结合行业应用场景，采用工业互联网+边缘计算技术对东风车辆工厂的总装车间自动输送线实施智能化改造，以实现工业生产中"人员、设备、安全、环境、系统"间的互联互通、信息共享、业务联动，助力企业提升生产效率和运维效率。

先进系统架构部署支撑数据互联互通

　　本项目采用工业互联网实施架构部署，包括设备层、边缘层和工厂层，是支撑智能制造的体系架构。设备层是生产线的设备，包括EMS、RGV、AGV和压缩机等生产设备。边缘层采用工业级边缘计算网关，南向连接现场设备，提供通信接入

和数据采集接入，北向连接工业无线网络。工业天线网络实现了 CT 与 OT 的融合，提供先进安全可靠的无线承载网。

本项目采用先进的移动通信技术、5G–LAN 技术构建高可靠低时延的无线承载网，无线承载网工作在专用频段，无干扰，安全可靠，承载 C2IO 通信业务，并实现了与西门子 Profinet 协议全兼容，同时验证了与 AB PLC 的互通可行性。边缘层采用边缘计算网关，通过以太网接口接入输送线设备 EMS、RGV 的 PLC 和 IO 设备，与生产线主控 PLC 间通信采用 5G–LAN 技术，实现了现场二层网络的互通。

边缘计算网关通过 OPC 协议或 Modbus TCP 与 PLC 通信，采集输送线 EMS、RGV 等生产设备的状态、告警信息；并采用 MQTT 协议将数据传送到工业互联网平台，供自动输送线、生产线智能应用调用。

工业互联网平台具有物联网功能，丰富的 IoT 能力接入各类接口和工业设备，数据中台支持结构化数据、非结构化数据，能够很好地支持数据互通，采用微服务架构，方便智能应用开发部署。工业互联网系统架构与部署方案如图 1 所示。

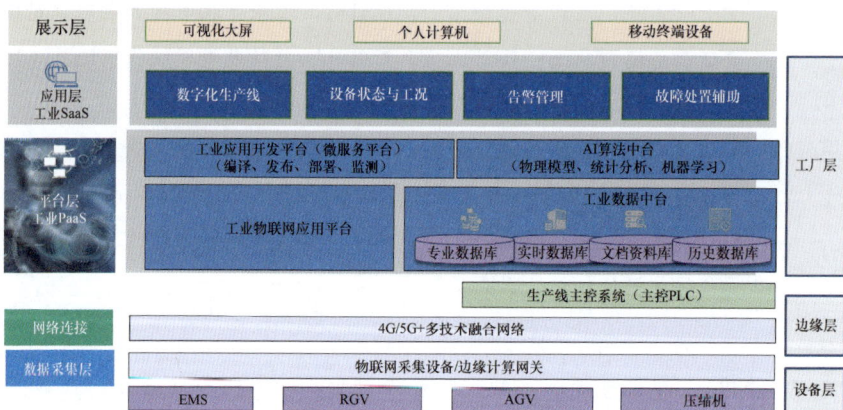

图 1　工业互联网系统架构与部署方案

🛰 边缘计算网关提供工业网络硬件基础

本项目在总装车间生产线 EMS、RGV、AGV 等生产设备上安装边缘计算网关，现场设备通过 LAN 口接入该边缘计算网关，边缘计算网关具有 4G/5G 通信功能，实现现场生产设备与主控 PLC 之间的通信。现场生产设备的运行状态监测信息和工作状况等信息由边缘计算网关采用 OPC 协议从设备中读取，并通过 4G/5G 网络传送给工业互联网应用平台。

工业互联网应用平台部署在厂级数据中心，不属于生产网。因此 4G/5G 核心网通过防火墙进行安全隔离，避免非授权计算机系统访问生产网中的设备。

主控 PLC 与核心网通过交换机连接，实现与现场生产设备的高可靠、低时延通信。基于边缘计算网关的硬件部署架构如图 2 所示。

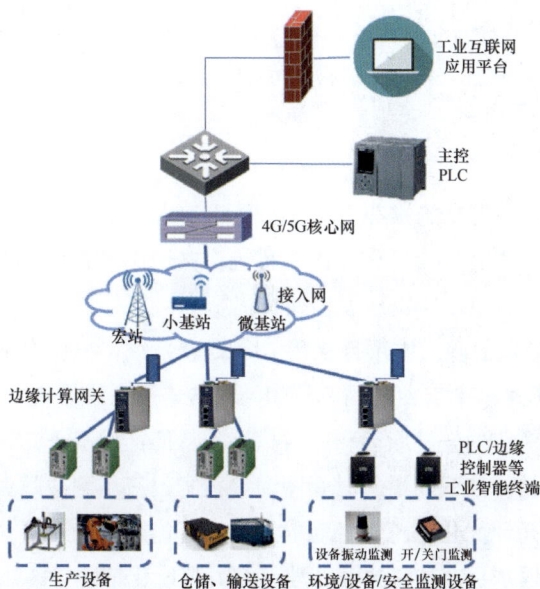

图 2　基于边缘计算网关的硬件部署架构

CT 与 OT 互通融合

本项目研究西门子 PLC、AB PLC 等工业控制系统通信协议 Profinet 与通信网络的兼容性，并在边缘计算网关和 5G-LAN 网关设备开发出兼容该协议的接口，实现了生产线主控 PLC 和 AB PLC 与输送设备 EMS、RGV、AGV 之间的 C2IO 高可靠、低时延通信，解决了通信问题。C2IO 通信方案如图 3 所示。

可编程数据平面技术应用于 CT 与 OT 互通，在边缘计算网关上可以根据需要设置支持特殊类型的以太网帧结构，不需要在网络中为接入友商设备而增加交换设备，全面兼容西门子、AB 等设备。

智能应用满足工业现场需求

设备运行状态、工况实时监测。本项目智能应用可实时显示设备运行位置、运行状态等数据，并输送至相关人员的终端设备。

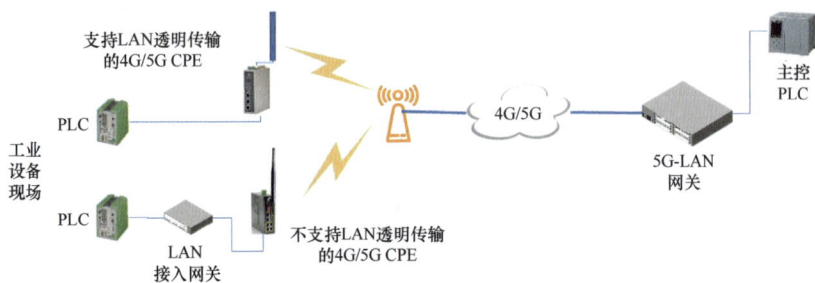

图 3　C2IO 通信方案

智能化辅助告警处置措施推荐。本项目采用边缘计算网关实时采集生产线数据，告警实时呈现，智能推荐告警原因和应对措施，推送到设备管理人员的终端，并结合多个告警进行处理分析，给出建设性处置措施。

AI+ 专家系统处理故障。本项目采用 AI+ 专家系统，根据基础故障处置技术知识，结合强化学习技术和人工经验导入，学习每次告警后维修技术人员的处理操作，丰富、完善和优化对应的告警原因和应对措施，从而实现基于知识图谱和时间图谱的告警处置辅助支持。知识图谱、时间图谱等技术已应用到故障处置辅助推荐，并结合事后总结形成闭环优化。随着经验的累积，智能化辅助告警处置日臻完善，可以有效提升告警处理水平，加快故障处理速度。智能化辅助告警处置如图 4 所示。

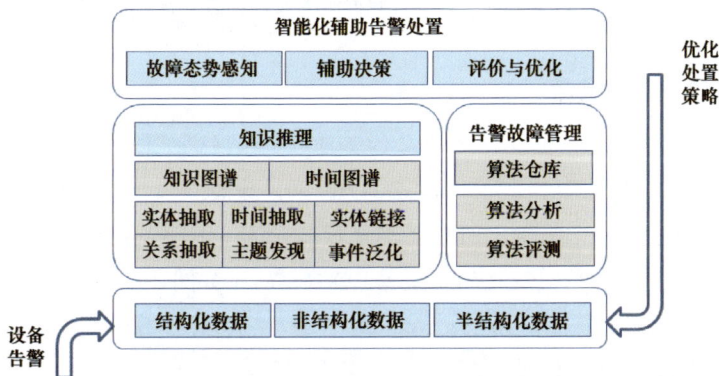

图 4　智能化辅助告警处置

🔆 工业互联赋能生产降本增效

安全可靠的先进通信技术的应用，降低了因通信中断导致停产的占比。改造后，通信故障导致的生产线停产占比由 5%，大幅下降到零通信故障，提高了生产线的生产效率。设备运行状态和工况实时显示，改造后故障告警处理及时，使每次故障恢复的时间大幅降低，保证了生产连续性。

生产线生产数据分析，调整了生产工序时间安排，为生产优化、提高生产效率提供了依据。最终成效是生产效率提升，企业效益增加，工人工作时长缩短，员工幸福感增强。同时，效率提升降低了能耗，推动绿色低碳发展，为"双碳"目标的实现作出贡献。

可推广性助力企业数字化转型

本项目智能应用工业互联网平台，根据不同的生产线和不同的设备应用需求，二次开发相应的智能应用。边缘计算网关方便现场生产线设备接入，现场数据采集通过边缘计算网关可以适应不同的生产线设备接口和协议，新出现的接口和协议可以在边缘计算网关上升级，完成现场生产线的设备接入。数据中台支持数据治理、数据共享、统一提供给智能应用。本项目还兼容工业协议，支持5G-LAN，适应工业现场应用需求，易于推广到其他类似工厂或生产线。

地板制造龙头富得利的数字化之旅

> ((•)) **参与企业：** 浙江锐智信息技术有限公司

技术特点： 本项目把烘干、压贴、企口、油漆、包装五大工序转化为数据流，数字车间内的5个数字大屏可以展示销售数据看板、车间生产看板、设备维修看板、工单进度看板、安灯看板。

应用成效： 在生产执行应用场景下，本项目的工时统计周期从6天缩短到1天，工时差错率从高于11%降低到1%以内；实现生产现场全要素数据的准确、实时采集与管理，IT和OT之间实现深度融合，生产过程可视可控；在质量追溯应用场景下，客户质量要求满足率从85%提升到98%，生产过程质量管理执行率从低于70%提升到98%；在生产计划应用场景下，建立工单（生产任务单）管理机制，打通了订单—计划—产品的信息流；实现生产、质量全透明化管理，主动引导企业管理者进行经营分析和风险管控。

以前，外贸行业主要依赖大客户、大订单，生产工厂根据一个订单批量生产就能满足客户需求。现在分散订单越来越多，客户的个性化需求要求工厂具备更高的敏捷制造能力。为了把客户需求快速传递至工厂，并且保证新产品、老产品同时生产不出问题，工厂必须快速调整生产计划。

富得利主要面临以下问题：原材料申请要逐级走审批流程，效率低下；材料的采购入库情况无法及时同步到生产部，需要到仓库实地查验；成品信息无法及时传递到发货环节，导致成品堆积在生产车间；在品控环节，难以追溯产品不合格原因。富得利通过更具实效的数字车间解决方案，提高了生产运营管理效率。

生产过程透明化

本项目通过管理工厂整个业务流程的全生命周期，消除"信息孤岛"，提高生产运营管理效率，生产的每一个节点和关键指标都可以通过系统或数字大屏实时查看，异常问题能够及时发现并迅速做出应对，最终达到降本增效的目的。通过数字车间解决方案，实时追踪生产进度，实时同步各个环节的数据，提升部门间的协同效率。通过制订生产计划，让每道工序的流转可溯源。工人完成自己的工序后，可以扫描工艺流转卡上的二维码来跟进记录，与此同时，系统会自动触发消息通知，通知下一道工序的员工，并在群聊中同步，管理者可以及时了解相关工序的生产情况，并实时掌握生产进度，使生产信息的上传／下达更加高效。生产数据显示大屏如图 1 所示。

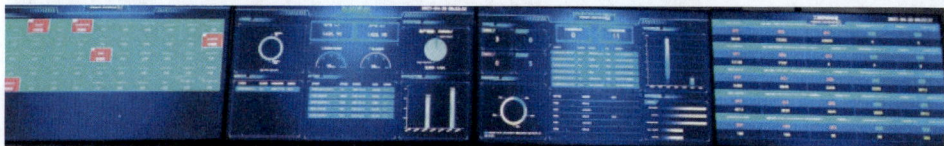

图 1 生产数据显示大屏

业务流转无纸化

销售订单、生产工艺流程、物料配比、生产工单、生产领料、质检数据、报工数据都可以在业务流转系统上查看，而且每一个环节的具体执行人员都可以在系统上追溯。通过生产业务的在线管理，可以及时发现生产中的异常，快速定位生产瓶颈，及时响应，将损失降到最低。

生产设备网络化

设备联网后，可对设备进行一机一码管理，如果遇到设备故障，工人只需要扫描设备二维码提交报修，安灯看板上就会显示这台设备的异常信息，大幅缩短维修用时。通过监控设备的运行状态和全生命周期，分析积累的基础数据，评估设备的亚健康状态，提前维护，可大幅减少设备维护成本。安灯看板如图 2 所示。

升级后的数字车间自 2021 年 4 月投入运行，只需要一位 IT 人员进行维护。数字车间可以直接从收货端进行生产排程，打通销售、采购、生产环节的数据，从人管生产，变成数字化系统管生产。

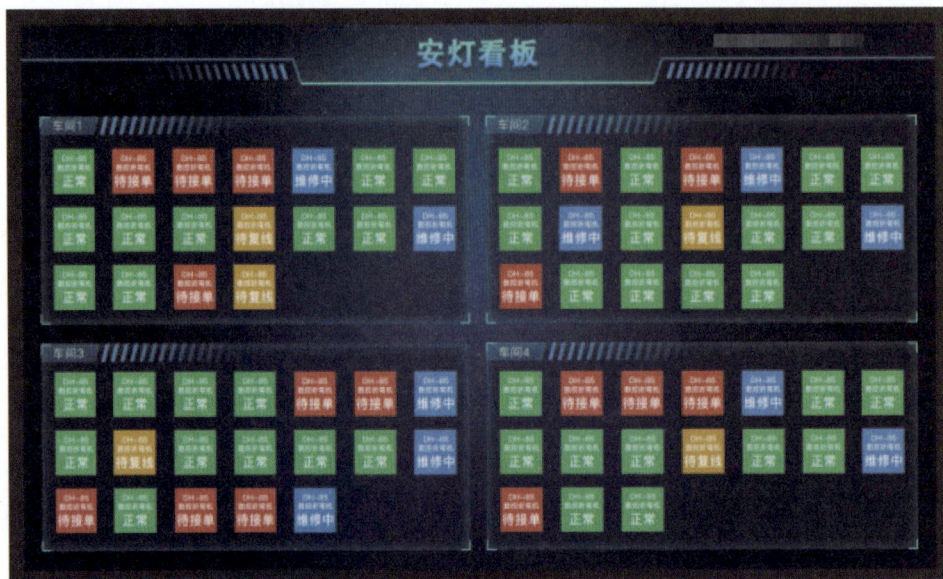

图 2 安灯看板

第三部分

创新驱动案例

新动例

2023

数实融合　大力推进新型工业化

5G 安全专网赋能运载火箭智能制造协同项目

参与企业：中国联合网络通信有限公司广东省分公司

技术特点：本项目在5G安全专网赋能下，采用总部专用5GC＋多园区UPF下沉分层组网方式，首次将5G安全专网投入商业运载火箭制造企业，基于国产密码算法和超级SIM卡，结合3A认证、电子围栏，形成端到端的网络隔离和安全认证机制，核心应用已贯穿"培训、研发、生产、测试、发射"五大核心环节，解决火箭制造关键场景中的难点。

应用成效：本项目利用先进的5G专网技术，结合火箭制造核心场景，通过部署 1 张5G安全专网，以及5G物联、5G数据、5G应用三大平台，实现5G＋XR助力火箭制造虚实融合培训、5G＋多人协同评审提高火箭设计/生产效率、5G＋360°全景记录助力火箭制造质量过程监控、5G＋AR智能眼镜助力火箭舱段内测试、5G＋低轨通信卫星赋能火箭回收应急通信保障五大5G智慧应用场景落地，为火箭制造行业全流程带来巨大的数字化变革。

中科宁航业务范围覆盖了系列化运载火箭研发、定制化宇航发射、亚轨道太空旅游等。本项目建立了集成化的数字化转型平台，汇集各个环节的数据，包括培训、研发、生产、测试、发射等，形成全面的数据流和信息共享体系，实现对火箭制造过程的实时监控和预测，及时发现问题并采取相应的纠正措施，快速提升了火箭制造环节的效率和质量。

打造 5G+火箭制造民营企业"中国方案"

火箭制造 "1+3+8+1" 核心架构如图 1 所示。

1 张专网。本项目部署 1 张 5G 安全专网，通过"国产密码算法 + 超级 SIM 卡"终端金融级强身份认证；结合 3A 认证、电子围栏、分权分域控制、5G 原生空口密

钥 +AKA[1] 认证，认证记录审计；形成端到端的网络隔离和安全认证机制，跟踪区列表（Tracking Area List，TA List）的终端围栏，限制园区终端园内使用。

3 个中台。通过部署物联中台、数据中台、应用中台打通数据接口，打破火箭制造关键"数据孤岛"，实现高效数据分析。

8 个核心应用。通过建设和部署火箭制造岗前培训、火箭陆地应急通信、火箭设计评审、制造协同云桌面、AR 远程专家指导、AGV 物流传送、360° 全景记录、物理仿真系统，结合 5G 安全专网，提升火箭生产过程的自动化、智能化水平，提高制造效率，提升产品质量，降低能耗和人工成本。

1 个驾驶舱。通过整合系统数据，围绕生产线的生产工序及人、机、料、法、环五大核心要素，通过数据分析和可视化展示，监控整个火箭生产过程，建立包含大屏端、移动端、计算机后台的综合性管控平台，实现生产调度、技术监督、安全监察的业务运营和管理。

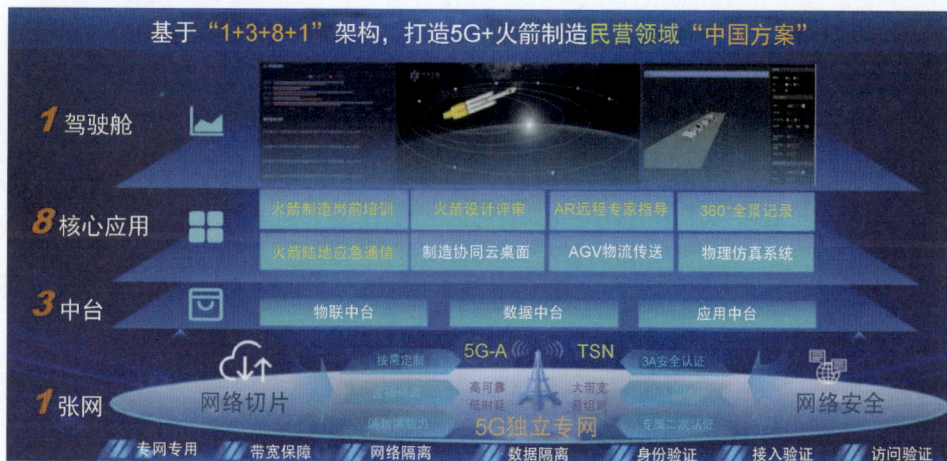

图 1　火箭制造"1+3+8+1"核心架构

"两个首次"创新网络保障

本项目首次实现将 5G 安全专网投入商业运载火箭制造企业，首次将跨厂区网络化协同投入商业火箭制造。项目网络架构如图 2 所示。

本项目基于国产密码算法和超级 SIM 卡，结合 3A 认证、电子围栏，形成端到端的网络隔离和安全认证机制，通过轻量化核心网下沉的部署和频谱分割技术，实现专网与公网物理上的完全分离，构建了安全的架构体系，5G 网络被应用于火箭

注：1. AKA（Authentication and Key Agreement，认证与密钥协商）。

制造核心生产环节，打通了总部与分园区之间的安全数据通道。

图 2　项目网络架构

🔊 5G 赋能火箭协同制造的五大类典型应用

本项目共建设了五大类典型应用，以 5G 网络为基础，核心应用已贯穿火箭领域的"培训、研发、生产、测试、发射"五大核心环节，5G 赋能火箭协同制造全流程架构如图 3 所示。

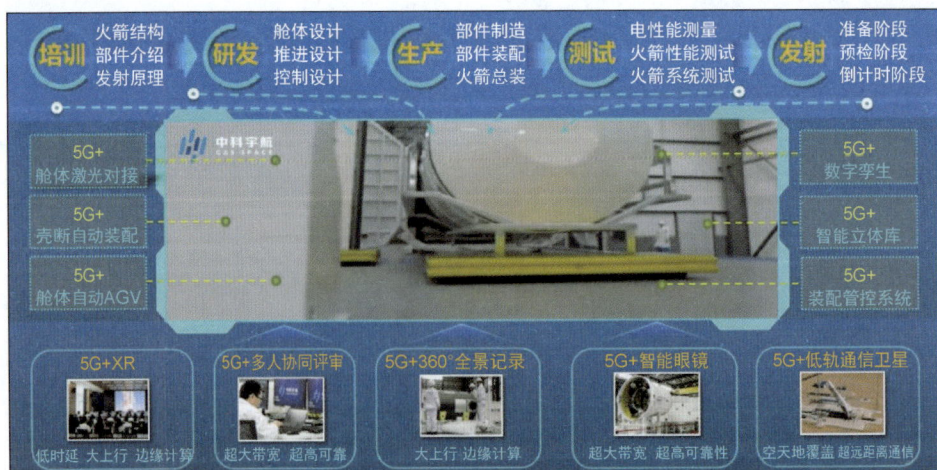

图 3　5G 赋能火箭协同制造全流程架构

5G+XR 助力火箭制造虚实融合培训。针对火箭总装复杂导致传统纸质培训材料内容多、培训课程枯燥、培训周期长、培训效率低等问题，本项目基于 5G+MEC

特性，实现超低时延交互、2D/3D 云流化支撑，通过采用 5G+XR，沉浸式培训员工认识火箭设备零部件及其安装部位，培训更加高效直观，培训效率提升 40%。

5G+多人协同评审提高火箭设计 / 生产效率。针对火箭超大模型设计复杂，整体开发难度大，设计评审存在异地交互难、协同难等问题，本项目基于 5G+多园区组网模式，研发云平台多人协同处理，通过模型数据轻量化处理，解决异地协同难的问题，提高协同设计评审效率，沟通效率提升 60%。

5G+360° 全景记录助力火箭制造质量过程监控。火箭总装要求分毫不差，以往对于现场人员技能的依赖程度较高，传统模式是 1 人安装、1 人记录、1 人拍照，过程风险不可控。本项目利用 360° 全景视频监控，一方面可以记录安装全过程，作为质量溯源，另一方面可以通过 AI 实时检测人员的安装行为，及时预警，覆盖机加工、钣金、焊接、铆接、表面处理等环节，让关键环节 100% 可控、可查、可溯。

5G+AR 智能眼镜助力火箭舱段内测试。针对火箭舱段内测试，一是进出带来质量风险；二是拍照方式不够实时；三是装配工人口述，不够直观。基于 5G+边缘计算大带宽、高可靠的特性，采用 5G+AR 智能眼镜助力技术专家远程指导作业，高效解决现场故障，满足火箭关键生产装配要求，专家端与现场端响应率大幅提升 100%。

5G+低轨通信卫星赋能火箭回收应急通信保障。随着火箭发射任务日益增多，发射场亟须在最短时间内搭建通信链路以确保箭体快速回收，以往需要人员背负 60 千克的通信便携站，提前到达戈壁滩的指定位置，箭体散落范围广，落点偏差大，偏差达到上千平方千米，搜救人员要花费数天时间来寻找箭体，现在通过快速部署卫星应急通信车，借助 5G+低轨通信卫星网络融合优势，同步配置专业数字集群（Professional Digital Trunking，PDT）基站，实现对讲任务，做到双份通信保障。

🔊 实现商业和产业共赢

中科宇航基于自身业务发展需要，率先联合中国联通、中兴通讯，共同制定了火箭制造的 5G 行业应用和综合解决方案，取得显著成果。本项目引入智能化解决方案，通过数字技术实现对产品设计、安装、测试和交付过程的自动化和智能化管理，大幅提升整个行业的效率和质量水平，并减少由于人为因素而引起的错漏和延误。同时，通过建立安全可靠的数据采集和传输机制，本项目将有效降低数据安全风险，保障火箭制造数据的保密性和完整性。本项目使企业实现综合降本 3500 万元，同时企业的研发设计效率提升 50%、生产效率提升 45%、运营成本节省 3000 万元。

国家能源集团乌海能源有限责任公司老石旦煤矿 5G 智慧矿山项目

参与企业： 中国移动通信集团内蒙古有限公司乌海分公司

技术特点： 内蒙古移动结合5G关键技术及智慧矿山标杆案例经验，提出了"综合接入、统一传输管道、智能联网及应用场景"的运营理念，采用有线光纤骨干环网PTN和井下5G覆盖，实现智能调度管理、全景工作面服务和AI分析等，采用"多媒体调度+桌面触摸屏多媒体调度台"整体解决方案，实现矿井通信互联互通。

应用成效： 本项目的安全效果显著，在人和物的安全管控方面，大块煤、异物识别准确率已达95%，堆煤、冒烟识别准确率达到90%，人员违规识别准确率已达95%。在少人化、无人化方面，2022年年底井下作业人员减少30%，2025年将实现井下综采、掘进无人化。本项目的可靠性显著，自2021年3月31日投入试运行以来，5G网络在复杂环境中无故障运行时间达到669天。本项目的经济效益显著，自实施以来，已为老石旦煤矿节省电费280万元，节约人工成本125.6万元。

内蒙古移动作为老石旦煤矿总集成商，参与煤矿"专网＋平台＋应用＋终端"架构规划与实施建设工作。内蒙古移动依托强大的"专业公司＋生态伙伴"能力，联合建设形成全面感知、实时互联、分析决策、协同控制的智能系统，实现5G+AI在井工矿的突破性应用。老石旦煤矿是内蒙古移动对 5G+AI 煤矿的深入应用，也是在 AI+ 井下场景的第一次探索。

老石旦煤矿 5G 智慧矿山项目按照应用场景划分，共分为 5G 网络覆盖、5G 井下智能调度平台、5G 全景工作面系统、AI 分析平台、5G 单兵装备 5 个应用场景。在 5 个应用场景的基础上，本项目可实现智能调度、人员定位、即时通信、安全管控、实时监控、皮带跑偏、堆煤报警等一系列智能子系统功能。

基于 5G 的业务应用场景，赋能智慧矿山

5G 井下智能调度平台。该调度平台将安全监控、应急广播、人员定位、有线网络、无线网络、视频等系统进行融合，实现统一调度、统一管理、统一监控、智能联动。调度平台如图 1 所示。

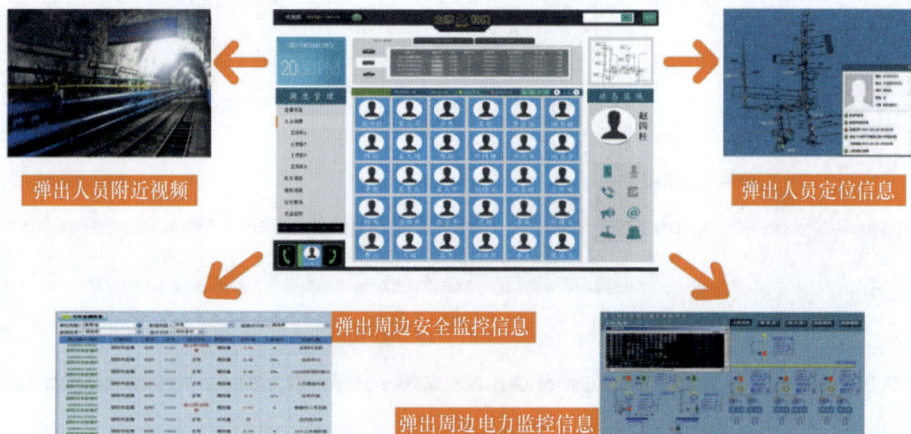

弹出人员附近视频
弹出人员定位信息
弹出周边安全监控信息
弹出周边电力监控信息

图 1 调度平台

5G 全景工作面系统。该系统采用无线传感器、无线摄像头，节省部分信号线缆，借助 5G 网络的大带宽、高可靠性实现传感数据、视频信息、参数控制信号的高速传输，同时作为有线控制总线的冗余网络，可以有效保证有线控制总线的正常运转。最终在顺槽监控中心，甚至地面调度中心，完成对采煤机、液压支架、运输机械、泵站系统的远程自动作业，实现真正的远程集中监控。

AI 分析平台。在 5G+MEC 平台上搭建 AI 分析平台，构建"煤矿—前端"两级平台，对井下人员的不安全行为、设备的不安全状态、环境的不安全因素等进行隐患智能分析和报警，构建业务应用平台，实现隐患报警处理、分析、上报，形成业务闭环，辅助监管人员提升监管效率 20%，减少煤矿井下事故的发生概率。AI 分析平台如图 2 所示。

5G 单兵装备。该设备可实现照明、人员定位、语音调度、短信收发、拍照、对讲、灯光报警、视频调度、本地记录、蓝牙连接等功能。智能矿灯项目的实施，可以有效提升安全生产效率，对井下工作人员的安全管理提供极有力的帮助。

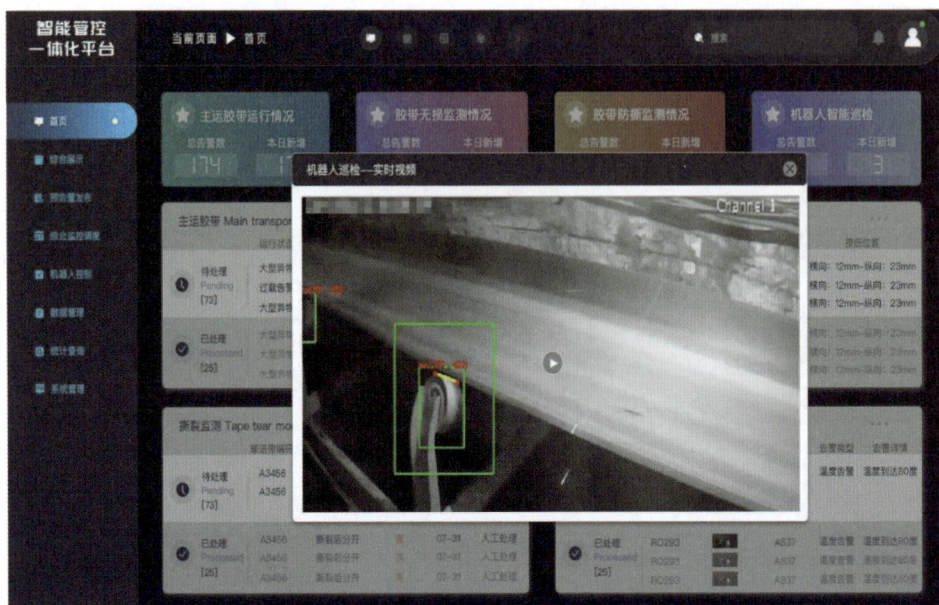

图 2　AI 分析系统

5G 智慧矿山"一站式"解决方案成效显著

从 2021 年 3 月老石旦煤矿运行以来，本项目在煤矿的安全生产、减员增效、降碳减排等方面产生的效益获得各相关主管部门的高度认可。

本项目在周边地区树立了良好的示范，通过样板推广，内蒙古移动陆续与国能乌海能源黄白茨矿业有限责任公司、国能乌海能源五虎山矿业有限责任公司等 8 家煤矿签订了智慧矿山合作建设协议，取得了良好的经济效益。

智矿通——全新升级矿山生产、办公、管理服务

参与企业：中国移动通信集团山西有限公司

技术特点：山西移动实现了"智矿通"5G网络覆盖，为全面建设智慧矿山打下坚实的网络通信基础，创新性地以"井下尊享+井上专享一张5G网"为底座，提供"语音+数据一张网"。本项目汇聚煤矿的生产办公数据，并通过一个App建立统一入口，以数据为核心带动煤矿智能化产业链由"被动跟随"转变为"主动出击"，是凝聚煤矿智能化生态的新力量，全面提高了矿井安全管理水平、经营运营水平，实现了降本增效、提质增安。

应用成效："智矿通"项目作为5G赋能垂直行业的重要项目，具备通信、定位、感知等能力，能够满足矿区数智化应用需求，助力实现矿山"四化"建设，把5G等先进技术与煤矿企业痛点相结合，为5G行业应用树立了标杆。同时，本项目带动了煤矿上下游产业链高速发展，以满足未来5G网络覆盖后的应用需求。

为应对煤矿5G发展带来的新挑战，山西移动打造了全面的5G煤矿基线解决方案，推动5G+AICDE[1]技术与矿山生产环节的融合应用，助力实现少人开采、智能运输、无人值守、无人驾驶、智能管控等目标，提升矿山企业的安全生产水平，联合行业合作伙伴为客户提供一体化服务，打造"智矿通"产品体系。

一张"智矿通"5G网络

山西移动实现"智矿通"5G网络覆盖，为全面建设智慧矿山打下坚实的网络通信基础，以"井下尊享+井上专享一张5G网"为底座，提供"语音+数据一张

注：1. AICDE是指人工智能（AI）、物联网（IoT）、云计算（Cloud Computing）、大数据（Big Data）、边缘计算（Edge Computing）。

网"。"智矿通" 5G 网络架构如图 1 所示。

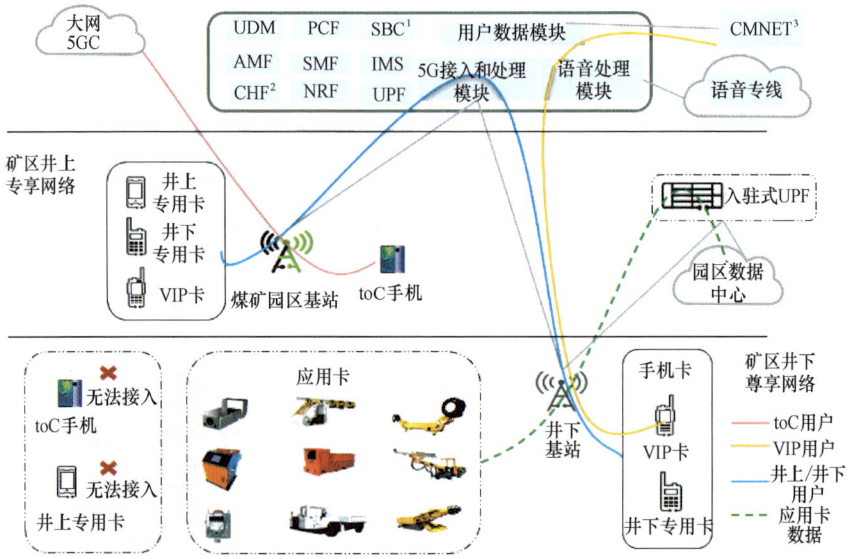

注：1. SBC（Session Border Controller，会话边界控制器）。
2. CHF（Communication Handling Facilities，通信处理设施）。
3. CMNET（China Mobile Network，中国移动互联网）。

图 1　"智矿通" 5G 网络架构

核心网部分。"智矿通"核心网部署在山西移动的核心机房，井下和园区的 5G 基站通过数据专线、语音专线连接到"智矿通"核心网，为井上 / 井下用户提供专网数据和语音业务。

传输部分。通过自建 SPN 全光工业环网综合承载矿区无线和有线的视频、控制、传感等各类业务数据，以提供安全稳定的传输服务。

无线部分。井上无线部分使用移动基站，接入"智矿通"核心网，提供井上"智矿通" 5G 专网服务；井下自建 5G 通信设备（隔爆型 BBU+RHUB+pRRU）实现井下无线覆盖，为煤矿井下各类 5G 应用场景提供大带宽、低时延、广连接、高可靠的"智矿通" 5G 专网服务。

一个智能灵活的 App

依托"井下尊享＋井上专享一张 5G 网"，山西移动打造了一个面向日常生产办公使用的统一 App 入口，支持定制化开发。本项目打通煤矿井上井下、矿内矿外生产办公场景，通过构建七数一体（包含 7 项标准应用、203 项标准功能），助力煤矿企业信息化、智能化转型。移动 App 可提供各类消息推送提醒，能够在第一时间获取各类报警信息、故障信息，为快速决策、远程处置提供操作途径；移动 App 提供办公、工单移动处理能力，方便在线协同及时处理问题。

基础版 App 以办公场景中的"企业沟通"为核心，具备考勤打卡、审批等功能，可以全方位地满足企业的在线办公需求，并推出短信通知、语音通知的消息必达服务，提高了员工沟通协作效率和企业数字化管理水平，降低了企业运营成本。定制版 App 秉持"安全第一、预防为主"的理念，依托感知网络数据，融合安全生产风险要素，基于智能识别、大数据等技术，实现安全生产风险的综合监测、智能评估、远程监管的闭环管理，最终实现对煤矿安全问题发现、解决、核查、消除的闭环处理。

📶 1 个开放多元的生态圈

开放多元的生态圈以"智矿通"网络、App 为抓手，带动上下游企业融入"智矿通"生态，吸引行业合作伙伴，共同打造融合通信、生产作业、监测监管、应急救援等典型的 5G 应用场景，丰富 5G 煤矿生态圈。

📶 N 种形态丰富的终端

"智矿通"行业终端包括单兵装备类、监测设备类、融合通信类、传感类 4 类终端，涵盖了矿山行业语音通信、视频通话、生产调度、巡检作业、环境监测和应急救援六大场景。

单兵装备类终端是指井下矿工作业时与其他井下矿工、井上人员沟通的 5G 终端。其主要包含矿用本安型 5G 手机（可用于 5G 语音、高清视频通话）、矿用手环（可用于生命体征监测）、智能头盔（可用于调度指挥、拍照取证）、矿用 AR 眼镜（可用于智能巡检、远程指导）。

监测设备类终端可满足井下视频监控使用，主要包含矿用 4K 高清摄像头以及矿用 5G+巡检机器人。监测类终端如图 2 所示。

矿用 4K 高清摄像头　　　　矿用 5G+ 巡检机器人

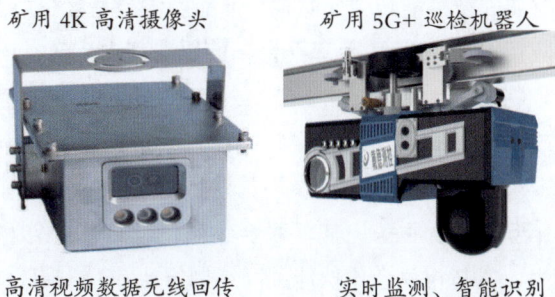

高清视频数据无线回传　　　　实时监测、智能识别

图 2　监测类终端

融合通信类终端能够满足多类型终端接入 5G 网络，主要包含 5G 模组、矿用 CPE、工业网关。融合通信类终端如图 3 所示。

5G 模组   矿用 CPE   工业网关

为设备提供 5G 接入   无线网络和以太网的   支持多种工业通信协议
能力   路由桥梁

图 3   融合通信类终端

传感类终端可用于获取设备状态、井下生产环境检测等，主要有矿用无线传感器、矿用车载终端。传感类终端如图 4 所示。

矿用无线传感器   矿用车载终端

各类传感数据   车辆智能调度、
无线回传   状态实时回传

图 4   传感类终端

🌐 5G 智慧能源"一站式"产品

山西移动深入分析"5G+*X*"的市场环境，结合行业用户在生产链中对 5G 网络能力的需求，提出了 5G 智慧能源"一站式"产品。该产品旨在为行业客户提供"终端 + 泛在连接 + 应用中台 + 网络运营平台"的服务能力。该"一站式"产品依托 5G 专网建设经验，将 5G 特性与行业生产、办公深度融合，进一步满足行业客户关于"5G+"的需求。"一站式"产品主要包括终端、泛在连接（一张 5G 网络）、应用中台、网络运营平台 4 个部分功能。

终端。依托山西移动的业务优势，联合终端行业合作伙伴，共同研究终端对 5G 通信的适应能力，并与相关合作伙伴共同编制行业 5G 终端团体标准，共同推动行业 5G 商用化进程。

泛在连接。山西移动结合行业客户多类型终端泛在接入的共性需求，构造融合统一的 5G 专网，实现多类型终端的泛在接入和对厂区内终端设备的权限控制，为 5G 专网通信赋予新内涵。

应用中台。山西移动具有丰富的中台建设经验，其借鉴中台概念，建设统一的应用入口，集合行业共性需求及个性需求，提出应用需求的个性化解决方案。共性需求主要是指与办公工作相关的需求，例如签到、OA 通知等。个性需求主要是指与行业生产相关的特殊需求，例如缺陷检测、无人开采等，通过应用中台可为行业用户提供统一的应用入口。

网络运营中台。山西移动网络运维经验丰富，具有非常庞大的网络资源，这种天然的优势锻造了山西移动强大的运维能力。5G 专网运营平台可为行业客户提供专业的网络运维服务，满足客户"7×24 小时"服务需求。

📡 "智矿通"——第二张 5G 智慧矿山产品名片

"智矿通"项目中，5G 专网基于云化新技术重新定义了煤矿专网中的井下通话，实现了煤矿专网环境中电话互通、井下高清视频回传、远程协同运维等功能，改变了以往煤矿井下专网仅能实现本地数据传输的单一功能。

本项目通过改造掘进机，加装 4 路 5G+4K 高清摄像头和 5G CPE 转换设备，在地面实现 5G 专网远程监控、自主导航行走、自动定位截割等采掘工作功能。同时，本项目通过在掘进工作面瓦斯抽放钻机上安装 4K 高清摄像头，在地面 MEC 服务器布置视频分析软件，实现对钻孔作业质量的实时管控和自动记录。

本项目在井下安装 5G+4K 超清摄像头，通过 5G 网络实现视频上传，在地面 MEP 部署视频分析软件，可自动识别人员不佩戴安全帽、挥手、摔倒等行为；同时，还能识别皮带跑偏、异物等生产场景中的危险情况，及时分析与预判，马上发出动作指令，干预潜在危险。

明阳智慧能源基于 5G 的海上风电 + 海上牧场融合创新应用

参与企业： 明阳智慧能源集团股份公司、中国联合网络通信有限公司广东省分公司、中国联合网络通信有限公司中山市分公司、中兴通讯股份有限公司

技术特点： 本项目在网络融合方面，打造了海陆空天一体化感知体系；在空间融合方面，利用5G+RIS[1]全面感知痛点，提供监测安全保障；在结构融合方面，依托软硬结构耦合，打造海上风电——人工鱼礁融合构型，实现抗台风新模型；在功能融合方面，建设5G海上智能微网，解决风电消纳难、能源监控不及时、调度优化难等问题，真正实现汇集海洋无穷资源，打造绿色发展引擎。

应用成效： 本项目使明阳智慧"从0到1"实现5G+风渔融合项目落地，应用风渔融合算网一体机专网产品，打造5G+抗台风新模式，在项目综合经济效益方面硕果频现。将实现"从1到N"的规模化发展，驻粤海瞰全国，明阳模式拥抱广阔市场。

近年来，由于近海渔业养殖资源紧张、环境不理想，以及海上风电的"单30"政策导向，近海渔业养殖成本急剧增加，海上渔业和海上风电必须向深远海域发展。在深远海域建设海上风电，在此海域的风机之间建设深远海养殖网箱，海洋牧场和海上风电融合发展，实现整片海域的空间效率最大化；同时在网箱平台部署5G，把原来由岸基5G站点对风电场的覆盖，变成由网箱平台上的5G对整个风渔牧场的5G网络覆盖，5G核心网、基站算力全部前移，更加充分地发挥了5G的广覆盖、大带宽、低时延、高安全等优势。

广覆盖。 风渔融合应用覆盖80km^{2}的海域，充分利用海上无阻挡的优势，建设海上基站，使用海上风电机发电供基站，利用海上网箱平台作为基础建设，达到

注：1. RIS（Reconfigurable Intelligence Surface，可重构智能表面）。

远距离和广覆盖的效果，实际覆盖效果可达 30km。同时，利用风机资源建设 RIS 相控阵，使垂直高质量覆盖从原来的 100m 提升至 500m，打造海陆空天一体化感知体系。

大带宽。通过 5G 大带宽的特性，实现水上 + 水下监控、无人机巡检、无人船巡检等多应用的实时监控数据回传，下载速率高达 786Mbit/s，上传速率可达 186Mbit/s，保证数据高清回传，实现风渔融合高质量的巡检及运维。本项目在海上的通信能够支持高清图像、移动视频实时回传，满足海洋泛在化业务需求。5G 大带宽是组成智慧海洋牧场 + 海上风电综合体的关键要素。

低时延。通过建设算网一体机，MEC 核心网全下沉，实现超低时延通信，时延低于 5ms，在风电遥测、遥信、遥控、遥调中起到重要作用，供电可用性及可靠性达到 99.99%。同时，超低时延在抗台风方面实现 5ms 级快速预警，及时响应，降低财产损失。除了风电，超低时延同样赋能于海上牧场，5G+网箱清洗机器人，通过实时远程操控，实现精准清洗；5G+北斗卫星定位，实时精确定位人员位置，保证海上作业人员的人身安全。

高安全。风渔融合项目的 5G+态势分析与安全管理系统，在数据安全防护上打造出"解得深、防得严、识得全、用得简" 4 个方面的优势。支持对工业协议完整性、功能码、地址范围、值域范围进行过滤防护，实现了"四维一体"深度防护；基于 5G 业务通信情况，建立流量基线，动态监测业务流量，对异常流量实时告警；提供智能旁路、业务连续性、高可用性等全方位业务安全保障。

🌐 5G+RIS+北斗卫星的融合组网

本项目通过全网态势、威胁态势、资产态势、漏洞态势、运行态势、业务态势六大方面的态势感知分析，建立数据分析、威胁处置、追溯研判、态势可视化的一体化综合态势感知平台。另外，依靠海上风电为海洋牧场提供源源不断的动能，海洋牧场为海上风电提供支撑基础，减少对岸基的依赖，本项目还构建了能源安全保障体系，能源小闭环使用，实现保障自给。

组网方面，本项目采用 5G+RIS+ 北斗卫星的融合组网模式。算力方面，本项目采用风渔融合 5G 算网一体机，将算力全下沉至主网箱端，从而实现网断业不断。风机、主副网箱的设备及监控数据由数据采集器通过 5G 网络上传至风渔融合统一纳管平台，可实现风机及海上牧场运行和运维的无人化。5G+RIS+ 北斗卫星的融合组网模式如图 1 所示。

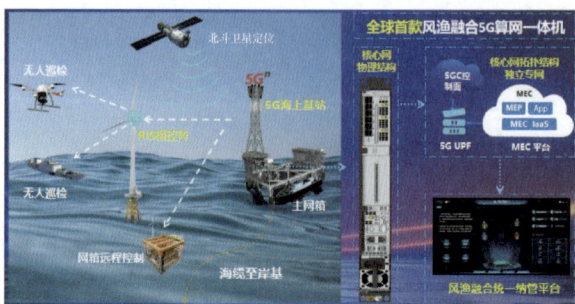

图 1　5G＋RIS＋北斗卫星的融合组网模式

供能：5G 赋能风渔融合智能微电网

本项目通过 5G＋风电自动化四遥（遥测、遥信、遥控、遥调）技术，打造了供电高可靠和状态全可视的微电网服务体系，解决以往海上 5G 基站供电困难、副网箱用电难监测、副网箱小风机状态不可视、副网箱电力调度难等难点，从而保障 5G 基站、副网箱能源和生产高可靠。风渔融合智能微电网如图 2 所示。

生产：5G 助力海洋牧场提质增效

风渔融合 5G 算网一体机专网产品的落地，助力实现了高可靠远程作业。5G＋自动投喂、网衣清洗等自动化作业，解决了以往人工生产效率低、单网饲料浪费多、洗网成本高和安全风险大等痛点。风渔融合 5G 算网一体机如图 3 所示。

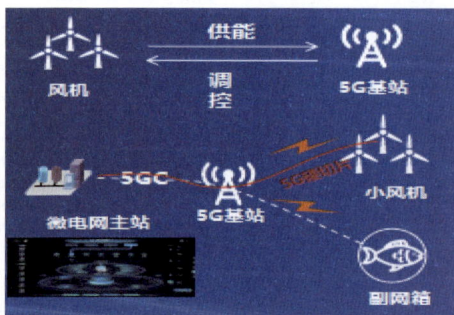

图 2　风渔融合智能微电网

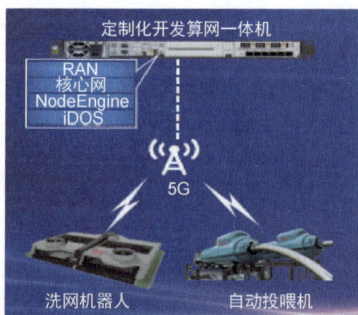

图 3　风渔融合 5G 算网一体机

巡检：5G＋RIS 扫除风渔融合感知盲点

本项目通过 5G＋RIS 的网络创新应用，确定性网络空域由 200m 延伸至 500m，海面由 10km 延伸至 20km，5G＋无人机集中监控、5G＋无人船自动巡检，提升了作业效率，降低了人力成本，有效减少设备损失及灾害损失。相比目前大部分风电场运维，深远海风电场对运维提出更高的要求，风渔融合驻守运维的方式保证运维及时性，提升风电场发电收益的同时，每年节省风电运维费用达上千万元。5G+RIS 的网络创新应用如图 4 所示。

抗风：5G 赋能明阳智慧抗台风应急新模式

行业首创 5G+抗台风新模式。本项目通过 5G+气象监测，在台风来临前提前预警，主动防御。在台风来临时，远程操控风机停转，主/备电源切换，网箱下沉，实现台风天气下的安全防护。解决以往中远海气象难预测、响应不及时、风机机组易被破坏、渔业网箱破坏大、被动防灾状态不可视等问题。5G+抗台风新模式如图 5 所示。

图 4 5G+RIS 的网络创新应用　　图 5 5G+ 抗台风新模式

基于明阳智慧全方位、全生命周期的方案设计和实施能力，可助力行业快速进行推广和项目复制，基于区域合作模式和生态合作伙伴模式，在全国打造更多的行业标杆案例。未来，明阳智慧依托"一片海，一座岛，一幅蓝图"，引领 5G+海洋能源综合岛立体开发，铸就"绿能航母"，拓宽"未来能源"。

酒钢集团产成品综合库 5G+
智能化库房

参与企业：中国移动通信集团甘肃有限公司

技术特点：本项目融合了5G、物联网、AI和自动化等技术，实现了国内首个以火车外发为主的无人化产成品综合库。通过核心技术攻关、智能化控制验证和多次系统迭代，实现了产成品综合库物流运输管理"一键式"控制，改变了产成品综合库现有的工作模式，将物资装卸、仓储、管理和控制由人工操作变为无人化操作，解决了库房人工劳动强度大、作业效率低、物流成本居高不下等难题。

应用成效：本项目首创的5G钢卷钢支架吊具，实现了国内首例应用自动化钢座架装入火车的技术突破，带动了起重设备、吊具、传感采集、库管系统等行业的技术更新迭代，以更好地适应客户对于多系统联动、多技术融合应用的需求，是"5G+智慧工厂"示范样板项目。本项目既是对安全生产的实质提升，也是推进生产制造企业生产、运营、调度绿色化、信息化、智能化的关键，既保证安全，又提升效益。

随着 5G、大数据、工业互联网应用场景的日趋丰富，钢铁行业智能行车、智能仓储也在利用 5G 网络的低时延、大带宽等特点，结合高清视频回传、AI 等技术，实现成品库物流运输的数字化、智能化、绿色化。本项目为酒钢集团产成品服务分公司碳钢冷轧库无人化库房改造，主要以 5G 网络为基础，将适用于火车装卸的钢支架夹钳、钢卷二维码识别、库管系统与 5G 和 AI 结合，实现成品库多系统联动和物流运输智能化，同时本项目也是 5G+智能仓储首次在以火车外发为主的产成品综合库的应用场景。

📶 5G+智能化库房设计

在 5G+工业互联网的基础上，本项目将人工智能、大数据、云计算、互联网等新一代信息技术与库区起重设备运行和企业管理深度融合，真正实现机械化减人和自动化换人，为企业降低成本、提质增效。5G+智能化库房设计整体架构如图 1 所示。

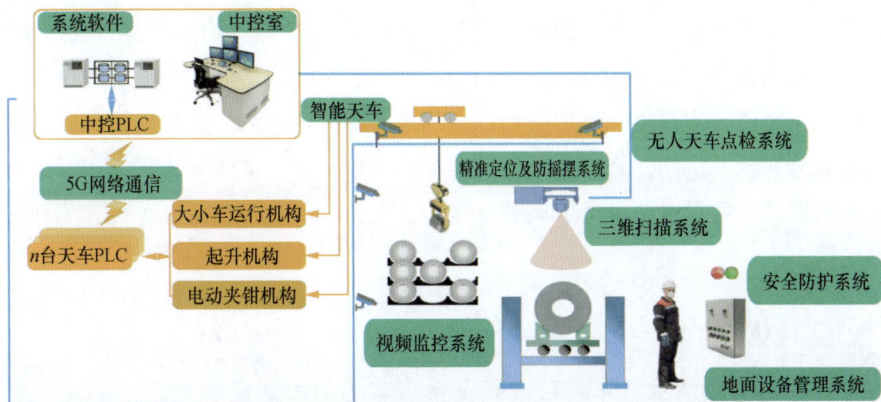

图 1　5G+ 智能化库房设计整体架构

智能化降低人工成本。5G+智能化库房可接收来自"一码通"下发的天车作业计划、L1 接收机组运行状态信息，处理相关信息生成天车作业指令，并将作业指令分配到合适的天车上，控制天车完成物料吊运，向"一码通"反馈作业实绩信息，并管理物料的存放库位，跟踪天车的运行状态。此环节不需要人为干预，大幅降低了人工成本。

改善作业环境、降低安全隐患。5G+智能化库房无人天车支持人工驾驶、遥控驾驶与智能驾驶 3 种模式。人工驾驶的优先级最高，智能驾驶的优先级最低。智能驾驶过程中，可通过遥控接管驾驶控制系统，设备运行数据实时上传监控。所建系统需要满足生产作业需求，通过增加地面系统提供相应的决策支撑。该系统包括地面门禁系统，用来管理车辆进入，同时可防止非工作人员误入无人工作区；增加地面车辆车牌扫描系统，识别车辆信息；增加卡车导航系统，提示人工操作卡车停放位置。

开放、可靠、高效、安全的设计原则。系统开放性：全面支持国际开放标准，保证系统能够与其他系统的应用系统、数据库等交换数据，并实现应用级的互操作性和互连性。系统可靠性：在设计时将充分考虑系统对可靠性的要求，保证系统的高可靠性、高可用性，尤其是保证关键业务的连续不间断运作和对非正常情况的可靠处理。系统高效性：系统再处理能力、响应时间等充分遵循运行高效的原则。系统安全性：充分考虑危害安全生产的各种要素，以高标准设计规划并实施系统方案，建立系统的纵深安全防御机制，保证系统安全及纠错能力。

天车系统

本项目将冷轧库 3 台 40 吨天车的整机电气系统进行改造，小车机构、起升机构电机需要更换为变频电机。升级 3 台天车的 PLC 主控器，适应智能化改造使用。改造后的整机采用 PLC 集中控制，各机构变频器与 PLC 之间采用 PN 总线控制形式。卧卷夹钳更改为智能化专用夹钳，增加钢支架专用夹钳，卧卷夹钳和钢支架专用夹钳之间可相互更换。还增加天车三维坐标定位系统、防摇定位控制系统、LED 状态显示屏、车载摄像头、上下车管控系统、车载终端、智能巡检系统、预测性维护系统等。

视频监控系统

根据现场实际情况，本项目在每一台天车的前后端梁附近分别配置一个可 360° 旋转、带变焦功能的球式监控摄像头，通过 5G 无线系统将视频信号传送至地面中控室的 LED 显示屏。视频监控系统具备人员越界、行为检测、安全防护、火灾等告警功能，可辅助集控中心调度人员进行库区安全管理。

产成品综合库网络

产成品综合库网络与 MEC 平台打通，实现控制信号和监控视频信号的 5G 传输，保证天车稳定运行。在项目实施阶段，本项目对库区采用 SA 方式进行 5G 无线网络增强性覆盖，以实现生产作业设备到控制端的低时延需求、视频监控画面传输需求、控制指令与视频传输通道的切片需求，可为天车远程无人驾驶及库区视频系统提供通信保障。产成品综合库网络架构如图 2 所示。

三维扫描系统

当起重机移动到被检测物体上方时，通过安装在起重机上的激光扫描仪和云台，将二维激光数据加上一维数据旋转形成三维数据，经过后台软件处理得出被测物体的外形数据，通过 TCP/IP 与地面主服务器通信，将被测物体坐标数据发送给 WMS，WMS 根据坐标信息指导起重机装车作业。

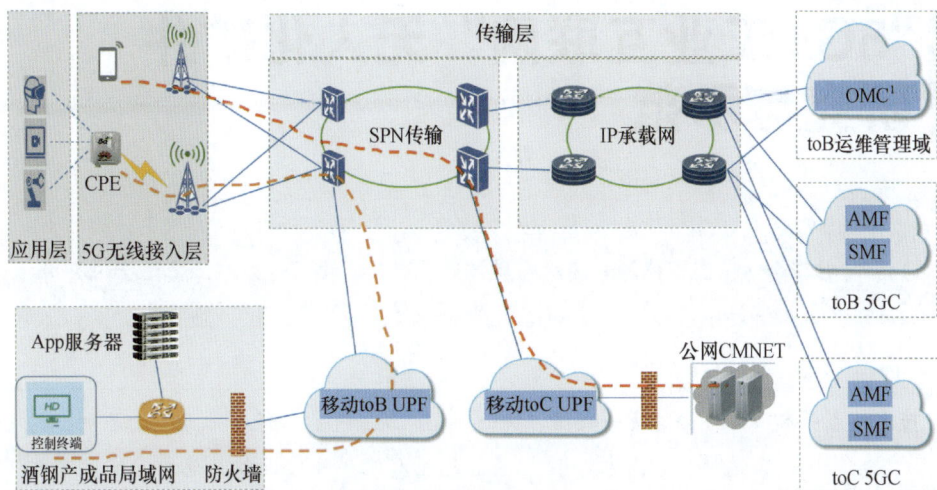

注：1. OMC（Operation and Maintenance Center，操作维护中心）。

图2　产成品综合库网络架构

🌐 智能化管理系统

智能化管理系统是一个集"基于全局策略的库位优化、基于行车地面协同指挥最佳物流、基于监控与预防的安全库管"于一体的智能化库区管理系统，以支撑钢卷库的物流管控及多业务协同，推动企业信息化、数字化、智能化转型升级。

产成品综合库5G+智能化库房项目是一个具备多重关键技术、多学科的综合性工程，产成品综合库目前主要的运输方式为火车运输，火车入库至鞍座无人化装载、钢卷无人化装载中，涉及防摇定位精度、三维扫描、智能派单、天车与吊具及过跨车联动等的技术均为5G+智能化库房实施的技术难点。同时，本项目利用5G网络解决方案，可在各分公司产成品库、中间库、生产区域复制推广，树立智能仓储新标杆。

"5G+工业互联网" 无人化矿井研究与示范

参与企业： 国家能源集团神东煤炭保德煤矿、中国煤炭科工集团有限公司

技术特点： 本项目遵循"统一数据、统一模型、统一平台、统一方案"的原则，构建云边协同、管控一体化的智能无人化矿井建设创新范式，突破矿井级、系统级和边缘端等智能化关键技术，建成国内具有行业特色的一流无人化矿井。

应用成效： 本项目已建成井上/井下5G、F5G融合通信网络，基于GIS一张图的综合管控平台，已实现综放工作面瓦斯安全联动、三机智能调速、采放协同开采和智能视频煤矸识别，掘进工作面梭车、连运一号车、胶带机联动控制和智能调速，局部通风机主备自动切换和远程控制。主运系统、固定岗位等重要场所全部实现无人值守，胶带机全部实现永磁直驱调速。矿井五大灾害实现融合精准预警，风门、分窗、各类监测传感器实现了远程监控，通风系统实现了自动网络解算，矿井初步形成"少人则安、减人增效"的安全生产新格局。

智能之光"照亮"矿井深处，打造智能化综放工作面

煤矸识别通过图像识别技术计算放煤量和煤质含矸率，搭建液压支架姿态与放煤量的数学模型，同时构建放煤堆积体表面与内部含矸率的映射关系，准确计算结束放煤的时机，对放煤过程实现量化控制。

智能放煤基于放煤机构的空间位态、放煤口开度与顶煤冒落速度、形态的量化关系，优化尾梁和插板位置及结构。在智能放煤煤矸识别和人工干预放煤过程中，该系统通过机器学习不断修正并记录放煤参数，并根据煤矸识别结果进行反馈调节及验证，实现最优放煤参数实时更新。

巡检小车搭载激光扫描雷达、惯性导航、摄像头等设备，具备视频、音频、点

云采集等功能，可实现视频数据、音频数据、点云数据、监测数据、控制指令实时传输。

综放工作面设备在线监测与预测性维护云平台，采用大数据分析功能，精确诊断设备故障，分析采煤机及三机振动等关键参数的历史趋势，做到预测性维修，降低维修成本，为用户维修提供决策依据。

综放跟机工艺数字孪生平台实现跟机工艺数据传输处理和存储、跟机工艺历史回放、实时跟机工艺孪生演绎、跟机工艺预演仿真、跟机工艺指令调度等功能。

以"智"点亮掘进系统，加速矿山智能化建设

本项目研制掘锚一体机机载单循环自动钻架，实现传统锚护工序的全自动运行，以及钻孔、装药卷、装锚杆、锚杆拧紧的全流程自动作业。

本项目将地质模型进行 CT 切片，形成截割边界，结合掘锚一体机上的导航和坐标换算，实现掘锚一体，基于透明地质模型进行规划掘进。掘锚工作面智能监控系统如图 1 所示。

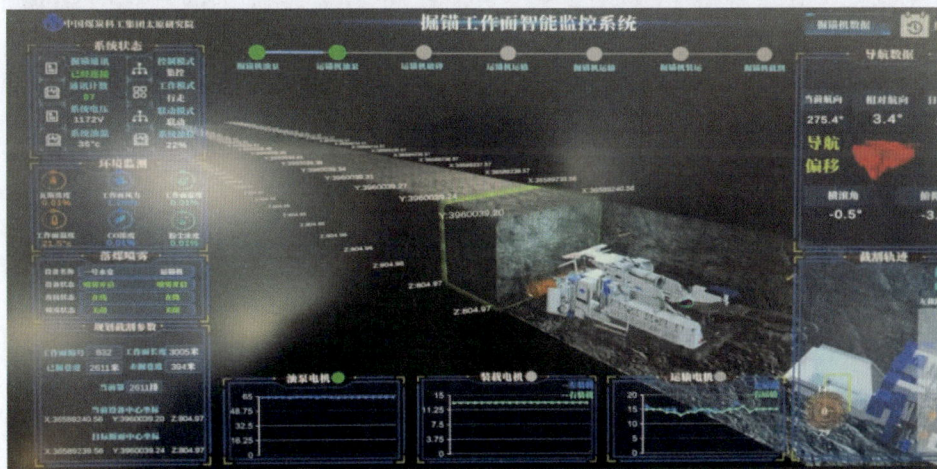

图 1　掘锚工作面智能监控系统

本项目通过边缘计算盒子对多传感器的原始数据进行融合计算，从而实现三维信标测距、梭车定位、障碍物检测及动态路径规划，完成整个梭车装卸料行走的自动控制。

本项目研制国内掘进工作面首台铅酸蓄电池物料搬运车，解决"最后 200 米"物料搬运问题；掘进工作面环境监测传感器首次使用无线传感器，包括监测瓦斯、一氧化碳、粉尘和温度。

本项目实现连采机、梭车、装载破碎机、智能插架连续运输系统数字孪生远程监控，按照掘进工艺和设备工作场景模拟真实操作，实现掘进工作面全息感知与场景再现。连采工作面数字孪生监控系统如图 2 所示。

图 2　连采工作面数字孪生监控系统

智能操作，打造智能主运煤流系统新名片

本项目主运输以全煤流线设备为控制对象，能够实现远程单机启停和煤流一键启停；采用多点感知融合技术精确感知全煤流线带面载荷分布，应用协同控制策略对沿线设备进行变频调速。

智能供电系统采用智能高压开关相关技术、生物识别技术、防越级技术、光纤测温技术和智能监控技术，实现变电所人、机、环、管一体化协调控制，提升变电所供电的智能化程度，实现变电所无人化管理。智能供电系统如图 3 所示。

固定泵房排水控制系统应用基于涌水量预测的避峰填谷无人值守算法，降低了涌水量突变情况下的泵房溢仓风险；输出工序能耗、泵效、排水量、耗电量等数据结果，为运营决策和生产维护提供关键数据。通过管路监测，排水控制系统远程监测管路"跑、冒、滴、漏"，实现远程水路调度。排水控制系统如图 4 所示。

机器人开创智能巡检新局面

针对皮带运输机巡检任务，机器人搭载气体传感器、可见光传感器、风速传感器及其他相关传感器，准确感知皮带运输机沿线的甲烷、氧气、一氧化碳、二氧化碳、烟雾等，以声音、警示灯等方式提醒工作人员。

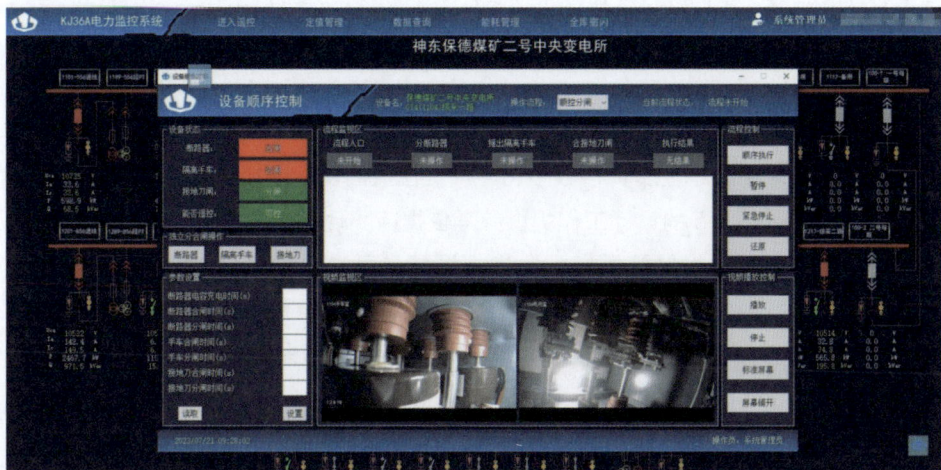

图 3　智能供电系统

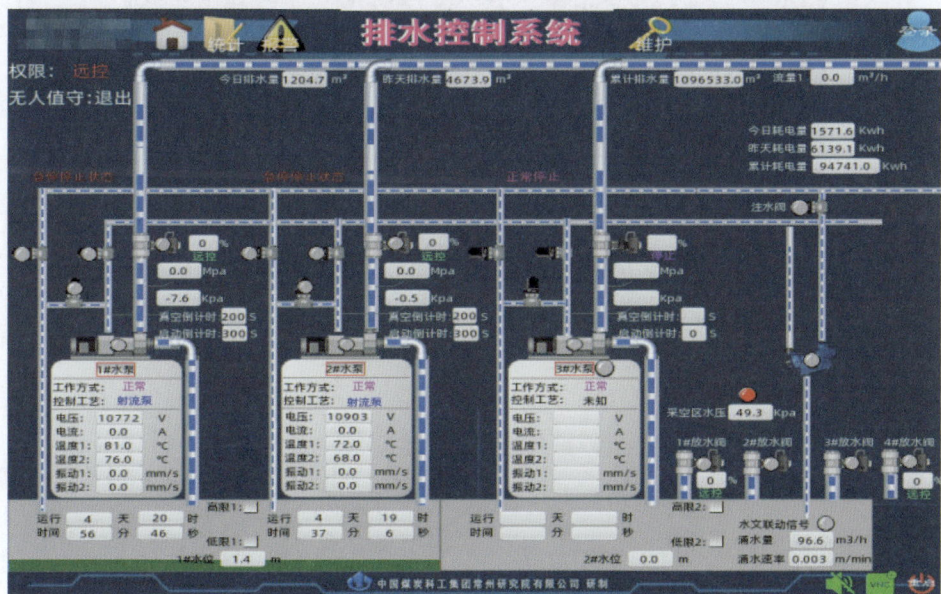

图 4　排水控制系统

　　针对变电所巡检任务，机器人根据不同电控柜的性能要求，分别进行状态采集、危险预警等，在获取设备的异常状态信息通知后，能够自主到达故障设备位置，拍摄故障设备的工作状态，为工作人员决策提供参考信息。

针对巷道内管道的搬运任务，机器人能够完成物料识别定位、抓取、路径规划、自主移动、码放、安全避障及远程干预等任务，能够大幅降低工作人员的劳动强度，增加作业安全性。

📡 地质保障系统，实现智能矿山透明化

地质保障系统通过地质资料数字化、模型任意剖切、虚拟钻孔、储量管理等功能，为复杂地质条件下的设计工作提供参考依据，实现了地质工作的降本增效。

智能钻探机器人对钻杆搬运、钻渣收集与处理等辅助工艺流程进行自动化控制升级，整体实现辅助工序配套装备的自动化控制；同时构建高效的远程控制、故障诊断与预警系统，实现钻探装备的集成管理和协同控制。钻机远程控制系统如图 5 所示。

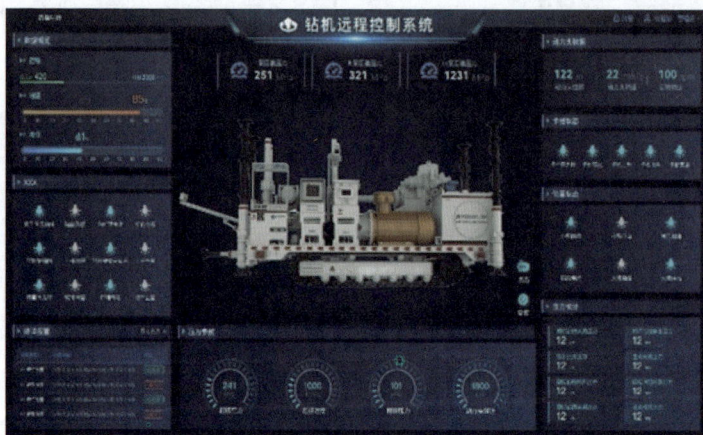

图 5　钻机远程控制系统

📡 多灾种融合预警平台，助力打造矿山安全防线

本项目升级原有瓦斯、水、火、顶板、粉尘等典型灾害监测预警系统，为灾害预警提供全面的数据保障；从数据、指标、模型等方面布局，深度挖掘不同灾害前兆信息及其时空叠加、交叉演化特征，突破灾害预警多粒度表达模型、数据预处理技术、基准演化指标体系、灾害融合预警模型等关键技术，构建机理模型与数据模型共同驱动的跨时空、全覆盖、多参量预警指标体系和模型，从模型层面有效提升了预警的准确性与时效性。多灾种融合预警平台如图 6 所示。

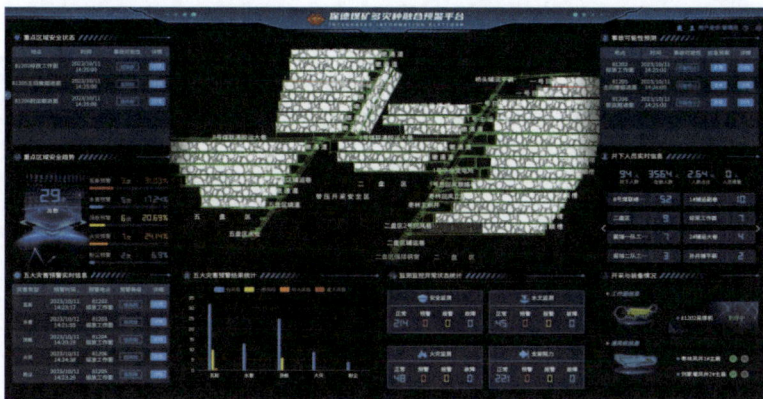

图 6 多灾种融合预警平台

5G 工业互联，满足网络覆盖需求

本项目建设保德煤矿 5G+N×100G 高速网络，开展神东中心控制面统一接入、保德煤矿 UPF/MEC 下沉技术研究及方案设计，井下 5G 传输环网主干采用 100GE 组网，实现 5G 信号全覆盖。井下无线覆盖采用隔爆兼本安型矿用 5G 的 BBU+RHUB+pRRU 分布式组网架构，满足井下 5G 规模覆盖需求；基站设计小区合并机制，井下同小区无线覆盖、避免移动性小区频繁切换，实现 5G 信号连续稳定覆盖，优化上下行时隙配比，显著提升上行传输能力。保德煤矿 5G 网络拓扑架构如图 7 所示。

AI 综合管控平台，实现管控一体化

智能矿山一体化管控平台基于国家能源集团统一数据标准和工业互联网架构，遵循"统一数据、统一模型、统一平台、统一方案"的煤矿智能化建设原则，依托煤矿云计算数据中心，覆盖煤矿安全、生产、调度和运营等业务领域，以神东生产管控平台为底座，融合生产执行系统、生产集中控制、安全集中监测，实现数据融合集成、业务高效协同，各子系统统一监控、统一调度和统一决策，构建"模型化、协同联动、智能决策"的智能矿山一体化管控平台。智能矿山一体化管控平台如图 8 所示。

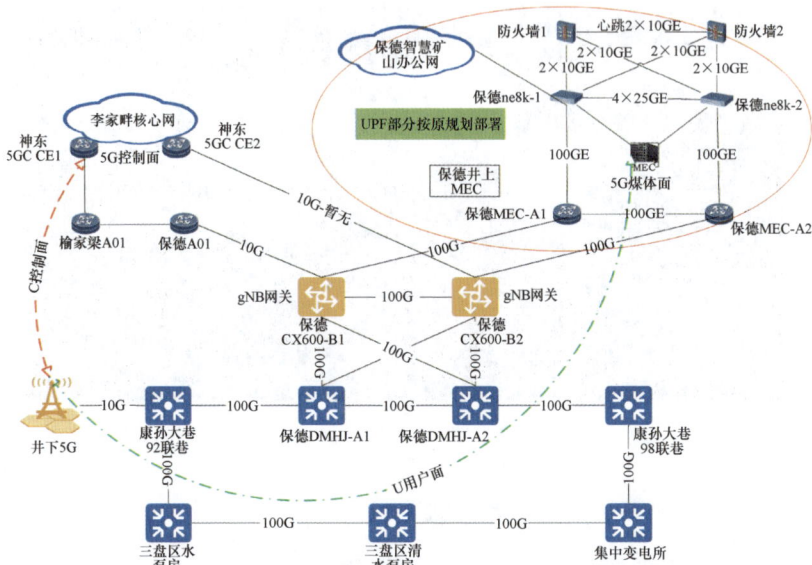

图 7　保德煤矿 5G 网络拓扑架构

图 8　智能矿山一体化管控平台

大型成套矿业机械 5G+ 智能工厂项目

参与企业：中国移动通信集团江苏有限公司徐州分公司

技术特点：徐工矿机通过本地部署行业领先 5G SA 专网和 MEC 平台，落地矿用挖掘机远程控制、矿车无人驾驶、AR 远程协助、车架夹装工序机器视觉检测等 16 个工程机械工业互联网典型应用场景，加速其产品智能化升级、生产过程智能化改造，提升园区综合管理水平。

应用成效：本项目的安全程度提升 20%，生产效率提升 20%，企业运营管理效率提升 15%，2022 年主营业务收入提升 83%，建设具有引领和示范作用的 5G 工厂，实现产业链上下游数据和资源共享，推进徐工矿机数字化转型并带动合作伙伴加快数字化进程。

徐工矿机通过落地挖掘机主阀安装 VR 培训、车架夹装工序机器视觉检测、AR 远程协助、车载大数据采集及分析等 5G 智能制造应用场景，给研发数据采集、售后服务、生产工序检验、生产原料校验、生产配件质检等环节提供了高效的监管手段。

本项目运用 5G、人工智能、大数据、物联网等技术，推动矿业机械产业化、智能化升级，推动并引领我国矿业机械产业的快速发展和技术进步，带动物联网、传感器、网关等相关产业领域的技术发展。

🌐 构建"1+1+*N*"5G 工厂整体框架

徐工矿机 5G 工厂整体规划包含基础设施建设、5G 专网与边缘计算平台建设、业务应用系统和应用场景建设，整体规划框架为"1+1+*N*"，即一张专网、一个中台、*N* 个 5G 应用场景。基础设施主要包括生产线和设备的智能化改造，例如，在车间弧焊接机器人、重型及轻型 AGV 物流系统等；在质检及售后环节引入智能安全帽、AR、VR 等智能可穿戴设备，以及各种数据采集设备。本项目在徐工矿机园区建设 5G SA 专网，将 UPF 和 MEC 平台部署至徐工矿机核心网络机房，实现 5G 专网与徐工矿机内部管理网、工业网互通互联。本项目采用"MEC＋私有云"相结合的云边协同中台，保证各业务系统算力稳定性。业务场景端涵盖研发、生产、供应链、销售、服务、经营管理全业务 5G 应用场景，以构建 5G 工厂整体框架。

主要功能模块。一是产品全数字化研发与全生命周期管理，本项目通过加大数字化研发力度，提升设计、采购供应、生产制造、营销服务协同能力；二是智能制造，本项目通过制造单元／生产线智能化改造与提升，大幅提高智能装备在生产线中的比重，提高制造过程的智能化水平；三是生产自动化和信息化集成，本项目以此实现信息传输数字化、生产过程实时管理与优化，实现工厂内外、上下游企业间互联互通，提高企业产业链上下游网络化协同制造能力；四是工业互联网平台建设，本项目通过围绕远程运维服务等新模式，打造产品定制化平台、网络化协同制造平台和远程运维服务平台，实现基于大数据分析的智能营销和与客户"零距离"的智能服务。

创新成果。一是本项目将 5G、云计算、大数据等技术与传统制造技术结合，融合人机交互、智能控制等技术开发的挖掘机远程控制技术研究和产品研发。该解决方案目前在市场中均具有较高的可推广性，能够显著减少大型制造业工厂、矿厂等区域的人力投入，提升安全防控等级，还能极大程度地解决矿业等高危行业的人员安全和资源浪费等问题。目前该解决方案已在江铜、白云铁矿、哈尔乌素露天煤矿等多个矿区完成商业推广。二是本项目将"绿色化"与"无人化"进行有机结合，满足矿山企业转型需求。无人驾驶纯电动矿车是基于徐工矿机自主自动驾驶解决方案的新一代纯电动无人矿卡，搭载华为 MDC 计算平台，由高性能磷酸铁锂电池提供动力，可节省大量人力成本和运营成本，经过在园区内近两年的研发和测试，逐步形成较为成熟的解决方案。目前，该无人驾驶矿车配合远程控制挖掘机的组合方案，在提倡安全生产的大背景下，预计减少相关驾驶操作的作业人员 30%以上，能够大幅降低矿山企业的开采成本，提高企业的经济效益。商用案例方面，徐工矿机无人矿卡解决方案已成功落地乌山露天矿、内蒙古平庄煤业、元宝山露天煤矿等项目。

社会效益良好，为产业振兴提质提速

工业物联网平台的建立减少了设备运维成本和制造成本，提升了设备综合效率。对于维护人员而言，可以在发生设备故障的第一时间及时响应处理，根据设备历史数据判断故障原因，大幅缩短了发现问题、解决问题的时间，极大地降低非计划停机时间。企业决策者可以基于大数据分析工具对这些实时数据进行统计分析，从设

备、效率、能效、质量、工艺等多个维度生成相应的报表，以发现各个环节之间潜在的关联因素，并提供优化和改进的依据。建成 5G 智能决策平台，提升企业管理效率，为企业转型升级建立"用数据说话"的基础架构，提高商业决策质量和实效，并为企业实时揭示全业态运营风险，预期降低经营成本 10%。

本项目以徐工矿机智能化产品为数据信息获取载体，以为客户提供产品全生命周期的健康管理和精准服务为目的，建立为企业市场精准营销和经营管控提供大数据分析技术支撑的物联网统一平台。通过该平台可对接入车辆定位进行实时分析，及时获取产品的运行指标，为产品稳定运行保驾护航，预期提升客户满意度15%以上。2020 年 10 月 15 日，国内首台大吨位矿用无人远程驾驶液压挖掘机 XE950DA 成功交付江铜集团，远程驾驶的商业化标志着徐工矿机在挖掘机智慧矿山领域取得突破性进展。

徐工矿机对研发的基于 5G 技术的远程控制挖掘机、智能无人驾驶矿车具有完全自主知识产权，其关键零部件具有高度自主化研发能力，产品功能丰富、技术附加值高、市场竞争力强；形成的矿车智能控制技术可以孵化公司其他智能控制产品，推进公司产品的整体智能化水平提升，引领工程机械行业智能化发展方向。徐工矿机依托智能无人驾驶矿车和机群管理系统，为客户提供的成套化智慧矿山解决方案，大幅提高了车辆运输效率，并降低了矿山开采成本，具有全气候和恶劣环境下的工作能力，能够为客户持续提供超值服务，在推动智慧矿山建设过程中具有示范意义。

徐工矿机项目推广后，将进一步优化整合产业链资源，为产业链减少 26% 的人力需求，作业效率提升 30%，成本整体下降 15%，推进近 20 家供应商业务线上协同，构建数字化营销售后服务体系，推进 10 余家代理商运用 VR、车联网平台等技术，售后服务效率和客户满意度提升 13%，同时促进 5G 技术的推广和普及，带动整个产业链高质量发展。

5G+绿色智能制造融合应用
打造家电行业新标杆

参与企业： 中国联合网络通信有限公司湖北省分公司、格创东智科技有限公司

技术特点： 本项目旨在打造5G原生工厂，解决工厂生产网络环境复杂、厂内强电磁干扰多、部署有线网络成本高等问题。园区内建设8个宏站，290个室分点位，实现厂区5G信号100%覆盖，并下沉UPF，确保数据不出园区，满足工厂数据安全、生产安全、网络安全的要求。

应用成效： TCL空调5G专网建设落地后，在园区六大区域内部署了5G+智能巡检、5G+智慧仓储物流、5G+机器视觉质检、5G+能源低碳、5G+黑灯智能无人作业、5G+设备故障诊断与预测等十大典型应用场景。本项目实现维护人员减少5人，质检效率提升12%，生产效率提升32%，整体能耗下降10%，丰富了5G专网在家电行业的应用，更好地为湖北省工业互联网的发展提供技术支撑。

本项目依托 TCL 空调转型规划，分 4 个阶段完成"绿色零碳工厂"建设目标。一阶段建设自动化、数字化工厂；二阶段建设智能化工厂，打造 5G 全连接工厂，实现数据创造价值；三阶段建设智慧化工厂，打造国家数字领航企业，实现数据驱动决策；四阶段实现"绿色零碳工厂"，建设全球领先的家电企业。

🌐 网络建设，赋能专网承载

为满足 TCL 空调器（武汉）有限公司厂区内 5G 站点传输接入承载需求，需要在厂区内新增 1 个宏站和室分。厂区内的 5G 站点需要满足专网承载需求，采用分布式无线接入网建设模式，无线侧 BBU 提供 2×10GE 端口，与承载网对接。5G 专网组网拓扑示意如图 1 所示。

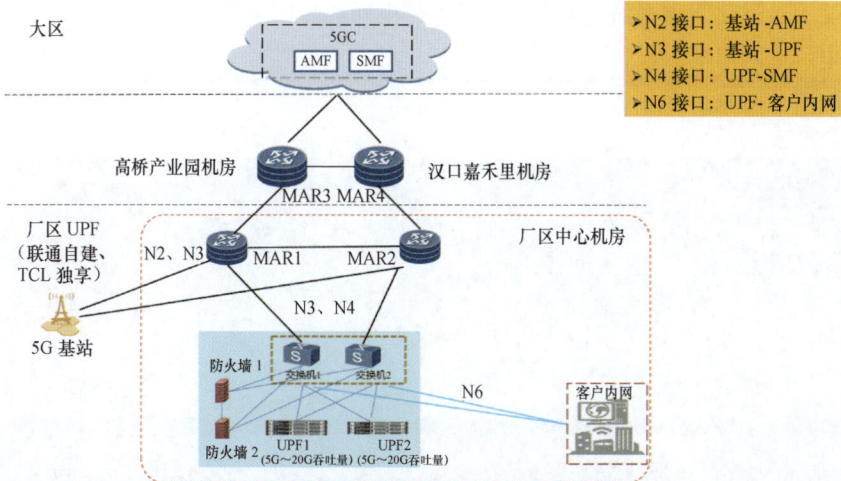

图 1　5G 专网组网拓扑示意

核心网建设。根据厂区需求为客户定制一张 5G 专网，厂区内下沉 UPF 确保数据不出园区。厂区机房部署两台专用 UPF，容量按每台 10GE 配置（可根据需求调整），厂区数据在厂区机房内的 MEC 分流，厂区终端新建基站，通过 MAR 智能城域网设备接入核心网；厂区旁挂两台防火墙与企业之间通过策略隔离，确保厂区网络安全。

宏站建设。根据厂区需求，新增 1 个宏站，建设在厂区内。

室分建设。控制车间装修隔断将导致外部信号无法穿透，所以采用室分方式覆盖该车间及宿舍楼。

传输建设。从湖北东西湖 TCL 产业园布放 24 芯光缆上联至高桥产业园机房；再从湖北东西湖 TCL 产业园工业一路布放 24 芯光缆上联至汉口嘉禾里机房，共敷设 24 芯管道光缆 13 皮长公里。

平台建设，支撑前端应用

根据方案架构，本项目将提供工业互联网使能平台、5G 专网运营及服务平台、AI 使能平台，与类子系统、子应用进行交互，为前端应用提供技术支持，保证前端应用有序开展工作任务。

场景建设，助力生产调度

5G+能源低碳。遵循 TCL SDBG 的"6+1"平台总体架构，基于 5G 专网打造 EMS 智能能源系统和能源可视化管理系统。

能源可视化管理系统：建立屋顶光伏与电网融合的能源可视化管理系统，对光伏发电、电网用电、设备用电、用电分析进行可视化监控与管理。暖通用能可视化监测如图 2 所示。

图 2　暖通用能可视化监测

5G+供应链可视化。本项目以供应商关系管理（Supplier Relationship Manag-ement，SRM）、运输管理系统（Transportation Management System，TMS）、WMS 等相关辅助软件系统的集成建设为基础，打造供应链可视化场景，结合 5G+北斗技术，实现采购过程可视化、运输过程可视化、仓库出入过程可视化、生产物料流转过程可视化。

5G+智慧仓储物流。以 TMS、WMS 为主体，结合 5G 低时延、广连接的特性，打造智慧仓储与物流场景，例如可视化的原料前置管理、智慧化原料运输车进场和入库、无人化生产工单叫料与配送等。智慧化出入库与盘点管理如图 3 所示。

图 3　智慧化出入库与盘点管理

5G+智能化计划生产和调度。遵循 TCL SDBG 的"6+1"平台总体架构，建设先进规划排程系统（Advanced Planning and Scheduling System，APS），并与 SAP、ERP、MES、TMS 等系统高度集成，实现高效生产计划排程，建成智能化生产计划和调度场景。例如，从总装周计划识别注塑周计划，实现计划联动；识别成品属性（材质、颜色、环保要求等）；提供机台—模具—产品产能设置；根据模具—产品关系设计机模配置参数；根据排产策略和转产规则进行计划重排；提供计划的人工调整合并/拆分现有计划；与 MES 同步工厂模型、生产计划、生产实绩数据，与 TMS 同步时间等。系统数据同步如图 4 所示。

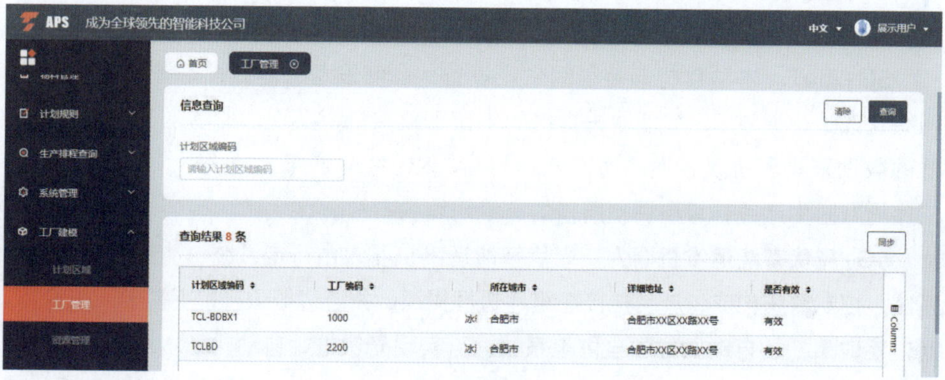

图 4　系统数据同步

5G+注塑车间全自动化生产。基于 IoT 平台、APS、MES、WMS、智慧物流设备等系统或设备，实现能源、供气等供应源的数字孪生组态搭建、生产线设备的数字孪生、计划和工艺远程下发、设备远程无人操控、生产线融入式智能立库、无人化工序物料流转、机器视觉质量检测、自动包装入库、无人化物流等，打造黑灯智能化无人作业场景。基于 IoT 的底层平台如图 5 所示。

5G+设备故障诊断与预测。设备健康管理平台通过部署设备档案管理、决策优化系统、专家系统维护维修系统等功能单元，结合 IoT 设备组态搭建与互通平台，实现运行状态可视化、智能维护保养决策建议、设备级健康指数及工况工艺智能建议、专家系统预测性维护、预测式精准检维修等。

基于 IoT 平台的设备互联。基于 IoT 技术、可视化组态技术、边缘计算技术、点停控制技术等，与设备健康管理平台系统集成，在实现生产线远程设备操控的基础上（例如，基于 IoT 点停控制的 IoT 系统控制生产线注氟流量），辅助设备健康管理平台实现设备的可视化管理与监控。

图 5　基于 IoT 的底层平台

5G+AIoT。本项目将总装车间生产设备、仓储设备、能源设备等设备进行 5G 网络化改造，通过 5G 智能网关提供的丰富工业接口，实现工业场景下多类型传感器的数据采集和协议转换，通过 5G 网络实现无线化连接，减少后续因物料变更、工序增减时生产线升级和调整所需的有线网络的布放。

5G+光伏智能运维机器人。光伏智能运维机器人由行走系统、清扫系统、储能系统、控制系统构成，产品挂接在组件边框侧面，并沿边框运行，不需要人工介入，通过定时清扫、自动归位和自供电系统，可实现光伏电站自动化无水清洗、智能运维，高频次的自动化清扫使组件基本保持无尘状态。光伏智能运维机器人的系统架构如图 6 所示。

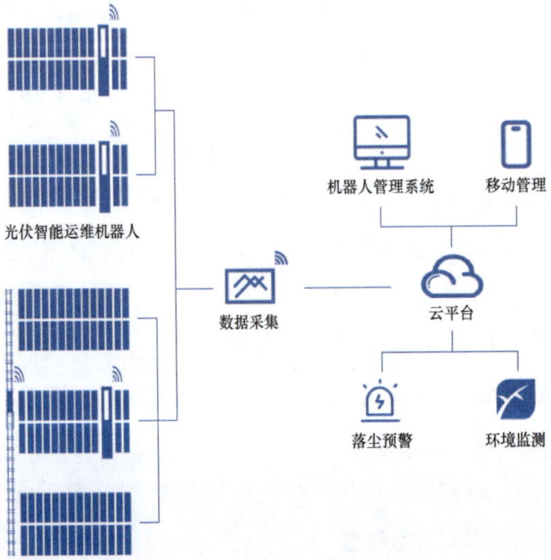

图 6　光伏智能运维机器人的系统架构

5G+智能安防。基于 AI 智能监测，自动识别进出危险区域、擅自离岗、违规单人作业等违规行为，并可智能告警，保障生产效率，减少生产安全风险，有效辅助管理，减少人工管理难度和成本。

重点区域可直接更换为 5G 摄像头，通过 5G 网络实现视频的高清回传、行为分析。普通区域可在原有视频监控系统服务器增加 AI 分析盒子，实现对视频源的 AI 分析，每个盒子可支持 128 路视频。

5G+AR 辅助装配。基于 5G 网络打造 AR 眼镜的远程辅助装配应用，工人通过佩戴 AR 眼镜采集关键工业装备的现场视频，达到一边查阅操作指导一边装配的目的。当工人发现无法自行解决问题时，还可以通过 5G 网络联系远程专家，实现实时远程指导。该场景可用于远程售后运维、远程品质检测等。

打造 5G 全连接工厂，实现高效管理

5G 时代的 TCL 空调利用技术、生产创新信息化建设，促进技术创新，并有效地把车间的产品与公司销售、设计、生产、财务等部门有机结合起来，具备设计手段高超、生产能力高效、市场反应高速的特点，通过工艺研发使空调生产材料利用率提升了 20%。

作为武汉市工业技改示范项目，TCL 空调武汉智能制造基地按照国家数字领航企业标准，建设高端化、智能化、绿色化的智能制造产业基地。同时，基于绿色发展理念，园区已实现光伏全覆盖、海绵城市体智能水循环、废弃智能处理，打造"绿色零碳工厂"。

重庆华峰化工创新示范智能工厂 5G 项目

参与企业：中国移动通信集团重庆有限公司涪陵分公司

技术特点： 本项目采用5G-UPF/4G-miniMEC双下沉的方式，实现原有4G终端、5G新应用的数据不出园区，确保数据安全；建设"700M+2.6G"双5G频谱覆盖，解决园区和特殊工况信号覆盖难的问题；融合5G、机器视觉、缺陷机理分析、智能算法分析等技术，通过安装红外监控网络摄像头、高清工业相机等，实现现场运煤与己二酸结晶异常检测，分析结果自动上传系统并及时报警，显著降低人工成本，提高检测效率，保证人员安全。

应用成效： 本项目通过5G应用实现车间人数减少26人，每年节省人工成本300余万元；通过5G应用实现融合技术创新，实现产品不良率降低82.97%、运营成本降低36%、生产效率提升50.23%。本项目建设的技术方案和系统在行业中具有可复制性，在制造业数字化工厂的基础上，运用物联网、云计算及大数据等技术加强信息管理和应用服务，构建一体化、智能化环境，从而达到生产运营智能管理、业务分析精准预测、决策支持科学合理，以"安全、绿色、效益"为核心建设智能化标杆企业。

重庆华峰化工综合应用 5G、物联网、人工智能、大数据、工业互联网等技术，建设 5G 内网、生产过程信息管理系统（Production Information Management System，PIMS）、LIMS、智慧安环系统、智慧煤场管理系统、基于标识解析的己二酸二维码追溯系统等，打造重庆华峰化工创新示范智能工厂。

基于 5G 网络的化工创新示范智能工厂

本项目通过重庆移动提供的 5G 专网服务，满足重庆华峰化工的 5G 运煤皮带检测、己二酸结晶器完璧结疤检测、5G+管廊无人机巡检、智能安全帽等应用场景需求，实现基于 5G 网络的化工创新示范智能工厂。5G 项目总体架构如图 1 所示。

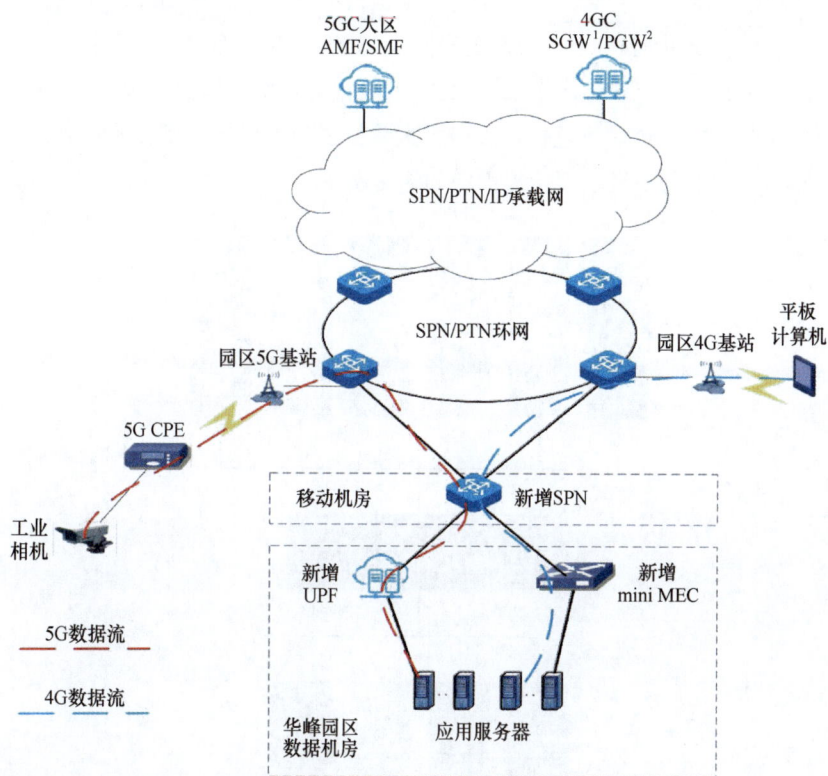

注：1. SGW（Serving GateWay，服务网关）。
　　2. PGW（PDN GateWay，PDN 网关）。

图 1　5G 项目总体架构

　　本项目基于园区专网服务，针对运煤皮带检测场景，构建实时监控视频流，进行 9 类事件的智能分析，实现无人自动监管，其中包括：煤场的堵煤检测、断煤检测、空载检测、煤输送链条裂纹检测、己二酸结晶器室壁结疤检测、搅拌轴结疤检测、搅拌轴晃动检测、虹吸管结晶检测、液位异常及沸腾检测。通过智能分析设备和系统软件识别后，进行相应事件的告警提示和信息报送。园区内原材料输送管廊采用无人机巡检的方式代替人工巡检，提高了巡检效率，提升了企业管理水平，同时在特定场景巡视巡检岗位配备智能安全帽，将所有的应用场景集成到一个平台统一展示。

五大应用场景，共筑 5G 工业新生态

　　5G+工业高清送煤视觉识别监测。本项目利用 5G 网络与企业私有云对接，将

现场高清视频终端采集到的高清视频实时回传至云平台，通过视频分析，可以实时监测煤机堵煤、断煤、空载、异物、地表给料机槽板 L 型链板裂痕等情况，有助于及时发现异常情况并精确定位，以便安排工人处理问题，确保工厂稳定运行。本项目投用后，视频分析算法检出率从初始的 86% 提升到半年后的 98% 及以上，实现了可视化实时巡检替代现场巡检，同时极大降低了工人作业强度和伴随的作业人身安全风险。视觉识别系统主要功能模块如图 2 所示。

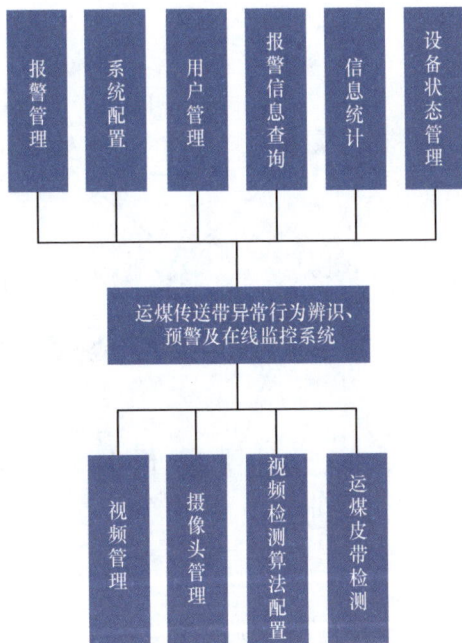

图 2 视觉识别系统主要功能模块

5G＋管廊无人机巡检。 本项目采用无人机搭载高清摄像头、红外和温度检测等设备，挂载云台相机及天宇云盒，通过 5G 专网机载飞控模块定期对厂内外管廊进行超视距飞行巡检。巡检数据通过 5G 专网传输，可实时回传，后台同步 AI 分析故障与风险并自动告警。还可识别是否出现泄漏、温度异常等情况，现场驱离危险区域人员等，实现 5G＋管廊无人机巡检。本项目减少了车辆人员及装备的投入，每年节约投资 15 万元，解决企业内外管廊巡检效率低、人员安全风险高等问题。5G 无人机低时延数据回传如图 3 所示。

5G＋智能巡检系统。 基于 5G 专网，本项目应用智能安全帽 +App，搭建 5G＋智能巡检系统，对受限空间和日常巡检进行音／视频的记录传输，调整巡检人员调度、指挥、沟通的机制和方式。本项目实现管理人员远程调度指挥，受限空间作业实时画面通过 700M 频段信号实现远程共享和语音交流，解决通信基础技术难题。

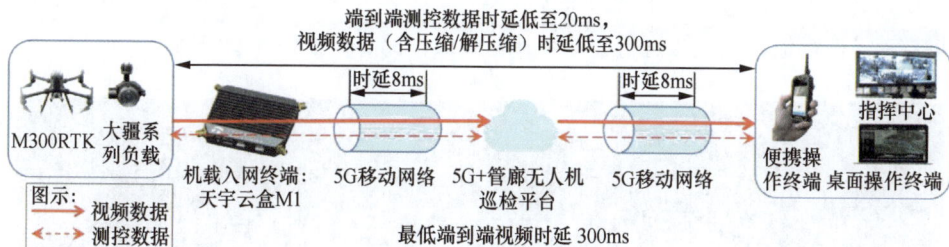

图 3　5G 无人机低时延数据回传

生产线工业视觉检测。针对己二酸结晶器生产线结疤检测，组装小型的工业相机＋补光灯＋防水装置。采用 AI 视觉识别技术，在己二酸提纯生产线现场安装设备，获取实时视频图像，通过智能分析设备和系统软件，进行结晶器室、搅拌轴、虹吸管等重点设备设施的智能监测，并对异常状态进行智能化检测与诊断，进行信息报送和异常报警，保障设备安全稳定运行。己二酸工业视觉检测平台如图 4 所示。

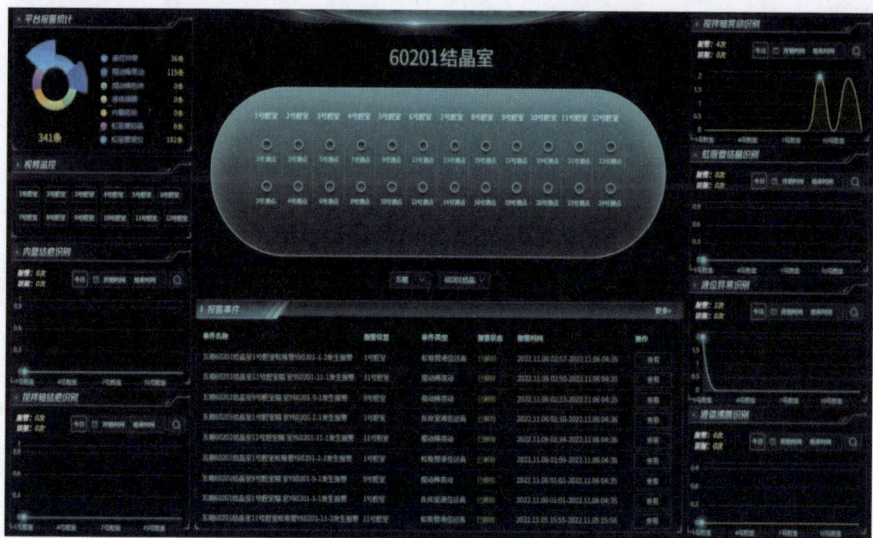

图 4　己二酸工业视觉检测平台

智能工厂门户。本项目将示范智能工厂应用统一集成入口、统一账户、统一管理。5G 无人机、智能安全帽、工业视觉检测平台的报警及数据统计在大屏展示。华峰化工创新示范智能工厂如图 5 所示。

本项目融合 5G、机器视觉、缺陷机理分析、智能算法分析等技术，通过安装红外监控网络摄像头、高清工业相机等，实现现场应用场景异常检测，分析结果自动上传系统并及时报警，显著降低人工成本，提高检测效率，保证检测人员安全。本项目通过 5G 应用实现了企业节能减排，能源利用率提升 23.76%。本项目建设将带动其他类似企业积极进行智能化转型升级，提高行业整体智能制造水平。

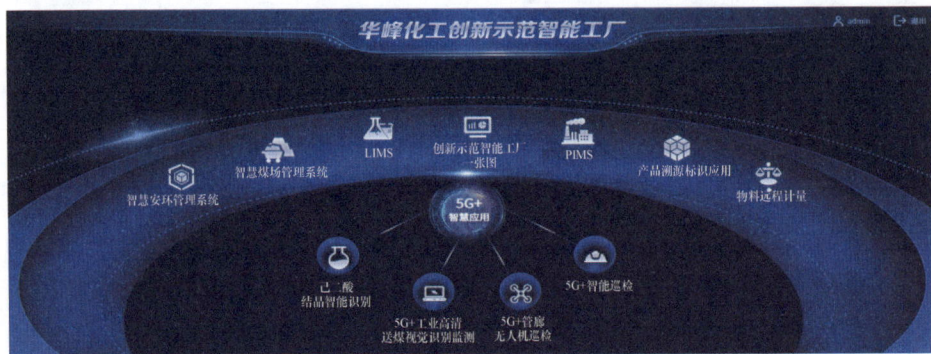

图 5　华峰化工创新示范智能工厂

潍柴 5G 让"齿轮动力"加速运转，攀登动力新高峰

参与企业：中国移动通信集团山东有限公司潍坊分公司

技术特点： 潍柴5G工厂致力于"高精尖"发动机生产，通过大规模5G应用，产品广泛应用于交通运输、工程机械、农业机械等领域，推进各行业机械化和智能化发展，优化能源管理。潍柴5G工厂实现了高端发动机的量产，带动上下游产业链协同发展，成为国产发动机领域的"一张名片"。

应用成效： 潍柴作为汽车装备、农用机械、氢燃料电池产业链的链主，5G赋能从产品制造到多元服务协同并发，带动产能效益8000万。本项目的成功落地，带动上下游企业按需进行应用场景复制，提升了整个装备制造行业的信息化水平，形成标杆示范。

潍柴新百万台数字化动力产业基地项目建设采用智能化、数字化设计，新建数字化厂房、智能化车库、数字化物流中心及公用基础配套设施，主要生产潍柴五大系列高端发动机。潍坊移动作为本地 5G 互联网行业的领导者，与潍柴深度合作打造 5G 工厂，积极推进建设"5G+工业互联网 +AI"的产业生态示范区。

定制化 5G 行业专网解决方案

潍坊移动为潍柴打造 5G 行业专网，基于 5G 的大带宽、低时延、高可靠性，以及对于切片和边缘计算的支持能力，面向不同的需求场景，提供可定制的 5G 行业专网解决方案，满足各类应用的差异化网络需求。

潍柴 1 号工厂为发动机装配车间，为降低送料错误率，提高 AGV 送料效率，潍柴提出利用 5G 网络低时延高可靠的特性对 1 号工厂车间内 AGV 进行改造，与现有网络形成融合组网，实现 5G、工业互联网等新一代信息技术的融合发展。潍柴 1 号工厂 5G 网络设计总体架构如图 1 所示。

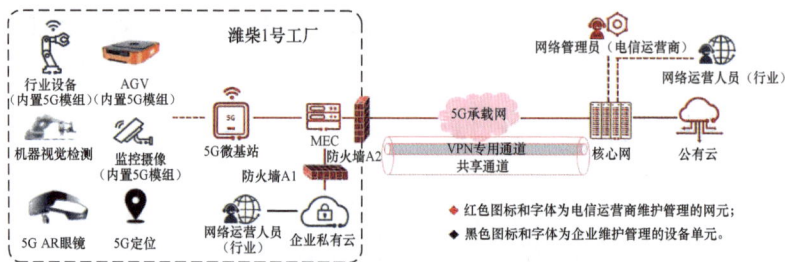

图 1　潍柴 1 号工厂 5G 网络设计总体架构

🛰 打造 5G 智慧工厂，加快生产数字化升级

潍坊移动依托 5G 通信技术，可以更好地满足潍柴降本增效、生产线柔性制造、设备快速迭代的发展需求，提高其生产效率，给 5G 智慧工厂带来"以移代固""机电分离""机器换人"三大优势。

5G 无线系统。考虑到潍柴的实际情况，结合中国移动已落地的 5G 智慧工厂项目经验，对整体的网络组网进行了优化，引入了更适合室内的 5G 新型室分技术。本项目的 5G 新型室分系统包含 5G pRRU、5G RHUB、5G BBU，5G 新型室分系统组网如图 2 所示。

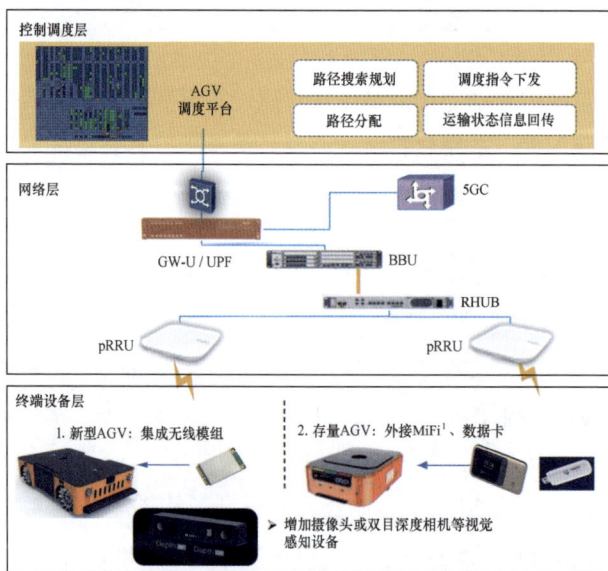

注：1. MiFi（Mobile Wi-Fi）是一种便携式宽带无线装置。

图 2　5G 新型室分系统组网

5G 无线基站部署设计。本项目覆盖目标为潍柴 1 号工厂，覆盖区域为室内车间总装区、成套区、投料区、办公区及试车通道，通过建设 toB 专网，能够满足 AGV 应用需求。综合考虑项目方案的可实施性、设备维护的便利性，以及方案的实用性，本方案将 BBU 统一集中部署在移动机房，RHUB 安装在潍柴 1 号工厂总装区及投料区墙上，BBU 通过光缆和 RHUB 连接，BBU 后端再通过潍坊移动的 SPN 连接 5GC。基站连接示意如图 3 所示。

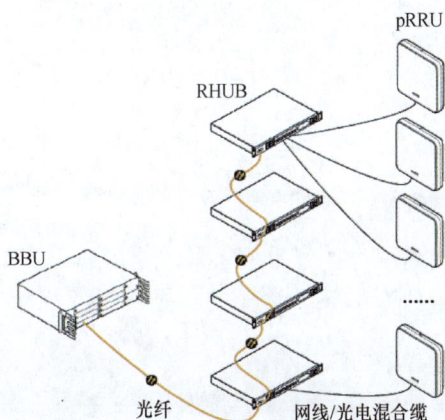

图 3 基站连接示意

多接入边缘计算。5GC 复用中国移动大区中心的 SA 组网核心网，包括 AMF、SMF 及 UDM 等网元；在潍柴 1 号工厂新增华为专有 E9000H 服务器部署 MEC，该 UPF 信令侧需要与大区中心 SMF 互通；MEC 通过防火墙与客户服务器互通，以确保网络内部的安全性。核心网对接园区内无线，信令需要送至大区中心机房，用户面数据需要送至潍柴 1 号工厂 MEC 节点。组网方案如图 4 所示。

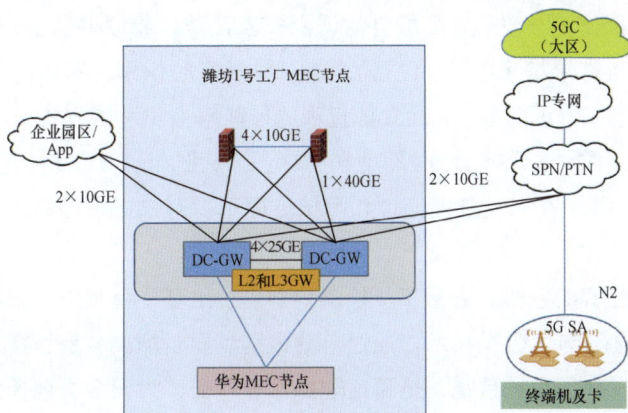

图 4 组网方案

多个应用场景落地，跑出数智加速度

5G+AGV。AGV 通过 5G 和云平台互联，结合物联网、大数据、人工智能等技术，实现了订单—生产—物流—运输—配送—门店／个人的智慧物流全流程贯通。5G+AGV 应用如图 5 所示。

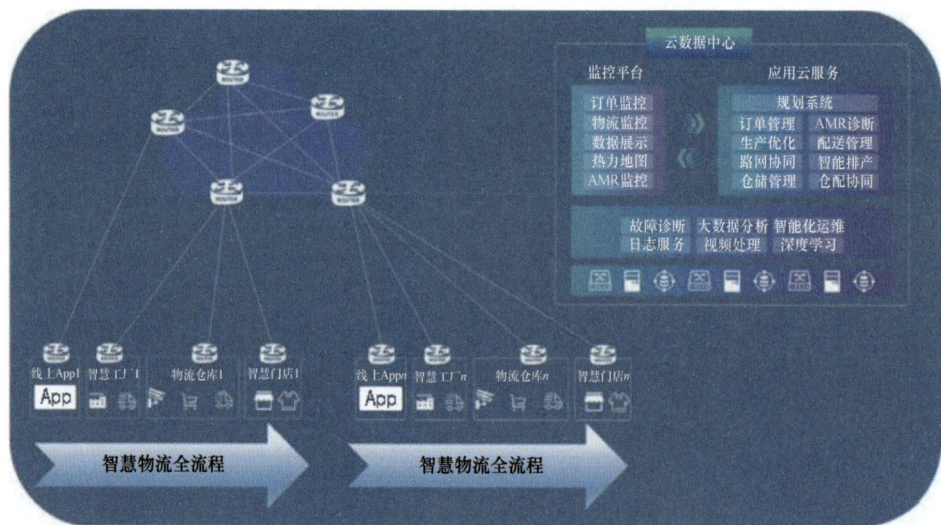

图 5　5G+AGV 应用

5G+AR 点检和培训。5G+工业 AR/VR 典型应用场景主要有远程协助、智能巡检、培训考核。远程协助：主要解决一线技术人才稀缺、专家无法及时赶到现场的问题，可实时回传现场视频，专家远程实时标注故障点。对企业来说，可以完善使用手册，降低服务成本，提高售后效率。智能巡检：虚拟数字信息与实物一对一，一键上传巡检结果，统一管理；批量自动识别仪表读数，物联网数据现场实时显示；人员与点检任务结果精准绑定；设备／管线／仪表实时识别，可以降低生产线出错和安全隐患概率。培训考核：采用立体直观的技能培训和考核方式；个人／分组／技能点／时长多维度数据分析；随时随地学习；定制专业 AR/VR 教材；智能身份认证，准确记录培训信息；在人员技能培训和考核方面可以有效提高培训效率，缩短培训周期。

5G+AI 监控智能分析。智慧工厂检测识别系统是基于视频流的智能图像识别系统，利用深度学习与大数据技术，通过自动识别越界、烟火、是否穿工作服、是否抽烟、是否戴安全帽和护目镜、是否违规操作等特征，为安全员现场监督提供有力保障。通过采用视频图像智能识别的方式，不需要新增硬件，实时监控识别，实时

报警，快捷方便。通过分析园区、厂区等环境下的视频监控数据，进行设备安全分析、人员安全分析、环境安全分析。提高运维人员的设备感知能力、缺陷发现能力、状态管控能力、主动预警能力和应急处置能力。

5G+大规模数据采集。5G 工业数据采集网关，解决协议众多难适配、高频低时延环节数据采集难等问题，可实现对生产各环节数据的采集与传输；依托5G专网，保障数据传输的安全性及稳定性；基于工业互联网平台的数据处理能力，对数据进行整合及分析，挖掘数据深层内涵，并以"一张图"的方式实现数据可视化；结合数据分析结果，助力管理人员对车间内、工业园区的设备及环境进行实时监控、精准调控，实现预测性维护、生产线优化等功能，打造"智慧工厂大脑"。

🌐 经济效益提升明显，降本增效成效显著

在直接经济效益方面，众多 5G 高价值场景的落地，切实为企业降低了数千万元的运营成本，同时为开拓新型增收业务指明了方向。通过混合现实（Mixed Reality，MR）异地协同研发，开发周期缩短 30%，每年降低设计成本 1300 万元；关键零部件质检废品率降低 10%，节省原料成本 1800 万元。个性化生产准时交付率提升 20%，年产能提升 20 万台。无人农机年节省人工费用 2000 万元以上，车联网服务年节省成本 8.2 亿元。

在间接经济效益方面，借助 5G 车联网，本项目搭建租赁服务平台，帮助潍柴从传统制造企业向数字化服务企业转型，创造经济效益 2.1 亿元。

5G 多园区组网助力施耐德打造全球领先工厂

参与企业： 中国联合网络通信有限公司湖北省分公司、施耐德电气制造（武汉）有限公司

技术特点： 本项目依托5G全下沉轻量级专网、多园区5G跨域组网、商用5G LAN技术，实现大规模5G网络控制融合；利用5G接入网络的大带宽、低时延、广覆盖等能力，解决工业现场网络互不兼容的问题，提升网络协同制造的示范效应；通过5G专网实现厂区网络全覆盖，创新打造5G全连接工厂；通过5G、物联网、人工智能、边缘计算、数字孪生等融合技术，实现设备运行全态势感知、安全生产可视化、作业无人化等技术创新。

应用成效： 5G+智慧仓储配送实现端到端物料自动配送，每年可降低人工成本150万元，配送效率提升30%；5G+智慧质量管理实现无漏检，每年可节省管理人工成本200万元；5G+智慧安防实现园区无安防事故，每年可降低安防人工成本30万元；5G+PLC+IIoT Box云化＋柔性自动生产线每年可降低硬件成本50万元，提升PLC算力部署效率40%。

2023年3月15日，施耐德武汉园区基于5G LAN多通道技术的5G+PLC自动生产线成功上线，"从0到1"，孵化了新的应用案例，并完成5G+AMR、5G+AI、5G+IoT、5G+巡检平台、5G+VDI等"从1到N"的横向推广。覆盖全厂的5G专网，全面赋能智慧仓储配送、智慧质量管理、智慧安防、智慧生产、工业互联网及可持续发展6个方面，助力施耐德武汉园区实现智能化升级。

本项目利用5G、物联网、人工智能、边缘计算、数字孪生等融合技术，构建完整的新型智慧园区管理平台，提供先进的网络能力、开放的API能力，集聚5G产业、整合产业链资源、共享5G创新技术、培育孵化新产品，提升园区创新管理能力。

📡 引进技术，构建新型智慧园区管理平台

5G 专网建设。2022 年，施耐德在其供应链的 7 个地区 10 家工厂部署 5G 网络。其中，施耐德武汉园区部署独立 5G 专网，涉及一套园区核心网网元建设，网元功能包括 SMF、UDM、AMF、UPF，用户信令和数据不出园区。中国联通大网 UDM 负责开卡功能，并向武汉园区 UDM 周期性同步用户数据；武汉园区 UDM 支持签约数据访问和鉴权功能，不需要本地开户。

施耐德总部机房部署数据同步中心，大网 UDM 定时自动导出施耐德武汉园区用户签约数据文件到数据中心，施耐德武汉园区 UDM 定时从数据中心下载对应的签约数据。施耐德总部机房部署网管，进行施耐德武汉园区的网元状态告警、话务统计、跟踪、升级等维护操作。

平台建设。根据方案架构，本项目提供工业互联网使能平台、5G 专网运营及服务平台、AI 使能平台，与各子系统、子应用进行交互，为前端应用提供技术支撑，保证前端应用有序完成工作任务。

工业互联网使能平台：以芯片模组、工业网关等连接终端为基础，以设备管理能力为核心，南向打通各类工业协议，推动人、机、料、法、环、测等生产要素能连尽连；增强工业大数据分析及工业数字孪生能力，北向开放标准化能力及应用服务，赋能企业构建敏捷、智能的服务及应用，推动生产服务智能化升级。

5G 专网运营及服务平台：提供自服务触点，提供客户自运营、自运维、能力开放等能力，实现线上业务流程全贯通和网络一点可视。

AI 使能平台：提供视频智能分析算法、视频码流分发管控，AI 能力包括人脸、人体、设备检测和识别，实现不同厂商算法与计算资源的分层解耦。

📡 场景驱动，5G 专网助力工业制造领域创新发展

5G+智慧仓储配送。AGV 等设备可以配合生产线，成为生产线的有机组成部分，实现生产线与物流线的有机整合。在 WMS 及自动控制系统的集成管控下，实现无人化生产工单叫料与无人化配送，大幅降低人力成本，从根本上解决仓储作业带来的"重体力、用工难"等问题，从而提高仓储物品分拣的高效性、安全性和准确性。

5G+智慧质量管理。应用 5G+AI+云技术对测试结果自动分析、自动判定，减少人为干预，提升检查的准确性，提高产品质量。生产过程实现智能检测与控制，代替人工质检。5G 技术的大带宽、高可靠、低时延特性，使远程服务器与现场生产设备、各类传感器之间的数据传输在毫秒间完成。高效的数据传输能够实现关键过程参数的实时采集和分析，实时监控品质关键点和设备状态。可以在极短的时间

内将计算结果反馈给现场设备，减少异常停机，提升一次通过率。

5G+智慧安防。 5G+AI 摄像头的结合有效降低了传统安防领域过度依赖人力、成本极高等问题，推动了安全防范由被动向主动、由粗放式管理向精细化管理转变，并提供了有力的保障，实现生产现场安全监测。

5G+PLC+IIoT Box 云化＋柔性自动生产线。 通过 5G 网络实现 PLC 算力共享，5G 赋能柔性自动生产，实现敏捷交付，有效扩展 PLC 算力，5G 工业基站实现 PLC 全向连接的无线化，避免了 PLC 与 I/O 之间线路磨损和折断导致的生产效率降低，同时解决了工业现场线路排布复杂、工位安插不灵活的难题，实现柔性制造、敏捷部署、灵活定制。

无人智能巡检。 无人机根据系统设置的飞行时间、航线信息自动起降，沿厂区上空飞行，高清摄像头拍摄获取实时图像，通过 AI 智能算法识别作业人员违规操作（例如，未规范穿戴工作服或安全帽）、车辆违规停放等。

📡 提质增效，创新成果显著

5G 全下沉轻量级专网。 施耐德武汉园区及各园区部署轻量化 5GC（相关 AMF、SMF、UDM 控制网元和 UPF 数据网元都下沉到各厂区的 OT 网络），数据和控制信令不出园区，UDM 鉴权功能留在园区内，各园区实现大网断、小网不断，各园区业务不受大网影响。

多园区 5G 跨域组网。 施耐德在全国 7 个地区 10 家工厂新建 26 张 5G 专网，并逐步扩展至施耐德的上下游企业。通过调通局间中继，连接施耐德总部与联通大网 UDM，用于同步本地签约数据和总部网管数据，统一建设、统一运维多园区 5G 独立专网架构。政企客户专用 UDM+ 轻量化 5GC 下沉，根据业务场景创建 3 种无线覆盖模型（标准模型、仓储模型、封闭空间模型），实现多园区场景自服务。

商用 5G LAN 技术。 商用 5G LAN 技术使用 5G 原生的二层接入，简化组网拓扑，使 5G 终端、基站、核心网支持二层 PDU 会话，无须部署 AR 路由器，平滑兼容企业原有网络拓扑和 IP 配置，零改动、低成本实现大规模 5G 网络控制融合。打造全连接工厂数字底座，实现终端灵活互访，包括园区 UE 到内网互访、园区 UE 间二层 / 三层互访、跨园区 UE 二层 / 三层互访。

施耐德深入应用 5G，引领工业自动化产品向 5G 领域发展，继而带动整个工业生产领域向 5G 发展。施耐德还落地了很多绿色低碳方案，每年可减少温室气体排放量 2000 吨。同时，施耐德也对外提供绿色低碳解决方案，与客户分享减碳的绿色发展成果。

基于离散行业的预制棒光纤光缆柔性化智造

参与企业：汕头高新区奥星光通信设备有限公司

技术特点：结合人工智能技术，建立智能制造生产线，拓展制造业企业的发展规模，制造生产从单一化产品生产向多样化、多品类同时生产转变。通过信息技术、人工智能技术为智能制造的实现提供有利条件，运用大数据技术可全面记录生产过程、生产品类、生产量、生产结果。

应用成效：本项目通过采用光缆产品结构数字化设计，实现了产品全生命周期管理；通过数字化生产车间建设，实现了生产过程数据可视化、产品质量可追溯。企业运营效率提升15%，运营成本降低10%，数字化基础设施资源利用率提高18%，实现了行业制造资源的高效配置利用，推动了产业链协同创新。

随着市场的发展变化，光缆的使用场景越来越多，定制化生产需求也越来越多。在护套工序的生产过程中，光缆可能会出现火花、拉伸、鼓包等产品质量问题，如果发现不及时，光缆收线完成后，无法再进行直观的检查，交付也会存在较大的质量风险。因此在前期，技术支持人员往往需要耗费大量的时间与客户进行讨论。而从气体到玻璃棒再到拉丝，一根预制棒的制造耗时两周，只有通过最终的产品测试才能确认产品是否达标，这会影响企业的生产效率。奥星公司为了突破这一难题，从产品全生命周期管理、生产全过程管理、供应链全环节管理3个方面开展应用与实践。

产品全生命周期管理

光缆产品结构数字化设计。根据客户需求构建产品结构，奥星公司快速进行可视化协同设计，以及产品设计的迭代优化。通过产品结构数字化设计，实现"一键式"

产品仿真设计，解决了基础软件难题，设计准确率提升 15.3%，结构设计和工艺输出仅需 1 分钟。产品结构数字化设计流程如图 1 所示。

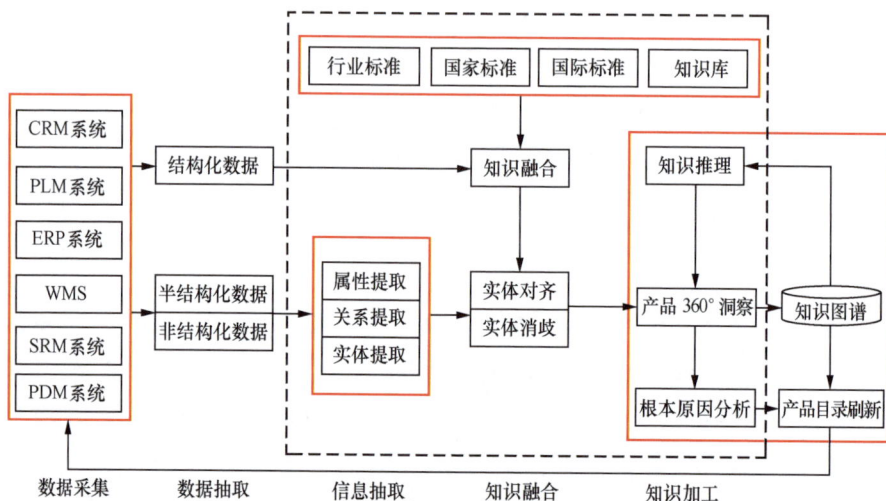

图 1　产品结构数字化设计流程

预制棒产品工艺数字化设计。奥星公司基于工业互联网、大数据、AI 技术，通过智能工艺平台开展质量和生产过程智能化仿真管控，从而优化产品质量，提高产品的良品率。基于智能拟合，实现由"人工匹配"转变为"自动拟合"；基于在线预测，实现由"事后控制"转变为"事前预测"；基于虚拟样机，实现由"实物验证"转变为"质量预测"。质量和生产过程智能化仿真管控流程如图 2 所示。

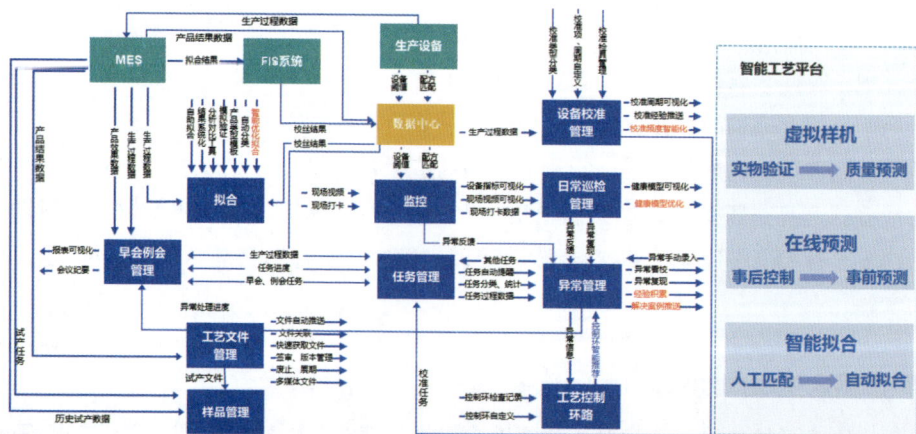

图 2　质量和生产过程智能化仿真管控流程

产品质量智能在线检测。奥星公司通过在光缆的护层生产线部署智能检测装备，应用工业相机，结合机器视觉技术，智能检测护层的表面缺陷，通过系统联动、自动报警，开展产品质量在线检测、分析，全面提升生产效率和检测精度。通过产品质量智能在线检测，将原有的在线抽检升级为全检，检测精度达到 0.001cm，检测速率达到每分钟 120m，检测效率提升 80%，有效保障了出厂产品的质量。

🌐 生产全过程管理

动态配置的数字孪生工厂。奥星公司应用建模仿真、多模型融合等技术，基于真实工厂搭建虚拟工厂，以实时数据驱动虚拟工厂，复现真实工厂。构建装备、生产线、车间、工厂等不同层级的数字孪生，通过物理世界和虚拟空间的实时映射，实现基于模型的数字化运行和维护。数字孪生工厂配置如图 3 所示。

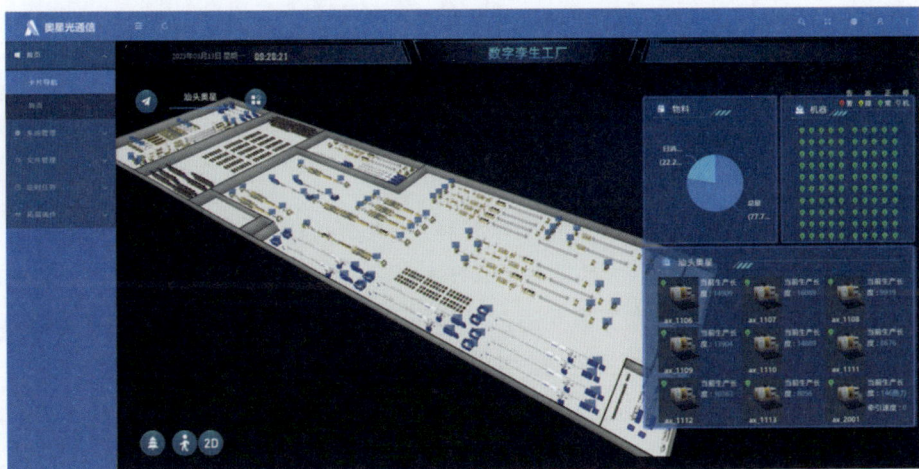

图 3　数字孪生工厂配置

车间智能排产调度。为了减少设备无效等待时间，保障设备可持续运行，奥星公司根据生产周计划自动计算物料需求计划、产能需求计划，根据生产线运行情况输出多工序排程结果，指导工艺设备、物流设备及人员的调度工作，实现各项任务的下达、执行跟踪与结果反馈。同时，通过生产与物流全过程可视化管理，实时了解现场运作情况，科学有效地做出决策以指导生产，实现基于多约束和动态扰动条件下的车间排产优化。开展基于资源匹配、绩效优化的精准派工，实现人力、设备、物料等制造资源的动态配置。智能排产过程如图 4 所示。

基于订单的混线生产系统。奥星公司建立"人、机、料、法、环、测"全要素管理的混线生产系统，根据订单的工艺要求自适应工艺流程，根据工艺流程和工艺要求动态调整生产线模块的工艺装备，快速重构生产线，以满足不同订单的多种产品自动化混线生产要求，实现生产线柔性化配置。

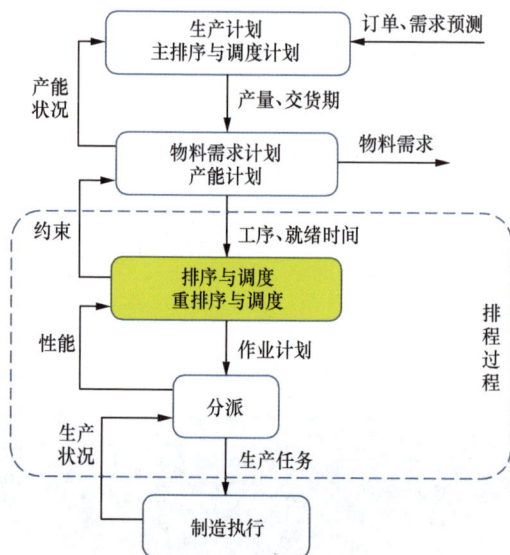

图 4　智能排产过程

智能化光纤生产线。在光纤的生产过程中，综合利用工业机器人、立体仓库、成套物流装备、图像识别、大数据分析等技术，将生产现场的生产设备、物流装备，以及摄像头、传感器等设备互联互通，实时进行数据交互，采集生产现场的设备运行轨迹、工序完成情况等相关数据，并综合运用统计、规划、仿真等方法，将生产现场的多台设备按需灵活组成一个协同工作体，协同完成光纤的分拣、自动化转运、自动检测、自动出入库等。同时优化设备间协同工作方式，减少同时在线生产设备的数量，提高设备利用效率，减少生产能耗。

精细化能源管理。奥星公司基于工业互联网平台，依托物联网、大数据等技术，采用自动化、信息化技术建立能源管理调度中心，园区水、电、气等能源数据实现"采集—过程监控—能源介质消耗分析—能源优化管理"，以及全过程的自动化、高效化、科学化管理，使能源生产及使用的全过程与能源管理有机结合起来，运用先进的数据处理与分析技术，进行离线生产分析与管理，实现全厂能源系统的统一调度。能源管理调度中心页面如图 5 所示。

图 5 能源管理调度中心页面

供应链全环节管理

供应链计划协同优化。通过管理预测光缆市场的销售形式，形成年度总销售计划，结合库存情况获得年度生产计划及品种库存管理区间。比较月度待交付订单，再结合库存，获得修正的月度计划，通过产能约束，形成周/日的生产计划，并根据生产计划、原材料库存执行对应的采购计划。对接客户侧供应链平台，实时获取市场需求预测，订单、客户、生产与库存等自动关联，及时了解客户历史订单情况，实时了解库存情况及生产计划等。当订单库存不足时，及时预警，合理安排出货量。供应链计划协同流程如图 6 所示，通过供应链计划协同优化，企业运营效率提升25%，库存周转率提升 30%。

供应商数字化管理。光纤光缆供应链管理领域的产业链长、工艺要求高、专业性强，上游行业大客户对供应链协同要求高。通过知识图谱供应链协同平台实现供应商与客户之间的业务交互和数据共享，提高采购业务的效率。供应商数字化管理流程如图 7 所示。

对光纤、光缆生产企业而言，柔性化智造意味着高品质的生产管理、高效的生产效能和高标准的生态环境。奥星公司减少线下工艺核定与小批量试制时间，通过工业全要素、全产业链、全价值链深度互联集成，推进产业链上下游企业转型升级、协同运营、降本增效。紧紧抓住制造和智能的两极，重构工业模式，深化业态创新，重塑企业内核，打造绿色智能工厂，推动企业高质量发展。

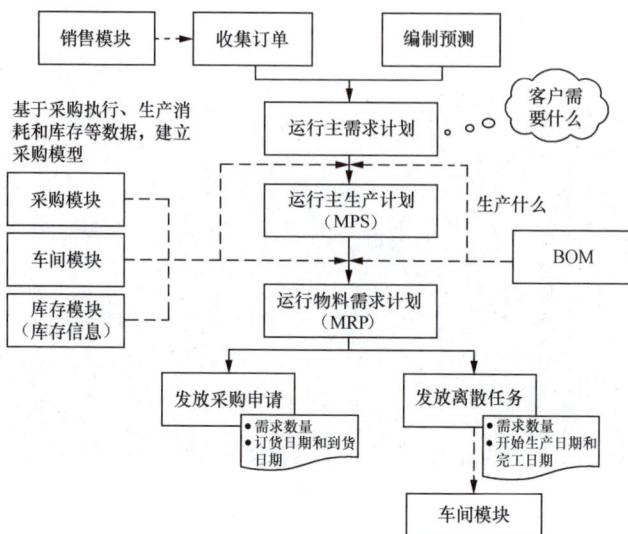

图 6　供应链计划协同流程

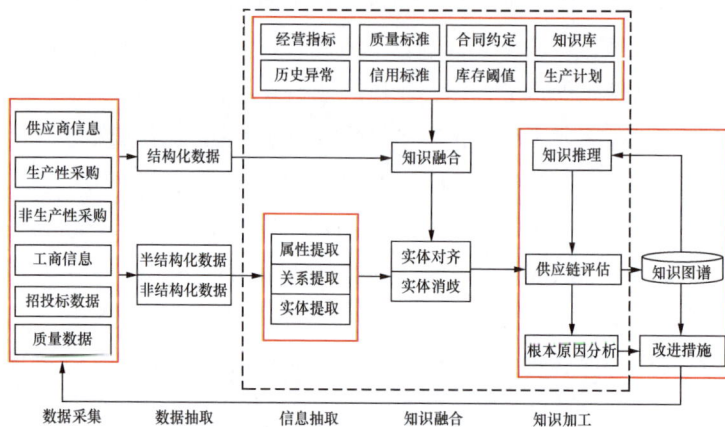

图 7　供应商数字化管理流程

5G 助力智慧冷链枢纽，数智提升园区管理效能

参与企业：中国移动通信集团甘肃有限公司

技术特点：以5G、物联网、人工智能为底层技术，陇西县建设了现代化、数字化冷链物流枢纽及配套的5G智慧冷链园区，致力于打通农产品冷链物流通道。其中，5G立体冷冻库创新应用场景具有落地商用创新优势，在服务社会的同时，进一步推动了冷链物流科技、冷链物流业务创新发展。

应用成效：通过对陇西县本地及周边蔬菜、水果、肉制品等提供集中存储、运输及渠道销售等业务，按现在建设存储体量的60%估算，每年可带来收入5000万元以上；通过优化管理园区整体系统，降低成本超过1000万元。显著降低分拣线拥堵造成的物流损失及生产线拥堵后需停产疏导所消耗的时间，每年节省成本约2000万元。基于5G专网和边缘计算实现的主动式监控预防系统，每年节省成本约1000万元。通过冷链全链路可视化追溯，保障超过500万吨农产品的上行运输，以及近2000万件快递的下行运输，农产品货损带来的损失可减少百亿元。

本项目充分发挥陇西县的地理位置优势，将陇西县5G智慧冷链园区定位为甘中地区冷链物流枢纽，打通武威、酒泉、张掖等河西走廊地区农产品的上行冷链物流通路，构建起一张陇西农产品上下行的全国冷链物流枢纽网络，帮助本地及周边产业在营销通路和产品建设方面迈上一个"新台阶"。

一个"点"——打造5G智慧冷链园区

顺应仓储冷链物流和5G发展，打造5G智慧冷链园区标杆。基于5G专网和5G智能组件，通过对园区全要素（人、车、货、场、设备）、多业务（生产、安防、物业）全面智能感知，提升一体化协同效率，实现园区深度数字化管理。5G智慧冷链园区示意如图1所示。

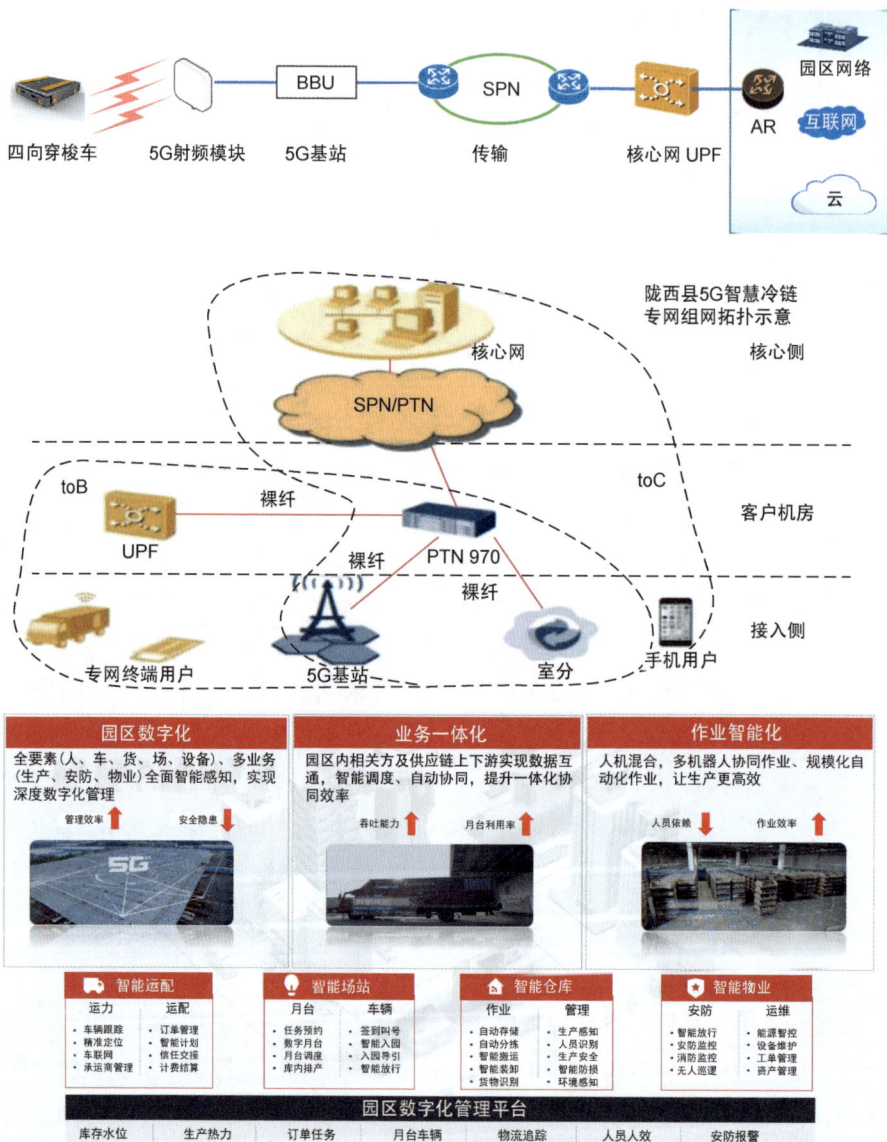

图 1　5G 智慧冷链园区示意

🔆 一张"网"——构建冷链物流枢纽网络

依托 5G 智慧冷链物流系统，协同整合设备和冷链平台公司优势，提供集中存储、运输及渠道销售等业务，共同达成产业投资、资产盘活、服务提升和生态聚合的正向循环模式，保障合作的价值和可持续性。以陇西县 5G 智慧冷链园区为中心，通过提供冷链存储服务，辐射 200km 范围内的冷链需求。根据特色产业定制全国"一张网"，高效、短链直达终端门店或消费者，保障不同销售线路的物流能力与履约体验。5G 智慧冷链物流系统架构如图 2 所示。

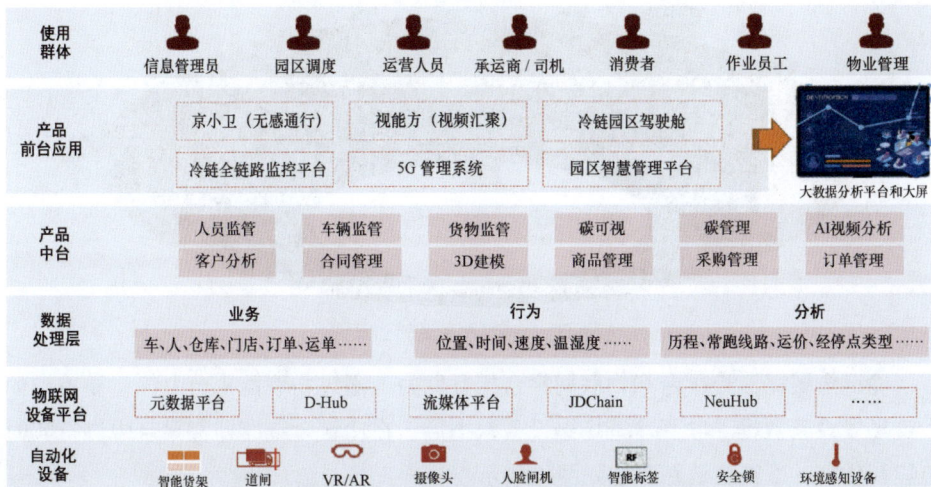

图 2　5G 智慧冷链物流系统架构

　　5G 智慧冷链物流系统涵盖物流信息平台并配套 5G 智慧仓储体系，通过"5G 专网 + 云网资源接入"实现数据互通、智能调度、自动协同，提升了一体化协同效率。

　　5G 智慧冷链园区管理系统建设。5G 智慧冷链园区管理系统包括园区智慧管理平台、园区 5G 安防监控系统、无感通行系统、园区大数据管理平台、5G 智慧管理系统、硬件设备等模块。5G 智慧冷链园区硬件设备包括车行道闸、人行道闸、园区 5G 安防监控设备、数字监控大屏及平台所需 5G 专网、云网资源等。

　　5G 智慧仓储体系建设。采用冷藏库自动化设备，配套完善信息中心功能，主要包括存储、载体、搬运、输送、组盘、拣货、仓库管理和控制系统等。嵌入 5G 应用等智能化手段，提高仓库机械化、信息化、智能化水平，降低运行维护成本，提供舒适的工作环境。软件部分包括仓储管理系统、数智化供应链冷链物流中控平台。硬件设备包括人工库区和智能自动化仓储库区 5G 智能设备、电控系统、专用货架、库内及车载温湿度智能监控设备、专用塑料托盘、电动叉车、专用平板计算机及打印机等辅助设备。

　　5G 智慧仓运配管理和冷链全链路监控系统建设。本系统包括 5G 智慧仓运配管理平台和冷链全链路监控平台，5G 智慧仓运配管理平台针对冷链物流运输过程进行有效管控，冷链全链路监控平台依托车载和仓库的 5G 无线路由智能设备，对

5G 智慧仓位置、温湿度等数据进行监控和管理，同时实现后续问题的可追溯和可查询。冷链物流流转过程如图 3 所示。

图 3　冷链物流流转过程

冷链全链路监控平台和物联网平台相互助力，通过物联网平台上传需要监控的冷链场景设备数据。收到冷链场景设备数据后，在冷链全链路监控平台中进行实时监控和告警。冷链全链路监控如图 4 所示。

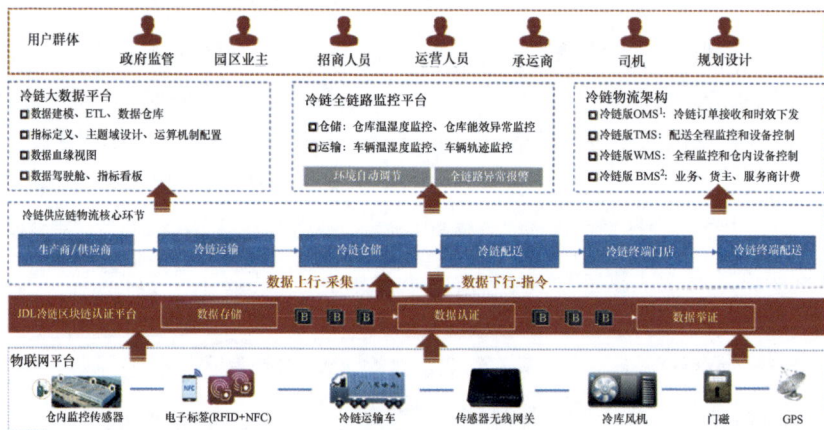

注：1. OMS（Order Management System，订单管理系统）。
　　2. BMS（Billing Management System，计费管理系统）。

图 4　冷链全链路监控

🎙️ 六大创新成果实现园区管理效能的最大化

5G 立体冷冻库创新应用。5G 提供切片、低时延、高可靠等能力，为冷冻库的四向穿梭车提供了高质量的无线网络环境。

5G 专网定制。一方面将 UPF 直接下沉至园区部署，满足应用场景低时延、数据不出园区的要求；另一方面通过 5G 无线入库，在冷库内部署高规格的无线设备，提供高可靠性的无线网络覆盖，匹配冷库常态 –20℃，极限 –40℃的工作环境。

5G 智慧仓储硬件设备融合跨系统自动化库生产系统。依托 5G 融合，进一步提升连接可靠性和集群响应效率；依托一体化生产系统连接，以自动化生产为主、人工协作为辅，打造跨环节统一架构、协同的自动化生产系统，助力园区实现协同生产和灵活部署。

5G"云、网、边、端"协同一体化的设施和智能应用。打造物流 5G 工程化应用，覆盖从终端、5G 专网、边缘计算到云管理的端到端全链路联网和算力服务，保障网络的可靠性和计算的灵活性；依托"云、网、边、端"，协同打造园区数字化智能识别应用，服务于无感通行、数字月台等枢纽智能运营感知及智能安防场景，降低成本，提升敏捷性。

人工智能和服务流加持驱动敏捷大数据服务。构造标准化的冷链物流枢纽统一服务平台、促进数据的流通和开放性，同时，引入最新的技术，通过人工智能辅助功能调用公共的 AI 接口进行建模查询，降低数据中心建模和查询的使用门槛。

冷链区块链 + 软硬件一体化智慧冷链物流追溯应用。结合京东对供应链的业务沉淀，打造软硬件一体化的智慧冷链物流追溯应用，依托区块链平台打造冷链监管可信溯源体系，推动冷链商品流转过程标准化、全流程可溯源、渠道有保证，最终实现冷链安全可信。

目前，本项目软件控制平台已服务超过 30 个枢纽和政府冷链物流园区项目，正在着手联合打造 5G+标杆枢纽项目，进一步提升政府枢纽服务能力。通过县域枢纽的建设，推动工业产品的下行运输和农产品的上行运输，将带动上千亿元甚至上万亿元的经济效益。同时创造巨大的社会效益，带动乡村振兴，带动县域劳动认可和县域经济的结构性升级。

5G 赋能，构建智慧中药 5G 全连接工厂

参与企业：江苏康缘药业股份有限公司

技术特点： 康缘药业5G＋工业互联网主要应用在工业设计、工业制造、质检、运维、控制、营销展示等关键环节，并形成园区智能化一卡通、智能安防、智能物流、生产技术改进等一系列的典型应用场景。通过5G＋工业互联网向上支撑各种创新应用孵化，使生产管理各环节的数据可视、可管、可控，打造绿色节能、精细可控的智慧化生产体系。

应用成效： 本项目为康缘药业建立起一个具有示范效应的数字化、网络化、智能化、智慧化、现代化的"5G＋智慧园区"。实现产业链升级厂区全面智慧化，使经济效益和社会效益同步提升。通过5G赋能推动核心生产工艺变革，形成了自主可控的解决方案及5G制药专网，康缘药业不仅实现了自身产能与效益的提升，也为行业内多家制药企业赋能。

🛜 5G 赋能机器视觉质检

康缘药业采用 5G 专网承载，为机器视觉质检平台定制高清相机，并结合多层感知器（Multi-Layer Perceptron，MLP）算法，对生产线上的西林瓶、安瓿瓶进行质检。5G 技术提供了高速、稳定的网络连接，保证大量图像和数据的高效传输，使机器视觉质检平台能够更准确地对产品进行质量检测。

在装箱环节，机器视觉质检平台实现了装箱实时监测，有效降低少装 / 错装的概率。5G 网络的高速传输保证了监测数据的实时传输和反馈，使装箱操作可以被及时进行调整和纠正，确保产品装箱的准确性和一致性。

5G 助力生产现场检测

生产场景的行为识别分为两种，即人与设备的位置识别和作业人员穿戴防护识别，主要具备以下功能：限制人员违规进入厂区的危险区域、保密区域；监控车间工人未穿着工装或错误穿着工装的情况；重点关注核心生产区域的人、机异常，例如人员行为异常、设备外破等。5G＋生产现场检测示意如图 1 所示。

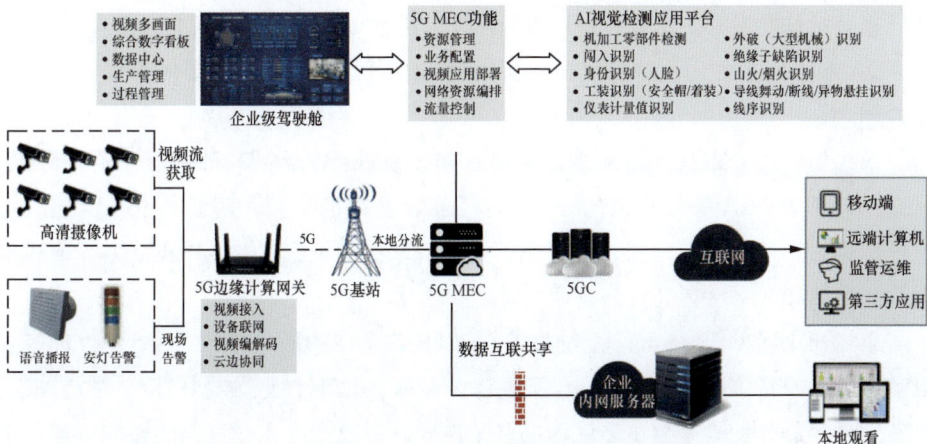

图 1　5G＋生产现场检测示意

5G＋生产现场检测有两个功能。

一方面，通过 5G 网络连接监控设备，可实时监控生产现场的情况。利用 5G 的高速传输特性，保证视频流的实时传输，实现对单人作业、区域入侵、无人作业、违规操作、着装作业等事件的准确监测和追踪。5G 网络的稳定性和低时延确保了数据传输的实时性，为生产管控提供了高效准确的数据支持。

另一方面，在固体制剂车间完成 5G 网络建设，实现 5G 网络全覆盖。通过 5G 网络连接的 SCADA 系统，康缘药业能够实时采集生产运行数据和生产设备的故障报警信息。这些数据会被推送至平台，然后由平台汇聚设备历史运行数据与故障数据，并在车间进行大屏展示。通过这种方式，生产人员可以实时了解生产运行情况和设备状态，及时采取措施，避免潜在的生产故障和生产线停机。

5G 打通厂区智能物流

康缘药业固体制剂车间已成功实现智能物流 AGV 的部署，用于车间物流传输工作。但由于工业 Wi-Fi 无法满足实际应用的需求，当前的网络基础设施也限制了生产线 PLC 设备的组网运行，生产线的智慧化生产需求无法得到满足。在康缘药业的生产车间和仓储库房中，存在物料运输和成品物流堆垛的操作需求。为了提升运输场景的效率和安全性，康缘药业在使用 AGV 进行物料运输的场景中引入 5G 技术，以实现智能化理货和高效通信。

🛰 5G 推动生产过程溯源

康缘药业目前的生产设备 PLC 主要有西门子、欧姆龙等，因其设备种类多、国外厂家有特殊要求等，设备主要采取局部联动运行或单机运行，需要人工介入操作。SCADA 未实现平台化，制药数据溯源、制药过程分析等工作需要人工复制大量设备数据。

康缘药业为获取生产过程数据，对生产设备进行了数字化改造。通过单片机、PLC、DSP、FPGA 等软硬件的设计，以及 5G 网络的支持，对设备进行改造。提升提取罐、三效板式浓缩器、醇沉罐等中药提取精制设备的数据采集能力，同时结合边缘计算和云平台提高设备管理的智能化水平。

康缘药业以 MES 和 ERP 系统为核心，以接口集成的形式与 PLM 系统完成联动。目前集成后的整体信息化架构，已实现销售订单、生产计划、物料供应、生产加工、设备管理、质量检验等全生产流程的联动协同，以及产品在线追溯的协同管控。康缘药业已建立 5G+工业互联网平台，根据产品的工艺路径，在 MES 建立工艺模型，在生产线工序节点，通过扫码枪、工业相机等，采集产品的工序作业信息及使用物料、设备、工装夹具、人员等信息，实现生产过程可溯源。产品追溯平台示意如图 2 所示。

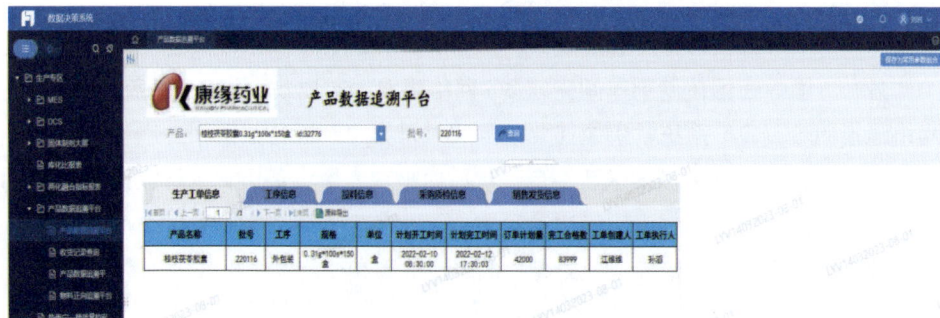

图 2　产品追溯平台示意

在整个生产过程中，通过条码识别，将物料信息和生产程序匹配，校验通过才能生产，否则会报错或预警停机。在整机生产环节，运用扫码设备和机器视觉技术，拍照或者录制视频存档，并录入人员、产品等信息，以便追溯查询。在信息流方面，系统可以根据条码信息实时查看物料所在的工艺节点。在物理流方面，通过 UWB 定位、射频识别和条码技术，实时掌握物料所在位置。此外，追溯产品质量时，也可以根据条码查询物料批次、供应商、加工信息（生产指令、生产日期、生产设备等）等资料。

康缘药业通过建立产品追溯平台，对工业产品的生产过程进行全面追踪和管理，实时监控产品的生产状态，快速定位和解决出现的问题。本平台也具备产品的质量追溯和防伪查询等功能，可以实现对生产过程的全面监控，提高产品质量和客户满意度。

5G 提升管理能效

康缘药业的 5G+生产采集设备，对海量生产数据进行实时高速、安全提取，寻找设备、生产、工艺、质量等之间的关联规律，形成决策规则，反馈调控生产。

通过基于大数据技术的中药过程知识系统的建设，康缘药业针对热毒宁注射液的提取精制工序和制剂工序分别建立了 9 个模型，并针对桂枝茯苓胶囊的制剂生产工序建立了 6 个模型。这些模型基于大量实验数据和先进算法，实现了对药物制备过程的全面分析和优化，提高了生产效率，降低了运营成本，同时提高了产品质量的均一性。

通过生产制造车间能源计量采集系统，康缘药业对生产制造车间相关设备的能耗进行全面监测。针对不同类型的能耗，例如水、电、气等，采用智能表计或非智能表计的人工巡检，采集上报能耗数据。康缘药业加装了 5G 智能表计监控关键设备，以实现更精准和高效的能耗数据采集。

康缘药业对园区各级的电、水、气等分类／分项能效消耗进行计量，通过对比相同颗粒度的能耗使用情况，了解不同对象的能耗规律，自动对这些对象进行能耗排名，找出能效使用过程中存在的漏洞和规划不合理的地方，从而调整能效分配策略，减少能效在使用过程中的浪费。

微网优联5G工厂助力新都区打造中国网通产业第二极

参与企业：中国移动通信集团四川有限公司成都分公司

技术特点：本项目自主研发5G+IIoT边缘网关，实现5G网络与工业设备装备、工业控制等核心业务的深度融合；建设OneCyber融合组网管理平台，开展企业5G行业虚拟专网的网络运维模式创新；建设物联网综合能力平台和工业互联网数据中台，解决"数据孤岛"问题，迈出数字化转型的关键一步；通过OnePower智慧工厂平台和OnePark智慧园区平台，打造创新业务应用场景，提高企业节能减排水平。

应用成效：本项目作为西南地区传统电子制造产业向数字化、智能化和高端化转型升级的标杆，能够激发相关企业建设5G全连接工厂的积极性，有效带动西南地区相关产业链的发展，提高产业的竞争力和附加值。

微网优联与成都移动、中移上海产业研究院、中移物联网共同签署战略合作协议，并成立"5G全连接工厂联合创新中心"，为解决5G＋工业互联网应用实践中所遇到的关键问题，通过平台共建、标准制定、技术研发、产品研制、应用实践等方式进行联合创新，共同探讨和解决关键问题，推动5G技术在工业领域的广泛应用和发展。通过构建OICT工业基础设施，打造工业Paas+SaaS服务体系，为生产设备、物联终端联网夯实"通信基础"，为工业互联网云平台筑牢"云网根基"。

深化"两化＋四融"，赋能"连接＋管理＋应用"

微网优联依托自身网通产业优势和智能制造实践经验，以信息化带动工业化、以工业化促进信息化，不断深化制造技术与新一代信息技术的深度融合（云网融合、云边融合、云数融合、云智融合），搭建物联网综合能力平台和工业互联网数据中台，并通过中国移动"平台9 One计划"赋能"连接＋管理＋应用"。

5G全连接。通过IoT/IIoT平台、视频平台、大数据中台等，搭建数字化转型底座，实现"工业智连"。

智造管理。通过 MES、SRM、WMS 等一系列工业信息化系统，实现生产要素的充分运用，打通 OT 域与 IT 域。

智慧应用。通过智慧工厂与智慧园区平台，独立于 OT 与 IT 体系，打造数据要素充分利用、创新应用高效赋能的 5G 全连接工厂。

"两化 + 四融"方案如图 1 所示。

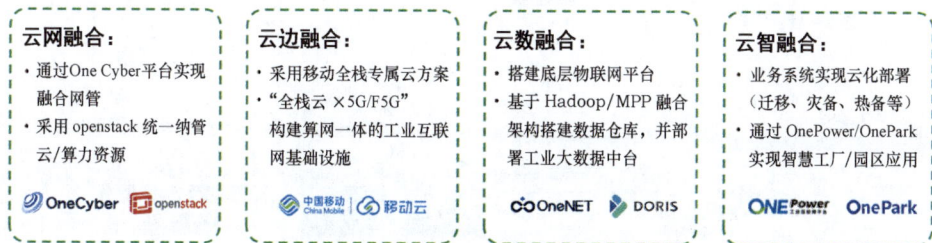

图 1　"两化 + 四融"方案

打造创新业务应用场景，迈出数字化转型关键一步

本项目主要分为 3 个部分，其中，云网基础设施部分主要由成都移动负责打造，工业 Paas+SaaS 平台部分主要由中移上海产业研究院和中移物联网负责搭建，"5G + 工业互联网"应用部分由微网优联牵头开展实践。

云网基础设施。通过"5G 尊享专网 + 工业 PON+ 全栈云 + 多网融合、多云协同、云网统管"的综合解决方案，将生产网、办公网、视频网、物联网、企业核心网和边缘云、企业数据中心、公有云资源有机结合，通过云管和网管平台集成计算资源、存储资源和网络资源，构建 OICT 工业基础设施，助力微网优联数字化转型。云网基础设施规划如图 2 所示。

工业 Paas+SaaS 平台。微网优联在自主研发的鲁班工业信息化系统的基础上，通过 Paas 层的数据基座建设（OneNET 物联网综合能力平台、视频能力平台、OnePower 工业互联网数据中台），为企业数字化转型和数实融合创新奠定基础。

同时，独立于 OT 和 IT 体系搭建两套 SaaS 层的敏捷开发平台（OnePower 智慧工厂平台、OnePark 智慧园区平台），以 Paas 层数据基座为基础，以微服务的方式开发符合生产业务和园区管理需要的单点式的典型创新应用场景，既保证了 OT 与 IT 域系统的稳定，也可以不断拓展智慧工厂、智慧园区的应用场景，打造"云 × 5G+工业互联网"领域的最佳实践。工业 Paas+SaaS 平台整体规划如图 3 所示。

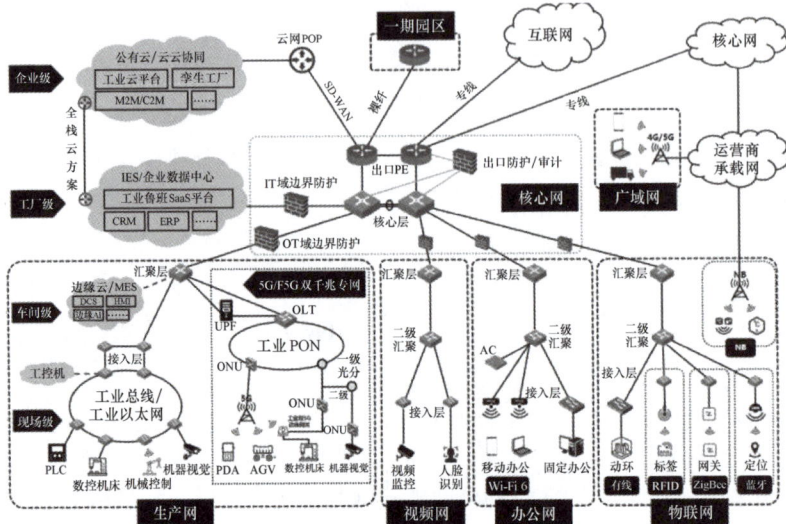

图 2 云网基础设施规划

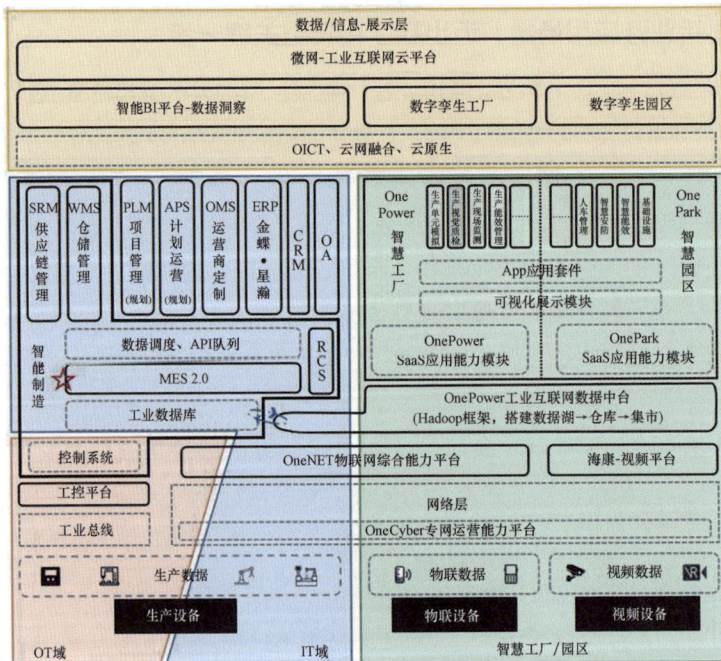

图 3 工业 Paas+SaaS 平台整体规划

5G＋工业互联网平台。通过 OnePower 智慧工厂平台和 OnePark 智慧园区平台，打造创新业务应用场景，提高企业节能降碳水平。结合微网优联成熟度工业信息化基础，通过 5G 网络融合人工智能、云计算、大数据等新型信息技术，结合低代码开发组件和工业 App 开发组件，赋能企业数字化、智能化生产。

5G＋工业互联网平台依托 OneNET 物联网综合能力平台和 5G+IIoT 边缘网关，在实现设备数据高效采集的同时，也实现了对企业能耗数据的实时采集。通过 One Park 智慧园区平台能效管控系统，监测能源流向、能源消耗量及消耗的方式，并结合人工智能技术，构建能源调度、设备运行、环境监测等多维分析模型，实现能耗数据可视化、全局化管理，以数据驱动智慧节能，优化生产能效、实现节能减排，助力"双碳"目标实现。

数实融合，打造西南 5G 全连接工厂标杆

通过深化"5G＋工业互联网"应用实践，本项目二期项目实现自动化、信息化、数字化、智能化的全面覆盖，该工厂是四川乃至西南片区单体投资规模最大的 5G 全连接工厂，对于西南地区制造业数字化转型和数实融合应用树立了标杆。

5G 赋能产业数字化转型，打造中国网通产业第二极

微网优联持续实施"建圈强链"高质量发展计划，充分发挥产业链主导企业的带动作用，联合产业各方和上下游供应商打造全产业链的 5G 全连接工厂创新生态，实现工业经济全要素、全产业链、全价值链的连接，加速以 5G 为代表的新一代数字技术与工业制造业的产业链融合，创新 5G 全连接工厂发展模式，不断提升产业生态整体竞争力，聚力打造中国网通产业第二极。

5G 助力新都区构建生态，打造国家级先进制造先行区

新都区积极构建具有新都特色的园区工业互联网全解决方案生态，计划打造先进制造先行区和建圈强链示范区，通过政府引导、问题导向的方式，精准把握中小企业数字化转型面临的痛点，充分调动中小企业的积极性，统筹各类资源优化供给，降低中小企业数字化转型成本，以数字化转型为契机提高中小企业的核心竞争力。

微网优联将自身"云 × 5G＋工业互联网"的实践经验和链主企业核心能力，通过"上云用数赋智"的方式发布到数字协同业务平台供其他企业复制使用，并与中国移动共同提供 OICT 工业基础设施解决方案。

🌐 统筹兼顾社会效益与经济效益

从"**刚性生产**"到"**5G 柔性智造**"。灵活支持小批量订单的柔性化生产，换线时间缩短到 30 分钟以内，订单从下单到交付最快 72 小时内完成，整体生产效率提升约 45％。

从"**传统生产管理＋质量管理**"到"**5G+AI 智能检测监测**"。实现生产现场全方位的智能化安全监测和管理，解决了传统人工抽检、事后质检带来的错检、漏检、溯源困难、设备故障处理不及时等问题，无生产事故，人均产值提升 17％，质检准确率提升至 99.5％，产品不良率下降 28％，设备综合利用率提升 25％，单位产品成本下降 17％，实现质量效益双提升。

从"**传统仓储物流**"到"**5G 智慧仓储物流**"。显著提升物流效率和货物管理水平，仓储作业效率提升 60％，人力成本降低 45％，包装效率提升 30％，进／出库时效提升 50％，实现仓储物流降本增效。

从"**传统粗放式能效管控**"到"**5G 智慧生产能效管控**"。实现能源计量自动化、管理精细化和平衡智能化，能源管理"看得见、说得清、管得住"。资源综合利用率提升 8％，单位产品综合能耗降低 15％。

麻地梁煤矿 5G 工业控制创新应用

参与企业： 内蒙古智能煤炭有限责任公司、中国移动通信集团内蒙古有限公司鄂尔多斯分公司、华为技术有限公司、上海山源电子科技股份有限公司

技术特点： 5G具有低时延、高可靠、广接入的技术特点，可满足工业实时控制等应用需求。本项目促进矿山5G专网、智慧矿山工业互联网平台、矿山5G+应用的创新示范和乘数效应，从而有效提高矿山作业效率和安全管理水平等。

应用成效： 本项目通过5G工业控制方案的创新应用，保障了麻地梁煤矿在智能化建设发展中涉及的移动设备远程控制更加稳定、可靠，基于各场景的探索、实践，证明了5G通信在煤矿企业的运用价值与发展方向，为煤矿企业的5G智能化发展打下了基础；保障了矿井一些自动化、智能化项目落地，实现了缩减人员。目前，综放工作面用工3～5人，带式输送机、变电所实现无人值守，为矿井节约了可观的人工成本；麻地梁煤矿采煤机基于5G AR"双发选收"技术的采煤机5G控制实现商用推广能力，助推煤矿行业智能化发展。

随着新时代背景下先进信息技术的应用，矿山建设正在逐步从机械化、数字化发展阶段向智能化发展阶段迈进。在推进智慧矿山建设的实践中，麻地梁煤矿超前布局，按照"目标引领、整体设计、分步实施、逐步完善"的建设思路，通过生产过程自动化、安全监控数字化、经营管理信息化与信息管理集约化，集中管控、应急联动、数据共享、业务融合，探索出了"本质安全、降本增效、为职工谋福利"的智慧矿山建设新方向。

夯实 5G 网络底座，打造矿山发展新引擎

智慧化的前提是数据化，矿山数据化是智慧矿山的核心。麻地梁煤矿在地面部

署完成了 3 个宏站，井下安装完成 23 个基站，实现井上井下主要巷道、硐室等区域 5G 网络覆盖，做到 5G 网络与矿井万兆工业互联网对接，实现双网融合、互联互通。此外，还完成了采煤机、掘进机、无人驾驶胶轮车、巡检机器人和锚杆台车 5 个移动设备 5G 组网对接及工业控制场景应用。

5G 通信、组网技术。麻地梁煤矿利用 5G 大带宽、低时延（1 ～ 10ms）、高可靠性等优点，可支持海量物联网无线数据连接、井下视频数据采集，保障了井下设备、工作面设备远程实时控制信道的畅通性和高可靠性。5G 通信系统的组网架构采用环形结构，通过铺设地面基站，与双路电信运营商的通信线路形成环路；井下 5G 微基站，采用分布式的射频拉远单元 BOOK RRU（天线一体化）＋ 物联网无线通信路由器（5G CPE）组成方案布设。

5G 边缘云计算技术。麻地梁煤矿利用计算迁移、5G、新型存储系统、轻量级函数库和内核等 MEC 技术，将末端存储资源下沉到网络边缘。根据业务需求，使用 MEC 技术将海量的临时数据在网络边缘计算，将需要在本地处理的数据存放至本地；对于本地无法处理的数据，则继续上行到云计算服务器中处理，利用 MEC 的部署，网络边缘处边缘设备采集的数据进行全部或部分的预处理，减少网络传输的数据量，降低网络和云服务器的压力；发挥本地存储的优势，降低传输的能耗，实现高速通信。

5G 用户终端设备通信技术。麻地梁煤矿利用 5G CPE 作为无线组网的关键主节点和子节点（强 AP），实现工业网关对信号进行二次中继，提供给需要的设备使用。该技术还扩大了 5G 网络的覆盖范围，使监测区域实现 5G 网络覆盖，方便对数据进行采集、传输；若节点因为故障或者网络掉线，导致该节点无法正常上网，该节点会自动转发经过其的业务数据包，由其他节点上网。

🛜 5G SPN 融合组网应用，构造可靠通信网络

5G 工业环网。为了保障麻地梁煤矿 5G 工业应用不中断和物理链路冗余，矿井分别于井下采区变电所与地面机房各新增 1 台 PTN 设备，将原有的井下基站到地面宏站 PTN 的组网方式改为"井下 PTN—地面宏站 PTN—机房 PTN"成环的组网形式，有效防止因地面宏站 PTN 到井下基站间链路损坏而出现井下数据无法上传问题。

3：1 时隙反转。麻地梁煤矿 5G 工业控制方案的应用实现了井下 5G 基站上下行速率 3：1 时隙反转，提高了上行带宽，保障了 5G 应用场景远程控制的稳定性。

SPN 融合组网。麻地梁煤矿采用 SPN 新传输平面技术，增强了 5G 业务的带宽，

为 5G 工业环网建设、矿区 5G、工业子系统业务大规模接入、工业应用精细化控制、海量数据信息采集，提供了实时、稳定、可靠的通信网络支撑。

采煤机 5G 工业控制

麻地梁煤矿完成了采煤机 5G 工业控制。实现了采煤机由传统的有线工业网控制升级为 5G 控制并与工业互联网冗余备用，采煤机 5G 组网架构如图 1 所示。采煤机 5G 远控首次引入 5G AR "双发选收"方案，即通过在井下采煤机侧和井上控制台侧部署 AR502H–5G 交换机，实施 5G 链路"双发选收"和采煤机控制参数优化等关键措施，充分满足采煤机 5G 远控对链路低时延的要求。自 2021 年 8 月完成至 2023 年年底，采煤机 5G 远程控制业务实现"零中断"。AR 双发选收示意如图 2 所示。

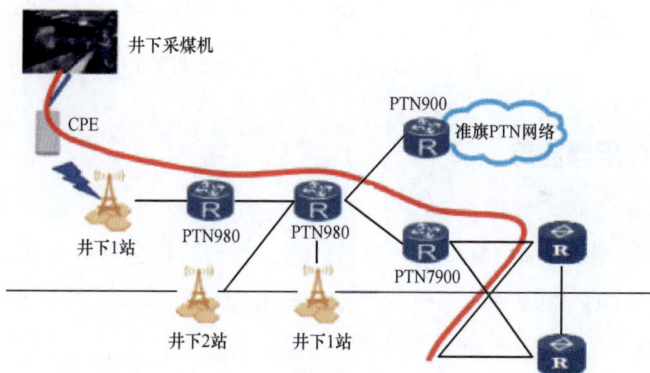

图 1　采煤机 5G 组网架构

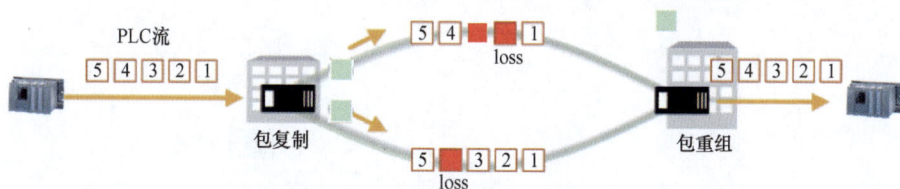

图 2　AR 双发选收示意

带式输送机巡检机器人 5G 控制

麻地梁煤矿于 2023 年建设完成采区变电所巡检、灭火机器人的 5G 工业控制场景应用，通过 5G 网络与矿井工业环网对接、5G 网络区域优化等实现了主斜井带式输送机巡检机器人的 5G 数据传输与远程控制。巡检机器人 5G 组网架构如图

3 所示。

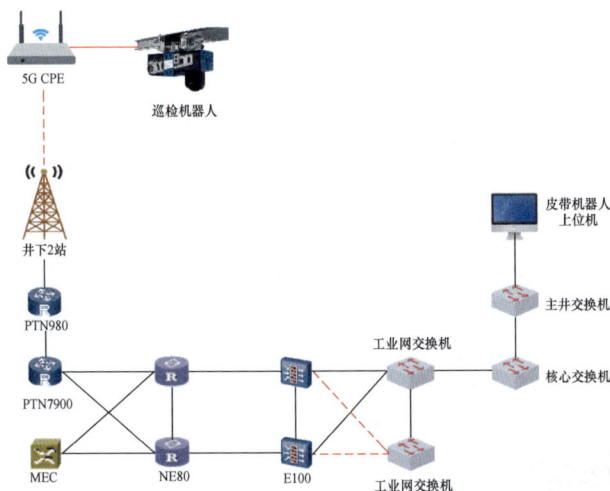

图 3　巡检机器人 5G 组网架构

综掘机 5G 组网应用

麻地梁煤矿通过"综掘机—CPE—5G 网—MEC—工业网—掘进远控主机"的方式，实现了综掘机 5G 组网应用。目前，通过综掘机配套惯导＋全站仪定位，并基于 5G 通信传输，实现了综掘机的远程控制和记忆截割。综掘机 5G 组网架构如图 4 所示。

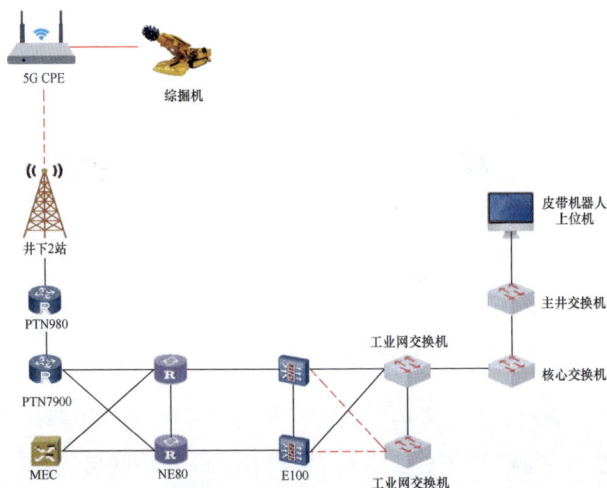

图 4　综掘机 5G 组网架构

◉ 采煤机 5G 工业控制

基于采煤机 5G 工业控制的探索经验，麻地梁煤矿已实现采煤工作面液压支架、刮板输送机的 5G 工业控制技术研发，最终将实现工作面内所有移动设备取消光纤传输，采用 5G 数据传输。

麻地梁煤矿 5G 工业控制方案的创新应用，实现了大多数常规移动设备的 5G 远程控制，并应用于矿井安全生产，为煤矿企业 5G 通信应用指明了方向。推动了我国煤矿智能化和无人化开采，提高了煤炭行业信息化和自动化融合水平。本项目通过长期的探索、研发、试验、实践、总结，验证了 5G 工业控制系统运行稳定、架构简单、可复制、易推广，尤其是 5G AR"双发选收"技术有效解决了采煤工作面 5G 网络波动问题，为煤炭行业 5G 通信应用模块化、商业化的复制推广积累了宝贵经验，具有明显的示范意义和推广价值。

基于极寒环境的 5G 多频段网络管理平台开发及超大上行研发应用项目

((·)) **参与企业：** 中国移动通信集团内蒙古有限公司呼伦贝尔分公司、中移（上海）信息通信科技有限公司

技术特点： 本项目通过打造"1个矿用设备5G Inside+1张超级上行5G专网+1个5G专网运维管理平台"的解决方案，从终端、网络、平台等层面全面保障矿区业务及生产的顺利运行，全方位实现宝日希勒露天煤矿智能化升级。形成5G专网、5G专网智慧运维管理平台、5G无人驾驶应用的网业联动模式，构建了采、运、排无人化作业的煤矿智能化体系，实现了在极寒环境下"5G专网+智慧运维+生产应用"的联动。超大上行技术应用，有效地解决了新的大上行应用场景5G网络上行资源受限的问题，管理平台有效提升了煤矿的安全管理水平，更加安全、高效地实现专网监控和设备管理。

应用成效： 宝日希勒露天煤矿极寒环境5G多频段网络管理平台的顺利落地，实现"7×24小时"监测专网的运行状况和业务的运行状态，通过可视化手段实现矿山专网的"看网、用网、管网"。进一步完善宝日希勒露天煤矿5G+无人驾驶技术，为扩大5G+无人驾驶车队的规模保驾护航，为行业客户创造更多价值，使矿山行业生产效率有效提升，实现了降本增效和减轻矿工工作量的目标。

　　宝日希勒露天煤矿地处内蒙古呼伦贝尔，冬季漫长且寒冷，最低气温可达 –50℃，生产环境恶劣，工作条件艰苦，年生产能力为 3500 万吨。经过一期网络建设，宝日希勒露天煤矿已完成基础 5G 专网覆盖。目前，为解决宝日希勒露天煤矿智能化、信息化过程中存在的问题，有必要开展 5G 专网运维管理平台及超大上行研发、设计、应用创新工作，赋能宝日希勒露天煤矿 5G 无人驾驶应用，提升整体无人采矿的体验和生产效率。

本项目基于宝日希勒露天煤矿工业互联网架构打造了"1 个矿用设备 5G Inside+1 张超级上行 5G 专网 +1 个 5G 专网运维管理平台"的解决方案，从终端、网络、平台等层面保障矿区业务及生产的顺利运行，全方位助力宝日希勒露天煤矿的智能化升级。创新项目顶层设计方案如图 1 所示。

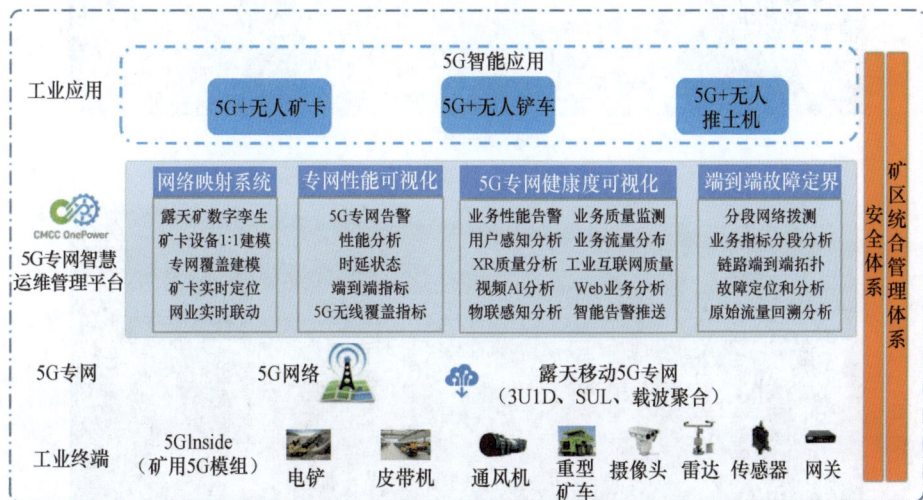

图 1　创新项目顶层设计方案

5G 专网智慧运维管理平台，实现可管、可控、可运维

通过研究开发 5G 专网智慧运维管理平台，再结合宝日希勒露天煤矿的实际工况条件，研发一套"一站式"5G 专网智慧运维管理平台，实现对矿区 5G 网络的可管、可控和可运维，具体功能如下。

宝日希勒露天煤矿网络映射系统。宝日希勒露天煤矿网络映射系统是以宝日希勒露天煤矿为基础，1:1 还原建模矿区及周边的矿卡、铲车，形成此系统的数字底座，同时接入 5G 基站信号、矿卡的实时运行数据，以及 5G 运维专网数据，实现矿区矿卡的虚拟环境与现实环境的一一映射，同时可呈现 5G 基站专网的运维数据，实时监控矿区的基站信号和网络情况，为矿区的网络维护管理、矿车运营管理起到了关键作用。宝日希勒露天煤矿网络映射系统如图 2 所示。

矿区网络监控。支持矿区网络设备监控、通信终端监控和网络设备、资源拓扑可视。设备监控总览如图 3 所示。

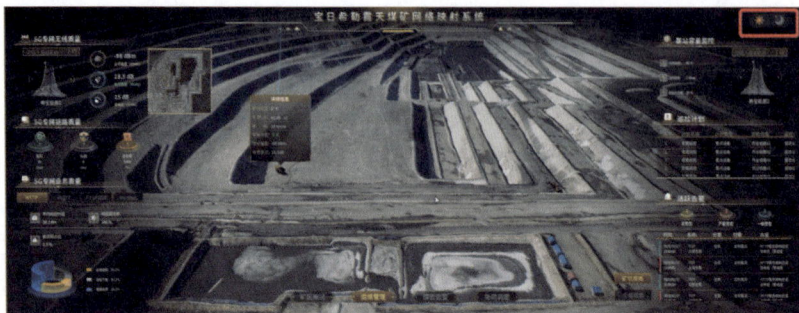

图 2　宝日希勒露天煤矿网络映射系统

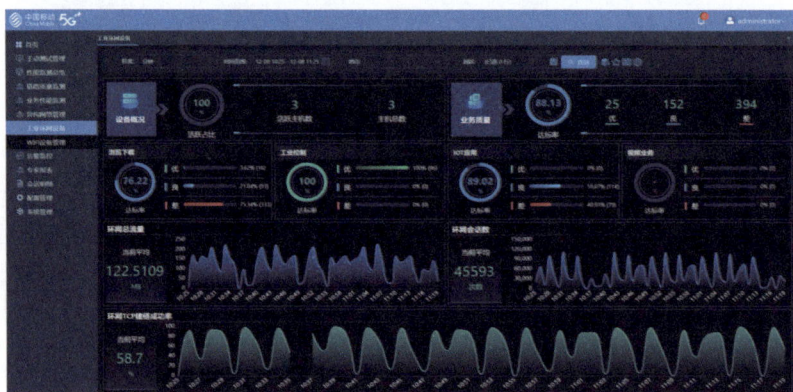

图 3　设备监控总览

矿区业务连接监控。支持矿区业务连接服务等级协定监控（矿卡自动驾驶监控、采掘设备远程操控监控、视频回传监控）和连接拓扑可视。通过 N3/N4/N6 流量数据采集分析，实现矿区业务连接服务等级协定监控。

矿区业务感知监控。支持基于探针对 N3/N4/N6 接口数据采集、分析，形成矿区整体业务质量和性能概览视图，实现业务质量的主动探测，HTTP、视频类、MQTT、Modbus 业务的健康度监控和性能监测。业务性能概览如图 4 所示。

矿区故障定界分析。通过在网络不同分段的关键节点部署探针，可以主动探测并分析数据，形成分段性能测试数据及端到端整体质量报告。主动探测和获取端到端的链路双向可用性及质量，实现对链路和节点质量的监测。

仿真测试。支持利用仿真模型，在不依赖真实设备的情况下，在仿真发起端与接收端模拟工业设备的交互过程，并评测此过程中的网络传输性能。仿真测试示意如图 5 所示。

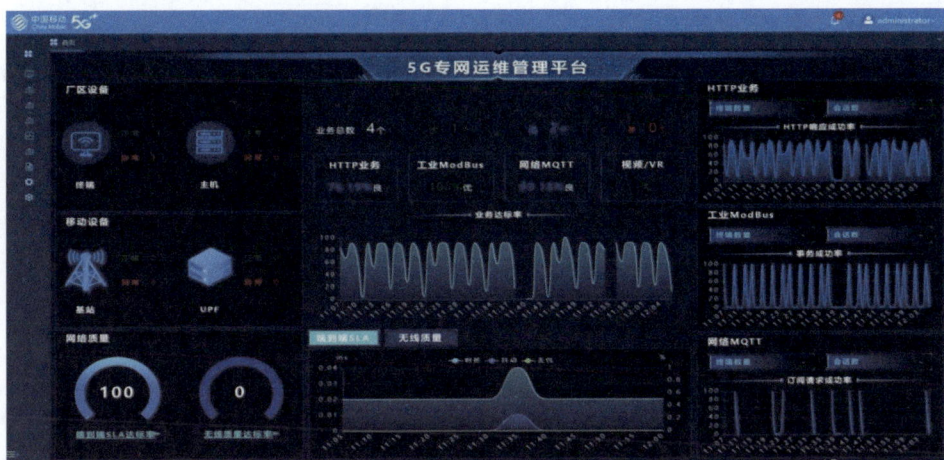

图 4　业务性能概览

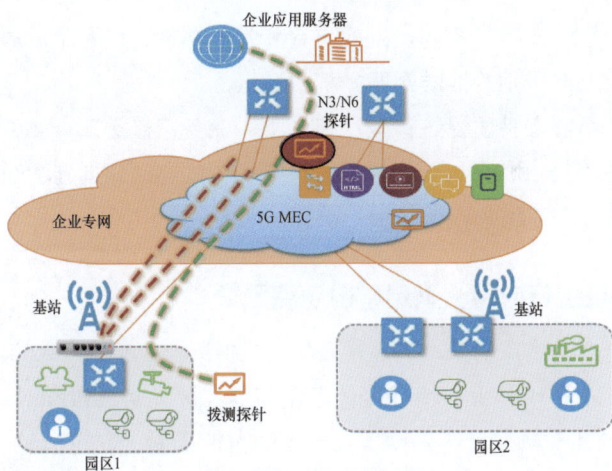

图 5　仿真测试示意

专网容量监控。实时呈现某基站园区的业务终端数量统计、流量汇总、带宽统计，当终端数、流量或上下行容量达到阈值时，上报容量告警，并生成事件。专网容量监控如图 6 所示。

安全巡检。针对网络设备的日常巡检流程进行信息化管理，重点关注设备的风险，通过研究煤矿网络设备安全巡检信息化管理模式，实现"设备巡检—隐患提出—隐患分配—隐患排查"一整套流程的电子化、智能化，提升煤矿企业网络设备的信息化管理水平。

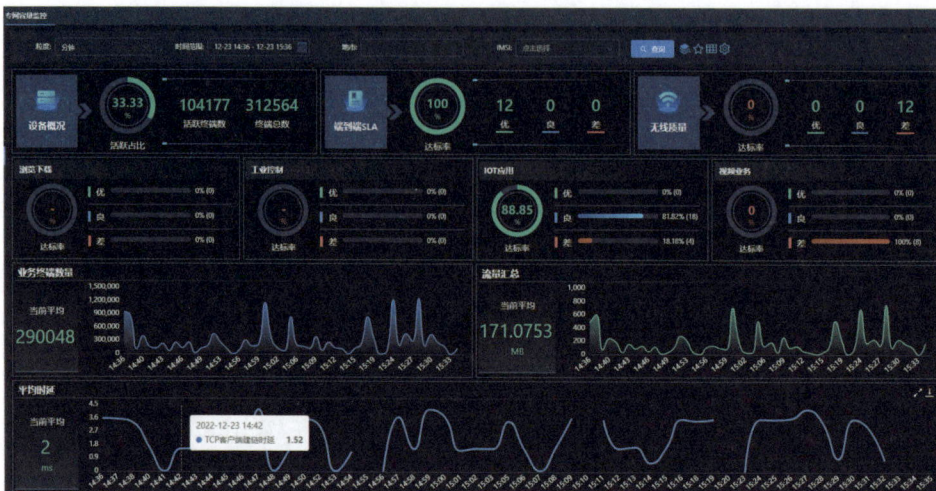

图 6 专网容量监控

事件分级推送。支持将不同类别的告警和提示事件，按照不同的推送方式和接收人员范围制定不同级别的推送处理方案。

能力开放。系统支持质量统计类、终端类、业务连接类三大类 API 开放。系统具备数据北向输出接口，支持周期性或通过查询方式自动化向能力总线或指定业务平台输出 5G 专网业务数据等。

🛜 5G 专网超级上行应用，满足矿山痛点需求

基于矿山行业的痛点需求，结合露天煤矿机械远程控制、无人驾驶、无人值守、无人机巡检、无人矿卡作业、传感器信息采集等主要业务场景和对应的网络要求，当前矿山行业的业务场景分为两大类：一类是大带宽需求，包括矿卡上的摄像头、传感器数据回传等业务场景；另一类是低时延需求，包括无人矿卡的远程控制等业务场景。通过聚类矿山共性业务需求及网络需求，为满足本项目对上行峰值速率、上行容量、上行边缘速率的高要求，本项目采用了 3U1D 帧结构、载波聚合、超级上行 3 种增强技术，在与公网互不干扰的前提下满足矿区大上行业务需求。中国移动超级上行组网方案示意如图 7 所示。

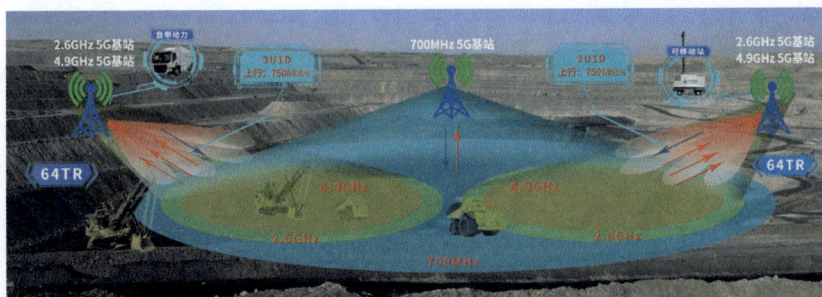

图 7 中国移动超级上行组网方案示意

探索矿区网业融合，助力经济效益攀升

本项目的实施可有效解决矿山行业智慧专网建设后不可视、不可感知的难题，结合 5G 专网和无人驾驶应用，打造露天煤矿上行技术标杆项目，填补了在极寒环境中煤矿 5G 多频段网络管理平台的空白。

本项目可以提高智能监控和现场控制的效率，提高采煤、运煤的无人化操作时间和比例，从而提高采煤的产量并降低煤矿的运营成本；通过高效的网络管理手段，进一步提高无人驾驶业务的可靠性，降低基站建设的数量，进一步压缩建设成本，网络可视化可缩短现场网络级业务管理人员的工作时间，减少人力投入，提高网络管理效率 40%。结合智能化技术和 5G 应用场景，本项目预计累计节约成本超千万元。

汉川电厂 5G+MEC 的智慧电厂创新示范项目

参与企业： 国能长源汉川发电有限公司、中国联合网络通信有限公司湖北省分公司、中兴通讯股份有限公司、国能龙源电气有限公司

技术特点： 本项目提出的"1套专网，2个平面"的5G专网技术路线，解决了5G网络与火力发电厂生产网络安全合规地融合的难题，填补了火力发电与5G技术在电厂生产控制环节的技术空白，对全国火力发电厂数字化转型过程中的5G推广有极大的帮助。

应用成效： 汉川电厂总计上线16个5G应用，包含5G+UWB全厂人员定位、5G+无人机周界巡检、5G+AR眼镜辅助检修、5G+执法记录仪、5G+环境监测等。据测算，本项目直接减少传统网络设备投资400万元。5G应用全部上线后，可减少工作人员18名，合计减少人力成本每年360万元。同时，在受限空间作业和高风险作业监控等方面，可减少线缆的重复投资每年约120万元。在间接经济效益提升方面，初步评估每年减少电厂运行维护成本1000万元。

随着产业结构调整、经济转型深入，以及电力体制改革的落地，火电企业亟须转型升级，湖北联通联合汉川电厂打造了本项目。本项目中，湖北联通建设的电厂5G专网是湖北省第一张真正的用于能源系统的5G专网，能为电厂生产控制系统提供端到端毫秒级的时延、抖动微秒级的数据保障、高达99.999%的网络可靠性、百纳秒级精度的系统授时同步、高达一百万每 km² 的并发连接等能力，实现全厂室内外连续的 Gbit/s 级别数字覆盖。这张电厂 5G 专网为智慧电厂的建设打下坚实的基础，相比传统 LAN+WLAN+ 物联网 + 专线覆盖方式，可大量节省线缆、网络设备的投资和运维成本，开启了电厂生产信息化、智能化的新篇章，助力湖北能源行业迈入智能新时代。

🔘 5G+高精度人员定位系统，提高安全管理效率

湖北联通研发的 5G+高精度人员定位系统，利用了 5G 的超低时延特性，同时，创新性地将 5G 网络和定位系统融合，进一步优化了电厂的网络架构。安全管理人员在监控室即可管控全厂人员的实时情况，不仅可以了解厂内人员精确的位置信息，还可以通过门禁联动、视频联动等功能及时发现违规行为，提高安全管理效率近 10%。

🔘 5G+无人机巡检系统，提高巡检效率

湖北联通与汉川电厂技术专家在利用 5G 网络的基础上共同设计出电力无人机巡检系统的两种模式，即自动巡航和指点飞行模式。

在自动巡航模式下，可将自身实时动态模块计算的坐标差值通过 5G 回传至后台进行飞行决策，预设飞行线路，建设专属无人机巢，实现无人机巡检的全自动化。通过无人机巡检一次电厂周界仅需 20 分钟，相比于传统人员一次 1 小时的巡检时间，无人机巡检效率提升了 2 倍，同时减少人员巡检 100 次 / 年。

在指点飞行模式下，通过便携式控制台实时控制飞行姿态，在厂区突发紧急事件时应急接管，通过无人机配备的 30 倍无损变焦 4K 高清镜头、高空喊话、空中照明、定点抛投、热成像镜头、气体检测等挂载功能组建应急现场指挥站，极大地提升了厂区应对突发事件的响应速度。5G+无人机巡检系统示意如图 1 所示。

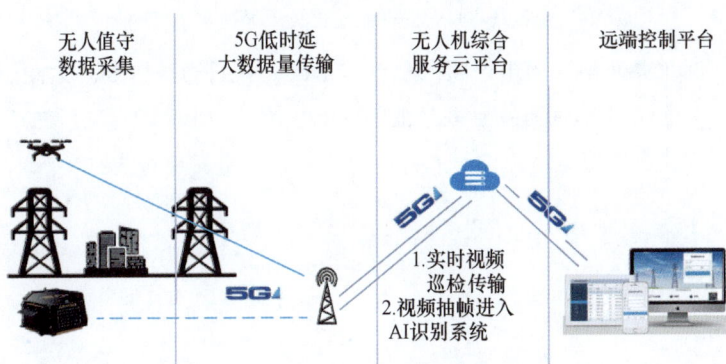

图 1　5G+ 无人机巡检系统示意

🔘 5G+远程辅助检修 AR 眼镜系统，将专家经验数字化

汉川电厂历史悠久，专家人数众多，维修技术经验丰富。但是如何将这些电厂专

家 20 多年的技术经验更好地留存下来，是较为棘手的事情。

湖北联通为此定制 5G+ 远程辅助检修 AR 眼镜系统，在传统图文型知识库的基础上积累故障案例、系统记录标准操作和专家实践经验等第一视角的视频，导入数据库进行分类标记，便于现场技术人员佩戴智能眼镜，一边接受指导，一边进行具体操作，提高了工作效率，同步完成电厂内部知识的迭代升级，将专家的经验数字化。遇到复杂情况，不需要等待专家到现场处理，汉川电厂一线巡检人员可以通过 AR 眼镜连线专家，犹如专家"亲临"指导，高效和精准地处理难点，设备维修响应效率提高 30％，劳动生产率提升 4 倍。5G+ 远程辅助检修 AR 眼镜系统如图 2 所示。

图 2　5G+ 远程辅助检修 AR 眼镜系统

未来，湖北联通与汉川电厂将深化合作基础，共同筹备以 5G 技术为基础的联合实验室，深度结合 5G+ 万物互联产业的创新发展，以 5G 融合电厂生产管理应用为切入点，继续在虚拟电厂、电厂大数据等方面展开研究与实践。

基于 5G RedCap 的分布式
光伏智能应用

参与企业：中移物联网有限公司

技术特点：本项目针对分布能源点多面广、运维难的特点，将5G RedCap技术首次应用到分布式光伏场景，结合无人机、视频等智能应用，实现了肇庆等地100个并网点的智能监控，打造了5G RedCap行业应用标杆，对后续5G应用于发电侧分布式能源起到很好的应用示范效果，可切实提高电站的运营效率，基于5G RedCap的相关智能化应用可直接复制到其他电厂，也可快速拓展到电网、风力发电等行业，带动5G产业发展。

应用成效：采用5G RedCap专网方式保障电站内数据安全传输，能够大幅降低建设维护成本，以广东华电100个接入点为例，如果采用自建光缆的方式，20年服务期内建设运维成本需要过亿元，而采用5G RedCap专网方式成本约2600万元。利用无人机巡检等智能化应用，可有效提升发电效益，以100MW为例，通过电量损失量化分析及时消缺整改后，每年可带来59.85万元的经济效益。同时，清洁能源发电量的提升，可进一步助力"双碳"目标的实现。

🌀 精准剖析现有问题，有效提升技术创新水平

分布式光伏适用于渔光互补光伏、屋顶光伏等场景，运维管理难度大，任务重。光伏电站寿命约25年，在发展的过程中，随着资产的多元化、复杂化和规模化，光伏电站可能需要加装储能、充电桩或是其他能源设备，综合管理调度发电侧与用电侧。未来，光伏电站管理会逐步转变成综合能源管理，当前，电站主要面临以下问题。

网络资源覆盖难度大，成本高。为了保障业务的安全稳定性，传统网络覆盖一般采用光缆直连，但光伏的覆盖范围比较分散、位置处于特殊区域，例如鱼塘、屋

顶等，光缆覆盖施工难度极大，建设成本较高。

维护成本高。为了保障光伏面板的发电效率，需要人工定期清洁面板和巡检，识别光伏组件的破损、脏污、异物、遮挡、热斑、二极管缺陷等。采用人工方式存在巡检效率较低、用人成本高、安全生产不可控等问题。

智能化程度不够，无法实现无人值守。网络无法全覆盖会导致光伏电站的设备运行状态、防火防盗、机器人、视频监控等智能化应用无法实现，难以实现无人值守。

结合以上问题，项目面向能源领域数字化转型、信息通信、国产化等需求，基于 5G RedCap 打造光伏发电场景下的智慧光伏电站一体化管理平台，具体建设内容主要包括光伏逆变器、箱变的智能监测，利用无人机、机器人等设备实现智能巡检，以及使用摄像头、门禁等建设安全管控系统，达到智能管理和运维，从而实现真正意义上的无人值守。

⚛ 基于 5G RedCap 的分布式光伏组网方案

本项目总体采用专用 UPF 下沉在集控中心的建设方式，通过大带宽、低时延、高可靠的传输，实现 5G RedCap 无线终端与应用服务器之间的数据报文不出园区，并结合容灾备份、网络切片等技术保障 5G 业务的服务等级协定。

网络切片。网络切片将物理网络划分为多个逻辑上独立的虚拟网络，这些虚拟网络根据不同的服务需求，按照时延、带宽、安全性和可靠性等进行设定，以便灵活适用于不同的网络应用场景。5G 端到端网络切片方案，融合统一空口、基于服务的架构（Service-Based Architecture，SBA）、FlexE 或城域传输网络（Metro Transport Network，MTN）切片、DevOps 智能编排等领先技术，构建贯穿 5G 终端、无线接入网、核心网、承载网的端到端网络切片，为电信运营商及垂直行业客户提供网络切片服务，实现面向不同场景的按需定制的网络切片服务。

根据光伏发电业务的类型，本项目划分为 3 个切片。其中，逆变器、箱变和计量表等设备产生的数据通过切片一接入智慧光伏电站一体化管理平台；无人机巡检等产生的数据通过切片二接入智慧光伏电站一体化管理平台无人机巡检模块；视频监控等产生的数据通过切片三接入智慧光伏电站一体化管理平台视频管理模块。

UPF。本项目新建两套 UPF，在肇庆和湛江的机房各部署 1 个 UPF，专用于光伏数据的传输和调度，其他地市的 UPF 通过专线与湛江机房的 UPF 连接。5G 组网架构如图 1 所示。

无线网络。根据安全隔离程度的不同需求，无线网络提供分级的隔离方案保障。
逻辑隔离：根据广东华电对管理区内部业务的隔离需求，无线网络可通过切片将网络划分为不同的逻辑子网络，每个子网络承载不同的业务，实现业务之间的逻辑隔离。

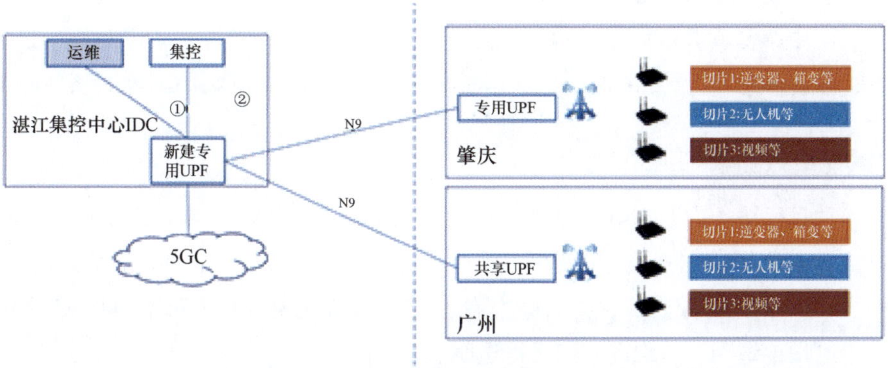

图 1　5G 组网架构

物理隔离：针对广东华电对安全区与管理区的物理隔离需求，无线侧可基于切片传输时间间隔（Transmission Time Interval，TTI）+ 专用资源预留，隔离无线侧的频域资源，实现安全区的物理隔离。

光伏数采。在光伏逆变器或箱变侧加装 5G 边缘计算网关，可以实现数据采集、端侧运算、安全加密、数据上传等功能，降低云端运算压力，降低设备联网的改造成本和维护成本，实现 5G 技术在光伏发电领域"端—管—云"的融合，快速提升光伏电站的智能化水平。

边缘计算网关是一款面向新能源发电领域的工业级网关产品。该产品支持 5G+边缘 AI，拥有强劲的边缘计算能力，分担部署在云端的计算资源，承载边缘侧 AI 算法的推理与应用，在物联网边缘节点实现数据优化、实时响应、敏捷连接、模型分析等业务，使 5G 时代的数字化物联网进一步发展。该产品可广泛应用于智慧电力、智慧交通和智能安防等领域。

无人机巡检及缺陷识别。基于 5G 专网链路通信，部署行业级无人机，实现无人机的 5G 控制、5G 回传，以及各区域方阵的自动线路规划、自动数据采集。利用 5G UPF 承载光伏组件缺陷识别与智能定位算法边缘，巡检采集数据基于 AI 的快速巡检及问题分析能力，实现快速定位、识别与标注组件故障点（热斑、二极管、组串缺陷等）所在位置，汇总并按方阵自动生成 PDF 报告，及时准确地将故障现象和坐标反馈给运维人员，同步呈现在智慧光伏电站一体化管理平台上。

视频管理。光伏电站具有面积大、场区开放、部分厂区邻近居民区等特点，导致厂区的环境安全管理工作存在较大困难，为保证人员、设备、环境等安全，部署智能监控摄像头以实现对厂区重要点位、门禁点位、报警联动点位的实时高清 24 小时不间断监控。

本项目新增视频管理模块，联通前端、中心、用户端及第三方系统，具备视频监控、集中存储、集中回放、数字矩阵、矢量地图、GPS 定位、轨迹回放、直播、分享、报警求助、巡更、抓拍、大数据看板、人脸识别、远程抓拍、AI 分析等应用。

赋能成效显著

本项目已服务广东华电 100 个分布式光伏接入点和华能云南楚雄物茂光伏电站等站点，主要提供逆变器 / 箱变等主设备状态监控类业务、无人机 / 机器人巡检类业务、视频 / 门禁等安防监管类业务的统一管理，助力电站实现"可视、可监、可控"，以及电站发电透明、管理透明和运行透明。

本项目基于中国移动自研模组，中兴 / 鼎桥芯片研发了 5G RedCap 电力网关，核心关键芯片全部实现国产化。网关具备远端配置管理及数据处理能力，支持与云端的计算模型、计算结果的交互。利用 5G RedCap 的研究成果，构建适应光伏发电站高可靠、低时延的组网方案，可大规模降低网络费用。建设智慧光伏电站一体化管理平台，集成各项智慧化业务系统，打破电厂各业务系统的"信息孤岛"，对多业务系统进行一体化管理，进而提升发电效益，助力"双碳"目标的实现。

京能热电 5G 智慧电厂

> **参与企业：** 中国移动通信集团河北有限公司、中国移动通信集团河北有限公司秦皇岛分公司、京能秦皇岛热电有限公司

技术特点： 本项目是5G与移动"两票"、移动布控球、AR智能测厚辅助系统、机器视觉等的成功融合应用；在热电生产场景，是基于5G网络的智能监测平台与AI人脸识别监测融合开发的成功应用；是5G移动布控球（摄像头）、5G工业平板计算机、5G CPE、AR眼镜多种5G终端在火电厂的成功应用；成功研发了安全的电厂智能化应用系统。

应用成效： 本项目采用5G+大数据+人工智能+云计算技术的智慧电厂综合管理系统，实现智能化、信息化、自动化的管理和运营，有效提高生产效率，降低管理和运营成本，并能够提高电厂在电力行业的竞争力。预估可节省电厂运营管理成本800万元/年；市场电价变化增加产值1200万元/年，可实现间接经济效益2000万元/年。能够打造具有智能、安全、经济、环保等特征的智慧电厂，创造更高的经济价值和社会价值。

5G 网络的大带宽、低时延、高可靠性和强大的物联网连接能力等技术优势，以及其极高的网络信息安全保证和灵活的业务隔离保障能力，结合边缘计算等技术的应用，可以为智慧电厂提供理想的网络承载平台。在京能热电 5G 智慧电厂项目中，5G 网络与先进的传感测量、信息通信、自动控制、人工智能、云计算、大数据、三维可视化等信息技术相结合，在危险作业、安全生产监控、智能点检、远程分析和智能化无人巡检等多个方面赋能电厂业务系统改造和升级。解决了热电厂内移动设备、布线困难设备、远距离设备，以及对数据安全性、稳定性和业务性要求较高的平台和应用的部署难题。

📡 5G 专网厂区建设

本项目网络建设包含 5G 无线网络、5G 核心网 UPF 和 MEC，以及配套 5G SPN 传输系统的建设，系统结构如图 1 所示。无线网络覆盖规划采用 5G 宏基站和室内分布系统相结合的方式，实现厂区道路、办公场所、重要生产区域的全覆盖。

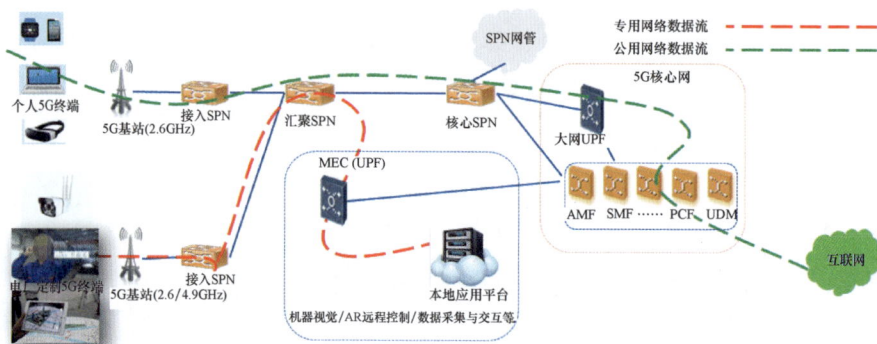

图 1　系统结构

根据业务的安全性要求和数据的私有化需求，本项目设计在厂区内建设 5G 边缘计算节点，5G 核心网层面实现网元级容灾。在保证 5G 核心网先进性的前提下，本项目计划在厂区机房内构建一套边缘计算 UPF，接入电信运营商集中设置的 UPF 网络管理平台统一管理。独立专网系统总体架构如图 2 所示。

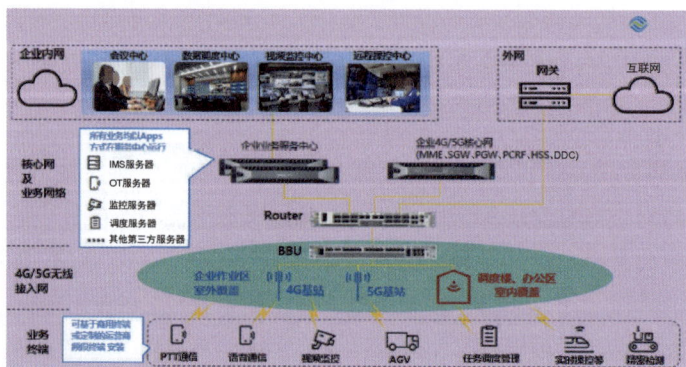

图 2　独立专网系统总体架构

📡 智慧化创新应用

本项目基于 5G 专网共规划了 9 个电厂智慧应用，后期，京能秦皇岛热电有限公司还将与中国移动公司开发更多电厂智慧型应用。

🛰 移动电子两票平台

热电企业的"两票三制"制度：两票即工作票、操作票；三制即交接班制、巡回检查制、设备定期试验轮换制。移动两票平板计算机（5G 工业平板计算机）已全部完成了网络模块的升级工作，采用带有同频双工功能的 5G 模组，实现了终端的 5G 网络接入。在工作票签发过程中利用智能两票平台，电厂负责人使用手机客户端即可完成工作票流程，明显提高了工作票的办理效率。

🛰 重大风险源实时监控

为确保现场作业安全，便于管理人员监管全厂施工情况，京能热电厂在 5G 信息化平台的基础上布置了一套现场作业移动监控系统。对涉及有限空间、动火作业、高处作业等具有较大风险的现场施工作业项目，全程利用 5G 移动布控对作业现场进行实时监控。同时，电厂设置视频监控室和计算机监控客户端，将正在开展的高风险作业的实时画面显示在监控大屏幕和管理人员的计算机上，便于值班人员随时监控、调查风险源。

🛰 5G+AR 智能测厚辅助系统

5G+AR 智能测厚辅助系统是一种通过 AR 技术辅助实现测厚，显示和记录数值的技术，能够便捷地通过 AR 眼镜显示测厚仪检测的锅炉测厚结果，并自动记录导出测厚值。通过 5G 专网技术的赋能，测厚仪可接入优质的 5G 无线网络，保持实时在线浏览、比对、更新云端数据，规范化、系统化、智能化地完成数据记录，减少人为操作可能带来的数据误差，5G+AR 技术的应用可以大大提高测厚工作的效率和准确率。5G+AR 智能测厚辅助系统流程如图 3 所示。

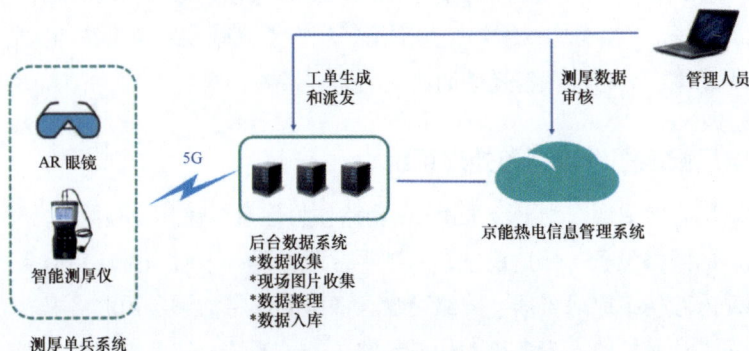

图 3 5G+AR 智能测厚辅助系统流程

📡 AI 图像分析违章智能管理系统

系统基于 5G 网络传输实时、高清、低时延的画面，通过后台 AI 行为特征库实时识别行为并进行告警。5G 机器视觉系统可以实时把大容量的视频内容、设备异常信息状态画面传递到大数据图像分析平台，帮助运行监控人员第一时间获取经过计算的现场预警状态分析数据，实现快速巡检并进行真正意义上的"无缝"管理。

安全帽、工作服识别。利用深度学习的 AI 分析能力，实现安全帽、工作服的识别，及时发现不按规定穿戴工作服和安全帽的工作人员并识别身份，拍照并存档，发出系统报警。

识别烟、火、气，以及吸烟等行为。基于 AI 分析视频识别技术，可有效识别视野内明火、气体扩散等情况，及时对火灾和其他危害行为作出判断并报警。

📡 智能巡检机器人电厂应用

电厂规划控制室设备室采用轨道伸缩巡检机器人，机器人可伸缩距离约 1.5m。轨道伸缩巡检机器人本体搭载高清摄像机设备，通过轨道行走的方式实时监测控制室的室内机柜外观、设备外观、指示灯状态、开关分合、仪表显示数。吊轨式巡检机器人有效地解决了不间断巡检与工作人员的周期巡检不足的矛盾，保障了巡检任务的数量、质量和可靠性；提高了工作人员的安全性；提升了周期性巡检信息的集中监控记录、交互分析功能。室内机器人采用轨道行走的方式，使巡检具有针对性，而且能够增加室内空间的利用率。

室外轮式智能巡检机器人为多功能巡检和检测的移动平台，通过 5G 技术，实时将所检测的各类数据传输到基站大数据系统，同时，将其他在线检（监）测的数据同步传输到该系统，经分析和处理后，连同其他基站的大数据信息传往上层的大数据处理中心，该中心再和中心控制系统及其他异构数据进行实时关联分析，生成动态有效的数据。多层分布式网络构架支撑了状态检修辅助决策系统的实时数据源，构成了数据采集、分析、预警及辅助决策的闭环系统。

📡 智慧电厂智能图像识别和处理系统

智慧电厂智能图像识别平台采用 5G 网络作为信息传递和视频数据传输的载体，并结合相应的网络设备、接口设备、基础平台服务器、人脸识别应用服务器、流媒体服务器、人脸档案库服务器、网络硬盘录像机、皮带检测应用服务器、表计监控应用服务器、计算机终端设备等，构成完整统一的系统，智慧电厂智能图像识别应用平台如图 4 所示。

基础支撑	视频监测	视频切片	任务调度	特征提取	图像聚类	特征比对	人像建档	数据分析
业务应用	人脸识别人员管控			车辆管控	输煤皮带异常监测		表计状态智能监控	
	人脸档案	人员考勤	门禁管理	车牌识别	监测任务管理		机器人集控	
	访客管理	闸机管理	重点区域权限管控	车牌管理	皮带异常预警		表计状态识别	
	黑白名单	人员轨迹	集团智能人脸库	过车记录	历史数据查询		数据统计	
部署区域	厂区大门	室内区域	室外区域	厂区大门	输煤皮带线		6kV配电间	
前端设备	人脸闸机摄像机	人脸门禁摄像机	摄像机	车牌识别摄像机	高清防爆摄像机		吊轨升降机器人	

图 4　智慧电厂智能图像识别应用平台

京能热电厂区内新建的多个 5G 专网宏基站，实现了京能热电厂区的 5G 信号全覆盖；通过 5G 切片和 DNN 技术，实现了京能热电厂多业务系统的安全隔离；通过 5G 边缘计算技术的应用，实现了京能热电厂内网业务的本地分流，确保业务数据不出厂区。目前，5G 专网已与公司办公网和视频监控网络完成对接，实现了对移动电子两票平台、AR 智能测厚辅助系统等的网络承载，可为未来更多智慧电厂应用的落地提供优质网络基础。有助于企业达到"机器换人、柔性连接、安全升级"的产业升级目标，与传统电厂相比，在提高生产效率、安全生产保障、技术创新升级等方面均有极大的促进作用。

安道麦化工智慧园区

参与企业：安道麦股份有限公司、中国电信股份有限公司荆州分公司

技术特点：通过比邻5G定制网组网模式，对安道麦化工智慧园区进行5G覆盖，搭建5G智能终端在5G定制网中的认证及权限管理平台，协助安道麦公司完成信息化升级，以搭建生产可视化的5G网络环境为承载，将各个系统整合形成一个平台，最终实现生产各个环节的可视化。

应用成效：利用物联网、大数据、5G等技术，实现安道麦化工工厂信息化和数字化的转型，为安道麦化工工厂的智慧管理、智能生产、物料存储、数据采集等提供高效、协同、互动的智慧化管理与精准服务，实现分区合理、物流畅顺、生产高效、安全环保、全自动化，达到打造世界一流环保工厂的目标。安道麦化工智慧园区5G toB用户、行业应用终端用户的主要业务类型为本地分流，流量出口全部直接接入客户私网，因此，新建UPF保证了本地数据不出园区。

安道麦化工智慧园区项目采用 5G 技术，将设备、物料、人员等相连接，实现了高效、快速的信息传输和处理，提高了生产效率和质量。

🔘 基于 5G 定制网搭建信息管理平台

5G 定制化工专网。安道麦化工智慧园区为一个标准的长方形，采用比邻 5G 定制网组网模式，对安道麦化工智慧园区进行 5G 覆盖。目前，在安道麦化工智慧园区的四周有 8 个宏站，对宏站做切片，在安道麦化工智慧园区中心点的研发大楼楼顶新增一个宏站，对重点业务的乙酰车间、绿碱车间、研发大楼及仓储区 4 块区域做室分覆盖。机房部署 2 套 UPF 及防火墙，建成 5G 定制化工专网。5G 智能终端是在 5G 定制化工专网里的认证及权限管理平台搭建的。

化工行业数据中台建设。建设该中台旨在将企业其他系统的数据（例如 SAP、

LIMS、PI）汇聚到中台，融通融合，消除"数据孤岛"，实现生产过程的故障预警，优化调整生产流程，智能优化生产计划。

数据采集和接入：通过物联网和大数据技术，将生产设备、传感器和各种监测设备连接到云平台，实现数据的实时采集和传输。

数据处理和模型建立：采用大数据技术和人工智能算法，对采集的数据进行处理和分析，并基于实际工厂环境搭建数字孪生模型，实现生产过程的虚拟仿真。构建生产质量风险控制模型，准确把握农药等高风险品种生产领域的薄弱环节及配套措施的安全生产态势，实现安全分析研判，做到化工产品生产的事前、事中、事后监控。

报表开发和操作界面：设计直观简洁的可视化展示界面，通过图表、仪表盘和报告等形式，直观地呈现生产过程的关键指标和运行状态，方便用户监控和决策。可视化展示界面如图 1 所示。

图 1　可视化展示界面

云网安全保证。建成园区边缘云池后，着手应用系统的上云部署，在配合部署的过程中，基于数据安全和应用安全提出基于安全等保的护网方案。在原有防火墙的基础上，实施三级等保的云安全解决方案。

5G+应用场景建设。该场景建设主要有 5G 防爆智能巡检终端和 5G+AR 眼镜。

5G 防爆智能巡检终端：依托 5G 网络，5G 防爆智能巡检终端可以实现对危险环境中设备状态和安全隐患的实时监测、高效巡检和及时预警，并避免出现因火花或电弧引发的事故，提高工作人员的工作效率，减少操作风险，并为后续的设备维护和安全管理提供可靠的数据支持。

5G+AR 眼镜：通过 5G 网络连接，5G+AR 眼镜可以将现场的图像和数据传输至远程的指导者，让指导者能够实时了解工作现场的情况，并提供及时的指导和培训，将生产过程中的数据、工艺参数等实时展示在工人的视野中，可实现生产工艺的可视化，提高生产的效率和质量。

5G+私有云池部署。通过 5G 统一的接入网络结构，5G+私有云池搭建客户集成信息平台，打通了各个业务系统的"数据壁垒"。

一张 5G 定制化工专网、一个化工行业数据中台、对接 N 个应用，安道麦化工智慧园区项目以 IoT 数采、机器视觉、位置定位为核心，涵盖终端接入、数据汇聚、数字孪生、应用使能、GIS、定位、视频、大数据、AI 等关键应用能力。

安道麦化工智慧园区项目已经在多个生产线上应用，并且在实际生产中取得了良好的效果。通过对生产数据的实时采集和处理，可以有效监测和管理生产过程，及时发现问题并进行调整，进一步提高产品的质量和产量。同时，通过 5G+AR 眼镜可以实现远程指导，解决了传统制造业人力资源短缺的问题，提高了工作效率，并且得到了员工的积极反馈。

5G DMN 聚焦综采全景工作面——看得更清，控得更准

参与企业： 中国移动通信集团山西有限公司

技术特点： 本项目提出全新的5G DMN，从"端、网、云、台、用"5个层面打造5G DMN能力图谱，创新5G网络能力新价值，系统地解决了矿山智能化痛点。为矿山提供更大带宽、上行速率，满足综采面全景拼接需求；提供更广覆盖，满足在井工矿复杂环境中的网络覆盖需求；提供更低成本，集约化建设煤矿极简5G，实现架构极简、运维极简、商业极简；提供更全服务，通过"规建优维"让矿山5G网络更加实用、好用、管用。

应用成效： 中国移动在三元煤矿打造全国首个5G DMN项目，满足井下上行容量超1Gbit/s、广覆盖及大物联的需求。通过5G DMN，实现5G综采面全景视频拼接、5G采掘机远控、5G智能巡检机器人和5G融合调度四大场景。与传统矿山5G专网相比，5G DMN具备更远的覆盖距离和更大的传输带宽，可降低20%建网成本。智能综采人数由原来的24人减少到19人，每年节约人工成本285万元。智能掘进当班人数从13人降至6～7人，掘进效率提升了30%。

针对地下矿山智能化演进过程中面临的建网困难、多网并存、性能要求和运维困难四大类网络挑战，本项目建设全新的 5G DMN。5G DMN 是专门为矿山行业打造的、性能极致的 5G 专网服务，能够满足井下各类应用场景的网络诉求，比原有的矿山 4G、5G、Wi-Fi 等无线通信系统具有明显的技术优势和更强的市场竞争力。

看+控+算+连+感+预

看：视频传输。 三元煤矿 5G DMN 助力井下看得"更清楚、更全面"，满足井下海量人员、环境和生产安全监控的需求。主要包括：皮带机的中部、机头尾、落

煤点，以及机电硐室的配电室、泵房、排水点等重点设备，负责井下重要场所的场景智能识别。同时，本项目在综采面实现全景视频拼接，在井下实现综采 103 个高清摄像头数据的上传，在井上实现跟机移动拼接功能。在割煤机前后滚筒工作区部署 5G 高清摄像机全视角视频拼接，支撑远程操控，形成长的"画卷"，做到无死角覆盖，消除盲区（看得全、看得清）。视频同时搭载 AI 预警系统，可对风险提前预警，对异常进行告警。

控：远程控制。 三元煤矿 5G DMN 助力井下大型煤机设备远程控制和无人驾驶业务"更精准、更敏捷"，保障矿山核心生产业务高效、安全。同时，基于 AI 的智能控制可减少现场作业人数，实现现场少人化甚至无人化。

算：现场算力。 三元煤矿 5G DMN 不仅提供精品网络，保障泛在连接和极致性能，结合 AI、一体化算力可实现"更实时、更高效"的自动巡检和无人值守，打造地下安全生产环境。在变电所、水泵房、皮带机、大巷、井筒、管道、采煤工作面等地方，采集实时视频、热像图、环境气体参数、烟雾、运行工况等数据，分析处理数据后，实时控制开关柜、阀门、机泵及采掘设备等。

连：实时通信。 三元煤矿 5G DMN 实现从定点通信到随时随地高质量实时通信，包括地下作业人员紧急事故响应、远程检修指导、地下车辆实时调度等。5G DMN 使本安型防爆手机、可穿戴设备随时接入网络与井上进行通信调度，大幅提升沟通、生产效率，保障生命财产安全。

感：万物互联。 三元煤矿 5G DMN 依托深度覆盖和泛在物联技术将传感器信息及时准确地传递到地面，实现对设备运行和环境状态的实时监控，包括瓦斯浓度、环境参数、顶板离层监测、冲击地压、地应力、设备输出电流、功耗、状态数据信息等。

预：预测风险。 三元煤矿 5G DMN 通过震动、瓦斯、速度、位置、设备健康状态等海量传感数据上传并通过虚拟技术建模，对掘进机等现场采掘设备的工作状态进行数字孪生呈现，实现远控及自动高效安全作业。以无轨胶轮车、矿用电机车、单轨车、固定式液压破碎机等为主的应用场景，实现地下远程（无人）驾驶，并与巷道基础设施、路侧单元、作业人员、其他车辆之间实现相互通信和协同。远程控制让作业人员远离矿下较危险的环境，在舒适的控制室远程操控，既能大幅改善工作环境，又能实现安全生产。

🛰 井上一张屏看清井下完整综采面

应用一：5G 综采面全景视频拼接。 井下的综采面是煤矿生产的核心环节，所有的煤矿都从这里开采然后进行转运。传统综采面灯光昏暗、噪声轰鸣、灰尘弥漫而且空气潮湿，既是整个煤矿最核心的生产环节，也是井下最危险的地方之一。目前，井下传统的视频监控采用独立的摄像机监控，只有局部视角，无法对大场景进行全局实时监控，井下视频看不全、看不准、看不懂。针对这一问题，本项目在综采面边缘部署了两个 5G DMN 基站，覆盖全部综采面，满足 103 路 4K 高清无线摄像头的带宽需求，通过视频拼接技术，解决摄像头时间同步和视频图像畸变的问题，实现井下 103 路摄像头全景拼接和跟机问题，全方位无死角地还原井下综采面全貌，同时结合 AI 智能识别技术，对异常行为实时告警，进一步提升远程采煤的可用性、安全性和可靠性。

应用二：**5G+智能化综采工作面**。采煤机时刻处于移动状态，远程控制对时延极其敏感。本项目在三元煤矿应用 5G 双发选收技术：对采煤机、掘进机进行 5G 远控改造，将采煤机的 PLC 控制器与 AR 路由器对接，AR 路由器通过两路 CPE 实现控制信号在空口进行双发，即在发送端对控制流复制两份相同的控制数据，利用两个空口冗余发送相同的报文；两路控制信号在地面 AR 进行优选，择优选择后的信号被发送至顺槽集控中心和地面驾驶舱，从而实现"系统级"时延最优，克服某一路空口突发大抖动的影响，大幅提升时延的稳定性，保障井下远程控制更加安全可靠。智能化综采工作面网络拓扑结构如图 1 所示。

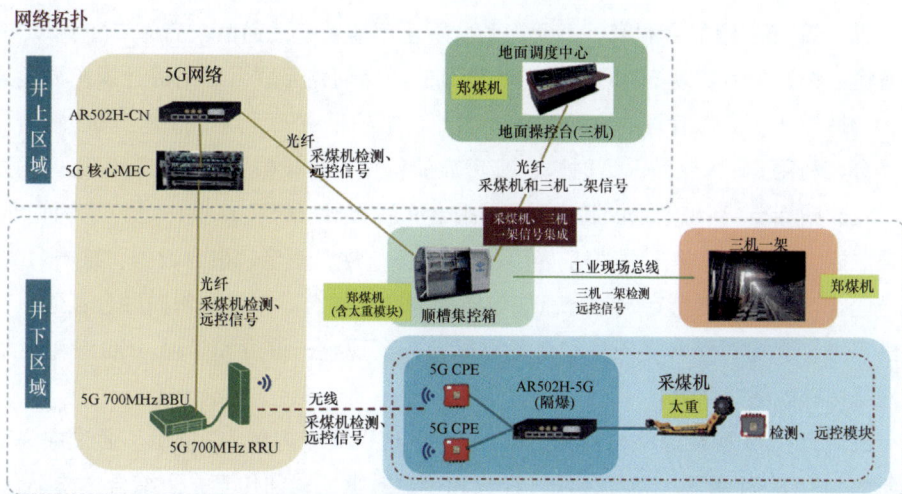

图 1 智能化综采工作面网络拓扑结构

应用三：**5G+智能化掘进工作面**。通过解决掘进机整机工况参数监测、工作面视频远程监控、掘锚机关键部位位置自主检测、人员安全预警、机身自主定位导航、远程可视化控制、预测冲击等灾害、5G＋双发选收网络框架等技术问题，实现工作面环境、设备和人员和谐统一，最终将人从恶劣危险的工作环境中解放出来，实现"安全、高效、绿色"掘进，按照"总体设计、分步实施"的原则，充分考虑集成导航信息、设备状态信息和监控平台，实现多机联动数字化监控；接口采用自动截割模块接口。智能化掘进工作面网络拓扑结构如图 2 所示。

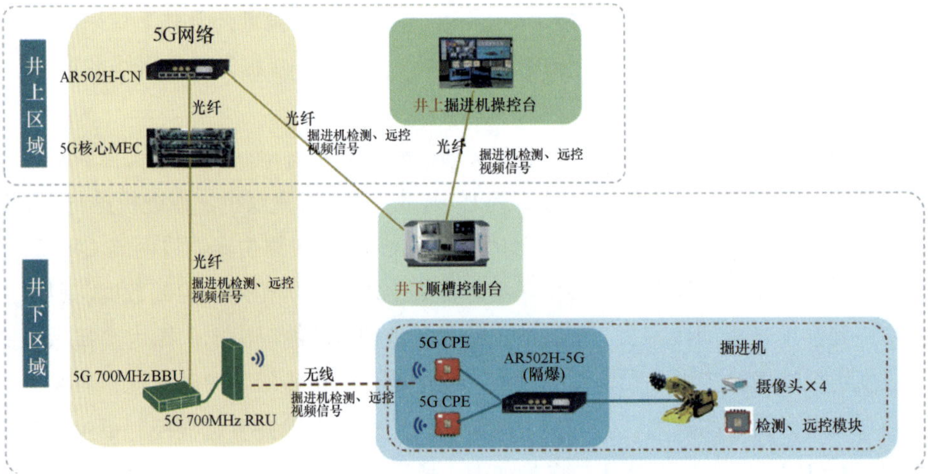

图 2　智能化掘进工作面网络拓扑结构

应用四：5G 超融合调度。三元煤矿井下已部署了有线通信、应急广播、Wi-Fi等通信系统，如何实现 5G 网络与煤矿已有的通信网络互联互通是提升煤矿调度通信、指挥作业、应急管理的有效手段。因此，本项目在三元煤矿打造了 5G 融合调度平台，利用 5G 大带宽、低时延、高可靠的特性，建设数据融合传输网络，构建统一的数据标准，实现数据的底层互通，融合有线/无线通信、广播、人员/车辆管理、视频监控、视频会议等多种功能，实现多网接入、融合语音、融合数据、统一调度、统一网管，为煤矿量身定做融合通信与指挥调度的平台。本平台南向融合互通原有通信系统，北向对接华夏天信综合管控平台，实现统一调度和管理。5G 超融合调度网络拓扑如图 3 所示。

应用五：5G 智能巡检机器人。5G 智能巡检机器人内置 5G 模组，通过中央变电所的 5G DMN 覆盖，将红外线、视频和传感数据实时回传至井上综合巡检平台，进行统一监控和管理。远程监控软件不仅能够与 5G 智能巡检机器人进行通信，显示 5G 智能巡检机器人发送的视频，以及监测数据与曲线，还能够下发控制指令，控制 5G 智能巡检机器人的工作方式、运动方向，设置各传感器的报警阈值。同时，在地面平台可以直接远程操控变电所机器人，并实现井上井下实时对讲，提高设备监测信息采集的自动化、智能化程度，有效实现了"机器替人"，减少了井下作业人员数量。5G 智能机器人巡检网络拓扑如图 4 所示。

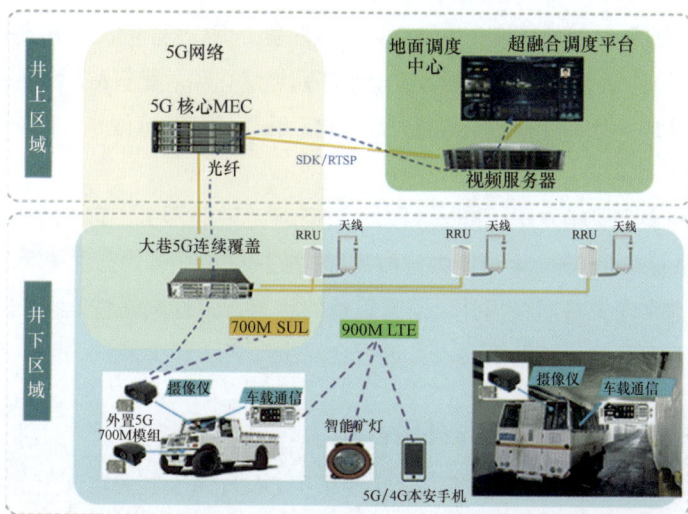

图 3　5G 超融合调度网络拓扑

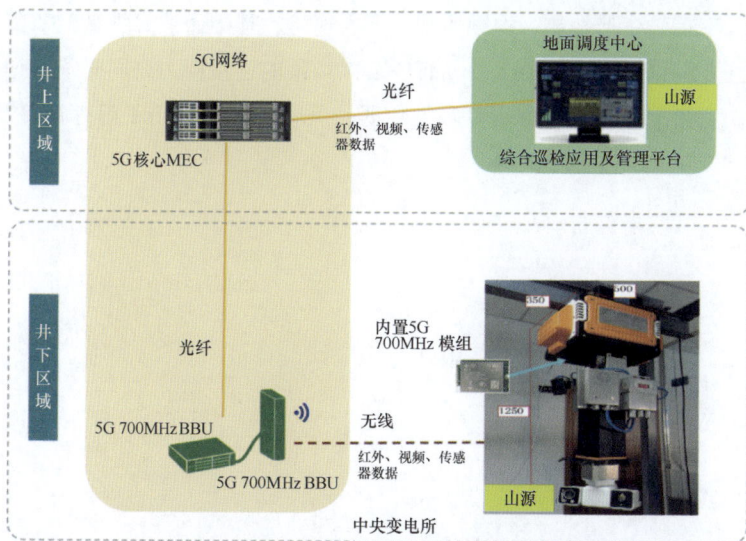

图 4　5G 智能巡检机器人网络拓扑

应用六: 5G 专网运营平台。平台自运维实现网络服务等级协定自主监控和故障诊断: 本平台支持统一数据入口和统一网管实现网络性能和业务质量的集中监控、告警与故障定界等，以及对网络资源和网络服务等级协定质量的可视可管，以满足煤矿对网络的监管需求。

平台自服务实现网随业动和敏捷保障：本平台提供物联卡连接管理能力、切片运营能力与边缘计算节点管理能力，实现对卡、切片与边缘资源的自主管理能力；支持业务需求分解和下发、分级分档的网络资源配置管理，支持随煤矿业务自主及时调整网络的能力；同时可基于实时监控实现闭环网络优化和故障自愈，为综采面远程控制等时延敏感业务提供敏捷保障，助力远程自动化、智能化运维，实现"一站式"统筹管理。

平台自开发实现能力开放和业务按需定制：平台将自服务、自运维等核心能力进行封装，提供标准化API，通过能力开放的形式支撑矿山业务的自主开发需求。例如，井下定制化数字孪生将网络拓扑、网元设备的状态、关键网络性能指标、故障告警内容向煤矿客户开放，辅助管理人员进行全局生产管理与决策。

🌐 5G 深耕智慧矿山的又一张亮丽名片

三元煤矿5G DMN专网创新方案实现了用DMN黄金频段实现大上行与广覆盖的完美融合，解决了矿山智能化建设大上行与广覆盖不可兼得的行业难题。在覆盖能力、峰值速率、低时延、移动性、可靠性等网络能力方面优势明显，且一张网可满足煤矿井下多种生产控制、视频监视、无人巡检、基础通信等领域的智能化要求，进一步增强5G eMBB、uRLLC、mMTC三大场景的连接能力，同时承载语音通信、窄带传感、宽带视频、控制命令等多维数据，兼容4G、NB-IoT等存量终端设备。

华润新能源运维监测系统平台项目

参与企业：浪潮工业互联网股份有限公司

技术特点： 华润新能源运维监测系统平台项目是浪潮为华润智慧能源所属分布式光伏电站打造的一体化运维管理平台。本项目基于微服务架构设计，融合5G通信、大数据及工业互联网等技术，实现华润对分布式光伏电站统一管理、智慧运维的要求。

应用成效： 本项目提供了全方位、智能化的运维平台服务。一方面，提升了30倍以上的巡检效率，减少了8%以上的电站停机时间，降低了5%～10%的运维成本，提升了3%～5%的发电收益，实现电站的提质降本增效，助力电站向无人值班、少人值守、智能运维转变；另一方面，通过5G通信、大数据、工业互联网等技术的应用，满足了客户对电站的设备管理、在线监控、故障诊断、运维工单管理等多项核心需求，降低了生产过程的故障率和停机率，增强了可再生能源利用的安全性和稳定性，为新能源领域中数字技术赋能"双碳"积累了成功经验。

　　当前以风电、光伏为代表的新能源行业发展迅猛，新能源电站项目的运维需求量激增，面临着向数字化、智能化运营管理转型的需求。华润积极响应"双碳"目标，将分布式光伏电站列为"十四五"期间综合能源业务发展的重要方向。随着分布式光伏电站数量的持续增加，沿袭传统集中式地面电站的运维模式已不堪重负，逐渐暴露出运维人手不足、故障响应不及时、运维成本高等问题，很难满足分布式光伏电站的规模化发展需求。

　　浪潮工业互联网股份有限公司基于跨行业跨领域工业互联网平台和"云、网、边、端"软硬一体等核心能力，构建"平台＋服务"模式，以数据要素为驱动，以服务为核心，夯实工业数字基础设施建设，大力推进生产智能化，加速产业链供应链协同发展，助力数字化转型与高质量发展。

🛰 华润分布式光伏监测运维系统平台提供稳定支撑力

华润分布式光伏监测运维系统平台项目的总体方案涉及数据驱动、运营支撑和管理融通 3 个方面。分布式光伏监测运维系统总体架构如图 1 所示。

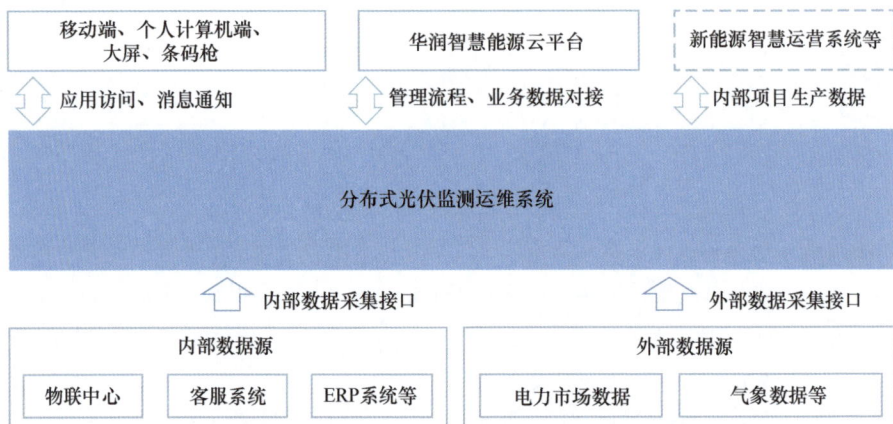

移动端、个人计算机端、大屏、条码枪	华润智慧能源云平台	新能源智慧运营系统等
⇅ 应用访问、消息通知	⇅ 管理流程、业务数据对接	⇅ 内部项目生产数据

分布式光伏监测运维系统

⇧ 内部数据采集接口　　　　　　　⇧ 外部数据采集接口

内部数据源			外部数据源	
物联中心	客服系统	ERP系统等	电力市场数据	气象数据等

图 1　分布式光伏监测运维系统总体架构

数据驱动。通过迁移并集成原有物联中心，新建分布式光伏监测运维系统物联中心，能够接入所有的分布式光伏电站在线监测设备，实现集中采集、统一管理、分级存储、异常检测、综合分析、及时告警、流程闭环等运营管理目标。

运营支撑。通过建设该系统，提供分布式光伏项目的快速测算、在线监测、远程管理、故障分析、运维工单等功能，助力实现运营管理的无人或少人值守，降低运维成本。

管理融通。提供统一的第三方数据接口，为华润智慧能源云平台、新能源智慧运营系统等提供管理流程、业务数据、生产数据的交互融通。

分布式光伏监测运维系统应用架构如图 2 所示。

分布式光伏监测运维系统设计架构共分为站端、数据源、采集适配层、应用层和交互层 5 层。

站端。站端为分布式光伏电站站端设备，是分布式光伏电站监测运维系统主要的监控管理对象。

数据源。数据源为分布式光伏监测运维系统适配采集的数据源，包括物联中心、客服系统、ERP 系统等，以及电力市场数据、气象数据等。

采集适配层。采集适配层包括相关协议，规定了数据传输的格式、传输速率、传输控制等方面的内容，以保证数据能够正确高效地传输。

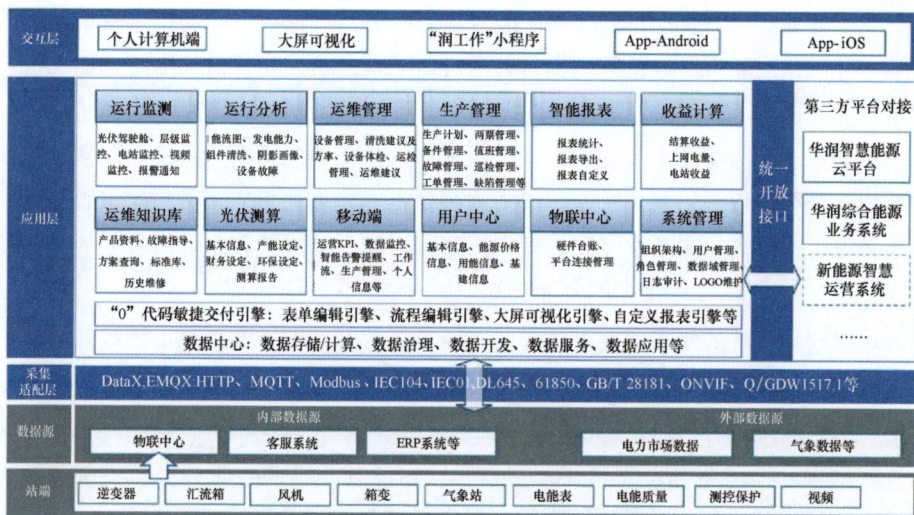

图2　分布式光伏监测运维系统应用架构

应用层。应用层分为数据中心、"0"代码敏捷交付引擎、应用功能微服务（如运行监测、运行分析等）、统一开放接口4个部分。

交互层。交互层支持通过个人计算机端、大屏、小程序、App等访问途径，并支持声光告警、站内消息、短信、邮件、微信公众号、企业微信、钉钉等多种消息通知手段。

华润新能源运维监测系统平台提供多样化功能

华润新能源运维监测系统平台具有运行监测、运行分析、运维管理、生产管理等功能模块。

运行监测。对所有分布式光伏电站及下属所有设备（光伏子阵、箱变、逆变器、汇流箱及升压站等设备、气象站）运行情况进行全景化、高精度、多角度的监测，支持图形和列表等多种展示方式。可分为光伏驾驶舱、层级监控、电站监控、视频监控、报警通知等部分。

运行分析。通过能流图、发电能力、组件清洗、阴影画像、设备故障等五大主题，根据月、年等不同时间维度对设备运行数据进行分析、展示。

运维管理。基于物联中心、移动App、知识库等工具和手段，利用大数据分析、就地运维、远程服务支持等模式，实现线上、线下运维一体化充分融合，实现智能化、自动化、标准化、移动化的高效运维。利用运维分析结果，给出进一步的电站优化建议和运维方案，协助现场人员有针对性地进行运维。

生产管理。实现生产计划、两票管理、备件管理、值班管理、检修管理、工单管理、故障代码管理、缺陷管理、台账管理等功能，为用户提供一个统一的生产管理平台。能够展示电站的组串电流持续偏小、PR 异常、衰减异常等低效设备数据。

智能报表。为管理人员提供必要的报表，根据报表的不同，系统自动按照报表的功能及需要，以日、月、季、年等方式提供不同粒度的报表，所有的报表均可以导出为 Excel 格式或者通过打印机进行打印，打印出的格式和内容与看到的格式和内容完全一致。

运维知识库。实现光伏电站运营、设备维修等知识的不断积累，通过知识库的建立，提升运维人员的技能水平，使其作业标准化、智能化，知识库内容主要包括产品资料、故障指导、历史维修等主题。

移动端。移动端 App 使得用户可以在任何位置通过移动端 App 查看项目运营指标、实时场站负荷、设备故障告警、发电量情况及设备实时运行状况。做到核心指标每日自动更新，资产运行表现实时掌控。同时现场运维人员可在移动端 App 中完成生产管理系统中的全部业务操作。

微服务架构灵活可复制性高

华润新能源运维监测系统平台基于微服务思想，打通了各系统之间的访问壁垒，实现了应用互通；采用云边协同架构，构建了站端数据采集与计算的边缘侧平台；采用低代码引擎技术，具有微服务架构、高性能集群、弹性扩缩容的架构技术特点；提供快速容器化的部署能力，实现业务应用的敏态发布和高可复制性。

O2O 运维模式持续迭代升级

"线上＋线下" O2O 运维模式充分融合了线上平台的灵活性和可复制性优势，以及线下运营团队的专业化能力，打通了平台从产品开发、使用、反馈到迭代的全过程，通过线下自有项目的一手运维数据、使用问题等反馈，构建了"需求—产品—需求"的正向循环，实现了更加自主、更贴合实际应用的产品迭代升级。

5G＋工业互联网技术助力光伏电站运维智能化转型

5G、大数据、工业互联网等技术的应用，为平台在数据采集、传输与分析，大数据模型的搭建与训练，运维知识库的迭代与成长等方面提供了技术基础，促进了光伏电站的安全高效运行，助力光伏电站向无人值班、少人值守、智能运维转变，为新能源运维行业中数字技术赋能"双碳"积累了成功经验。

第四部分

绿色发展案例

2023

数实融合　大力推进新型工业化

5G 助力"双碳"目标，海量分布式光伏安全接入项目

参与企业： 国网河南省电力公司电力科学研究院、中国电力科学研究院有限公司、许继电气股份有限公司、河南九域腾龙信息工程有限公司

技术特点： 本项目提出基于5G通信的面向海量分布式光伏接入的"云—边—端"安全防护方案，实现分布式资源信息的海量安全接入，提供可靠的通信保障和安全防护。

应用成效： 本项目在郑州市、许昌市开展了基于5G LAN技术的分布式光伏边端侧安全防护应用，有效解决了低压侧边端之间的可靠通信和安全防护不足的问题。应用成效如下：一是解决了分布式光伏边端侧通信可靠性不佳的难题；二是提出了轻量化边端分级认证及手持终端密钥灌装的技术路线，保证了分布式光伏端侧设备的安全可靠准入；三是大幅降低分布式光伏安全接入认证的部署成本，有效减少了分布式光伏数据交互和远程控制面临的安全风险。

　　随着分布式光伏的大规模接入，传统发电在电网中的占比逐渐下降，低压并网比重持续提升，大量分布式光伏接入使电网潮流反送特征、反向重过载设备日益增多，严重威胁电网的安全稳定运行。为应对这一变化，本项目衍生了一系列基于分布式光伏接入业务的中低压源网荷储多目标协同控制应用、低压台区刚性互联应用、多台区协同柔性控制应用等。

🌐 基于 5G 通信的面向海量分布式光伏接入的安全防护方案

　　本项目适用于单台区分布式光伏业务边端通信和多台区协同互动的边端通信业务。基于 5G 通信的分布式光伏接入拓扑如图 1 所示。

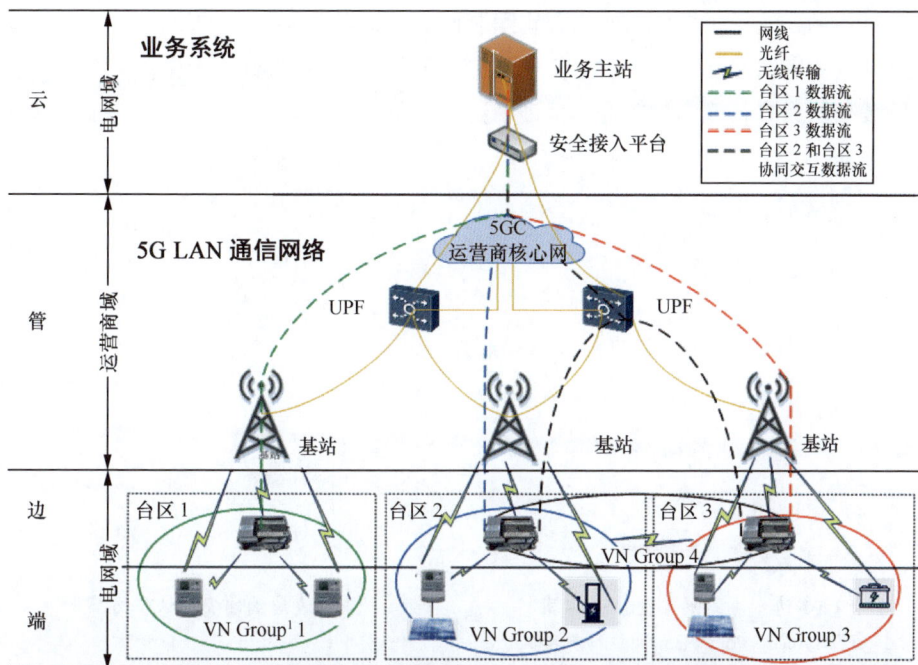

注：1. VN Group（Virtual Network Group，虚拟网络群组）。

图 1　基于 5G 通信的分布式光伏接入拓扑

单台区分布式光伏业务边端通信的网络拓扑如 VN Group 1 所示，通过在 5GC 配置 SIM 卡属于同一个 VN Group（VN Group 1），5G 通信模组在插入 SIM 卡、建立以太会话后，5G 模组可看作二层交换机上的端口，光伏业务边端侧业务终端即可直接进行数据交互。多台区协同互动如图 1 中的 VN Group 2、VN Group 3、VN Group 4 所示，单台区下的通信与前文所述相同，多台区协同互动需要多个台区之间的边侧设备协同，从而实现端到端的通信交互。

在 5G 通道方面： 在云边侧，采用 5G 切片 + 电力专用 UPF 的方式，实现分布式光伏业务与其他业务的网络隔离，满足电力业务对速率、安全、时延的确定性要求。在边端侧，采用 5G LAN 技术极简组网、全互联二层通信、网络切片 SLA 保障和多 UPF 转发模型，实现分布式光伏业务场景的简易互联和高效转发；采用切片隔离、自主 PDU 会话建立控制、组播隔离、二次鉴权分级认证、中间人攻击防范保障等技术，实现融合终端与南向终端的易管理、高安全性身份认证机制，保证终端设备的灵活高效接入。

在业务安全防护方面： 边侧设备到主站的安全认证体系已相对完备，基于此，本项目在使用 5G LAN 技术时，建立了边侧设备，例如融合终端，到端侧设备的接入认证机制，选用手持终端作为密钥灌装设备，并开发分布式光伏认证 App，实现边端认证的密钥灌装及认证，授权台区经理可通过手持终端进行操作，实施难度低，不需要新增设备，且容易管理，保证了终端设备的灵活高效接入。安全认证方案如图 2 所示。

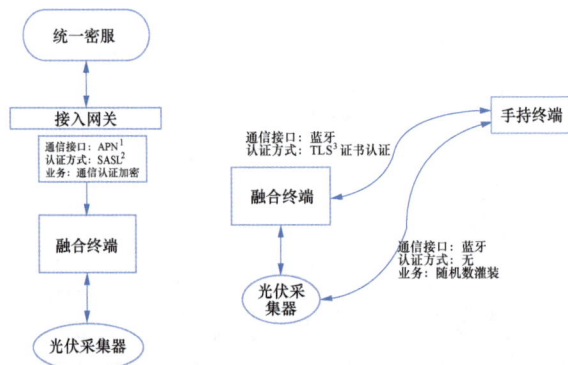

（a）边到主站的安全认证方案　　　　（b）边到端的安全认证方案

注：1. APN（Access Point Name，接入点名称）。
    2. SASL（Simple Authentication and Security Layer，简单认证和安全层）。
    3. TLS（Transport Layer Security，传输层安全协议）。

图 2　安全认证方案

在 5G 终端方面： 本项目研制了 5G RedCap 系列通信终端，采用高密度集成和高可靠性设计，满足部署场景嵌入式安装、低功耗、低成本和高防护等级要求；采用 5G LAN 技术，实现组内成员点对点和点对多点通信、组间信息隔离和成员变化网络拓扑动态自适应调整，满足业务高效确定性传输需求；采用网络切片、机卡基站绑定、二次鉴权和加密传输，实现业务隔离、接入管控和安全通信，满足不同业务的差异化需求，确保电力业务在传输过程中的机密性、完整性和可用性。

填补分布式光伏接入安全防护领域空白

本项目利用 5G LAN 技术，划分 VN Group，通过 5G LAN 网络实现台区边端的实时传输，解决中低压源网荷储多目标协同控制、低压台区刚性互联、多台区协同柔性控制等应用面临的通信质量不佳的难题。基于 5G LAN 实现边端设备可靠的通信后，建立分布式光伏的分级认证机制，保证了终端设备的灵活高效安全接入，填补了分布式光伏接入安全防护领域的空白。分布式光伏业务分级认证如图 3 所示。

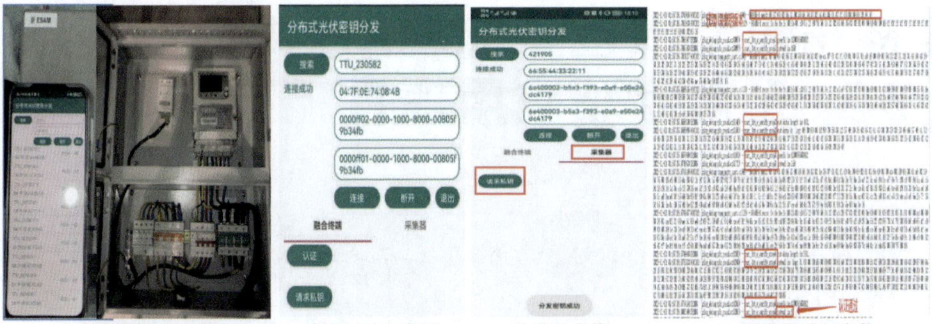

分布式光伏分级认证
现场联调测试

手持与融合终端
认证及密码灌装

手持对光伏
采集器的密钥灌装

融合终端与光伏
采集器认证成功

图3　分布式光伏业务分级认证

神东煤炭绿色智能辅助运输 5G+无人驾驶应用项目

参与企业：神东煤炭集团、青岛慧拓智能机器有限公司

技术特点：本项目利用5G大宽带、低时延等特点，将5G关键技术和现代煤矿开发技术相融合，基于激光雷达、毫米波雷达、超声波雷达、热成像相机等传感器，研制了多源异构融合感知算法；采用惯性传感器、UWB、轮速里程计、激光雷达等传感器，研制了高精度的多传感器融合定位算法，实现矿井场景下的多传感器融合定位，构建了神东上湾矿区实时互联、分析决策、自主学习、动态预测、协同控制的无人驾驶防爆电动辅助运输车辆智能系统，以及井下人车和井下料车的无人驾驶辅助运输系统。

应用成效：本项目已实现3辆5吨料车单独作业和编队作业，使井下无轨胶轮车资源得到充分利用，达到无轨胶轮车辅助运输系统安全运行、节能环保、提质增效的目标。

　　神东煤炭集团是《国家能源集团智能矿山建设实施方案》中智能矿山示范矿井建设的重要骨干单位，神东煤炭集团作为国际领先、国内头部的煤炭井工矿企业，承担着推动智能矿山建设、引领煤炭绿色开采技术进步和担当科技创新先锋的重要责任。现有的辅助运输装备还较为传统，其中 80% 是柴油动力车，已推广应用部分井下防爆电动车。柴油动力车普遍存在着安全隐患高、污染指数高、能耗高、效率低、寿命低、智能水平低的"三高三低"问题。

　　井下作业环境复杂，存在污染大、噪声大、能见度低、交叉路口和坡道弯道变化大等因素，车辆运输频率高，驾驶人员易疲劳，增加辅助运输工作的安全隐患。加之近年煤矿井下人才短缺、招工难现象凸显，人力成本有所上升，且矿井环保要求越来越严格，因此，神东煤炭集团必须大力推进煤矿的"安全、高效、绿色、智能"开采，需要全新的辅助运输理念和整体解决方案，研发以"智能装备、智能交通、

智能管理"为总体框架的绿色煤矿智能高效辅助运输技术，致力于彻底解决煤矿辅助运输面临的"三高三低"问题。

本项目提出以"智能运输、智能网联、智能管理"为总体框架，充分利用神东煤炭集团大力建设井下 5G 网络的基础优势，通过集成创新应用无人驾驶、新能源、智能遥控等先进技术，打造国内领先的示范矿井，积极助力"智能矿山"建设，聚焦国家能源集团建设具有全球竞争力的世界一流能源集团的发展目标，真正将"绿水青山就是金山银山"的绿色发展理念转化为现实。

辅助运输迈进无人化发展阶段

本项目研制矿区井下辅助运输系统，解决物料运输以及乘员运送过程中的无人化问题，尽量减少井下运输司机和操作人员的数量。通过构建井下乘人车、井下物料车构成的无人辅助运输系统，采用无人驾驶管理系统进行统一调度和管理，建立矿区无人辅助运输示范应用，最终建成"安全、绿色、智能、高效"的无人辅助运输示范矿井。

无人驾驶管理系统由 V2X 通信模块、车载作业管理模块、冗余组合定位模块、环境感知模块、行为决策与规划模块、无人施工车辆控制模块、安全监测模块、数据存储与管理模块、硬件平台模块、线控底盘模块等构成，使无人运输车辆具备单车智能。无人运输车辆接收管控中心发送的指令，结合自身位置、周围环境等信息，完成全流程的自动驾驶运输作业。无人驾驶管理系统架构如图 1 所示。

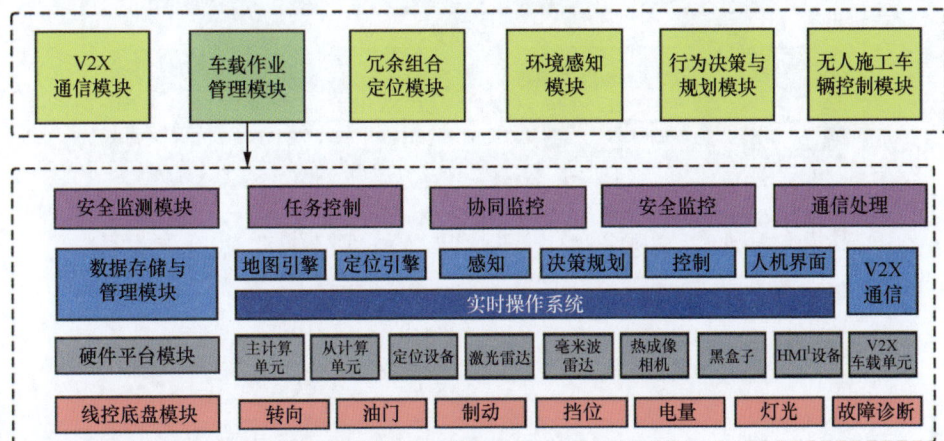

注：1. HMI（Human-Machine Interaction，人机交互）。

图 1　无人驾驶管理系统架构

井工矿绿色智能无人驾驶辅助运输系统架构如图2所示。该系统基于5G的V2X无线通信网络互联，通过不间断地计算、规划、调度、管理，完成辅助运输智能化调度、设备监测安全管理、数据统计分析管理、地图数据管理等功能，具有车队运输管理、系统兼容、服务冗余备份、双路供电等能力，从而提升生产作业效率、减少人力成本，增强作业安全性和可持续性。

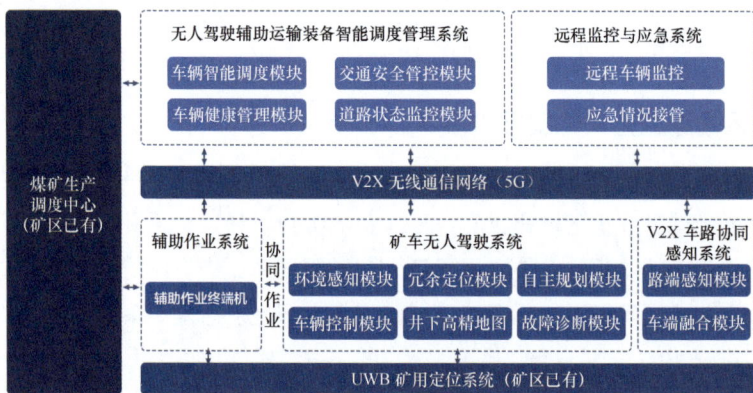

图2　井工矿绿色智能无人驾驶辅助运输系统架构

无人驾驶防爆电动辅助运输车辆智能调度管理系统总体架构由基础设施、平台支撑层、基础数据和应用层组成。各组成部分独立地支撑该系统的某个部分，相互协调配合。无人驾驶防爆电动辅助运输车辆智能调度管理系统总体架构如图3所示。

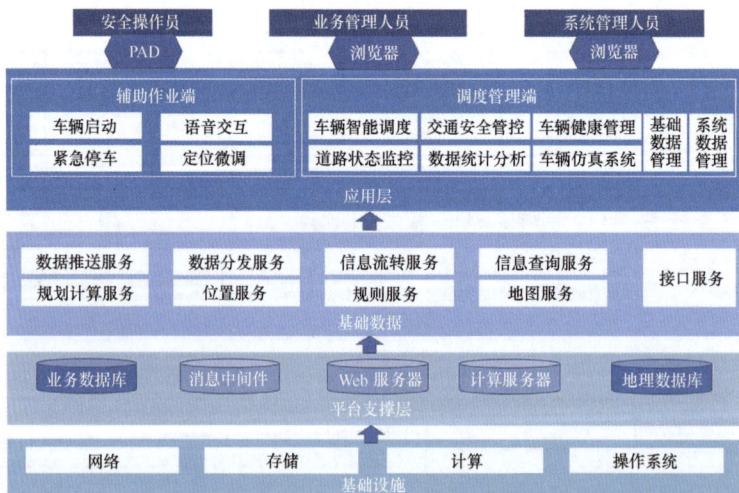

图3　无人驾驶防爆电动辅助运输车辆智能调度管理系统总体架构

井工矿绿色智能无人驾驶辅助运输系统涉及的业务主要是物料以及作业人员从指定的物料装载区或接人站台输送到指定区域，通过调度管理中心和车上的交互终端，完成生产运输业务。井工矿绿色智能无人驾驶辅助运输业务流程如图4所示。

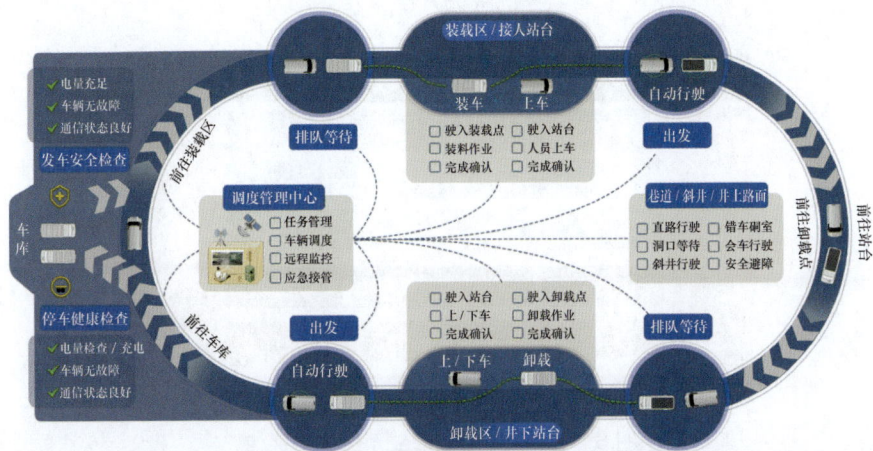

图 4 井工矿绿色智能无人驾驶辅助运输业务流程

系统业务架构是满足井工矿绿色智能无人驾驶辅助运输作业的应用需求，分析归纳设计形成能够满足相关方不同层次需求的井工矿绿色智能无人驾驶辅助运输车辆智能调度管理系统，该系统从整体上分为基础层、存储层、系统管理层、服务层和应用层共5层。智能调度管理系统应用功能体系如图5所示。

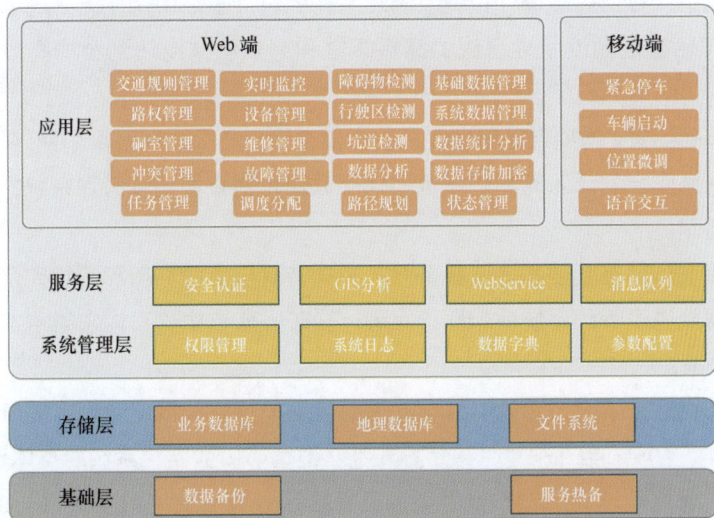

图 5 智能调度管理系统应用功能体系

无人驾驶防爆电动辅助运输车辆智能调度系统遵循 Web 应用技术体系，采用主流的前后端分离和上下分层的架构设计，按照数据访问层、应用逻辑层和服务层进行多层结构体系设计。整个中心端是一个典型的基于 B/S 结构的 3 层企业应用解决方案架构模式。智能调度管理系统解决方案架构如图 6 所示。

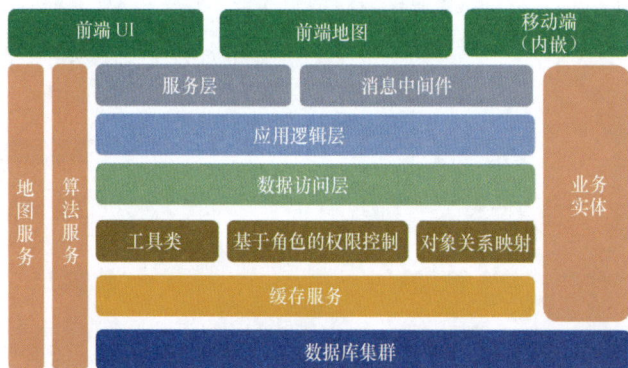

图 6　智能调度管理系统解决方案架构

无人驾驶辅助运输车辆智能调度管理系统既考虑了整体的高内聚低耦合的技术要求，又兼顾了矿区无人辅助驾驶未来的发展，可以满足无人辅助运输车辆多编组作业，系统软硬件具备管理不少于 200 台矿区无人辅助运输设备的能力，后期可扩容至 1000 台。

物理架构是为上层应用提供软硬件支撑的平台，其设计内容主要包括软件平台、服务器、网络、存储等软硬件设施。物理架构的设计重点考虑了无人驾驶防爆电动辅助运输车辆智能调度管理系统的高可靠性和高效性，以达到全局高效稳定运行的目标。

针对实际场景，本项目采用调度系统内部专网与办公内网隔离的网络拓扑结构，保障系统网络安全。无人驾驶防爆电动辅助运输车辆智能调度管理系统物理位置示意如图 7 所示。

在作业现场部署管理和调度服务器，并支持双机负载均衡和系统冗余备份，主要目的是保障调度管理系统的长期稳定运行。矿方监控中心可以实时监控和管理现场的运输作业。

数据架构定义了无人驾驶防爆电动辅助运输车辆智能调度管理系统所应用的数据模型、数据构成、相互关系、存储方式等。遵循矿山数字化系统的整体设计结构，无人驾驶防爆电动辅助运输车辆智能调度管理系统具有高度的开放性与融合能力，有效保证与其他数字化系统间的互操作性。智能调度管理系统数据架构如图 8 所示。

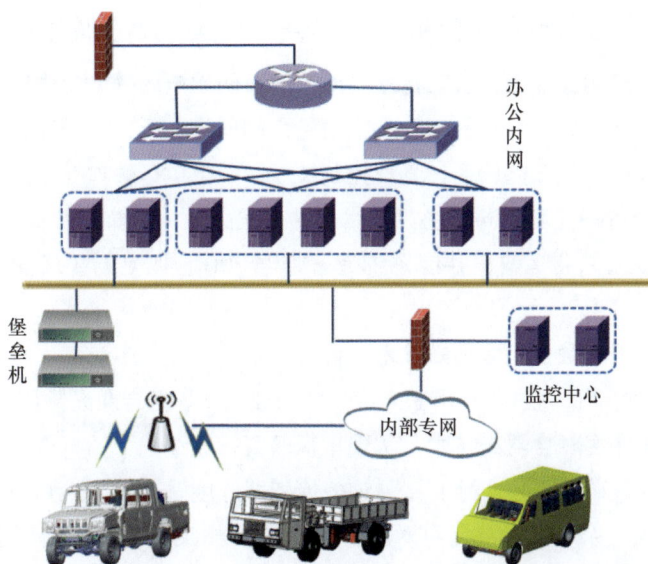

图 7　无人驾驶防爆电动辅助运输车辆智能调度管理系统物理位置示意

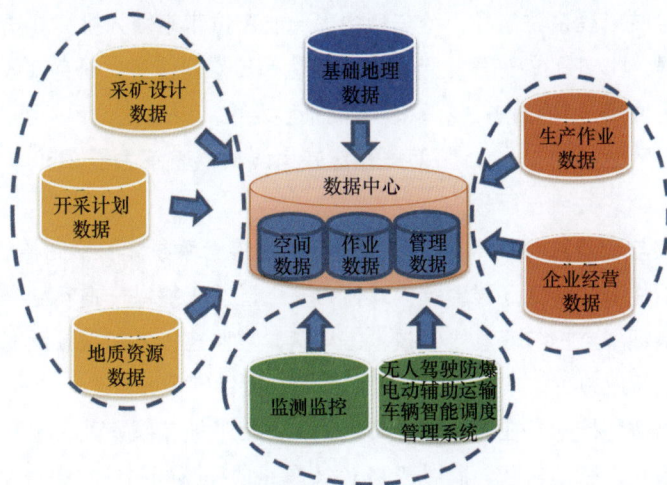

图 8　智能调度管理系统数据架构

　　本项目通过搭建基于空间、作业和管理的数据模型，可以整合存储矿山基础地理数据。在无人驾驶防爆电动辅助运输车辆智能调度管理系统中，基于空间数据库的地理信息系统数据与无人运输的业务数据互相整合、融合，既达到了对矿区物料、相关人员运输的业务处理要求，又满足了自动驾驶对地图的业务需求。

🛰 智能装备、智能交通、智能管理，科技创新驱动高质量发展

无人驾驶车辆智能调度管理技术。无人驾驶防爆电动辅助运输车辆智能调度管理系统是整个井工矿无人驾驶辅助运输设备之间安全运行、协调高效工作的桥梁纽带。通过研究井工矿智能调度和管理控制技术、井工矿运输作业场景的交通控制技术、多路融合道路检测和判断决策技术、井工矿大数据采集和数据挖掘分析技术，实现高效管理无人化运输，并使系统具备管理 200 台以上无人驾驶运输车辆容量的能力。

多传感器深度融合网络感知技术。针对井工矿多尘、多碎石、路面颠簸等特殊环境对障碍物检测的挑战，利用激光雷达多回波技术，融合激光雷达、毫米波雷达，通过多传感器深度融合网络技术，实现车辆颠簸行驶过程中的高鲁棒性多目标的检测和跟踪。经过矿区现场实际测试，该多传感器深度融合网络感知技术能够有效应对矿区多变的复杂环境挑战，可对 90m 距离处的 30cm 大小障碍物进行准确检测与识别。

井下高精度导航定位技术。井工矿环境具有长巷道、暗灯光、潮湿等特点，而且没有全球导航卫星系统信号，给车辆精确导航定位带来较大挑战。本项目通过融合惯性传感器、UWB、轮速里程计、激光雷达等传感器信息，研究高效的多源数据融合和协同定位算法，实现井工矿环境下高精度定位。融合定位误差不大于 0.15m，速度测量误差不大于 0.1m/s，俯仰角和滚转角测量误差不大于 0.5°，方位角测量误差不大于 2.0°，达到国际领先水平。

远程监控与应急接管技术。远程监控与应急接管系统能够实时监测运行状态，在紧急情况下能够切换到远程驾驶模式，为井工矿行车提供一道安全屏障。通过研发井工矿车辆远程监控与应急接管技术、车辆异常监控技术和视频反拥塞算法，降低视频时延，适应井工矿车道环境，为无人驾驶提供安全冗余。

井下车路协同技术。在井工矿的交会路口、上下坡及硐室处，无人驾驶车辆自身的感知设备存在感知盲区。通过研制 V2X 车路协同感知系统，采用 V2X/5G 通信技术与车端、管控中心实时共享感知结果，为无人驾驶系统提供超视距感知能力，并探索基于车端请求、云端指导的路端交叉口环境下智能车路协同规划方法，提升行驶安全性。

本项目将为我国在矿山无人化和矿山安全生产领域形成国内先发优势，有力推进我国传统矿山行业的产业升级，提高我国在矿山无人化这一领域的国际竞争力。

移动5G+打造金川集团智慧化矿山新标杆

参与企业： 中国移动通信集团甘肃有限公司

技术特点： 本项目涵盖了千米井下采矿作业的提升、运输、充填、巡检这4个重要的采矿作业环节，结合金川集团目前的矿山生产特性，完成5G+井筒罐笼的智慧提升、5G+井下有轨电机车无人驾驶、5G+矿运卡车远程控制、5G+填充工区智能天车、5G+千米井下智能巡检等多个创新应用的部署。本项目逐步实现千米井下智能化、无人化，打造智慧化矿山，实现井下逐步无人化，为金川矿山安全保驾护航。

应用成效： 本项目通过归一化提升复杂的端侧连接以及多协议工控的可靠性；通过统一标准、规范组网、归一化设备选型、固化内部连线、标准化设备配置，进一步提升项目后续的可复制性。在应用部署策略上，本项目采用先进方案，不仅满足基本需求，例如竖井智能化提升、电机车全域系统远程控制、铲运车远程驾驶、自动调转车头、智能井下巡检和井下无人化部署，具备相关的安全保护机制，还在此基础上满足运检联合作业、实时视频的视频拼接，以及有人车和无人车混合作业等需求，达到高效、安全的实施效果。矿区每年可节省人工成本650万元。

金川集团是甘肃省人民政府控股的特大型采、选、冶、化、深加工联合企业，主要生产镍、铜、钴、铂族贵金属及有色金属压延加工产品、化工产品、有色金属化学品、有色金属新材料等。金川集团拥有世界第三大硫化镍铜矿床，是中国最大、世界领先的镍钴生产基地和铂族金属提炼中心，在全球同行业中具有较强的影响力，井下采矿安全、采矿效率、矿山运输是金川集团采矿作业的核心问题，传统模式下的电机车、矿卡驾驶、竖井提升系统和井下能源动力中心巡检是制约矿山发展和采矿效率提升的重要因素，井下噪声、粉尘严重超标，工作环境较为恶劣，人为驾驶车辆、调度指挥存在装车和追尾等较大安全隐患，工人长期在环境恶劣的井下作业，身体健康难以保证。

三大矿山数字化转型，成为智慧化矿山新标杆项目

本项目基于国家政策和企业面临的实际困难，通过 5G 和工业互联网技术实现了矿用大型采掘设备的技术升级，以机械化、自动化、信息化改造推进矿山传统设备升级、减员增效，提高矿山安全生产水平，现场实现"无人则安"的安全管控目标，人员操作环境得到极大改善，取得显著的经济效益，且对 5G 技术的工业化应用及智慧化矿山建设起到引领作用和示范效应。

5G 技术推进创新性智能化应用落地

金川集团在各个矿区井下安装了 43 个 pRRU 设备，在靠近设备侧定点测试 SS–RSRP[1] 为 –70 ～ –65dBm，下载速率为 800 ～ 870Mbit/s，峰值上传速率为 140Mbit/s，端到端时延为 30 ～ 40ms（ Ping 测西安移动 5G 测试服务器 ），丢包率为 0，测试网络性能良好。在巷道内驱车测试，在无遮挡条件下设备周边 30m 的区域内 RSRP 为 –95 ～ –65dBm。测试数据见表 1。

表 1 测试数据

与设备距离 /m	SS–RSRP /dBm	峰值上传速率 /（ Mbit/s ）	峰值下载速率 /（ Mbit/s ）	信号等级
0	–63	140	827	优
5	–71	140	740	
10	–79	129	600	
15	–84	110	514	良
20	–88	105	508	
25	–92	94	415	中
30	–96	80	341	
35	–100	66	258	差
40	–104	52	175	

5G 通信终端实施方案是分别在控制台和应用侧各部署一台华为 SRG 路由器，控制台侧华为 SRG 路由器 WAN 口连接城域网设备，并配置公网固定 IP，LAN 口连接控制台交换机并连接应用控制设备，应用侧华为 SRG 路由器 WAN 口连接

注 ：1. SS-RSRP（Synchronization Signal Reference Signal Received Power，同步参考信号接收功率）。

CPE，CPE 下挂智能化应用控制器、高清摄像头、感应器、数据传感器等；LAN 口连接应用侧交换机；两台华为 SRG 路由器之间启用 L2TP[1]，业务侧启用 Bridge 通道，实现两个内网二层互通；通过 5G 通道实现井下智能化应用的数据回传。5G 通信终端拓扑如图 1 所示。

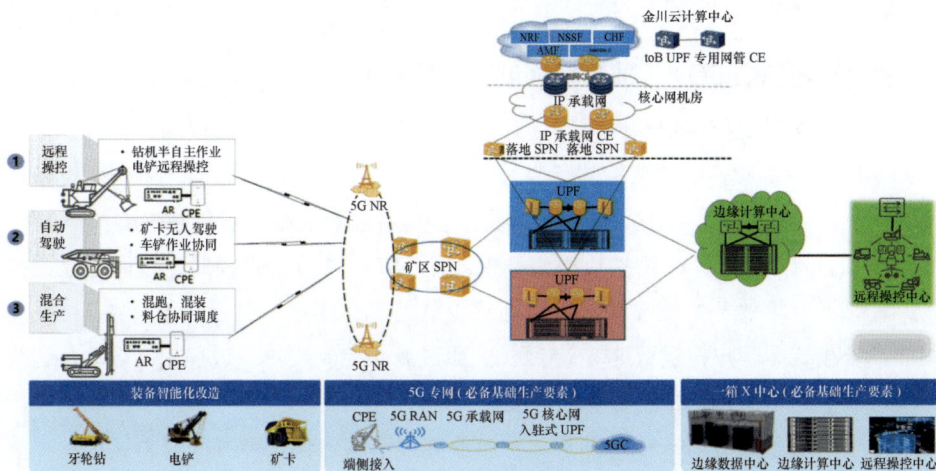

图 1　5G 通信终端拓扑

5G+井下智能化应用系统是金川集团智慧化矿山项目中的井下智能化应用系统，主要包括龙首矿新 2 号井 5G +智能提升系统。

该项应用实现农村区域覆盖 700MHz 频段 5G 网络在全国矿山行业首次商用，成果的创新性较为突出，深化了 5G 网络在全国矿山领域智能化发展中的深远意义，同时大幅提高了提升机控制系统的自动化、信息化水平，使金川集团加快推进"五化"建设。

电机车无人驾驶系统主要包括电机车运行控制系统、电机车运行保护系统、远程放矿系统、"信集闭"智能调度系统、视频监控系统等多个子系统。

本项目在龙首矿 1220 中段布置中央变电所高压柜、主变压器、配电柜、交直流屏、低压柜、电缆沟、漏电装置、整流装置、硐室、水泵电机等，并配置 2 台智能化巡检机器人，实现实时监控，全自动巡检。

5G+无人值守填充料车间及天车无人驾驶系统是金川集团二矿的改造项目，主要负责无人值守的填充料库区生产管理、智能化抓斗起重机、车间全覆盖的视频监控、5G 无线网络与调度系统。

注：1. L2TP 是一种用于承载 PPP 报文的二层隧道技术。

本项目完成基于 5G 技术的深井矿智慧化改造，实现传统设备的数字化、信息化改造，为金川集团在井下采矿区域实现各种井下作业车辆的远程控制、自主行驶及智能化巡检做出了有力的探索。

同时，本项目的应用改善了矿区井下人员作业时面对高温、高湿、高粉尘、高噪声、强颠簸等不利环境，降低了井下人员的安全风险。

金川集团加快 5G+工业互联网创新应用发展

本项目通过规范端侧组网方案提升了可靠性和可复制性。通过归一化提升了复杂的端侧连接以及多协议工控的可靠性；通过统一标准、规范组网、归一化设备选型、固化内部连线、标准化设备配置，进一步提升项目后续的可复制性。

本项目验证了 5G 网络的功能商务模式，在 ICT 项目商务模式（以网络建设为基础，按照 ICT 业务集成模式进行网络建设及信息化集成）的前提下，融入 5G 网络的商务模式（客户按需订购 5G 专网）。通过源头控制成本、过程提高效率，边缘计算控制数据不出厂，保证数据更加安全，满足用户要求。

本项目属于云管端一体化项目，由产业界上下游合作伙伴共同努力实现，赋能行业，适配产业上下游合作伙伴的相关设备，共同拓展行业市场。

本项目符合甘肃省关于新一代信息技术与制造业深度融合的产业政策和发展方向，加快了金川集团 5G＋工业互联网创新应用发展，将矿山网络基础建设、工业互联网平台建设，以及应用场景和解决方案作为主攻方向，促进装备制造业转型升级、提质增效。

5G+直流微电网赋能打造杭州亚运全绿电零碳示范园区

参与企业：中国移动通信集团浙江有限公司杭州分公司、国网浙江省电力有限公司杭州市萧山区供电公司、国网浙江省电力有限公司杭州供电公司、中移（上海）信息通信科技有限公司、浙江方大通信有限公司

技术特点：基于园区微电网运行及维护的通信能力需求，本项目通过5G网络技术、自研平台能力与微电网业务系统的深度融合，全面落地发电、输电、变电、配电、用电、储能全环节的多个业务场景，形成高效、清洁、智能的区域能源中心，实现电网潮流灵活控制、容量共享，提高系统的可靠性和运行的灵活性，支撑杭州亚运全绿电供应。

应用成效：本项目在5G+云网融合的基础底座上，打造直流微电网管理系统，将能量管理系统与5G网络管理系统打通，实现能源流、业务流、信息流的三流合一，接入示范园区各类电力业务终端超100台。同时，在平台侧实现了通信设备、切片等通信管理信息在能量管理系统上的实时管理和展示，实现数据交互和融合，满足了业务管理系统运维的高标准要求。本项目技术方案成熟，在实现电力源网荷储各环节全场景规模化商用落地的同时，通过高性能的网络组网及全方位的安全策略保障，满足了电网通信的灵活接入、网络安全等需求，能够有效解决电力行业的有关问题。

能源电力是实现"双碳"目标的主战场，能源燃烧约占我国二氧化碳排放量的88%，电力排放约占能源行业排放的41%，应大力发展清洁、可再生能源。微电网作为一种新兴的能源模式和高效的能源利用新载体，具备成本低、效率高、部署简单灵活、供电稳定可靠等优点，可实现分布式光伏、风力发电等清洁能源的就地接入与消纳。

🌀 打造清洁、高效、智能的多能互补直流微电网示范园

目前，微电网的应用主要集中于公共设施、工/商业园区、社区等，地理分布

呈现范围广、数量多、设备分散的特点，对于设备远程监控与维护的需求大。杭州亚运园区打造了 220kV 零碳变电站，园区内建有分布式光伏发电站、变电站、配电站、充电站、数据中心站、储能站等多个电网业态，实现了微电网和大电网之间的柔性可投可切，推动源网荷储多方主体参与能源互动，保障清洁能源消纳。

杭州亚运全绿电零碳示范园区改变了传统的供电模式，推广使用 5G＋直流微电网技术，有助于发挥电网配置能源资源核心平台的作用，引导优化电源布局，通过推广全景式即插即用系统化应用，引导多能互联，保障清洁能源消纳，提高能源综合利用率。

🛰 建成全国首个 220kV 零碳变电站

本项目在杭州亚运全绿电零碳示范园区内创新性打造直流微电网管理系统，通过 5G 专网的能力开放与业务管理平台的融合，实现电力业务数据与无线网络通信业务数据的深度交互和融合。基于中国移动 OnePower 智慧电力子平台，通过 5G 专网的边缘计算平台开放的网元能力，围绕电力 5G 通信网络管理需求，设计并实现电力 5G 专网连接管理、电力通信设备管理、电力 5G 切片管理、探针管理、工作流管理、系统管理服务、能量管理系统对接等功能，实现对行业专网的网络质量及终端设备的远程可视、可管、可控。

5G＋分布式光伏电站是指一种利用太阳光能，采用晶硅板、逆变器等电子元件组成的发电体系，与电网相连并向电网输送电力的光伏发电系统。所有光伏分交流和直流两种接入方式并网，形成光伏入网的交直流能效对比。光储充放直流侧友好互动、对外充电服务示范区创新能源与充电桩的互动应用。依托 5G 通信，示范区实现区域分布式新能源集群参与电网调峰和无功电压调节，有效提高新能源主动消纳能力。

5G＋变电站是电力系统中对电压和电流进行变换，接受电能及分配电能的场所。利用基于 5G 通信技术的智能巡检系统，在集控站、运维班或移动终端远程控制变电站智能巡检机器人，实现巡视数据实时上送，巡视任务实时派送，系统状态实时监测。在变电站异常情况下，远程控制机器人参与设备故障研判，提升故障判定效率，保障运维人员人身安全。在无线监测装置方面，利用 5G 专网通信，实现监测数据实时传输至生产管理系统，可实现监测数据实时查看，有利于研判设备运行状态；提高数据传输效率，大幅降低无效数据出现频次。

5G＋配电站集直流断路器和直流继电保护单元于一体，具备完善的保护、测量、控制与监视功能。利用基于 5G 通信技术的配电自动化开关，可实现高弹性的数据传输、可靠的"三遥"功能、高精度的智能感知能力、高准确率的故障研判与隔离；实现调控人员远程控制操作，提高供电可靠性和故障处理效率、降低相关专业人员的工作量，计划工作时，直接由调度员远程控制操作，不需要运维人员前往现场；故障处理时，可通过遥控精准隔离故障等方式，真正实现故障点快速准确隔离和非故障区域恢复。

5G+充电站包括 8 台 120kW 直流充电桩、1 台 30kW 直流 V2G 充电桩，能够满足电动汽车的日常充电需求。在此基础上，V2G 充电桩还可实现正反向充放电，结合 5G 技术将充电数据传输至能量管理系统，能够实现电动汽车与系统电量灵活互济，同步参与直流配电系统需求响应。

5G+数据中心站可用来在互联网的基础设施上传递、加速、展示、计算、存储数据信息，数据中心站内大部分电子元件都是由低直流电源驱动运行，数据中心可供电力公司、电信运营商等租赁使用。作为用户侧站点，该区域已落地 5G+秒级负荷控制场景落地，以满足平台对用户侧的远程"三遥"需求。

5G+储能站可放置应急电源电池、控制柜等设备，是用来短期存储电能、调节峰谷用电问题的系统。利用 5G+虚拟电厂资源聚合技术，将储能站聚合成一种独特的"发电厂"形式，参与电网的运行调节，为电网电力系统提供调峰服务。虚拟电厂基于先进的通信技术与智能电网技术，实现负荷能源信息的汇聚，并能够预测一定时段内的负荷水平，给出虚拟电厂的"出力"曲线。

🛰 巨大的发展潜力和广阔的应用前景

本项目利用 5G + 直流微电网的新技术，促进 5G 商业化深入拓展，推动 5G 技术迭代更新。通过 5G 技术，引领"多站合一""分布式清洁能源""分布式能源调控"等技术在电力行业的落地应用，从而带动上下游产业链的传感器、终端、化学储能等技术的发展。

杭州亚运全绿电零碳示范园区是面向电力行业的、面向社会的现代化、专业性、综合性的电力科普主阵地。该示范园区形成高效、清洁、智能的区域能源中心，有力支撑浙江多元融合高弹性配电网，以及世界一流城市配电网建设。

本项目技术方案成熟，5G + 边缘云是企业数字化转型的共性基础设施，是打造边缘差异化云服务的泛在算力基础，是提供云网一体化服务、推动电力行业向全面信息服务拓展延伸的关键基础。

本项目总结出一套可推广可复制的能源生产与消费发展新方案，描绘出一幅安全绿色、协同互动、智能友好的未来电网美好篇章，发挥高弹性电网作为能源互联网核心载体的引领、辐射、带动作用，推动电网向能源互联新形态演进，构建能源互联网生态圈，打造国网能源互联网战略落地的新标杆。

5G+协同智治的低碳楼宇改造"轻"方案

参与企业： 中国移动通信集团浙江有限公司杭州分公司、国网浙江省电力有限公司杭州供电公司、浙江大有实业有限公司杭州科技发展分公司、中移（上海）信息通信科技有限公司、浙江方大通信有限公司

技术特点： 本项目开发上线"5G云网结合、系统集成、全息感知"的低碳楼宇数智管理平台，按照政府统一地址库设计最小空间分割方法，打造独立空间唯一编码，数智化捕捉各独立空间温湿度及使用习惯，智慧化迭代优化细分空间调控策略，运用人工智能决策分析技术，通过5G物联实现楼宇内会议室、办公区、公共大厅等不同空间环境的自适应分布式柔性调控。

应用成效： 新模式与传统改造方法相比，节省改造成本75%，缩短改造工时50%，可推广至全区实现超过10万家企业用能数据实时采集，通过大数据、云计算、人工智能等技术实现用能情况全景监测、用能设备智能控制，全面掌握楼宇用能结构与成本明细，年节能降碳效果达20%以上，节省电网基础投资2～3亿元。本项目改造成果显著，改造区域夏天综合能耗下降30%，每年节约用电25.7万千瓦时，二氧化碳减少排放149.3吨。

根据社会责任根植项目的理念和思路，本项目推动各方（政府主管部门、综合能源公司、民营企业、园区、物业等）协同合作，以城市级、区域级低碳建筑群为对象，提出以"轻量级"为特征的低碳楼宇改造方案。该方案通过5G＋感知设备、大数据、人工智能技术，汇聚能源数据流，为建筑中的不同空间生成实时低碳绿色智能运行策略，实现"环境全感知、分析全实时、策略全智能、控制全自动、效果全反馈"。

创新、协调、绿色、开放、共享

本项目研发即插即用设备，实现用能数据全采集、用能设备可控制；设置空间

及设备 ID，实现用能策略精细化、柔性化、智能化管理；研发数智运营平台，实现用能监测全景化、穿透式、互动型管理。本项目将云侧的人工智能算法、网侧的入驻式 5G+MEC 组网、边侧的零信任安全防护，以及端侧的 RedCap 轻量化终端等多元技术进行融合应用。

本项目在国网杭州供电公司自建机房部署 1 套入驻式 MEC（含 UPF 分流网元及 App 边缘服务器），端到端采用 RB 资源预留 +FlexE 切片技术，与公网物理隔离，建设安全可靠、大带宽和超低时延的 5G 电力专网，同时由 MEP 提供边缘云计算及能力开放，可实现 5G 智能电力终端智能互联、边缘计算服务等功能。系统架构如图 1 所示。

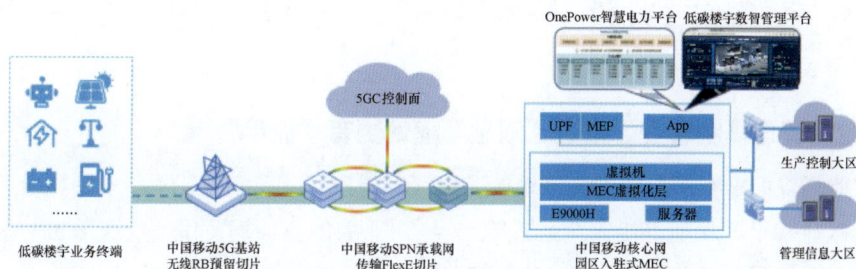

图 1　系统架构

本项目开发上线"5G 云网结合、系统集成、全息感知"的低碳楼宇数智管理平台。按照政府统一地址库设计最小空间分割方法，打造独立空间唯一编码，数智化捕捉各独立空间温湿度及使用习惯，智慧化迭代优化细分空间调控策略。

在硬件上，本项目改造网络、感知、计量、控制 4 类设施，研发了即插即用楼宇物联网关、多功能探测器、空调集控设备、照明集控设备等，建立空间、人、设备之间的多维度关联，实现了园区楼宇用能设备范围全覆盖、数据全采集、远程全控制。

在软件上，本项目按照政府统一地址库设计最小空间分割方法，打造独立空间唯一编码，对每一个空间、每一个设备进行 ID 赋值，对不同空间实行不同的能耗自动管理策略。本项目还运用人工智能决策分析技术，对数据进行深度学习和云计算，自动对会议室、办公区、公共大厅等地实施不同的柔性调控管理，在保证企业正常办公的情况下，最大限度地节能降碳，真正实现楼宇用能精细化、柔性化、智能化管理。

在运营上，本项目研发了一套低碳楼宇数智运营平台，分别为政府、电网、企业和物业多方提供服务，在云平台上通过数据分析，实现能耗对比、碳排监控、节能管理、监测预警等功能，支撑政府的监管和决策，通过用能账单与能效诊断辅助物业的管理和服务，实施专业的节能降耗，保障用电安全，实现与电网的弹性互动。

本项目成功探索出办公楼宇节能降碳轻量级改造模式，一是不破坏楼宇现有结构和装修；二是不影响企业正常办公；三是单位面积改造成本 15 ～ 20 元 $/m^2$，可使楼宇整体节能 20% 以上。

为发挥项目先行示范作用，探索可持续应用的商业模式，以杭州人工智能产业园为试点，通过设备智能化、管控数字化、分析精准化、服务便捷化改造，达到产业园区用能精准管控效果；以物联网、大数据、人工智能等技术研发了"一键响应"精细用电控制策略，在满足不同空间用能的基础上实时响应电网需求、持续降低整体能耗；结合物业运营、政府监管的实际需求，完善缴费、报修、资源共享等在线服务。

🌐 政府管理体制转变，推进"双碳"落地更有"抓手"

能耗双控指标从分解到各区域转变为分解到户、落实到月，更精准地核算各企业的碳排水平。本项目接入全区近 10 万家企业的能源数据，作为能源消费总量和强度"双控"的分析依据，支撑政府顶层的监管和决策。掌握全区企业单位 GDP 电耗，针对高耗低效企业，打破政府、电力企业和用户的多方壁垒，精确开展能耗双控、碳排放交易、能源计量监督等相关工作。

🌐 电网运行机制转变，建设坚强智能电网更具"弹性"

在用电形势紧张的情况下，电网从"人海式"通知节电，转变为通过系统"一键响应"调整照明、空调等用能设备。配合政府开展需求响应、有序用电、能耗双控时，可全面扩充参与用户，满足需求响应负荷资源池。

🌐 企业经营方式转变，实现企业用能成本更加"透明"

通过每月水、电、气等各类费用的合并用能账单明细及能效诊断方案的自动推送、线上缴费，企业对自身用能情况、能效水平、突出问题等做到一目了然。全面掌握用能结构与成本明细，节省用能 20% 以上，年用电量 100 万千瓦时的企业年均电费支出可达 10 万元。

园区运营模式转变，提升物业用能服务更显"智慧"

水、电、气等用能数据从人工抄表、人工结算升级为实时采集、自动结算，实时掌握园区内部重要设备关键节点的电力数据，故障发现时间缩短80%以上，表计抄收效率提高50%以上，实现物业费、水电费、公摊费等100%线上缴纳。

充分彰显品牌价值，推进绿色低碳进程

企业用户及物业方全力支持低碳楼宇轻量级改造，经过一段时间的运行，在不影响正常办公的前提下，节约了用电成本。

本项目被评为"杭州市十大低碳应用场景"，全方位展现滨江电力助力实现"双碳"目标、建设新型电力系统的决心与成效，获得覆盖式传播效果，在社会上引起广泛关注，有力彰显"国家电网"品牌价值。

在项目改造过程中，本项目探索出一套适合园区可持续发展的商业模式，企业用户或物业可根据自身情况选择一次性投资，通过节省能耗费用缩短回本周期，也可根据楼宇历史能耗情况，选择合同能源托管或节能收益分享模式，通过灵活的商业合作形式实现双方共赢。

本项目从政府管理体制、电网运行机制、企业经营方式、物业服务模式4个方面进行根本性变革，改变原来粗放式、人海式的用能管理模式，全面引领绿色低碳可持续发展。

5G 赋能电厂绿色数智化转型

参与企业：中国移动通信集团山东有限公司潍坊分公司

技术特点：5G智慧电厂生产运行平台围绕节能降耗、提质增效、主动安全、互联互通、集约协同，以建设"安全、绿色、智慧"的五星智慧电厂为目标，聚焦增量应用需求，实现电厂整体运行指挥、业务保障、协同决策。同时，该平台还将打造基于5G、云平台等新一代算力技术的智能发电平台、智慧管理平台、5G智能机器人等场景化应用，促进算力技术在电厂业务场景下的发展。

应用成效：该项目可降低建成与维护成本1000余万元，可节约标准煤12.5万吨，减少CO_2排放31.1万吨，减少SO_2排放9375吨，每年产生直接经济效益1000多万元。

国能寿光发电厂是节约型、环保型、资源综合利用型的现代化大型火力、光伏发电厂，引进国际先进的 1000MW 超超临界机组，具有参数高、容量大、效率高的技术领先优势。

本项目依托潍坊移动 5G 网络能力，为国能寿光发电厂建设 8 套室外宏站和 16 套有源室分系统，全面覆盖整个电厂室内外区域，通过在厂区内下沉 UPF，部署增强型 MEC，为电厂提供本地分流服务，提升数据安全性。室外宏站主要有 700MHz 宏站和 2.6GHz 频段宏站，能够满足不同带宽容量的需求。室内办公区域及生产作业车间为 4.9GHz 频段室分，能够满足高危区域智能机器人巡检的大带宽需求。

5G 技术提质增效，促进五星智慧电厂发展

本项目利用 5G 的增强型移动带宽、高可靠性、低时延等特性，促进传统火力

发电厂向智能化、数字化、安全化、绿色化的智慧电厂方向发展。基于中国移动定制化 5G 专网服务，打造电厂基础设施及智能装备升级改造、5G 智慧发电、5G 智慧管理等智慧电厂平台。

5G + 门禁系统为规范生产区域出入管理，取消了使用钥匙开门的管理方式，实现了生产区域基于 5G 专网的电子门禁管理100% 全覆盖。5G+门禁系统应考虑人员安全管控所需的人员信息识别功能，留有与智能综合安防、智能两票（操作票、工作票）系统的数据接口。

5G + 智能两票系统结合了生产区域 5G 无线网络覆盖、三维可视化、门禁的建设，进一步建设智能工作票，实现了工作票与门禁系统的集成。工作票签发时要对工作票对应的工作组成员进行相应区域的门禁授权，实现工作票与三维场景虚拟电子围栏的联动功能。

5G + 三维可视化安全管控系统是建立电厂高精度、等比例的三维模型的基础。该系统利用定位技术，在三维场景中，对全厂人员进行精准定位展示，实现对全生产区域人员活动轨迹的监控及有效的安全生产管控。通过配置维护区域、标签和人员的关系，本系统实现动态预警、区域告警、电子围栏安全管控等功能。同时，三维模型与 5G+AI 视频监控集成，在三维场景中可随时调用摄像头实时查看人员及设备的现场监控信息。

5G + 定位系统可以结合智能安全管控要求，对人员、工 / 器具等进行定位跟踪。定位系统建设应结合不同区域、不同应用场景的定位精度需求，选择合理的定位技术，采用多种定位技术结合的定位系统建设方案，达到经济实用的目的。

5G + 智能操作系统可以控制电厂内 10kV 配电室设置巡检及操作机器人，代替电气巡检人员完成配电室定期自动巡检及 10kV 开关柜常规操作。通过"机器换人"智能管理模式，提升设备管理效能与缺陷管理及时性，减轻人工巡检工作量，降低工作中的安全风险，提高巡检的工作效率及质量，优化运维巡检模式。

5G +智慧发电赋能打造安全、绿色、智慧新型电厂

5G+智能水务管理系统基于水量平衡图，对全厂用水排水进行流量监测分析，对电厂运行中供 / 排水时出现的实际问题进行智能分析并提出解决方案。该系统实现实时监测与智能分析，包括流量动态监测与报警、数据统计及智能分析、循环水系统智能管理、全厂供 / 排水问题的智能分析及解决方案。

5G+智能监盘以火电机组运行监盘工作经验为基础，智能辅助运行人员全面掌握机组、系统、设备运行情况，实现机组、系统、设备多维指标的主动监盘，提供

简洁高效的智慧报警，试验与设备轮换等定期工作实时提醒，指导并智能监护人员正确、安全地完成各项运行操作内容，提高集控运行工作效率、降低运行人员工作强度。

5G＋锅炉高温受热面、防磨防爆智能监控系统包含设备检测、统计分析、故障预警、寿命监测、原因分析及指导措施、检修维护建议等。本项目建设锅炉高温受热面三维可视化模型，通过不同颜色标识直观展示锅炉四管磨损情况，对磨损情况进行评价并分级预警。该系统为防磨防爆工作提供全面的信息化管理，以降低爆管风险。

5G＋机组阀门内漏在线监测系统能够实现高温高压流体泄漏的早期预警，具备阀门内漏状态趋势实时分析能力，实现节能降耗。

5G＋深度调峰智能优化控制系统能够调节低负荷性能与速率，优化主蒸汽、再热蒸汽的温度控制性能与低负荷燃烧控制等。

5G＋智能数据采集统一管理打通实时通道，助力实现"双碳"目标

5G＋设备智能管理系统在国能寿光发电厂现有的设备管理基础上，进一步梳理了设备管理需求，自主建设并购买了一套管理系统，实现从设备采购、安装、验收、运行、维护、更新改造直至报废的全生命周期智能化管理。

5G＋基于大数据的全生命周期智能化管理系统在现有实时监控及故障、性能分析的基础上，建立系统运行健康状态管理知识库，基于多种典型工况下的设备特征模型能够作为系统运行健康诊断的基础。对影响设备安全运行的新监测数据和传统监测指标可进行长周期分析和大数据建模，根据检测参数变化和发展趋势，结合故障诊断模型给出的预警信息，实时协助运行值班员判断故障。

5G＋全区域智能巡检系统是通过将 5G 工业级设备安装在无人机或巡检机器人上，将采集的图像、视频、温湿度数据等实时上传至调度控制中心，检查架空输电线路本体、附属设施、线路通道，完成线路日常巡检、故障巡检、动态巡检等工作。该系统助力电力企业扩大巡检范围，提升巡检效率，遥控巡检终端，采集巡检数据，实现巡检高清视频实时回传和远程控制作业。

5G＋智慧经营管理系统充分调研电力行业及集团内部相关经验，结合现有现货报价系统使用情况及需求，建成一套智慧经营管理系统，对经营指标、预算执行、各类成本、利润管控、市场营销等方面实现智能化管理，智能辅助公司经营决策。

本项目是可持续发展的商业模式，通过帮助企业提高产品质量、提升产品市场竞争力和增强用户黏性，实现经营效益的提升。本项目为同类企业提供了可复制的模板，且提供了广阔的商业合作机会。

面向新型电力系统的高安全、高可靠电力 5G 广域虚拟专网规模化应用

参与企业： 国网福建省电力有限公司、国网信通亿力科技有限责任公司、中国电力科学研究院有限公司

技术特点： 国网公司开展了5G公网承载电力控制类业务研究应用工作，构建5G电力应用18项关键技术图谱和9项高安全风险图谱，并与电信运营商、主流厂商进行对接。本项目开展了5G公网承载控制类业务试点，通过存量业务承载验证，推动电力新兴业务与装备应用落地。

应用成效： 本项目突破了复杂电磁环境下的行业5G广域虚拟专网精准规划方法、多因子融合的eSIM行业终端无线安全接入、行业业务与虚拟专网协同共治的智能管控等技术，最终实现终端和网络状态统一展示、电力业务和网络的二次鉴权认证、网络质量监测、异网灵活切换。

本项目结合福建省新型电力系统的示范建设，选取福建厦门、泉州、莆田、宁德 4 个地区，构建满足电力控制类业务承载需求的 5G 电力虚拟专网，接入 304 个分布式电源、配电自动化、融合终端、配网保护等业务终端，验证规模应用下 5G 切片网络的安全性和可靠性指标。

智能电网与 5G 技术的深度融合应用

本项目提出安全加固行业无线终端，并自主研发了终端 CPU 微隔离架构、eSIM 远程通信模组和与其适配的服务类别，从实际应用需求和产业薄弱环节出发，强化了关键核心技术攻关能力，实现了国产化级别终端集成。5G 电力虚拟专网按照"基站、承载网共享，核心网部分独享"的原则，构建端到端硬切片 5G 电力虚拟专网。福建电力 5G 虚拟专网及集中监控架构示意如图 1 所示。

核心网侧，共享电信运营商的单模光纤、AMF 等控制面网元，在泉州、厦门等地的通信机房部署一套电力专用 UPF 设备(吞吐量为 5Gbit/s)及二次鉴权服务器，

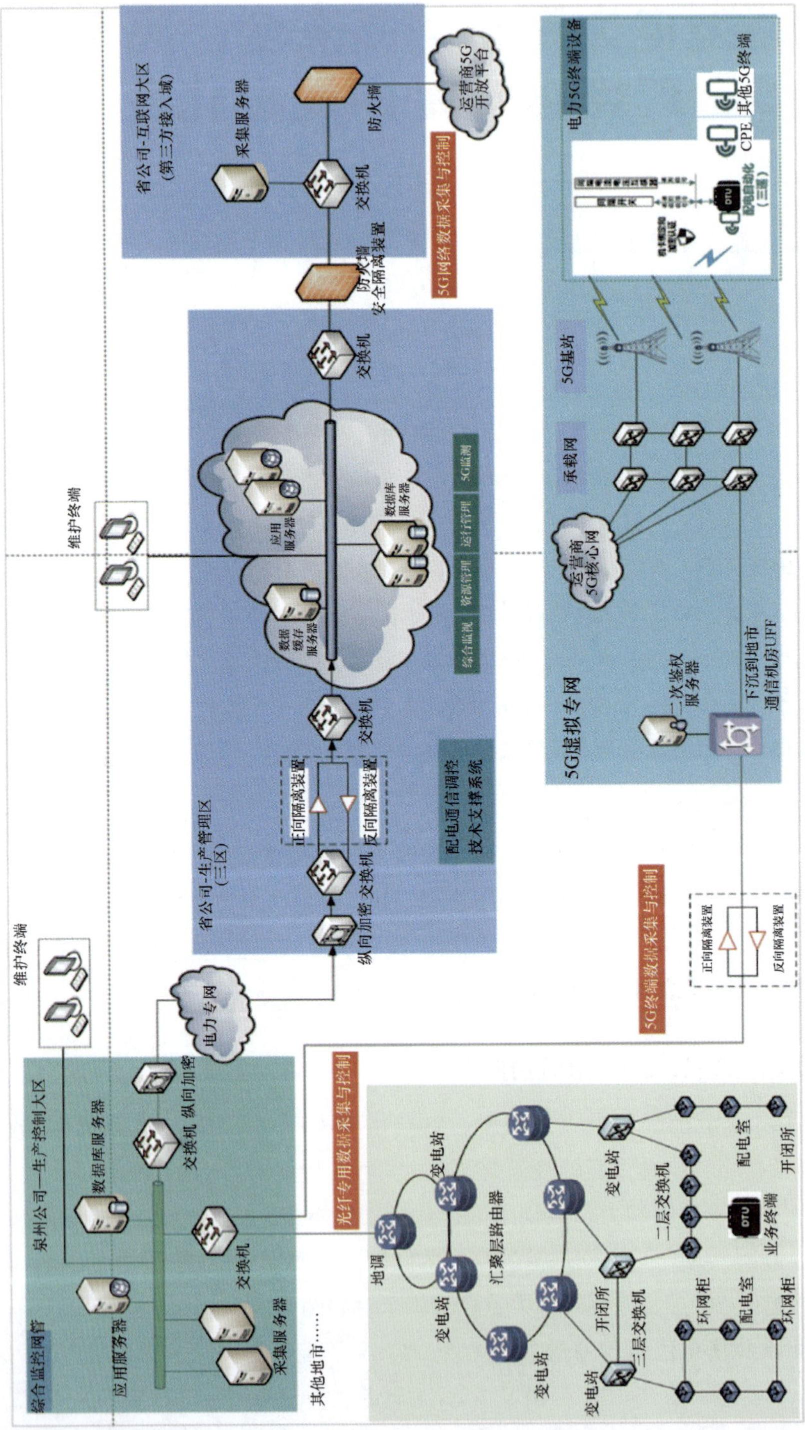

图 1 福建电力 5G 虚拟专网及集中监控架构示意

独享 UPF 数据通过直连专线进入配网主站安全接入区。

承载网侧，使用 FlexE+SPN 硬管道技术（带宽选用 1Gbit/s）。接入网侧，采用 3%RB 资源静态预留的方式。5G 电力虚拟专网总体架构示意如图 2 所示。

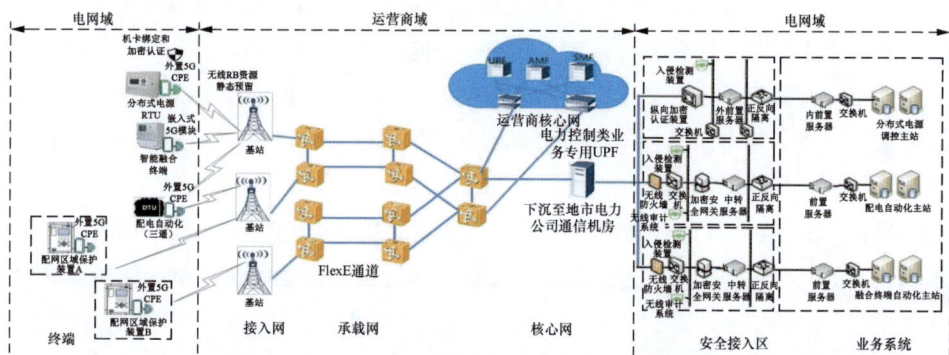

图 2　5G 电力虚拟专网总体架构示意

5G 业务终端接入。在 4 个试点示范区开展 93 个 10kV 分布式光伏电源并网点、129 个配电自动化三遥终端、73 个融合终端及 4 个配网保护终端的 5G 接入；分布式光伏调控 RTU 和三遥 DTU 装置主要采用外置 CPE，配电开关监控终端和融合终端采用一体化设计。

本项目在全国范围内率先引入基于 5G eSIM + 国网密服的电力专用二次鉴权认证技术。整体架构示意如图 3 所示。

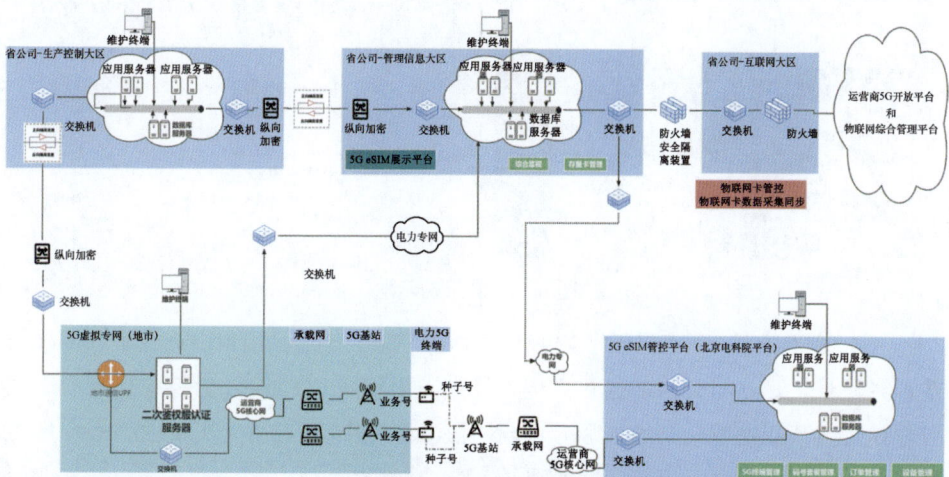

图 3　整体架构示意

电科院 5G eSIM 管控平台。该平台负责签发用于二次鉴权功能的平台侧证书、终端侧证书、网关证书、密钥数据、加密机。还负责终端种子号预置、业务码号下发、地市访问地址下发，对种子号进行设备二次鉴权。

终端设备 SDK。该设备负责码号切换、设备状态上报、设备证书密钥更新，以及二次鉴权流程中终端侧通过 eSIM 进行数据加解密及会话密钥管理。

地市二次鉴权平台。该平台对接加密机，进行业务号的设备二次鉴权、证书密钥流转等功能。地市业务操作人员登录地市二次鉴权平台进行设备管理、码号状态管理、流量套餐管理等功能维护。

省侧 5G eSIM 统计数据展示平台。该平台定期接收地市二次鉴权结果，以及电科院 5G eSIM 管控平台业务数据等信息，进行统计信息展示。技术架构示意如图 4 所示。

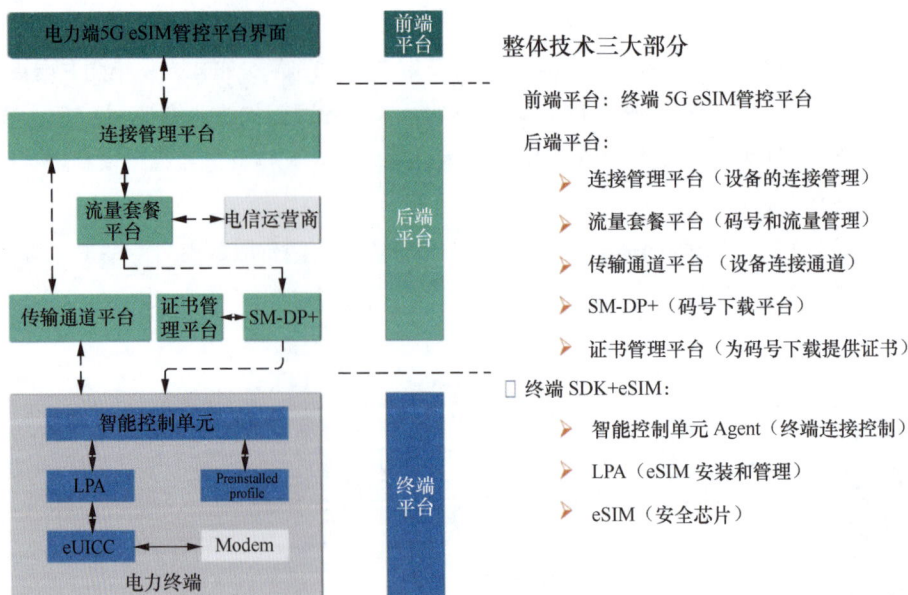

图 4 技术架构示意

二次鉴权业务交互流程示意如图 5 所示。设备上电后，由电力终端集成的模组拨通种子号，建立与公网的连接，电力终端与电科院 5G eSIM 管控平台完成二次鉴权认证，二次鉴权认证通过后，由电科院 5G eSIM 管控平台下发业务号、地市平台访问地址、APN 配置给电力终端。

电力终端通过集成的终端设备 SDK，切换种子号为业务号，由模组拨通业务号，建立与地市二次鉴权平台的连接，电力终端与地市二次鉴权平台完成二次鉴权认证，二次鉴权认证通过后，根据地市平台鉴权周期配置，后续设备与平台进行周期性鉴权。

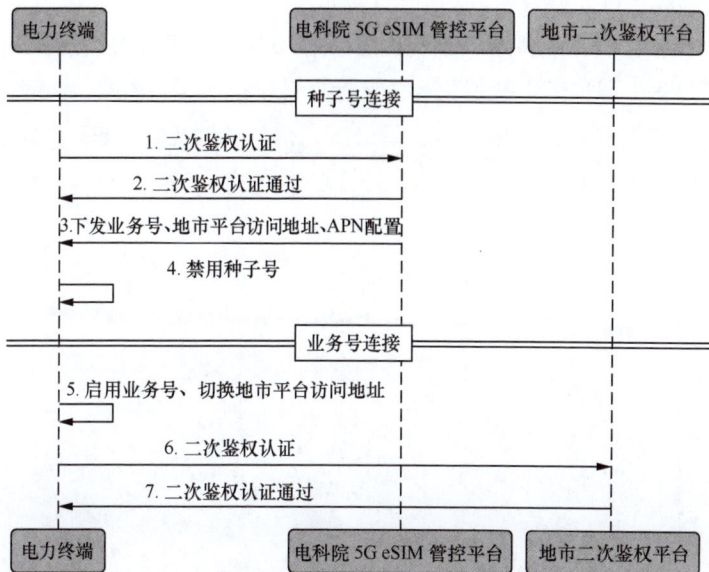

图 5　二次鉴权业务交互流程示意

🌐 "强化防护措施 + 深入测试验证"原则保障 5G 试点应用安全

业务终端侧。分布式电源业务终端主要采用外接纵向加密装置，配电自动化三遥主要采用业务终端本体芯片加密模块。

通信终端侧。采用机卡绑定、256 位密码加密、用户面数据完整性保护，在每个地市主站侧各部署一套二次鉴权服务器。

主站侧。基于 5G 通道的业务通过安全接入区再接入业务主站，安全接入区内部署正反向隔离、无线入侵检测、纵向加密认证等装置。

5G 硬切片通道。电力机房两台专用 UPF 通过有线专线 + GRE[1] 接入地调主站安全接入区、通过两台防火墙接入电信运营商核心网，部署两台 IPS 设备对接电信运营商态势感知平台实时监控网络安全，开启符合 3GPP 要求的接入控制、加密、认证、鉴权、数据完整性保护、审计等各类安全措施。

安全验证及攻防演练。联合安全测试队伍，协调电信运营商，面向试点所涉及的各类设备及系统，开展安全检测、渗透测试及攻防演练，充分评估 5G 规模化应

注：1. GRE（Generic Routing Encapsulation，通用路由封装）。

用试点的安全性。

本项目遵循"专用公用互补、有线无线结合、统一资源管理"的原则，采用工业以太网分层级建设光纤专网，利用 5G 虚拟专网适配高需求业务，打造安全可靠、广泛覆盖、灵活接入、高速传送的末端通信网络；集中监控系统以"混合通信一体化、可观可测实时化、调控运行智能化"为目标，对多技术体制末端通信网络的相关资源进行全采集、全监视，分区分域实现光纤专网的实时监控、5G 虚拟专网的在线可视化管理，以及配电通信网的调控运行管理。